ALEX AU PAYS
DES CHIFFRES

DU MÊME AUTEUR

Alex et la magie des nombres. Un nouveau voyage au pays des mathématiques, Robert Laffont, 2015.

DERNIÈRES PARUTIONS DANS LA MÊME COLLECTION

Jean Abitbol, *L'Odyssée de la voix.*
Ronan Allain, *Histoire des dinosaures.*
Stephen Hawking, *Petite histoire de l'Univers.*
Sam Kean, *Quand les atomes racontent l'histoire du monde.*
Étienne Klein, *Allons-nous liquider la science ?*
Étienne Klein, *Le Monde selon Étienne Klein.*
Étienne Klein, *Discours sur l'origine de l'univers.*
Manjit Kumar, *Le Grand Roman de la physique quantique.*
Pascal Picq, *Le monde a-t-il été créé en sept jours ?*
Ian Stewart, *17 équations qui ont changé le monde.*
Ian Stewart, *La Chasse aux trésors mathématiques.*
Ian Stewart, *Mon cabinet de curiosités mathématiques.*
Trinh Xuan Thuan, *Entretiens avec un astrophysicien.*

Alex Bellos

ALEX AU PAYS DES CHIFFRES

Une plongée dans l'univers des mathématiques

Traduit de l'anglais par Anatole Muchnik

Illustrations d'Andy Riley

Champs sciences

Titre original : ALEX'S ADVENTURES IN NUMBERLAND
© Alex Bellos, 2010, pour l'édition originale
Illustrations © Andy Riley, 2010
© Robert Laffont, 2011, pour la traduction française
© Flammarion, 2015, pour cette édition en coll. « Champs »
ISBN : 978-2-0813-7309-9

Introduction

À l'été 1992, je travaillais comme journaliste stagiaire à l'*Evening Argus* de Brighton. Je consacrais mes journées à regarder défiler les ados récidivistes devant les tribunaux locaux, à interviewer les épiciers à propos de la récession et, deux fois par semaine, je mettais à jour les horaires des trains Bluebell Railway pour la rubrique d'informations générales du journal. Sans doute ne faisait-il pas bon alors être un voyou ou un épicier, mais j'en garde pour ma part le souvenir d'une période heureuse.

À peine réélu Premier ministre, quelque peu grisé par la victoire, John Major a lancé l'une de ses initiatives politiques les plus mémorables (et les plus raillées). Avec une solennité présidentielle, il a annoncé la mise en place d'un service téléphonique d'information sur la présence de travaux sur les routes – une idée somme toute banale, mais présentée comme si l'avenir de la planète en dépendait.

À Brighton, toutefois, les cônes de chantier faisaient l'actualité. On ne pouvait plus entrer en ville sans se retrouver coincé par les travaux. La route principale de Londres – la A23 (M) – n'était qu'un long corridor balisé de cônes à rayures orange depuis Crawley jusqu'à Creston Park. Jouant le second degré, l'*Argus* a mis ses lecteurs au défi de deviner le nombre exact de cônes disposés le long des nombreux kilomètres de l'A23 (M). Fiers de leur trouvaille, les rédacteurs en chef se sont chaleureusement congratulés. Ce concours, façon fête de village, était un moyen d'exposer les faits tout en se moquant du gouvernement central : pour un journal local, c'était parfait.

Mais quelques heures à peine après l'annonce du concours, la première réponse est arrivée d'un lecteur ; elle était juste. Je revois encore la consternation des patrons du journal, muets sur leurs chaises de la salle de rédaction, comme si un important élu local venait de décéder. Ils avaient voulu se moquer du Premier ministre, et c'est eux qui passaient pour des imbéciles.

Deviner le nombre de cônes jalonnant une trentaine de kilomètres de route leur avait paru impossible. De toute évidence, ça ne l'était pas, et je crois bien avoir été le seul dans le bâtiment à comprendre pourquoi. Si l'on part du principe que les cônes sont disposés à intervalles réguliers, le calcul est élémentaire :

Nombre de cônes = longueur de la route ÷ distance entre les cônes

On peut mesurer la longueur de la route en la parcourant en voiture ou en consultant une carte. Et pour calculer la distance entre les cônes, un mètre ruban suffit. Cet écart peut bien présenter de légères variations, de même que l'estimation de la longueur de la route peut être sujette à erreur, mais sur la distance, le calcul est largement assez précis pour prétendre à la victoire au concours d'un journal local (et c'est très probablement la méthode qu'a employée la police dès le départ pour fournir la bonne réponse à l'*Argus*).

L'épisode est encore très net dans ma mémoire, parce que c'était la première fois dans ma carrière de journaliste que je percevais aussi clairement l'avantage que procure un esprit mathématique à son détenteur. Par ailleurs, il était quand même assez troublant de constater à quel point la plupart des journalistes sont fâchés avec les chiffres. Trouver le nombre de cônes disposés sur une route n'a vraiment rien de très sorcier, mais c'était manifestement encore un peu trop compliqué pour mes collègues.

Deux ans auparavant, j'avais décroché ma licence en mathématiques et philosophie ; un diplôme avec un pied dans les sciences et l'autre dans les arts libéraux. Ma décision d'entrer en journalisme aura été, au moins en partie, un renoncement aux premières pour pleinement me consacrer aux seconds. Peu après la déconvenue des cônes de chantier, j'ai quitté l'*Argus* pour divers journaux londoniens. Et je me suis retrouvé correspondant à Rio de Janeiro. De temps à autre, quand il s'agissait de trouver le pays européen dont la superficie équivalait à la dernière zone de déforestation de l'Amazonie, par exemple, ou de calculer les taux de change lors des crises monétaires, ma facilité avec les nombres me rendait service. Mais, dans l'ensemble, j'avais bel et bien tourné le dos aux maths.

Puis, voici quelques années, je suis rentré au Royaume-Uni sans trop savoir ce que j'allais faire. J'ai vendu des maillots de footballeurs brésiliens, créé un blog, et même caressé l'idée de me reconvertir dans l'importation de fruits exotiques, mais rien de tout cela n'a abouti. Au cours de cette phase de réévaluation, je suis revenu à ce qui m'avait passionné pendant une bonne part de ma jeunesse, et j'y ai trouvé l'étincelle d'inspiration qui allait me conduire à l'écriture de ce livre.

Explorer l'univers des mathématiques n'est pas du tout la même chose à l'âge adulte qu'à l'enfance, quand l'impératif de réussite aux examens implique qu'on se contente de survoler les choses les plus captivantes. Cette fois, j'étais libre d'aller me perdre dans certaines avenues sans autre motif que la curiosité et l'intérêt qu'elles m'inspiraient. J'ai entendu parler d'« ethnomathématiques », l'étude de la façon dont on aborde les maths dans différentes cultures, et de l'influence qu'a exercée la religion sur leur façonnement. J'ai été particulièrement captivé par les récents travaux de psychologie comportementaliste et de neurosciences qui nous permettent de commencer à comprendre précisément pourquoi et comment le cerveau pense les nombres.

Je me suis aperçu que j'agissais à la façon d'un correspondant de presse envoyé à l'étranger, à la différence que le pays que je couvrais était d'un genre abstrait – le « pays des chiffres ».

Mon voyage a vite pris sa dimension géographique, car je voulais faire l'expérience des mathématiques dans le monde réel. Je me suis donc envolé vers l'Inde pour apprendre comment ce pays avait inventé le « zéro », l'une des plus grandes percées intellectuelles de l'histoire de l'humanité. J'ai loué une chambre d'hôtel dans un casino de Reno pour voir à l'œuvre les probabilités. Et, au Japon, j'ai rencontré le plus matheux des chimpanzés.

Au fil de mes recherches, je me suis vu dans une position inattendue, mi-expert et mi-profane. Renouer avec les mathématiques scolaires a été comme retrouver de vieux amis, sauf que ces amis comptaient eux-mêmes à présent pas mal d'amis que je n'avais encore jamais rencontrés, et qu'il y avait aussi beaucoup de nouveaux arrivants. Il aura fallu que j'écrive ce livre pour apprendre, par exemple, que des campagnes ont été menées depuis des siècles en faveur de l'introduction de deux nouveaux chiffres à notre système décimal. J'ignorais aussi pourquoi la Grande-Bretagne a été le premier pays à frapper une pièce de monnaie heptagonale. Et j'étais bien loin de soupçonner l'existence des mathématiques qui soustendent le sudoku (qui restait encore à inventer).

Mon enquête m'a conduit jusqu'à Braintree, dans l'Essex, et Scottsdale, dans l'Arizona, de même que dans les plus insolites rayonnages de bibliothèque. J'ai ainsi consacré une journée inoubliable à la lecture d'un ouvrage sur l'histoire des rites associés aux plantes pour comprendre ce qui avait rendu Pythagore si notoirement difficile en matière de nourriture.

Ce livre commence par un chapitre auquel j'ai attribué le numéro 0, une manière de dire qu'il y est question de ce qui précède les mathématiques. On y verra de quelle façon sont apparus les nombres. Au début du chapitre premier, les nombres sont bien là et les choses sérieuses peuvent commencer. Ensuite, jusqu'au bout du chapitre 11, on abordera l'arithmétique, l'algèbre, la géométrie, les statistiques et tous les domaines qu'il m'a été possible de tasser dans quelque quatre cents pages. J'ai essayé de réduire au minimum les explications techniques, mais il n'a pas toujours été possible d'y échapper, et j'ai donc laissé ici et là quelques équations et démonstrations. Si vous sentez surchauffer vos méninges, passez directement au début de la partie suivante, ça redeviendra tout de suite plus simple. Chaque chapitre se tient par lui-même, ce qui signifie qu'il n'est pas indispensable d'avoir lu les précédents pour l'assimiler et qu'on peut tous les prendre dans le désordre, mais j'espère en revanche que vous les lirez du premier au dernier, parce qu'ils suivent quand même une vague chronologie des idées et qu'il m'arrive de faire référence à des points évoqués précédemment. Je me suis efforcé d'adresser ce livre au lecteur totalement ignare en mathématiques, et les sujets que j'y ai abordés vont du niveau de l'école primaire à des choses qu'on n'étudie pas avant la fin de la licence.

J'ai aussi fait une place conséquente à l'histoire, parce que les mathématiques ne sont finalement jamais que le produit de leur histoire. À la différence des humanités, perpétuellement réinventées au gré du renouvellement des idées ou des tendances, et de la recherche appliquée, où les théories suivent un processus constant de raffinement, les mathématiques ne vieillissent pas. Les théorèmes de Pythagore et d'Euclide sont aussi valables aujourd'hui qu'ils l'ont été auparavant – ce qui explique que Pythagore et Euclide soient les noms les plus anciens qu'on étudie à l'école. Le programme du GCSE[1] ne comporte quasiment aucune notion mathématique qui n'ait été connue au milieu du XVIIe siècle, et l'ensemble de ces connaissances ne valait guère qu'un A+ aux écoliers du milieu du XVIIIe. (À l'époque où je l'ai moi-même passé, les notions mathématiques les plus modernes que j'ai étudiées dataient des années 1920.)

Pendant la rédaction de ce livre, j'ai toujours eu le souci de communiquer l'excitation et l'émerveillement qui accompagnent l'exploration mathématique. (Et de montrer que les mathématiciens sont drôles. Nous sommes les rois de la logique, et cela nous donne un sens extrêmement fin de l'absurde.) Les mathématiques souffrent d'une réputation d'âpreté et de complexité. Elles le sont souvent. Mais elles sont aussi parfois exaltantes, accessibles et, plus que tout, lumineuses de créativité. La pensée mathématique abstraite est l'une des grandes conquêtes de l'espèce humaine, peut-être même est-elle le fondement de tout progrès humain.

Le pays des chiffres est un endroit remarquable. J'en recommande vivement la visite.

Alex Bellos,
janvier 2010

---

1. Diplôme britannique de fin d'enseignement général. *(NdT.)*

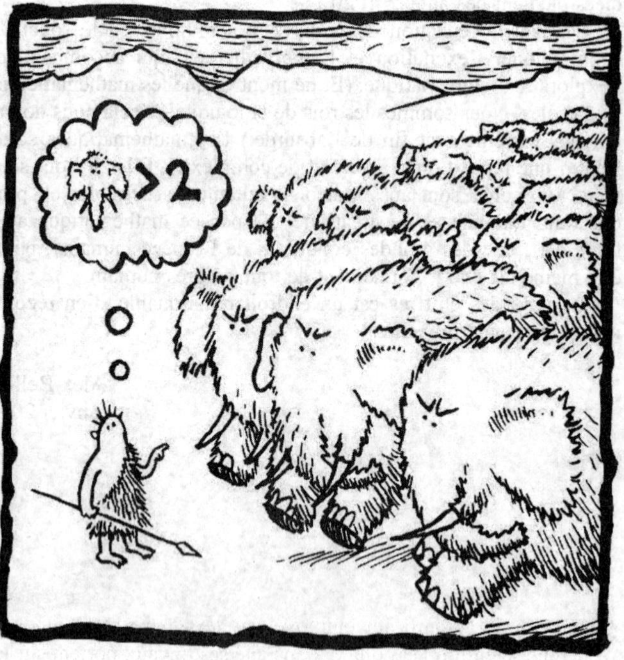
>2

0
Des nombres plein la tête

En pénétrant dans le petit appartement parisien de Pierre Pica, je suis happé par l'odeur d'insecticide. Pica, qui rentre à peine de cinq mois passés au sein d'une communauté indigène de la forêt amazonienne, est en train de désinfecter les cadeaux qu'il a rapportés. Dans son studio, les murs sont couverts de masques tribaux, de coiffures à plumes et de paniers tressés. Les étagères croulent sous les piles d'ouvrages universitaires. Sur un rebord, un Rubik's Cube traîne, solitaire, irrésolu.

Je demande à Pica comment s'est déroulé son voyage.

« Difficilement », répond-il.

Pica est linguiste, ce qui n'est peut-être pas étranger au fait qu'il parle lentement, avec précaution, pesant minutieusement chacun de ses mots. À cinquante ans passés, il a conservé un air de garçonnet – ses yeux bleus sont pétillants, il a le teint rougeaud et une chevelure d'argent aussi soyeuse que désordonnée. S'il s'exprime d'une voix paisible, sa gestuelle est enfiévrée.

Pica, qui fut l'élève de l'éminent linguiste américain Noam Chomsky, est aujourd'hui employé par le Centre national de la recherche scientifique. Voilà dix ans que ses travaux portent sur les Munduruku, un groupe indigène d'environ sept mille individus habitant la forêt amazonienne. Les Munduruku sont des chasseurs-cueilleurs qui vivent dans de petits villages disséminés sur une portion de jungle équivalant à trois fois la surface du pays de Galles. Ce qui intéresse Pica, c'est la langue que ces gens parlent : elle ne connaît pas de temps, pas de pluriel et pas de termes pour désigner les nombres au-delà de 5.

Pour accomplir son travail de terrain, Pica doit chaque fois se lancer dans un périple de grand aventurier. L'aéroport le plus proche est celui de Santarém, une petite ville sise à huit cents kilomètres de l'océan Atlantique en remontant l'Amazone. Là, il embarque sur un ferry qui l'emmène en quinze heures sur quelque trois cents kilomètres le long du rio Tapajós jusqu'à Itaituba, une ancienne ville minière de la ruée vers l'or, ultime occasion de faire le plein de vivres et de carburant. Lors de son dernier voyage, Pica a loué une jeep à Itaituba, dans laquelle il a entassé du matériel, notamment des ordinateurs, des panneaux solaires, des batteries, des livres et cinq cent cinquante litres d'essence. Puis il a pris la route transamazonienne, infrastructure héritée de la folie nationaliste des années 1970, que le temps a transformée en piste de boue improbable et souvent impraticable.

Il se rendait à Jacareacanga, petite implantation située à trois cents kilomètres encore au sud-ouest d'Itaituba. Je lui demande combien de temps il a mis pour y arriver. « Ça dépend, dit-il en haussant les épaules. Ça peut prendre une vie entière, comme ça peut prendre deux jours. »

J'insiste, combien de temps lui a-t-il fallu *cette fois-ci* ?

« Tu sais, on ne peut jamais dire combien de temps ça mettra parce que ça ne met jamais le même temps. Il faut compter entre dix et douze heures pendant la saison des pluies. Si tout va bien. »

Jacareacanga est située à la lisière du territoire désigné des Munduruku. Pour pénétrer la zone, Pica a dû attendre que des indigènes viennent à lui et obtenir qu'ils l'emmènent en canoë.

« Combien de temps as-tu attendu ? »

« J'ai attendu assez longtemps. Mais, là encore, ne me demande pas combien de jours. »

Je hasarde : « Deux ou trois jours, c'est ça ? »

Pendant quelques secondes, il fronce les sourcils. « Environ deux semaines. »

Plus d'un mois après avoir quitté Paris, Pica était enfin sur le point d'arriver à destination. Fatalement, je cherche à savoir combien de temps il a mis depuis Jacareacanga pour atteindre les villages.

Mais là, je vois que Pica est ostensiblement irrité par mes questions : « Même réponse pour tout – *ça dépend !* »

Je persiste. Combien de temps a-t-il mis *cette fois-ci* ?

Il bredouille : « Je ne sais pas. Je crois... peut-être... deux jours... un jour et une nuit... »

Plus je presse Pica de me livrer des faits et des chiffres, plus il renâcle à le faire. Je perds patience. Je ne sais pas s'il faut voir dans ses réponses une intransigeance typiquement française, du snobisme universitaire ou simplement de l'esprit de contradiction. Je décide de ne plus insister et nous passons à autre chose. Ce n'est qu'au bout de quelques heures consacrées à discuter, en abordant la sensation de revenir chez soi après un si long séjour au milieu de nulle part, qu'il finit par s'ouvrir. « Quand je rentre d'Amazonie, je n'ai plus la notion du temps, des nombres ni peut-être même de l'espace », dit-il. Il oublie ses rendez-vous. Il se perd dans les trajets urbains les plus simples. « J'ai beaucoup de difficulté à me réadapter à Paris, avec ses angles et ses lignes droites. » Son incapacité à me fournir des réponses quantitatives s'inscrit dans le droit-fil de ce choc culturel. Il a passé tellement de temps parmi des gens sachant à peine compter qu'il en a perdu l'aptitude à décrire le monde en termes de nombres.

Nul n'en est vraiment certain, mais on croit que les nombres n'ont guère plus de dix mille ans d'âge. Par nombres, j'entends un système de mots et de symboles désignant les nombres. Une théorie veut que la pratique soit apparue avec l'agriculture et l'échange, car les nombres sont devenus un instrument indispensable pour inventorier son stock et s'assurer qu'on ne se faisait pas flouer. Les Munduruku ne pratiquant qu'une agriculture de subsistance et l'argent n'ayant que récemment commencé à circuler dans leurs villages, ils n'ont jamais développé leurs aptitudes pour le comptage. À l'autre bout du monde, au sujet des tribus indigènes de Papouasie-Nouvelle-Guinée, on a avancé que les nombres étaient apparus par l'intermédiaire de coutumes élaborées d'échange de présents. L'Amazonie, elle, n'a jamais connu ce genre de tradition.

Pourtant, voici plusieurs dizaines de milliers d'années, longtemps avant l'arrivée des nombres, il a bien fallu que nos ancêtres possèdent une certaine sensibilité à l'égard des quantités. Ils devaient forcément savoir distinguer entre un mammouth et deux mammouths, et comprendre qu'une nuit n'est pas la même chose que deux nuits. Mais il aura fallu encore beaucoup de temps pour franchir le fossé intellectuel qui sépare la perception concrète de deux choses de l'invention d'un symbole ou d'un mot désignant l'idée abstraite « deux ». C'est d'ailleurs à peu près à ce stade qu'en sont aujourd'hui certaines communautés d'Amazonie. Il existe des tribus qui ne possèdent pour tout adjectif numéral que le « un », le « deux » et « beaucoup ». Les Munduruku, qui vont jusqu'à cinq, apparaissent comme une population relativement sophistiquée.

Les nombres ont pris une telle place dans notre existence qu'on imagine mal qu'un peuple puisse survivre sans eux. Pourtant, tout le temps qu'il est resté parmi les Munduruku, Pierre Pica n'a eu aucun mal à se glisser dans une vie sans nombres. Il a dormi dans un hamac. Il a chassé et mangé le tapir, le tatou et le sanglier. Il jugeait de l'heure à la position du soleil. Quand il pleuvait, il restait à l'intérieur, et quand il faisait beau, il sortait. Il n'a jamais eu besoin de compter.

Je trouve tout de même bizarre que la nécessité de nombres supérieurs à cinq ne se fasse jamais sentir dans la vie quotidienne en Amazonie. Je demande à Pica comment s'y prend un indigène pour dire « six poissons », par exemple, dans le cas où, préparant un repas pour six, il voudrait s'assurer que chacun sera servi.

« C'est impossible, répond-il. La phrase "Je veux du poisson pour six personnes" n'existe pas. »

Et si l'on demande à un Munduruku qui a six enfants : « Combien d'enfants avez-vous ? »

Pica fait la même réponse : « Il dira "Je ne sais pas". C'est impossible à exprimer. »

Cependant, ajoute Pica, il s'agit avant tout d'une question culturelle. Ce n'est pas que notre Munduruku compte son premier enfant, puis le deuxième, le troisième, le quatrième, le cinquième et qu'arrivé au sixième il se gratte la tête devant l'impossibilité d'aller plus loin. Pour les Munduruku, l'idée même de compter ses enfants est saugrenue. En fait, l'idée de compter quoi que ce soit est saugrenue.

Pourquoi voudriez-vous qu'un Munduruku compte ses enfants ? interroge Pica. Les enfants sont pris en charge par l'ensemble des adultes de la communauté, explique-t-il, et personne ne tient le compte de qui appartient à qui. À titre comparatif, il brandit l'expression française « *j'ai une grande famille*[1] ». « Si je

---

1. En français dans le texte. *(NdT.)*

vous dis que j'ai une grande famille, je vous dis en fait que j'ignore [combien de membres elle comporte]. Où s'arrête ma famille et où commence celle des autres ? Je n'en sais rien. Personne ne me l'a jamais appris. » De la même façon, si vous demandez à un Munduruku adulte combien d'enfants sont sous sa responsabilité, il n'y a pas de bonne réponse. « Il dira "Je ne sais pas", ce qui est vraiment le cas. »

Les Munduruku ne sont pas dans l'histoire le seul peuple à ne pas compter les membres de leur communauté. Quand le roi David a recensé les siens, il a été puni de trois jours de pestilence et de 77 000 morts. Les Juifs ne sont autorisés à compter les Juifs que de façon indirecte, c'est d'ailleurs pourquoi on s'assure à la synagogue qu'au moins dix hommes sont présents – constituant le miniane, ou le quorum indispensable à la prière – à travers une oraison de dix mots prononcée en désignant une personne par mot. Dénombrer les gens passe pour une façon d'exposer chacun individuellement, le rendant plus vulnérable aux influences malignes. Demandez à un rabbin orthodoxe de compter ses enfants et vous aurez autant de chances d'obtenir une réponse que si vous vous étiez adressé à un Munduruku.

J'ai un jour rencontré une enseignante brésilienne qui avait passé beaucoup de temps parmi les communautés indigènes. Elle m'a dit qu'à leurs yeux, notre tendance à toujours les interroger sur le nombre de leurs enfants était une drôle de compulsion, même si le visiteur ne cherchait généralement qu'à faire preuve de politesse. Quel intérêt y a-t-il à compter ses enfants ? Cela rend les indigènes très soupçonneux, m'a-t-elle dit.

La première mention écrite des Munduruku remonte à 1768, quand un colon en a repéré quelques-uns, qui se tenaient sur les rives d'un fleuve. Un siècle plus tard, des missionnaires franciscains se sont installés en pays munduruku, puis d'autres contacts encore ont été établis lors de la ruée sur le caoutchouc de la fin du XIXe siècle, quand les *seringueiros* ont fait leur apparition dans la région. La plupart des Munduruku vivent encore dans un isolement relatif, mais à l'instar de nombreux groupes indigènes ayant depuis longtemps multiplié les contacts, ils s'habillent à l'occidentale, portant tee-shirts et shorts. Fatalement, d'autres attributs du monde moderne finiront par pénétrer dans leur univers, comme l'électricité ou la télévision. Et aussi les nombres. D'ailleurs, certains Munduruku habitant aux franges de leur territoire ont d'ores et déjà appris le portugais, langue officielle du Brésil, dans laquelle ils savent compter. « Ils connaissent *um*, *dois*, *três* jusqu'aux centaines, me dit Pica. Mais quand tu leur demandes : "Au fait, combien font 5 moins 3 ?" (Il parodie un haussement d'épaules signifiant l'impuissance), ils n'en ont pas la moindre idée. »

Dans la forêt, Pica mène ses recherches à l'aide d'ordinateurs portables alimentés par des batteries chargées à l'énergie solaire. La chaleur et l'humidité font de la maintenance du matériel un véritable cauchemar logistique, mais le plus difficile demeure parfois de rassembler les participants. Un jour, le chef d'un village a demandé à Pica de manger une *sauba*, une grosse fourmi rouge, afin d'obtenir un entretien avec un enfant. Éternellement consciencieux, le linguiste a croqué l'insecte avant de l'avaler en grimaçant.

À travers l'étude des aptitudes mathématiques d'un peuple seulement capable de compter sur les doigts d'une main, il s'agit surtout de découvrir la nature de nos intuitions numérales élémentaires. Pica veut faire le tri entre ce qui est le propre de tous les hommes et ce qui relève de la culture. L'une de ses plus fascinantes expériences portait sur la perception spatiale des nombres chez les indigènes. Comment visualisent-ils la répartition des nombres sur une ligne ? Dans le monde moderne, c'est une chose qu'on pratique couramment – que ce soit sur un mètre ruban, une règle, un graphique ou dans la succession des maisons d'une rue. Les Munduruku ignorant les nombres, Pica leur a fait passer des tests à l'aide d'un ensemble de points apparaissant sur un écran. À chaque participant, il a présenté la figure suivante d'une ligne non graduée. Sur la gauche de la ligne apparaissait un point ; sur la droite, dix. Il a ensuite montré au sujet des groupes de un à dix points, dans un ordre aléatoire. Pour chaque groupe, le sujet devait désigner l'endroit où il le situait sur la ligne. Pica déplaçait alors le curseur jusqu'à ce point et cliquait dessus. Clic après clic, il a ainsi pu déterminer avec précision comment les Munduruku espacent les nombres de 1 à 10.

Les adultes américains qu'on a soumis au même test ont disposé ces nombres à intervalles réguliers. Ce faisant, ils reproduisaient la ligne des nombres qu'on apprend à l'école, où les chiffres adjacents sont à égale distance les uns des autres, comme sur une règle. Mais la réponse des Munduruku a été tout autre. Pour eux, l'intervalle entre les nombres est grand au départ, et de plus en plus petit à mesure qu'ils croissent. La distance entre les marques correspondant à un et deux points, par exemple, est bien plus grande que celle qui sépare sept et huit points, ou huit et neuf points, comme le montrent clairement les graphiques suivants :

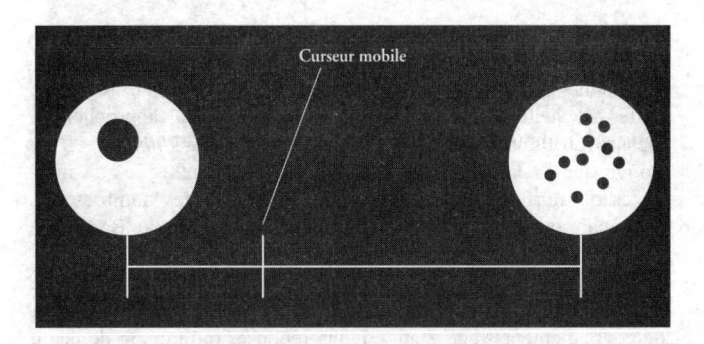

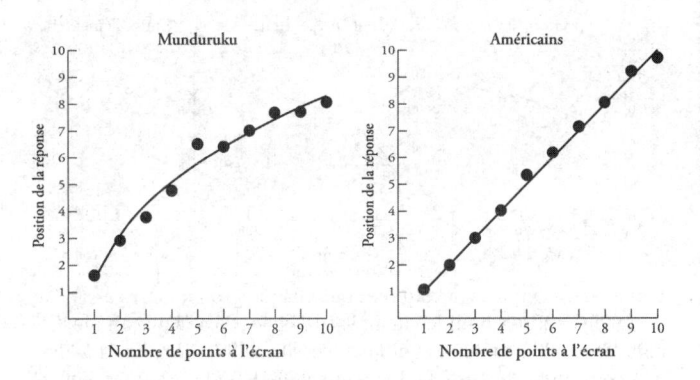

Le résultat est frappant. L'idée que les nombres sont espacés de façon régulière passe généralement pour évidente. C'est ce qu'on nous enseigne à l'école, et nous l'admettons sans peine. C'est le fondement de tout mesurage, de toute science. Pourtant ce n'est pas ainsi que les Munduruku voient le monde. Dépourvus d'un vocabulaire propre au comptage et de termes désignant les nombres, ils visualisent très différemment les grandeurs.

Quand les nombres sont également répartis sur une règle, on parle d'échelle *linéaire*. Quand les nombres se rapprochent à mesure qu'ils croissent, on parle d'échelle *logarithmique*[1]. Il se trouve que l'approche logarithmique n'est pas exclusive aux indigènes d'Amazonie. C'est avec cette perception des nombres que nous naissons tous. En 2004, Robert Siegler et Julie Booth, de l'université Carnegie Mellon, en Pennsylvanie, ont soumis un équivalent du test de la ligne des nombres à trois groupes d'enfants de maternelle (5,8 ans de moyenne), de cours préparatoire (6,9 ans) et de cours élémentaire (7,8 ans). Leurs réponses ont montré de façon très précise à quel point l'habitude du comptage forge notre intuition. L'élève de maternelle, qui n'a pas encore reçu d'éducation mathématique formelle, élabore les nombres de façon logarithmique. Dès la première année de scolarisation, quand l'enfant découvre les mots et les symboles numéraux, la courbe se redresse. Et à la deuxième année, les nombres apparaissent enfin équitablement répartis sur la ligne.

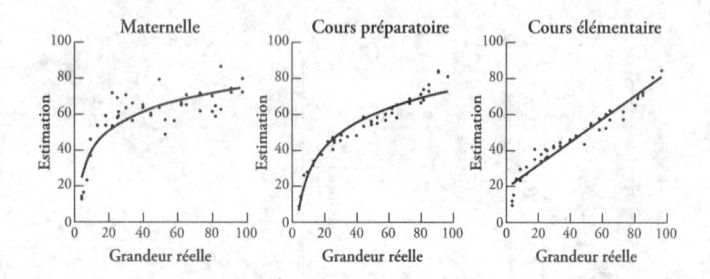

Pourquoi les indigènes d'Amazonie et les enfants pensent-ils que les grands nombres sont plus proches entre eux que les petits ? L'explication est simple. Lors des expériences, on présentait au sujet un ensemble de points qu'on lui demandait de situer sur une ligne marquée à sa gauche d'un seul point et à sa droite de dix (ou, dans le cas des enfants, de cent). Mettons-nous à la place d'un

---

[1]. En fait, pour que l'échelle soit logarithmique, il faut que le rapprochement des nombres se fasse d'une façon précise. Pour en savoir plus, voir p. 211 et suivantes.

Munduruku à qui l'on présente l'image de cinq points. En l'examinant de près, il va constater que cinq points, c'est *cinq fois plus grand* qu'un seul, mais que dix points, c'est seulement *deux fois plus grand* que cinq. Il semble que les Munduruku, comme les enfants, décident de la position des nombres en évaluant les rapports entre quantités. Si l'on se fie aux proportions, il est logique que la distance entre 5 et 1 soit beaucoup plus grande qu'entre 10 et 5. Et quand on juge des quantités à partir de leurs rapports, cela donne toujours une échelle logarithmique.

Pica est convaincu que l'évaluation approximative des quantités à travers les proportions est une intuition humaine universelle. En fait, les humains qui ne connaissent pas les nombres – comme les indigènes d'Amazonie et les enfants en bas âge – n'ont pas la possibilité de voir le monde autrement. Par opposition, comprendre les quantités en termes de nombres exacts n'est pas une intuition universelle ; c'est un produit de la culture. Cette préexistence de l'approximation et des proportions par rapport aux nombres exacts, suggère Pica, serait due au fait que les proportions sont, dans le monde sauvage, beaucoup plus précieuses à la survie que la capacité de dénombrer. Face à un groupe d'ennemis brandissant leurs lances, l'essentiel était de savoir dans l'instant s'ils étaient plus nombreux. Devant deux arbres, il fallait savoir immédiatement lequel portait davantage de fruits. Dans un cas comme dans l'autre, l'énumération exacte des ennemis ou des fruits n'avait aucune utilité. Ce qui était crucial, c'était de se livrer à une estimation rapide des quantités pertinentes et de les comparer, autrement dit de faire des approximations et de juger de leur proportion.

L'échelle logarithmique est aussi le reflet fidèle de notre perception des distances, ce qui explique peut-être son aspect particulièrement intuitif. Elle tient compte de la perspective. Quand on voit un arbre à cent mètres et un second cent mètres plus loin, la deuxième tranche de cent mètres apparaît plus courte. Pour un Munduruku, l'idée que toute tranche de cent mètres représente une distance égale est une distorsion de sa perception de l'environnement.

Les nombres exacts nous fournissent un cadre linéaire qui contredit notre intuition logarithmique. En fait, dans la plupart des situations, notre grande dextérité avec les nombres exacts suppose le court-circuitage de notre intuition logarithmique. Mais elle ne l'élimine pas totalement pour autant. Les perceptions linéaire et logarithmique des quantités coexistent en nous. Notre notion du passage du temps, par exemple, est plutôt logarithmique. Nous ressentons généralement que le temps passe plus vite à mesure que nous vieillissons. Mais cela fonctionne aussi dans l'autre sens : hier nous apparaît nettement plus long que toute la semaine dernière. Notre profond instinct logarithmique refait très clairement surface quand il s'agit d'envisager de très grands nombres. Nous percevons tous la différence entre 1 et 10, par exemple. Il y a peu de chances que nous confondions une chope de bière et dix chopes de bière. Mais que dire de la différence entre un milliard de litres d'eau et dix milliards de litres d'eau ? L'écart qui les sépare a beau être énorme, ces deux volumes nous paraissent relativement semblables – ce sont de très grandes quantités d'eau. De même, on emploie les termes millionnaire et milliardaire comme de quasi-synonymes – comme s'il n'y avait pas vraiment de différence entre être très riche et être très, très riche. Le milliardaire est pourtant mille fois plus riche que le millionnaire. Plus les nombres sont élevés, plus ils nous paraissent proches entre eux.

Le fait que Pica ait momentanément perdu l'usage des nombres après seulement quelques mois passés dans la jungle indique que l'entendement linéaire n'est pas aussi profondément implanté en nous que le logarithmique. Notre perception des nombres est étonnamment fragile, au point qu'il suffit de ne pas s'en servir quelque temps pour perdre l'aptitude à manier les nombres exacts et s'en remettre à l'évaluation intuitive des quantités par l'approximation et la comparaison.

Selon Pica, les travaux menés par lui et par d'autres sur notre intuition des nombres devraient être lourds de conséquences pour l'enseignement des mathématiques – aussi bien en Amazonie que dans les pays occidentaux. La connaissance du fil numéral linéaire est nécessaire pour fonctionner dans les sociétés modernes – elle est au fondement du mesurage et permet le calcul. Mais peut-être avons-nous été trop loin dans la répression de notre intuition logarithmique. Peut-être même, dit Pica, doit-on y voir ce qui rend pour beaucoup les mathématiques si impénétrables. Ne faudrait-il pas s'attacher à considérer les proportions plutôt qu'à manipuler des nombres exacts ? De même, est-il vraiment opportun d'apprendre aux Munduruku à compter comme nous, dans la mesure où cela risque de les priver des intuitions ou des connaissances mathématiques indispensables à leur survie ?

Dans le passé, les scientifiques qui se sont intéressés aux aptitudes mathématiques de ceux qui ne possèdent ni mots ni symboles pour les nombres se sont penchés sur les animaux. Parmi les plus célèbres de ces sujets de recherche, il y a un étalon trotteur nommé Hans le Malin. Au début des années 1900, on se bousculait dans une arrière-cour berlinoise pour voir le propriétaire, Wilhelm von Osten, professeur de mathématiques à la retraite, soumettre à son cheval des opérations d'arithmétique. Hans donnait le résultat en frappant le sol de son sabot. Son répertoire comportait l'addition et la soustraction, mais aussi les fractions, les racines carrées et la factorisation. Devant la fascination du public, et le soupçon que l'intelligence alléguée du cheval était due à quelque trucage, un comité d'éminents scientifiques a décidé d'évaluer ses aptitudes réelles. Ils sont arrivés à la conclusion que, *jawohl !* Hans était bel et bien capable de calcul.

Il aura fallu un psychologue moins éminent mais plus rigoureux pour démystifier cet Einstein chevalin. Oscar Pfungst s'est en effet aperçu que Hans réagissait en vérité à des signes qu'il repérait dans l'attitude physique de von Osten. Il se mettait à frapper le sol du sabot et ne s'arrêtait que lorsqu'il sentait une montée ou une libération de tension dans le visage de von Osten, indiquant qu'il tenait la réponse. Il était devenu sensible à la moindre indication visuelle – l'inclinaison de la tête, le haussement du sourcil et même la dilatation des narines. Von Osten n'avait même pas conscience d'émettre ces signaux. Hans était incontestablement très malin pour lire les gens, mais ce n'était pas un arithméticien.

Le siècle dernier a vu bien d'autres tentatives d'enseigner le calcul aux animaux, et pas toujours à des fins de numéro de cirque. En 1943, le scientifique allemand Otto Koehler a entraîné Jakob, son corbeau apprivoisé, à choisir un pot dont le couvercle comportait un nombre spécifique de points parmi d'autres dont le couvercle en comportait un nombre différent. L'oiseau exécutait correctement l'exercice tant que le nombre de points sur chaque couvercle se situait entre un et sept. Récemment, l'intelligence aviaire a atteint des sommets plus impressionnants encore. Irene Pepperberg, de l'université Harvard, a enseigné les chiffres de 1 à 6 à un perroquet gris africain nommé Alex. Face à un assortiment de cubes colorés, par exemple, le volatile pouvait dire combien étaient bleus en prononçant le chiffre en anglais. La notoriété d'Alex parmi les scientifiques et les amateurs d'oiseaux était telle qu'au moment de sa mort, survenue en 2007 de façon inattendue, *The Economist* lui a consacré une notice nécrologique.

Hans le Malin nous a enseigné qu'en matière d'éducation d'animaux, il faut veiller de très près à supprimer toute possibilité d'indication humaine involontaire. Pour Ai, une femelle chimpanzé arrivée au Japon d'Afrique occidentale à la fin des années 1970, on a procédé en la faisant travailler sur un ordinateur à écran tactile.

Ai est aujourd'hui âgée de trente et un ans, elle vit à l'Institut de recherche sur les primates d'Inuyama, une petite ville touristique du centre du Japon. Son front est grand et dégarni, le poil de son menton est blanc, et elle a les yeux sombres et caverneux des singes d'âge moyen. Là-bas, personne ne l'appelle jamais « le sujet d'étude », mais « l'étudiante ». Chaque jour, Ai se rend au cours où des exercices lui sont confiés. Elle arrive à 9 heures précises, après une nuit passée en plein air avec d'autres singes sur un immense assemblage de bois, de métal et de corde en forme d'arbre. Le jour de ma visite, elle était assise devant un ordinateur, la tête à proximité de l'écran sur lequel elle tapotait dès qu'apparaissaient des séries de chiffres. Quand elle réussissait l'exercice, un tuyau à sa droite lâchait un cube de pomme de huit millimètres, dont elle s'emparait immédiatement pour aussitôt l'engloutir. Par l'indolence de son regard, sa façon de pianoter nonchalamment sur une machine émettant sons et lumières, et la banalité des récompenses répétées, elle me faisait penser à une vieille dame devant une machine à sous.

À l'enfance, Ai a accédé au statut de grand singe, dans les deux sens du terme, en devenant le premier non-humain à compter en chiffres arabes (les symboles 1, 2, 3 et ainsi de suite qu'on emploie dans la quasi-totalité des pays, sauf, tournure ironique du destin, dans certaines régions du monde arabe). Pour en arriver là, il a fallu que Tetsuro Matsuzawa, directeur de l'Institut de recherche sur les primates, lui enseigne les deux notions qui constituent la compréhension humaine du nombre : la quantité et l'ordre.

Les nombres expriment une quantité, mais aussi une position, des concepts liés, mais distincts. Quand je parle de « cinq carottes », par exemple, je veux dire que le nombre de carottes que comporte le groupe est cinq. Pour désigner cet aspect des nombres, les mathématiciens parlent de « cardinalité ». En revanche, quand je compte de 1 jusqu'à 20, j'exploite une propriété des nombres qui se révèle fort commode : on peut les classer dans un ordre successif. Je ne fais pas référence à vingt objets, je récite simplement une suite. Cet aspect-là, les mathématiciens l'appellent « ordinalité ». Cardinalité et ordinalité nous sont enseignées à l'école, et nous évoluons de l'une à l'autre sans effort. Mais pour le chimpanzé, leur interconnexion ne va pas de soi.

Matsuzawa a commencé par apprendre à Ai qu'un crayon rouge correspond au symbole « 1 », et deux crayons rouges au symbole « 2 ». Après 1 et 2, elle a appris 3, puis tous les autres chiffres jusqu'à 9. Quand on lui montrait le chiffre 5, elle désignait un carré contenant cinq objets, et quand on lui montrait un carré comportant cinq objets, elle posait le doigt sur le chiffre 5. Son instruction s'est faite par la récompense : à chaque exercice correctement exécuté sur l'ordinateur, le tuyau lui dispensait de la nourriture.

Quand Ai a fini par bien maîtriser la cardinalité des chiffres entre 1 et 9, Matsuzawa a introduit des exercices visant à lui en montrer l'ordre. Des chiffres apparaissaient à l'écran et Ai devait appuyer dessus dans l'ordre croissant. S'il s'agissait d'un 4 et d'un 2, elle devait presser 2 puis 4 pour recevoir son cube de pomme. Elle n'a pas mis longtemps à l'assimiler. Dans ses exercices, Ai en est venue à afficher une telle maîtrise de la cardinalité et de l'ordinalité que Matsuzawa a pu dire sans exagérer que son élève avait appris à compter. Elle est ainsi devenue une idole nationale au Japon et l'icône de son espèce dans le monde.

Matsuzawa a alors introduit la notion de 0, dont Ai n'a eu aucun mal à saisir la cardinalité. Dès qu'apparaissait à l'écran un carré sans rien dedans, elle pressait sur le symbole correspondant. Restait à savoir si elle était capable d'en déduire l'ordinalité du 0. Matsuzawa lui a montré une série d'écrans comportant deux chiffres, comme lorsqu'elle apprenait l'ordinalité des chiffres de 1 à 9, sauf que cette fois, de temps en temps, le 0 en était. Où donc le placerait-elle dans la suite des nombres ?

La première fois, Ai l'a situé entre 6 et 7, ce que Matsuzawa a déduit en considérant après quels chiffres et avant quels autres elle pensait qu'il se trouvait. Au fil des séances suivantes, Ai a placé le 0 au-dessous de 6, puis de 5, de 4, et après quelques centaines d'essais, aux alentours de 1. Cela étant, elle n'a pas vraiment fini d'éclaircir si 0 est supérieur ou inférieur à 1. Ai avait incontestablement appris à manier les chiffres à la perfection, mais elle ne possédait pas la profondeur de la perception humaine des nombres.

Ce qu'elle n'a pas manqué d'acquérir au fil du temps, toutefois, c'est le sens du spectacle. Elle est devenue une vraie professionnelle, qui accomplit aujourd'hui ses exercices informatiques plutôt mieux lorsque des visiteurs sont présents, notamment lorsqu'il s'agit d'équipes de tournage.

L'étude de la maîtrise des nombres chez l'animal constitue un champ de recherche très actif. L'expérience a révélé une aptitude inattendue à la « discrimination quantitative » chez des animaux aussi divers que la salamandre, le rat et le dauphin. Le cheval demeure peut-être incapable d'extraire des racines carrées, mais les chercheurs estiment aujourd'hui que les aptitudes numérales des animaux sont bien plus élaborées qu'on le croyait. Il semble bien que toute créature vivante naisse avec un cerveau prédisposé pour les mathématiques.

À bien y réfléchir, nous parlons là d'une aptitude déterminante pour la survie dans la nature. Le chimpanzé qui, d'un coup d'œil jeté sur un arbre, est capable de quantifier les fruits mûrs qu'il aura pour déjeuner court moins le risque de subir la faim. Karen McComb, de l'université du Sussex, a observé une troupe de lions du Serengeti dans l'espoir de prouver que le roi des animaux use d'un certain sens du nombre pour décider de s'attaquer ou non à ses congénères. Lors d'une expérience, une lionne solitaire revenait vers sa troupe au coucher du soleil, et McComb avait dissimulé dans les fourrés un haut-parleur qui diffusait l'enregistrement d'un seul rugissement. La lionne l'a entendu, mais elle a poursuivi son chemin vers sa troupe. Un autre jour, cinq lionnes se trouvaient ensemble quand McComb a diffusé sur son haut-parleur camouflé l'enregistrement des rugissements de trois lionnes. Quand elles l'ont entendu, les cinq lionnes ont regardé vers l'endroit d'où provenait le son. L'une d'elles s'est mise à rugir et toutes se sont aussitôt ruées à l'attaque en direction des fourrés.

McComb en a conclu que les lionnes avaient procédé dans leur tête à la comparaison des quantités. À un contre un, l'attaque comportait trop de risques, mais à cinq contre trois, rien ne s'y opposait.

La recherche sur les animaux et les nombres n'est pas toujours faite d'activités aussi glamour que dormir à la belle étoile dans la plaine du Serengeti ou nouer du lien avec la star des chimpanzés. À l'université d'Ulm, des chercheurs ont déposé des fourmis du

Sahara à l'entrée d'un tunnel, au fond duquel ils les ont envoyées creuser en quête de nourriture. Mais une fois à destination, certaines fourmis ont subi une amputation de l'extrémité des pattes, et les autres ont reçu des espèces d'échasses en soie de porc. (Ce n'est pas aussi cruel qu'il y paraît : les pattes des fourmis du désert sont régulièrement calcinées par le soleil saharien.) Celles qui avaient les pattes raccourcies ont sous-évalué le trajet de retour, et les autres l'ont surévalué, ce qui prête à penser qu'au lieu d'utiliser leurs yeux, les fourmis jugent des distances au moyen d'un podomètre interne. La capacité notoire des fourmis à toujours retrouver le chemin du retour après des heures est peut-être due à une grande aptitude à compter leurs pas.

La recherche sur les talents numéraux des animaux a parfois pris un tour inattendu. L'habileté mathématique du chimpanzé est sans doute limitée mais, en se penchant précisément sur cette limite, Matsuzawa a découvert que le singe possède d'autres facultés cognitives sensiblement supérieures aux nôtres.

En 2000, Ai a donné naissance à un fils, Ayumu. Le jour de ma visite à l'Institut de recherche sur les primates, il était en classe, juste à côté de sa mère. Il est plus petit qu'elle, la peau de son visage et de ses mains est plus rose et son poil plus noir. Ayumu se tenait devant son propre ordinateur, dont il tapotait l'écran à mesure que s'affichaient les chiffres, et avalait goulûment chaque cube de pomme qu'il recevait. C'est un garçon débordant de confiance en lui, qui se montre à la hauteur de son statut privilégié d'héritier de la femelle dominante du groupe.

Nul n'a jamais enseigné à Ayumu l'usage de l'écran tactile, mais quand il était bébé, il a quotidiennement assisté aux cours avec sa mère. Un jour, Matsuzawa s'est borné à entrouvrir la porte de la salle de classe, juste assez pour laisser passer Ayumu mais pas Ai. Le petit s'est dirigé tout droit vers l'écran d'ordinateur, sous les regards avides de l'équipe de chercheurs, curieuse de découvrir ce qu'il avait appris. Il a pressé l'écran pour lancer la séquence, et les chiffres 1 et 2 sont apparus. C'était un simple exercice de classement dans l'ordre. Ayumu a pointé le 2. Faux. Il a recommencé. Faux encore. Puis il a appuyé sur 1 et 2 à la fois. Toujours faux. Il a fini par trouver : quand il a pressé 1 puis 2, un cube de pomme lui est tombé dans la main. Il n'a pas fallu long-

Dans cet exercice, Ayumu voit apparaître les chiffres de 1 à 7, qui se transforment ensuite en carrés blancs. Sa mission consiste à retenir la position des chiffres et à appuyer sur les carrés dans l'ordre pour obtenir sa récompense.

temps pour qu'Ayumu devienne plus performant que sa mère à tous les exercices sur ordinateur.

Il y a environ deux ans, Matsuzawa a introduit un nouveau type d'exercice. Dès qu'on lançait la séquence, les chiffres de 1 à 5 apparaissaient ensemble à l'écran, disposés de façon aléatoire. Après 0,65 seconde, ces chiffres se transformaient en petits carrés blancs. La tâche consistait alors à se rappeler quel chiffre correspondait à chacun et à pointer les carrés dans l'ordre.

Le taux de réussite d'Ayumu à cet exercice était d'environ 80 %, soit à peu près autant qu'un échantillon témoin d'enfants japonais. Matsuzawa a alors abaissé le temps d'apparition des chiffres à 0,43 seconde, et si Ayumu n'a quasiment pas remarqué de différence, le résultat des enfants a sensiblement chuté, jusqu'à 60 % de réussite. Quand Matsuzawa a de nouveau réduit le temps d'apparition – à 0,21 seconde, cette fois – Ayumu est resté à 80 %, mais les enfants sont tombés à 40 %.

Cette expérience a révélé qu'Ayumu possédait une mémoire photographique extraordinaire, tout comme les autres chimpanzés d'Inuyama, toutefois un peu moins doués que lui. Lors d'exercices ultérieurs, Matsuzawa a augmenté le nombre de chiffres, et Ayumu est aujourd'hui capable de retenir la disposition de huit chiffres apparus pendant seulement 0,21 seconde. Le chercheur a encore réduit la durée d'apparition, et Ayumu retient l'emplacement de cinq chiffres visibles pendant à peine 0,09 seconde – pas même le temps pour l'homme de lire les chiffres. Ne parlons pas de les retenir… Ce talent époustouflant pour la mémorisation instantanée pourrait bien être lié au caractère vital de la prise de décision immédiate dans la vie sauvage, en fonction du nombre d'ennemis en présence par exemple.

L'étude des limites des facultés animales avec les nombres mène naturellement à la question des aptitudes qui, chez l'homme, sont innées. Afin d'observer des esprits aussi peu contaminés que possible par le savoir acquis, les scientifiques se sont penchés sur les plus jeunes des sujets, si bien qu'on voit communément aujourd'hui des bébés de quelques mois subir des tests d'aptitude aux mathématiques. Étant donné qu'on ne possède à cet âge ni la parole ni la maîtrise de ses membres, c'est au mouvement des yeux qu'est évaluée la performance mathématique, selon la théorie qu'ils regarderont plus longtemps les images qui leur sembleront intéressantes. En 1980, Prentice Starkey, de l'université de Pennsylvanie, a montré à des bébés de seize à trente semaines un écran comportant deux points, puis un autre comportant encore deux points. Les bébés regardaient l'écran pendant 1,9 seconde en moyenne. Mais quand Starkey a renouvelé l'expérience en montrant cette fois un écran à trois points après celui à deux points, ils l'ont contemplé pendant 2,5 secondes : près d'un tiers de plus. Starkey a avancé que cette augmentation signifiait que les bébés avaient remarqué une différence entre deux et trois points, ce qui témoignait d'une compréhension rudimentaire des nombres. La méthode consistant à juger de la cognition des nombres à travers la durée de l'attention est aujourd'hui largement employée. Elizabeth Spelke, d'Harvard, a montré en 2000 qu'un bébé de six mois fait la différence entre huit et seize points, et en 2005 qu'il distingue entre seize et trente-deux points.

Une expérience similaire a révélé que les bébés possèdent des notions d'arithmétique. En 1992, Karen Wynn, de l'université d'Arizona, a placé un bambin de cinq mois devant un petit théâtre. Un adulte a déposé une marionnette de Mickey sur la scène, et il a installé un écran pour la dissimuler. Puis il a ajouté un deuxième Mickey avant de lever l'écran, laissant apparaître les deux marionnettes. Wynn a ensuite renouvelé l'expérience, mais en faisant cette fois apparaître un nombre erroné de marionnettes : soit une seule, soit trois. À ce moment, le bébé a regardé plus longuement que lorsqu'il y en avait deux, manifestant sa surprise quand l'arithmétique était fausse. Selon Wynn, les bébés comprennent qu'une marionnette plus une marionnette égale deux marionnettes.

L'expérience de la marionnette de Mickey a ensuite été reproduite avec les personnages de l'émission de télévision *1, rue Sésame* : Elmo et Ernie. D'abord, on installait Elmo sur scène. L'écran s'abaissait et l'on plaçait derrière un second Elmo. Puis on retirait l'écran. Parfois, deux Elmo apparaissaient, parfois c'était Elmo et Ernie, ou encore un seul Elmo ou un seul Ernie. Les bébés ont regardé plus longuement lorsque n'apparaissait qu'une seule marionnette que lorsqu'il en apparaissait deux, mais *pas les bonnes*. Autrement dit, l'impossibilité arithmétique de $1 + 1 = 1$ était nettement plus perturbante que la métamorphose d'Elmo en Ernie. Chez les bébés, la connaissance des lois mathématiques paraît mieux ancrée que celle des lois physiques.

DES NOMBRES PLEIN LA TÊTE

1. Personnage placé sur scène

2. L'écran s'abaisse et dissimule le personnage

3. 2ᵉ personnage placé derrière l'écran

4. L'écran dissimule les personnages

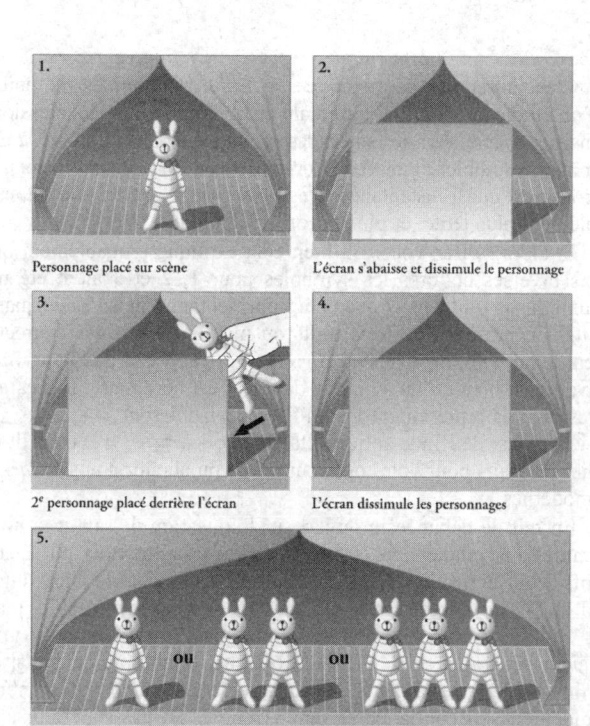

5. On lève l'écran pour laisser apparaître l'un des scénarios ci-dessus

Dans l'expérience de Karen Wynn, on a testé l'aptitude des bébés à distinguer le bon nombre de marionnettes derrière un écran.

Le psychologue suisse Jean Piaget (1896-1980), convaincu que les bébés élaborent leur sens des nombres avec lenteur, à travers l'expérience, a soutenu qu'il n'y avait aucun intérêt à enseigner l'arithmétique avant l'âge de six ou sept ans. Cette idée a influencé des générations d'éducateurs, qui ont souvent préféré faire jouer les élèves de maternelle avec des cubes plutôt que de leur apprendre formellement les mathématiques. Les idées de Piaget sont désormais jugées dépassées, et l'on familiarise aujourd'hui les enfants avec les nombres arabes et le calcul dès la première année de maternelle.

C'est aussi par des exercices à base d'ensembles de points qu'on étudie la cognition numérale chez l'adulte. Le plus classique consiste à montrer au sujet des points sur un écran et à lui demander combien il en voit. Lorsqu'il y en a un, deux ou trois, la réponse est quasi instantanée. Dès qu'il y en a quatre, elle est sensiblement plus lente, et plus encore avec cinq.

Et alors ? direz-vous. Eh bien cela explique probablement que dans diverses cultures les symboles pour 1, 2 et 3 aient été un, deux et trois traits, mais que celui représentant 4 ne soit *pas* quatre traits. En présence de trois traits ou moins, on reconnaît directement le nombre, mais dès qu'il y en a quatre, il faut que le cerveau travaille, si bien qu'un symbole différent est nécessaire. Les caractères chinois représentant les chiffres de 1 à 4 sont ─, ═, ≡ et 四. Ceux de l'Inde antique étaient ─, ═, ≡ et +. (Il suffit de relier les traits pour voir comment cela a pu aboutir à nos 1, 2, 3 et 4 modernes.)

En fait, le débat reste ouvert sur la question de savoir si nous sommes instantanément capables de reconnaître trois ou quatre traits. Pour écrire le chiffre 4, les Romains avaient le choix entre III et IV. Le IV est beaucoup plus facilement identifiable, mais les cadrans solaires – peut-être par souci d'esthétique – affichaient généralement le IIII. En tout cas, le nombre de traits, de points ou de tigres à dents de sabre que nous pouvons dénombrer rapidement, en confiance et sans erreur, n'est pas supérieur à 4. Si nous sommes dotés d'une perception *exacte* de 1, 2 et 3, au-delà de 4, cette exactitude s'estompe et notre jugement du nombre devient *approximatif*. Essayez donc, par exemple, de deviner rapidement combien de points comporte l'illustration suivante.

C'est impossible. (À moins que vous ne soyez un autiste surdoué, comme le personnage interprété par Dustin Hoffman dans *Rain Man*, qui, après une fraction de seconde, aurait marmonné « soixante-quinze ».) La seule stratégie dont nous disposons est l'estimation, qui nous laisse quand même loin du compte.

Les chercheurs ont évalué l'étendue de notre intuition des quantités en demandant à des volontaires de désigner l'ensemble le plus fourni parmi des images figurant différentes quantités de points ; il se trouve que notre aptitude à reconnaître les points suit des schémas réguliers. Il est plus facile, par exemple, de percevoir la différence entre un ensemble de quatre-vingts points et un autre de cent points qu'entre des ensembles de quatre-vingt-un et quatre-vingt-deux points. De même, on distingue plus facilement entre vingt et quarante points qu'entre quatre-vingts et cent. Dans A comme dans B, ci-après, l'ensemble de gauche est plus grand que celui de droite, mais le temps que nous mettons à traiter l'information est sensiblement plus long dans l'exemple B.

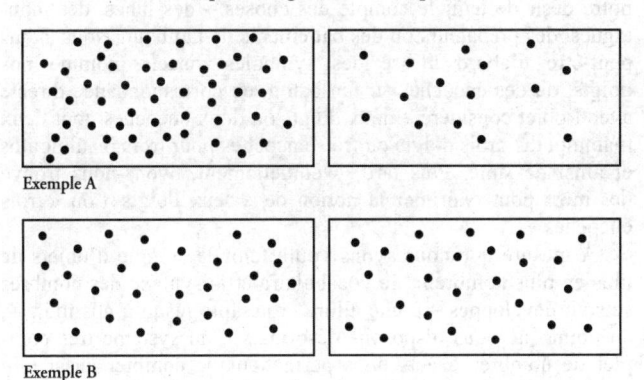

Exemple A

Exemple B

Les chercheurs ont eu la surprise de constater à quel point notre capacité de comparaison obéit à certaines lois mathématiques, comme le principe multiplicatif. Dans *La Bosse des maths*, le psychologue cognitif français Stanislas Dehaene prend l'exemple d'un individu capable de distinguer entre dix et treize points avec 90 % d'exactitude. Si l'on porte le premier ensemble à vingt points, combien faudra-t-il en mettre dans le second pour que le même individu atteigne la même exactitude de 90 % dans son discernement ? La réponse est vingt-six, soit *exactement le double* du nombre de points que comportait le second ensemble à l'origine.

Les animaux aussi sont capables de comparer des ensembles de points. Si les résultats qu'ils obtiennent ne sont pas à la hauteur des nôtres, leur aptitude semble régie par les mêmes lois mathématiques, ce qui est assez remarquable. Le système de comptage des humains est unique par son degré d'élaboration. Notre vie est peuplée de nombres. Pourtant, malgré tout ce talent mathématique, quand il s'agit d'en percevoir et d'en estimer de grands, notre cerveau procède exactement de la même manière que celui de nos amis à poil et à plume.

Les intuitions de l'homme concernant les quantités ont abouti, au terme de millions d'années, à la création des nombres. Il est impossible de savoir exactement comment cela s'est produit, mais on peut raisonnablement supposer que c'est venu de notre désir de tenir le compte des choses – des lunes, des montagnes, des prédateurs ou des battements de tambour. Nous avons peut-être d'abord utilisé des symboles visuels, comme nos doigts, ou des encoches sur un bâton, en correspondance directe avec l'objet considéré – deux doigts ou deux encoches pour deux mammouths, trois doigts ou trois encoches pour trois mammouths et ainsi de suite. Plus tard, éventuellement, avons-nous trouvé des mots pour exprimer la notion de « deux doigts » ou « trois encoches ».

À mesure que nous avons voulu tenir le compte d'objets de plus en plus nombreux, le vocabulaire et la syntaxe des nombres se sont développés – à une allure croissante jusqu'à nos jours –, au point que nous disposons désormais d'un système très complet de nombres exacts nous permettant de compter aussi loin que nous le souhaitons. Notre aptitude à exprimer des nombres avec précision, de dire par exemple qu'il y a exactement soixante-quinze points dans la première illustration de la page précédente, cohabite avec celle, fondamentale, à comprendre ces quantités de façon approximative. Selon les circonstances, nous choisissons l'approche à employer : au supermarché, notamment, en regardant l'étiquette du prix, nous utilisons notre connaissance des nombres exacts. Mais une fois devant les caisses, quand il s'agit de choisir la file la plus courte, nous usons de notre sens instinctif de l'approximation. Nous ne comptons pas le nombre d'individus formant chaque queue. Nous les parcourons toutes du regard et choisissons celle qui nous paraît moins fournie.

En vérité, nous faisons constamment usage de notre approche imprécise des nombres, même quand nous employons une terminologie précise. Demandez donc à n'importe qui le temps qu'il met à se rendre au travail, et, le plus souvent, la réponse sera du genre « trente-cinq, quarante minutes ». À vrai dire, j'ai remarqué que je suis moi-même incapable de donner une réponse unique à une question supposant des quantités. Combien y avait-il de personnes à la fête ? « Vingt, trente... » Combien de temps es-tu resté ? « Trois heures et demie, quatre heures... » Combien de verres as-tu bus ? « Quatre, cinq... *dix*... » J'y ai toujours vu un signe d'indécision. Je n'en suis plus si sûr. Je préfère désormais me dire que je sollicite mon sens intérieur du nombre, une propension animale, intuitive, à manier l'approximation.

Le sens de l'approximation étant indispensable à la survie, on pourrait croire que tous les humains le possèdent en quantité égale. Dans un article de 2008, les psychologues de l'université Johns Hopkins et du Kennedy Krieger Institute se sont posé la question en étudiant un groupe d'adolescents de quatorze ans. Sur un écran, on a montré aux sujets un certain nombre de points jaunes et bleus pendant 0,2 seconde, avant de simplement leur demander s'il y avait davantage de jaunes ou de bleus. Les résultats ont sidéré les chercheurs, parce qu'ils laissaient apparaître une variabilité étonnamment ample des taux de réussite. Certains n'ont eu aucune peine à distinguer entre neuf points bleus et dix jaunes quand d'autres ont affiché des aptitudes comparables à celles des bébés – se montrant à peine capables de dire si cinq points jaunes étaient plus nombreux que trois bleus.

Un fait plus surprenant encore est apparu quand on a comparé les résultats de ces élèves aux notes qu'ils avaient obtenues en mathématiques depuis l'école primaire. Jusqu'alors les chercheurs avaient pensé que l'aptitude intuitive à distinguer les quantités était sans grand rapport avec celle à résoudre des équations ou à dessiner des triangles. Cette expérience a pourtant révélé une forte corrélation entre la capacité d'estimation et la réussite dans les mathématiques formelles. Il semble bien que plus on possède le sens de l'approximation, plus on a de chances d'être bon en maths, ce qui pourrait avoir de profondes conséquences sur l'enseignement des mathématiques. Si le flair estimatif facilite la compréhension mathématique, peut-être faudrait-il pendant les cours qu'il soit un peu moins question d'apprendre par cœur des tables de multiplication et un peu plus de développer la capacité à comparer des ensembles de points.

* * *

Stanislas Dehaene est peut-être le plus éminent chercheur de ce champ interdisciplinaire que constitue la cognition numérale. Mathématicien de formation, il est aujourd'hui chercheur en neurobiologie, professeur au Collège de France et codirecteur de Neurospin, un institut de recherche de pointe des environs de Paris. Peu après la parution de *La Bosse des maths*, en 1997, il déjeunait à la cantine de la Cité des sciences, à Paris, avec la psychologue du développement Elizabeth Spelke, d'Harvard, quand le hasard a placé Pierre Pica à leur table. Pica a évoqué les expériences qu'il conduisait avec les Munduruku et, après des discussions passionnées, tous trois ont décidé de travailler ensemble. La possibilité d'étudier une communauté ne sachant pas compter était une occasion magnifique d'entamer de nouvelles recherches.

Dehaene a conçu des expériences que Pica allait se charger de réaliser en Amazonie, et notamment une, fort simple, visant à découvrir ce que les Munduruku entendaient exactement par les mots par lesquels ils désignaient les chiffres. De retour dans la forêt tropicale, Pica a rassemblé un groupe de volontaires auxquels il a montré à l'écran un nombre variable de points, et leur a demandé de dire tout haut combien ils en voyaient.

Les chiffres des Munduruku sont :

un	*pũg*
deux	*xep xep*
trois	*ebapug*
quatre	*ebadipdip*
cinq	*pũg pogbi*

Quand un point apparaissait à l'écran, les Munduruku disaient *pũg*. Quand il y en avait deux, ils disaient *xep xep*. Au-delà de deux, toutefois, ils se montraient moins précis. Face à trois points, *ebapug* ne s'est fait entendre que dans 80 % des cas. Pour quatre points, seuls 70 % ont dit *ebadipdip*. Et pour cinq, la réponse n'a été *pũg pogbi* que chez 28 % des interrogés, contre 15 % qui ont de nouveau dit *ebadipdip*. Autrement dit, à partir de 3, les termes par lesquels les Munduruku désignent les nombres ne sont que des estimations. Ils comptent « 1 », « 2 », « à peu près 3 », « à peu près 4 », « à peu près 5 ». Pica s'est même demandé si *pũg pogbi*, qui signifie littéralement « poignée », faisait vraiment référence à un nombre. Peut-être ne comptent-ils même pas jusqu'à 5 mais jusqu'à « à peu près 4 » ?

Pica a par ailleurs relevé une caractéristique intéressante des termes qui leur servent de chiffres. Il me fait remarquer que de 1 à 4, le nombre de syllabes de chacun est égal au chiffre lui-même. Cette observation l'excite au plus haut point. « C'est comme si les syllabes étaient une façon auditive de compter. » De même que les Romains comptaient I, II, III, IIII et basculaient à V à partir de 5, les Munduruku commencent par une syllabe pour 1, en ajoutent une pour 2, une troisième pour 3, et une quatrième pour 4, mais ils n'emploient pas cinq syllabes pour le 5. Malgré l'usage imprécis qu'ils font des termes désignant 3 et 4, ces derniers comportent le nombre exact de syllabes correspondantes. Et quand le nombre de syllabes cesse de correspondre, le mot ne désigne peut-être même plus vraiment un chiffre. « C'est frappant, car cela semble corroborer l'idée que l'homme serait doté d'un système numéral seulement capable de tenir le compte de quatre objets exacts à la fois », dit Pica.

Pica a aussi voulu tester l'aptitude des Munduruku à estimer les grands nombres. Dans un exercice, illustré ci-après, on a montré au sujet une animation informatique dans laquelle deux ensembles de points tombaient dans une boîte de conserve. Il fallait ensuite qu'il dise si le total des deux ensembles additionnés dans la boîte – désormais invisibles – était supérieur à un troisième ensemble de points apparaissant alors à l'écran. On cherchait par là à sonder l'aptitude des Munduruku à additionner de façon approximative. Ils y sont parvenus, aussi bien qu'un échantillon témoin d'adultes français soumis au même exercice.

38   ALEX AU PAYS DES CHIFFRES

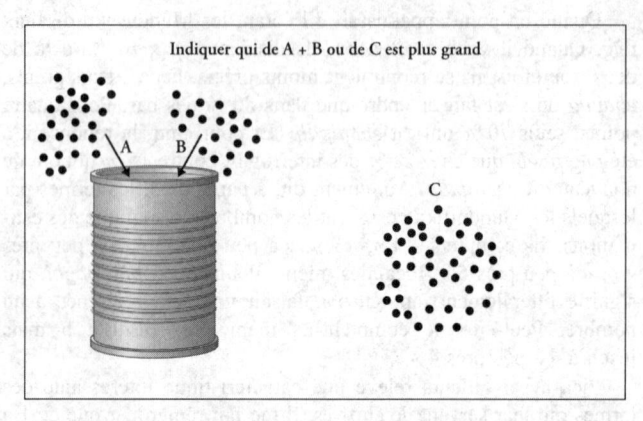

Addition et comparaison approximatives

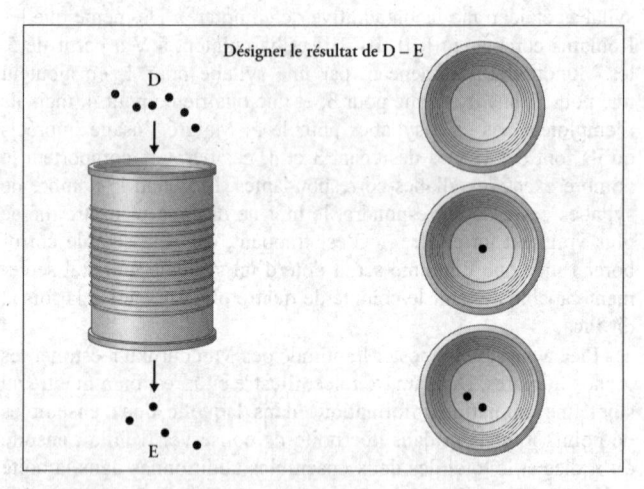

Soustraction exacte

Dans une expérience voisine, également illustrée ci-dessus, on voyait sur l'ordinateur de Pica six points tomber dans la boîte, puis quatre en ressortir. Il fallait ensuite que le sujet choisisse parmi trois réponses possibles quant au nombre de points restés dans la boîte. En d'autres termes, on lui demandait combien font 6 moins 4 ? Il s'agissait par là de vérifier si les Munduruku étaient capables de comprendre avec exactitude les nombres pour lesquels ils ne possèdent pas de nom. Ils en ont été incapables. Lorsque l'animation requérait une soustraction comportant six, sept ou huit points, la solution leur a systématiquement échappé. « Ils n'ont pas pu faire le calcul, même dans les problèmes les plus simples », commente Pica.

Ces expériences ont montré que les Munduruku excellent dans le maniement des quantités approximatives, mais qu'ils sont particulièrement malhabiles avec les nombres exacts au-delà de 5. Pica s'est émerveillé de la similarité que cela révèle entre les Munduruku et les Occidentaux : les uns comme les autres disposent d'un système exact consacré aux petits nombres et d'un autre, approximatif, pour les grands. La différence, significative, étant que les Munduruku n'ont pas procédé à l'association de ces deux systèmes indépendants pour atteindre les nombres supérieurs à 5. Pour Pica, cela répond au fait qu'il leur est peut-être plus utile de les maintenir ainsi dissociés. Il soutient, au nom de la diversité culturelle, qu'il faut tâcher de préserver le mode de comptage des Munduruku, gravement menacé par la multiplication inévitable des contacts entre indigènes et colons brésiliens.

Toutefois, le fait que certains Munduruku aient appris à compter en portugais sans acquérir pour autant les notions d'arithmétique élémentaire témoigne de la vigueur de leur propre système mathématique et de sa grande adaptation à leurs besoins. Il montre aussi toute la dimension du fossé conceptuel qu'il faut franchir pour atteindre la connaissance exacte des nombres supérieurs à 5.

Se peut-il qu'il soit nécessaire à l'homme de nommer les nombres supérieurs à 5 pour précisément les comprendre ? Selon le professeur Brian Butterworth, de l'University College de Londres, il n'en est rien. Le cerveau serait doté dès le départ d'une capacité à comprendre des chiffres exacts, qu'il appelle « module des nombres exacts ». Si l'on en croit son interprétation, l'homme saisit sans peine le nombre exact d'éléments d'une petite collection, et c'est en augmentant cette collection élément par élément qu'il assimile le comportement des plus grands nombres. Butterworth a conduit ses recherches dans la seule région, hormis l'Amazonie, où l'on trouve des populations indigènes ne possédant que très peu de mots pour désigner les nombres : l'Outback australien.

La communauté aborigène des Warlpiri vit dans les environs d'Alice Springs et n'emploie que le 1, le 2 et beaucoup ; quant aux Anindilyakwa, de Groote Eylandt, dans le golfe de Carpentarie, ils ne disent que 1, 2, 3 (qui parfois signifie 4) et beaucoup. Lors d'une expérience menée avec des enfants des deux groupes, on frappait entre un et sept coups de baguette sur un bloc de bois et l'on disposait des jetons sur une natte. Parfois, le nombre de coups correspondait à celui des jetons, parfois non. Les enfants se sont montrés parfaitement capables de dire quand ils coïncidaient et quand ils ne coïncidaient pas. Butterworth a avancé que pour trouver la bonne réponse, ces enfants produisaient une représentation mentale du nombre exact, suffisamment abstraite pour permettre aussi bien l'énumération visuelle qu'auditive. Ces enfants ne disposaient pas de mots pour les chiffres 4, 5, 6 et 7, mais ils étaient parfaitement aptes à conserver ces quantités en tête. Les mots sont utiles pour percevoir l'exactitude, en a conclu Butterworth, mais pas indispensables.

Les travaux de Butterworth – comme ceux de Stanislas Dehaene – portent par ailleurs sur une affection nommée *dyscalculie*, un genre de cécité pour les nombres, de déficience du sens numéral, dont on estime qu'il touche entre 3 et 6 % de la population. Les dyscalculiques ne « comprennent » pas les nombres comme les autres. Lequel de ces deux nombres, par exemple, est-il le plus grand ?

65   24

Facile, c'est 65. La quasi-totalité d'entre nous aura trouvé la réponse en moins d'une demi-seconde. Pour une personne atteinte de dyscalculie, il aura fallu jusqu'à trois secondes. La nature du trouble varie d'un individu à l'autre, mais tous ceux qui en souffrent éprouvent généralement de la difficulté à associer le symbole d'un chiffre, comme 5, au nombre d'objets qu'il représente. Ils ont aussi beaucoup de mal à compter. La dyscalculie ne signifie pas qu'il soit absolument impossible de compter, mais ses victimes, généralement démunies de nos intuitions élémentaires, versent dans des stratégies alternatives pour gérer les petits calculs de la vie quotidienne, en se servant davantage de leurs doigts, par exemple. Les cas les plus sévères sont à peine capables de lire l'heure.

Si vous avez bien réussi dans toutes les matières à l'école, mais n'avez jamais eu de bonnes notes en maths, c'est peut-être que vous êtes dyscalculique. (Quoique si vous avez toujours été nul en maths, vous n'êtes probablement pas en train de lire ce livre.) On estime que c'est l'une des premières causes de difficulté en calcul. Bien que la lutte contre la dyscalculie revête une véritable urgence sociale, car un adulte qui a du mal à calculer est bien plus susceptible de ne pas trouver d'emploi ou de souffrir de dépression, c'est une affection qui demeure peu connue. C'est un genre de dyslexie pour les nombres ; l'une et l'autre sont comparables en ce sens qu'elles frappent plus ou moins la même proportion de la population et n'ont aucune conséquence sur l'intelligence générale. La dyslexie est pourtant bien mieux connue que la dyscalculie, puisqu'on estime que les articles scientifiques traitant de la première sont dix fois plus nombreux que ceux traitant de la seconde. Parmi les raisons d'un tel retard dans la recherche, il y a le fait que les mauvais résultats d'un individu en maths peuvent avoir beaucoup d'*autres causes* – l'enseignement scolaire est souvent médiocre, et puis il est très facile de décrocher aussitôt qu'on a manqué un cours où des notions essentielles étaient abordées. En outre, la maladresse avec les chiffres est moins frappée de tabou social que celle à l'égard de la lecture.

Brian Butterworth est régulièrement conduit à rédiger des lettres de recommandation de patients dyscalculiques pour expliquer à leur éventuel employeur que les mauvaises notes obtenues en maths à l'école ne témoignent nullement d'une quelconque paresse ni d'un manque d'intelligence. Le dyscalculique peut se révéler brillant dans tous les domaines ne concernant pas les nombres. Il arrive même, dit Butterworth, qu'il soit très bon en maths. Diverses branches des mathématiques, comme la logique et la géométrie, requièrent davantage de raisonnement déductif ou de perception spatiale que de dextérité avec les nombres ou les équations. Il demeure toutefois que, dans leur grande majorité, les dyscalculiques ne sont pas du tout doués pour les maths.

L'essentiel des recherches menées sur la dyscalculie est de type comportementaliste, consistant par exemple à tester des dizaines de milliers d'écoliers au moyen d'exercices informatiques où, entre deux nombres, ils doivent dire lequel est le plus élevé. Une autre partie de ces recherches est d'ordre neurobiologique : on observe les images par résonance magnétique du cerveau d'individus dyscalculiques et celui d'autres qui ne le sont pas, dans l'espoir de relever des différences dans leur circuiterie. En sciences cognitives, c'est souvent en étudiant les cas de défaillance qu'on apprend beaucoup au sujet d'une faculté mentale donnée. Petit à petit l'image de ce qu'est vraiment la dyscalculie se dessine – en même temps que celle de la façon dont fonctionne le sens des nombres dans le cerveau.

En fait, c'est des neurosciences que nous parviennent actuellement certaines des découvertes les plus intéressantes dans le domaine de la cognition des nombres. On peut aujourd'hui observer jusqu'au comportement de neurones individuels dans le cerveau d'un singe au moment où il pense à un nombre précis de points.

Andreas Nieder, de l'université de Tübingen, dans le sud de l'Allemagne, a entraîné des macaques rhésus à penser à un nombre, en leur montrant un ensemble de points sur un ordinateur, puis, après un intervalle d'une seconde, un autre ensemble de points. Les singes ont appris que si le second ensemble était égal au premier, il leur suffisait d'actionner un levier pour obtenir une gorgée de jus de pomme. Mais quand le second n'était pas égal au premier, il n'y avait pas de jus de pomme. Au bout d'environ un an, ces singes avaient appris à n'actionner le levier que lorsque le nombre de points du premier et du second écran était identique. Nieder et ses collègues sont partis du principe que durant l'intervalle d'une seconde séparant l'apparition des deux écrans, les singes pensaient au nombre de points qu'ils venaient de voir.

Nieder a voulu savoir ce qu'il se passe dans le cerveau de ses macaques pendant qu'ils retiennent le nombre dans leur tête. Il a donc inséré, à travers un petit trou percé dans le crâne, une électrode de deux microns de diamètre dans leur tissu cérébral. Ne vous inquiétez pas, il n'a été fait de mal à aucun singe. On peut planter une électrode de cette taille dans le cerveau sans provoquer de dégâts ni de douleur. (L'insertion d'électrodes dans le cerveau humain à des fins de recherche est contraire aux normes d'éthique, mais elle est autorisée à des fins thérapeutiques, comme dans le traitement de l'épilepsie.) Nieder a installé son électrode juste en face d'une région déterminée du cortex préfrontal du singe, et lancé l'expérience.

L'électrode, particulièrement sensible, pouvait relever les émissions électriques du moindre neurone individuel. Quand le singe pensait à un nombre, Nieder a constaté que certains neurones devenaient spécialement actifs, et qu'une toute petite région du cerveau s'éclairait.

En y regardant de plus près, il a fait une découverte saisissante. La décharge électrique des neurones sensibles aux nombres variait selon le nombre auquel pensait le singe à ce moment-là. Et chaque neurone avait un nombre « favori » – un nombre qui le rendait plus actif. Il a localisé, par exemple, une population de plusieurs milliers de neurones préférant le chiffre 1. Ces neurones brillaient beaucoup quand le singe pensait à 1, légèrement moins quand il pensait à 2, moins encore quand il pensait à 3, toujours moins quand il pensait à 4 et ainsi de suite. Un autre groupe de neurones préférait le 2. Ceux-là devenaient très lumineux quand le singe pensait à 2, légèrement moins quand il pensait à 1 ou à 3, encore moins à 4. Il y avait aussi un groupe de neurones préférant le 3, et un autre préférant le 4. Nieder a conduit l'expérience jusqu'à 30 et, chaque fois, il a trouvé des neurones ayant une prédilection pour le nombre concerné.

Ces résultats offrent une explication au fait que notre intuition favorise l'approche approximative des nombres. Quand un singe pense « 4 », les neurones qui préfèrent le 4 sont évidemment les plus actifs. Mais ceux qui ont pour favori le 3 ou le 5 s'activent également, bien qu'un peu moins, parce que le cerveau pense aussi aux chiffres voisins du 4. « C'est un sens du nombre plutôt diffus, explique Nieder. Le singe ne se représente la cardinalité que de façon approximative. »

On est à peu près certain que le cerveau humain procède de la même façon. Et cela pose une question intéressante. Si notre cerveau ne se représente les nombres que de façon approximative, comment se fait-il que nous ayons été capables d'« inventer » les nombres ? « Le "sens du nombre exact" est une propriété humaine [unique] qui jaillit probablement de notre aptitude à représenter très précisément les nombres par des symboles », conclut Nieder. Ce qui apporte de l'eau au moulin de ceux qui pensent que les nombres sont une fabrication culturelle, une construction de l'homme plutôt qu'une chose qu'on possède de façon innée.

- 11 souris aveugles
- 1010 bouteilles vertes
- 11 000 pigeons

1
Le compte est bon

Au Moyen Âge, dans le Lincolnshire, si vous ajoutiez un *pimp* à un *dik*, vous obteniez un *bumfit*[1]. Cela n'avait rien de dégradant, puisque dans le jargon des bergers qui comptaient leurs moutons, ces termes désignaient simplement les nombres 5, 10 et 15. La séquence entière était :

1. Yan
2. Tan
3. Tethera
4. Pethera
5. Pimp
6. Sethera
7. Lethera
8. Hovera
9. Covera
10. Dik
11. Yan-a-dik
12. Tan-a-dik
13. Tethera-dik
14. Pethera-dik
15. Bumfit
16. Yan-a-bumfit
17. Tan-a-bumfit

---

1. *Pimp* signifie aussi « proxénète », *dik* équivaut phonétiquement à *dick*, qui désigne le sexe de l'homme, et *bumfit* peut se comprendre comme « irritation des fesses ».

18. Tethera-bumfit
19. Pethera-bumfit
20. Figgit

On ne compte plus ainsi aujourd'hui, et il n'y a pas que les termes, guère familiers, qui ont changé. Ces bergers du Lincolnshire organisaient leurs nombres par groupes de vingt, le décompte commençant par *yan* et s'achevant par *figgit*. Le berger qui possédait plus de vingt moutons – à condition qu'il ne se fût pas endormi à force de les compter – marquait la fin de chaque cycle en déposant un petit caillou dans sa poche, ou en faisant une trace au sol, ou une encoche à son bâton. Puis il reprenait du début : « *yan, tan, tethera...* » S'il y avait quatre-vingts bêtes, il aurait au bout du compte quatre cailloux dans sa poche, ou quatre encoches sur son bâton. Le système est très efficace pour les bergers : quatre objets de petite taille permettent d'en représenter quatre-vingts beaucoup plus gros.

Dans notre monde moderne, on groupe les nombres par dizaines, et cela donne un système de numération à dix chiffres – 0, 1, 2, 3, 4, 5, 6, 7, 8, 9. Le nombre du groupe de comptage, qui correspond souvent à celui des symboles utilisés, est appelé base du système, c'est-à-dire que notre système décimal est en base 10, alors que celui du berger est en base 20.

En l'absence de base raisonnable, les chiffres deviennent ingérables. Imaginons que notre berger utilise un système en base 1, c'est-à-dire doté d'un seul terme numéral : *yan*, signifiant 1. 2 se dirait *yan yan*. 3, *yan yan yan*. Pour dire quatre-vingts moutons, il faudrait prononcer quatre-vingts fois *yan*. Ce système n'aurait pas grande utilité pour compter quoi que ce soit au-delà de 3. Ou, à l'inverse, imaginons qu'à chaque nombre corresponde un terme différent, de sorte que pour compter jusqu'à 80, il faudrait se souvenir de quatre-vingts termes uniques. Essayez donc de compter ainsi jusqu'à 1 000 !

Il existe de nombreuses communautés isolées qui emploient encore des bases non conventionnelles. Les Arara d'Amazonie, par exemple, comptent par paires, les chiffres de 1 à 8 se déclinant ainsi : *anane, adak, adak anane, adak adak, adak adak anane, adak adak adak, adak adak adak anane, adak adak adak adak*. Compter en base 2 serait à peine plus pratique que compter en base 1. Pour dire 100, il faudrait répéter cinquante fois *adak* – ce qui,

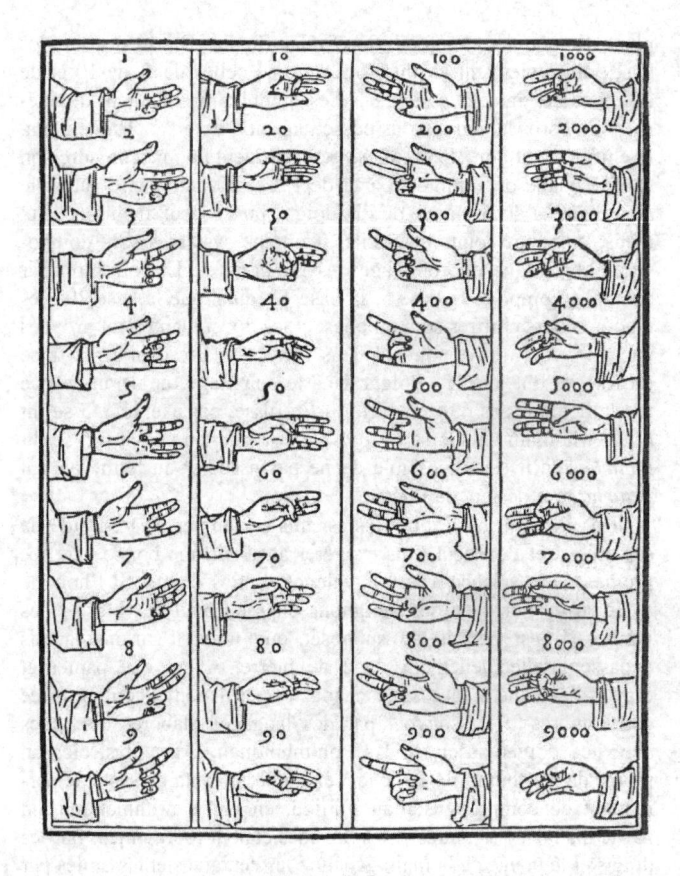

Compter avec les doigts, tiré de Luca Pacioli, Summa de arithmetica, geometria, proportioni et proportionalita (1494)

sur la place du marché, rendrait les négociations interminables. On trouve aussi en Amazonie des systèmes regroupant les nombres par trois ou quatre.

Un bon système de base doit être assez grand pour exprimer des nombres de l'ordre de 100 sans s'épuiser, mais pas trop non plus, afin que notre mémoire ne surchauffe pas. Dans l'histoire, les bases qui reviennent le plus souvent sont celles de 5, de 10 et de 20, pour des raisons évidentes. Ces nombres proviennent directement du corps humain. Nous possédons cinq doigts à chaque main, le chiffre 5 est donc la première étape évidente pour reprendre son souffle quand on compte à partir de 1. La suivante pause naturelle se présente à deux mains, ou dix doigts, puis à deux mains et deux pieds, ou vingt doigts et orteils. (Certains systèmes sont composites. Le lexique de comptage des moutons du Lincolnshire, par exemple, comporte la base 5, la base 10, ainsi que la base 20 : les cinq premiers chiffres sont uniques, et les dix suivants sont groupés par cinq.) On trouve souvent dans le vocabulaire courant la trace du rôle qu'ont joué les doigts dans le comptage, ne serait-ce que par le double sens du terme *digit*[1]. En russe, par exemple, 5 se dit *piat*, et la main tendue se dit *piast*. De même, en sanscrit, 5 se dit *pantcha*, qu'il est impossible de ne pas associer au terme persan *pentcha*, qui désigne la main.

Dès l'instant où l'homme s'est mis à compter, il s'est aidé de ses doigts, et l'on peut sans exagérer attribuer une bonne part des progrès de la science à la polyvalence de nos doigts. Si l'homme avait vu le jour avec des moignons plats au bout des bras et des jambes, il est permis de supposer que nous n'aurions jamais dépassé intellectuellement l'âge de pierre. Avant que papier et crayon deviennent accessibles à tous et permettent l'écriture aisée des nombres, c'est souvent par des langages élaborés de signes avec les doigts qu'on se les communiquait. Au VIIIe siècle, un moine de Northumbrie, Bède le Vénérable, inventa un système permettant de compter jusqu'au million, en partie arithmétique, en partie manuel. Les unités et les dizaines étaient représentées par les doigts et le pouce de la main gauche ; les centaines et les unités par ceux de la main droite. On exprimait les ordres de grandeur élevés en levant et baissant les mains le long du corps – la valeur 90 000 supposait par exemple une attitude fort peu ecclésiastique : « se saisir les côtes de la main gauche, le pouce en direction des parties génitales », écrit Bède. Le geste exprimant le million, mêlé d'auto-satisfaction et de complétude, était bien plus évocateur : il fallait joindre les mains en entrelaçant les doigts.

---

1. Qui, en anglais, signifie à la fois « chiffre » et « doigt ». *(NdT.)*

Il y a quelques siècles encore, un manuel d'arithmétique était jugé incomplet s'il ne comportait pas d'illustrations de comptage par les doigts. Aujourd'hui, si cet art s'est en grande partie perdu, sa pratique perdure dans certaines régions du monde. En Inde, les marchands qui veulent préserver la confidentialité de leurs négociations aux yeux des badauds ont recours à une méthode consistant à se toucher les articulations des doigts derrière une cape ou un tissu. En Chine, un système ingénieux – bien que passablement complexe – permet de compter jusqu'à 10 milliards moins 1 – 9 999 999 999. Chaque doigt comporte neuf points imaginaires – trois à chaque pli de jointure, comme indiqué sur la figure de la page suivante. Sur l'auriculaire droit, ces points représentent les chiffres 1 à 9. Ceux de l'annulaire droit nous mènent de 10 à 90. Le majeur droit, de 100 à 900 et ainsi de suite, chaque doigt successif représentant la puissance suivante de 10. On peut donc par ce système compter tous les habitants de la planète sur ses seuls doigts – une façon comme une autre de tenir le monde dans ses mains.

Dans certaines cultures, on compte en utilisant aussi d'autres parties du corps que les mains et les doigts. À la fin du XIXe siècle, une expédition d'anthropologues britanniques a atteint les îles du détroit de Torres, l'étendue d'eau qui sépare l'Australie de la Papouasie-Nouvelle-Guinée. Là, ils ont rencontré une communauté qui commençait à compter par « l'auriculaire de la main droite » pour le 1, « l'annulaire de la main droite » pour le 2, puis, après les doigts, on venait au « poignet droit » pour le 6, au « coude droit » pour le 7 et ainsi de suite, en passant par les épaules, le sternum, le bras et la main gauches, les jambes et les pieds, pour finir au « petit orteil du pied droit », correspondant au 33. Les expéditions et les recherches dans la région ont ensuite découvert de nombreuses communautés dotées de systèmes semblables de « comptage par le corps ».

Le plus insolite de ces systèmes est peut-être celui des Yupno, seul peuple papou dont chaque individu est détenteur d'une courte mélodie qui n'appartient qu'à lui, comme un nom ou une signature musicale. Leur système de comptage énumère les narines, les yeux, les tétons, le nombril, pour culminer à 31 avec le « testicule gauche », 32 le « testicule droit » et 33 le « pénis ». S'il est légitime de réfléchir à la signification du nombre 33 dans les trois grandes religions monothéistes (l'âge du Christ à sa mort, la durée

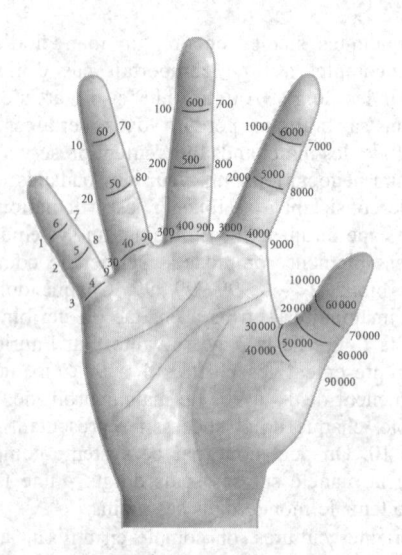

Dans ce système chinois, chaque doigt comporte neuf points représentant les chiffres de 1 à 9 pour chaque ordre de grandeur, de sorte que la main droite peut exprimer tous les nombres jusqu'à $10^5 - 1$ lorsque, de l'autre main, on touche les points correspondants. Puis, en changeant de main, on peut continuer jusqu'à $10^{10} - 1$. Le point « 0 » n'est nécessaire sur aucun doigt, car lorsque aucune valeur n'est attribuée à un doigt, celui-ci est simplement ignoré par l'autre main.

du règne du roi David, le nombre de perles du chapelet musulman de prières), ce qui frappe avec le nombre phallique des Yupno, c'est qu'il suscite en eux la plus grande réserve. Ils ne prononcent le nombre 33 que par euphémisme, comme « la chose des hommes ». Les chercheurs n'ont pu déterminer si les femmes emploient les mêmes termes, puisqu'elles ne sont pas censées connaître le système de numération et qu'elles ont refusé de répondre à la moindre question. La limite supérieure pour les Yupno est le 34, qui se dit « un homme mort ».

Voilà des millénaires qu'en Occident on emploie les systèmes en base 10. Pourtant, malgré leur grande harmonie avec notre corps, beaucoup se sont demandé s'ils constituent vraiment la plus

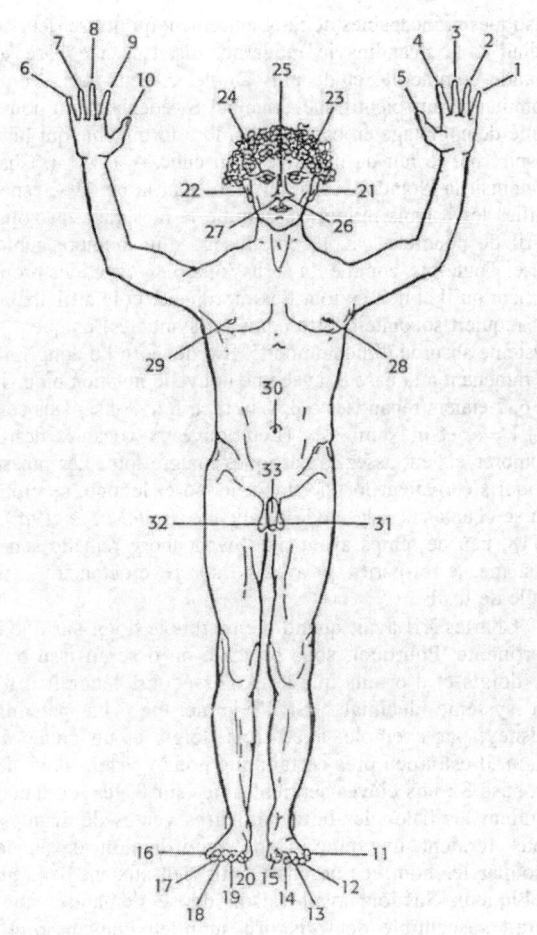

Un Yupno mort

logique des bases de numération. En fait, certains ont été jusqu'à avancer que leur origine physique en faisait précisément un *mauvais* choix. Le roi Charles XII de Suède, par exemple, a rejeté le système décimal au motif qu'il était celui des « gens simples et rustiques », incapables de faire autrement qu'utiliser leurs doigts. Il fallait à la Scandinavie moderne, disait-il, une base « de plus grande commodité et de plus ample usage ». Ainsi, en 1716, il commanda au scientifique Emanuel Swedenborg un nouveau système de comptage en base 64, nombre formidable qui lui avait été inspiré par le fait qu'il dérive d'un cube, $4 \times 4 \times 4$. Charles, qui conduisit la Grande Guerre du Nord – et la perdit –, espérait simplifier les calculs militaires, comme le mesurage du volume d'un baril de poudre à canon, par l'usage d'un nombre cubique pour base. Toutefois, comme l'a écrit Voltaire, « cette idée prouvait seulement qu'il aimait en tout l'extraordinaire et le difficile ». La base 64 requiert soixante-quatre noms (et symboles) uniques – c'est un système absurde d'incommodité. Swedenborg l'a donc simplifié en le ramenant à la base 8, avec une nouvelle notation où 0, 1, 2, 3, 4, 5, 6, 7 étaient rebaptisés o, l, s, n, m, t, f, ŭ. Ainsi, dans ce système, $1 + 1 = s$, et $m \times m = so$. (Les nouveaux vocables désignant les nombres étaient assez fantastiques malgré tout. Les puissances de 8, qui s'écrivaient lo, loo, looo, loooo et looooo, se prononçaient ou se chantaient à la mode tyrolienne, *lu*, *lo*, *li*, *le* et *la*.) Mais en 1718, peu de temps avant que Swedenborg remette son nouveau système, le roi périt – et avec lui son rêve octonaire –, tué d'une balle de fusil.

Charles XII avait quand même mis le doigt sur une question pertinente. Pourquoi, sous prétexte qu'il serait issu du nombre de doigts et d'orteils que nous possédons, faudrait-il s'en tenir au système décimal ? Si l'homme était un personnage de Disney, par exemple, avec trois doigts et un pouce à chaque main, il est à peu près certain que nous vivrions dans un monde en base 8 : nos élèves seraient notés sur 8, les journaux présenteraient les listes des huit meilleures ventes de disques, et huit sous feraient un franc. Cette modification de la façon de grouper les nombres ne changerait rien aux mathématiques. Le belliqueux Suédois avait raison de se demander quelle base serait susceptible de satisfaire au mieux nos besoins scientifiques – au lieu de se contenter de la plus adaptée à notre anatomie.

Par un samedi matin de la fin des années 1970, à Chicago, Michael de Vlieger était en train de regarder des dessins animés à la télévision lorsqu'une scène l'a frappé. La bande-son, déconcertante, mêlait des accords dissonants de piano, une guitare wah-wah et une basse menaçante. Sous un ciel étoilé de pleine lune, un drôle d'humanoïde est apparu, avec un chapeau haut de forme et une queue rayés de bleu et blanc, les cheveux blonds et un nez en forme de bâton, ce qui était plutôt en phase avec l'esthétique *glamrock* d'alors. Et comme si cela ne suffisait pas, il était doté à chaque main de cinq doigts plus un pouce, et de six orteils à chaque pied. « Ça avait un côté assez monstrueux, limite inquiétant », se souvient Michael. Ce dessin animé intitulé *Little Twelvetoes* (Douze Petits Orteils) était diffusé dans le cadre d'une émission éducative sur la base 12. « Je crois bien que la majorité de la population américaine n'a pas fait attention. Moi, j'ai trouvé ça vraiment génial. »

Michael est aujourd'hui âgé de trente-huit ans. Je l'ai rencontré à son bureau, dans un centre d'affaires installé au-dessus d'une galerie marchande, dans un quartier résidentiel de Saint Louis, Missouri.

Il arbore une épaisse tignasse noire, parsemée de quelques touches de blanc, et qui surplombe un visage rond aux yeux sombres et à la peau cireuse. Sa mère est philippine, son père est blanc, et sa condition de métis lui a valu bien des railleries durant l'enfance. Intelligent et sensible, doté d'une imagination fertile, le garçonnet a alors décidé de s'inventer un langage bien à lui, que ses camarades de classe seraient incapables de déchiffrer quand ils fouilleraient ses cahiers. *Little Twelvetoes* lui a donné l'idée d'en faire autant avec les nombres – et il a adopté la base 12, pour son usage personnel.

La base 12 comporte douze chiffres : du 0 au 9 plus deux autres, représentant le 10 et le 11. La notation admise pour ces deux chiffres « transdécimaux » est respectivement Χ et Ɛ. Si bien que lorsqu'on compte jusqu'à 12, cela donne : 0, 1, 2, 3, 4, 5, 6, 7, 8, 9, Χ, Ɛ, 10. (Voir tableau ci-après.)

Pour éviter toute confusion, on a doté ces nouveaux chiffres d'un nouveau nom : ainsi Χ se dit donc *dek*, et Ɛ se dit *el*. En outre, pour le distinguer du 10 de la base 10, le 10 reçoit le nom *do*, diminutif de *dozen* (douzaine). Si l'on compte en ordre croissant à partir de *do* en base 12, ou duodécimale, on obtient *do un* pour 11, *do deux* pour 12, *do trois* pour 13 et ainsi de suite jusqu'à *deuxdo* pour 20.

ALEX AU PAYS DES CHIFFRES

1 un	2 deux	3 trois	4 quatre	5 cinq	6 six	7 sept	8 huit	9 neuf	χ dek	ε el	10 do
11 do un	12 do deux	13 do trois	14 do quatre	15 do cinq	16 do six	17 do sept	18 do huit	19 do neuf	1χ do dek	1ε do el	20 deuxdo
21 deuxdo un	22 deuxdo deux	23 deuxdo trois	24 deuxdo quatre	25 deuxdo cinq	26 deuxdo six	27 deuxdo sept	28 deuxdo huit	29 deuxdo neuf	2χ deuxdo dek	2ε deuxdo el	30 troisdo
31 troisdo un	32 troisdo deux	33 troisdo trois	34 troisdo quatre	35 troisdo cinq	36 troisdo six	37 troisdo sept	38 troisdo huit	39 troisdo neuf	3χ troisdo dek	3ε troisdo el	40 quatredo
41 quatredo un	42 quatredo deux	43 quatredo trois	44 quatredo quatre	45 quatredo cinq	46 quatredo six	47 quatredo sept	48 quatredo huit	49 quatredo neuf	4χ quatredo dek	4ε quatredo el	50 cinqdo
51 cinqdo un	52 cinqdo deux	53 cinqdo trois	54 cinqdo quatre	55 cinqdo cinq	56 cinqdo six	57 cinqdo sept	58 cinqdo huit	59 cinqdo neuf	5χ cinqdo dek	5ε cinqdo el	60 sixdo
61 sixdo un	62 sixdo deux	63 sixdo trois	64 sixdo quatre	65 sixdo cinq	66 sixdo six	67 sixdo sept	68 sixdo huit	69 sixdo neuf	6χ sixdo dek	6ε sixdo el	70 septdo
71 septdo un	72 septdo deux	73 septdo trois	74 septdo quatre	75 septdo cinq	76 septdo six	77 septdo sept	78 septdo huit	79 septdo neuf	7χ septdo dek	7ε septdo el	80 huitdo
81 huitdo un	82 huitdo deux	83 huitdo trois	84 huitdo quatre	85 huitdo cinq	86 huitdo six	87 huitdo sept	88 huitdo huit	89 huitdo neuf	8χ huitdo dek	8ε huitdo el	90 neufdo
91 neufdo un	92 neufdo deux	93 neufdo trois	94 neufdo quatre	95 neufdo cinq	96 neufdo six	97 neufdo sept	98 neufdo huit	99 neufdo neuf	9χ neufdo dek	9ε neufdo el	χ0 dekdo
χ1 dekdo un	χ2 dekdo deux	χ3 dekdo trois	χ4 dekdo quatre	χ5 dekdo cinq	χ6 dekdo six	χ7 dekdo sept	χ8 dekdo huit	χ9 dekdo neuf	χχ dekdo dek	χε dekdo el	ε0 eldo
ε1 eldo un	ε2 eldo deux	ε3 eldo trois	ε4 eldo quatre	ε5 eldo cinq	ε6 eldo six	ε7 eldo sept	ε8 eldo huit	ε9 eldo neuf	εχ eldo dek	εε eldo el	100 gro

Nombres duodécimaux de 1 à 100

Michael a aussi conçu un calendrier personnel en base 12. Chaque date correspond au nombre de jours écoulés depuis sa naissance, calculé en base 12. Il l'utilise encore, et m'a dit plus tard que je suis venu lui rendre visite au 80Ɛ9ᵉ jour de son existence.

Si Michael a adopté la base 12, c'est pour des raisons personnelles, mais il n'est pas le seul à avoir succombé à ses charmes. Nombre de penseurs sérieux ont affirmé que le 12 offre une meilleure base à un système de numération, parce qu'il est bien plus polyvalent que le 10. En vérité, plus qu'un système de numération, le 12 est une véritable cause politico-mathématique. L'un de ses premiers partisans fut Joshua Jordaine, qui, en 1687, publia *Duodecimal Arithmetick* à compte d'auteur. Il y affirmait qu'il n'y avait « rien de plus naturel ni authentique » que de compter par douzaines. On trouve parmi les duodéciphiles éclairés du XIXᵉ siècle Isaac Pitman, célèbre inventeur d'un système de sténographie devenu universel, ainsi qu'Herbert Spencer, le théoricien social victorien. Spencer réclamait la réforme urgente du système de numération au nom « des travailleurs, du peuple aux revenus modestes et des petits commerçants qui doivent pourvoir à leurs besoins ». L'inventeur et ingénieur John W. Nystrom fut aussi des partisans de la base 12, qu'il nomma « duodénale » – donnant peut-être ainsi lieu à la plus malheureuse ambiguïté de l'histoire de la science.

Si le 12 peut sembler préférable au 10, c'est en grande mesure pour sa divisibilité, puisqu'elle s'effectue par 2, 3, 4 et 6, alors que 10 ne se divise que par 2 et 5. Les partisans du 12 affirment que nous sommes largement plus enclins dans la vie quotidienne à la division par 3 ou par 4 que par 5. Prenons le cas d'un épicier. Avec douze pommes, il peut faire deux paquets de six, trois paquets de quatre, quatre paquets de trois ou six paquets de deux. C'est beaucoup plus pratique que la dizaine, seulement partageable en deux paquets de cinq ou cinq paquets de deux. L'appellation même de « grocer[1] » porte la réminiscence de la préférence du détaillant pour la douzaine – il provient de « gross[2] », qui signifie douze douzaines, ou 144. La grande divisibilité du 12 explique aussi tout l'intérêt du système de mesure impérial : le pied, qui équivaut à

---

1. « Épicier », en anglais. (*NdT*.)
2. « Grosse ». (*NdT*.)

douze pouces, est facilement divisible par 2, 3 et 4 – ce qui constitue un réel avantage pour le menuisier ou le tailleur.

Les bienfaits de la divisibilité se font aussi sentir dans les tables de multiplication. Les plus faciles à apprendre, dans quelque base que ce soit, sont celles dont les nombres sont un diviseur de cette base. C'est pourquoi, en base 10, celles de 2 et de 5 – qui correspondent respectivement aux chiffres pairs et aux nombres finissant par 5 ou 0 – sont si simples à retenir. Pareillement, en base 12, les tables les plus simples sont celles des diviseurs de 12 : 2, 3, 4 et 6.

2 × 1 = 2	3 × 1 = 3	4 × 1 = 4	6 × 1 = 6
2 × 2 = 4	3 × 2 = 6	4 × 2 = 8	6 × 2 = 10
2 × 3 = 6	3 × 3 = 9	4 × 3 = 10	6 × 3 = 16
2 × 4 = 8	3 × 4 = 10	4 × 4 = 14	6 × 4 = 20
2 × 5 = χ	3 × 5 = 13	4 × 5 = 18	6 × 5 = 26
2 × 6 = 10	3 × 6 = 16	4 × 6 = 20	6 × 6 = 30
2 × 7 = 12	3 × 7 = 19	4 × 7 = 24	6 × 7 = 36
2 × 8 = 14	3 × 8 = 20	4 × 8 = 28	6 × 8 = 40
2 × 9 = 16	3 × 9 = 23	4 × 9 = 30	6 × 9 = 46
2 × χ = 18	3 × χ = 26	4 × χ = 34	6 × χ = 50
2 × Ɛ = 1χ	3 × Ɛ = 29	4 × Ɛ = 38	6 × Ɛ = 56
2 × 10 = 20	3 × 10 = 30	4 × 10 = 40	6 × 10 = 60

Quand on observe le dernier chiffre de chaque colonne, un schéma saute aux yeux. La table de 2 est, ici encore, constituée de tous les nombres pairs. Celle de 3 est constituée de tous les nombres finissant par 3, 6, 9 et 0. Dans celle de 4, ils finissent par 4, 8 et 0, et dans celle de 6, par 6 ou 0. Autrement dit, en base 12, les tables de 2, 3, 4 et 6 nous sont servies sur un plateau. Considérant le mal qu'ont tant d'enfants à apprendre leurs tables de multiplication, le passage en base 12 serait au fond un acte humanitaire immense. C'est du moins l'argument des partisans d'un tel changement.

Il ne faut pas confondre la campagne en faveur de la base 12 avec la croisade contre le système métrique menée par certains fanatiques des mesures impériales. Ces gens qui préfèrent les pieds et les pouces aux mètres et aux centimètres n'ont que faire de savoir si le pied doit mesurer douze pouces plutôt que dix, comme le voudrait le système duodécimal. Historiquement, en vérité, la campagne en faveur de la base 12 a toujours été sous-tendue par un certain chauvinisme antifrançais. Le plus bel exemple en est peut-être le pamphlet publié en 1913 par un ingénieur, le contre-amiral G. Elbrow, qui taxait de « rétrograde » le système métrique français. Il a colligé une liste, en base 12, des grandes dates des rois et reines d'Angleterre. Il a aussi remarqué que la Grande-Bretagne avait été envahie peu après chaque millénaire décimal – par les Romains en 43 de notre ère, et les Normands en 1066. « Qu'adviendra-t-il si, à l'aube du [IIIe millénaire], prophétisait-il, ces deux [pays]-là prenaient le même chemin, mais ensemble cette fois ? » L'invasion par l'Italie et la France serait évitable, affirmait-il, si l'on renommait 1135 l'an 1913 – tel serait le cas dans un système duodécimal, et cela retarderait le IIIe millénaire de plusieurs siècles.

Mais le plus célèbre appel aux armes duodécimaliste demeure un article paru en octobre 1934 dans *The Atlantic Monthly*, sous la plume de l'écrivain F. Emerson Andrews, qui donna lieu à la création de la Duodecimal Society of America, ou DSA. (Celle-ci adopterait rapidement le nom de Dozenal Society of America, jugeant le terme « duodécimal » trop ressemblant à celui du système qu'elle entendait remplacer.) Andrews y affirmait que le système décimal avait été adopté avec une « impardonnable myopie » et se demandait si son abandon « serait un sacrifice si terrible que cela ». Les premiers temps, la DSA soumettait chacun de ses membres postulants à quatre examens d'arithmétique duodécimale, mais elle a vite renoncé à cette exigence. Le *Duodecimal Bulletin*, qui paraît encore de nos jours, est une excellente publication, la seule, hors des textes médicaux, où il soit parfois question de polydactylie – le fait de naître avec six doigts ou plus. (Ce qui est bien plus courant qu'on le croit. Environ une personne sur cinq cents voit le jour avec au moins un doigt ou un orteil de plus.) En 1959 est née une organisation sœur, la Dozenal Society of Great Britain et, un an plus tard, s'est tenue en France la Ire conférence internationale duodécimale. Ce serait aussi la dernière. N'empêche, les deux sociétés continuent de lutter pour un avenir duodécimal, et leurs membres se considèrent comme des militants opprimés pour vouloir résister à « la tyrannie du 10 ».

La passion de jeunesse de Michael de Vlieger pour la base 12 n'a pas été une passade ; il est aujourd'hui président de la DSA. D'ailleurs, sa conviction est si forte qu'il emploie ce système dans le cadre de sa profession de concepteur de modèles architecturaux informatiques.

La base 12 facilite incontestablement la mémorisation des tables de multiplication, mais son principal avantage est sans doute de simplifier les fractions. Quand il s'agit de diviser, la base 10 est franchement chaotique. Le tiers de 10, par exemple, est 3,33… – les 3 ne s'arrêtant jamais. Le quart de 10 est 2,5 – qui exige une virgule. Mais en base 12, le tiers de 10 donne 4, et son quart donne 3. Pas mal, non ? Exprimés en pourcentage, le tiers devient 40 %, et le quart 30 %. En fait, si l'on observe comment le nombre 100 se divise par les chiffres 1 à 12, la base duodécimale offre des nombres plus concis (notez au passage que les points-virgules de la colonne de droite équivalent pour le système duodécimal à la virgule du système décimal).

Fraction de 100	Décimal	Duodécimal
Entier	100	100
Demi	50	60
Tiers	33,333…	40
Quart	25	30
Cinquième	20	24;97…
Sixième	16,666…	20
Septième	14,285…	18;6X35…
Huitième	12,5	16
Neuvième	11,111…	14
Dixième	10	12;497…
Onzième	9,09…	11;11…
Douzième	8,333…	10

C'est cette précision accrue qui rend la base 12 plus adaptée aux besoins de Michael. Même si ses clients lui fournissent des mesures décimales, il préfère les convertir en duodécimal. « Ça m'ouvre davantage de possibilités quand il faut diviser en simples proportions », dit-il.

« Le fait d'éviter les fractions compliquées participe du bon ajustement des choses. Parfois, à cause des contraintes de temps, ou pour une modification de dernière heure, il faut rapidement appliquer tout un tas de rectifications sans que ça crée de décalage sur la grille que j'ai établie au départ. Il est donc très important de disposer de proportions facilement prévisibles. Le système duodécimal m'offre davantage de choix "ronds", et plus vite. » Michael croit même que le fait d'employer la base 12 donne à son entreprise un avantage sur ses concurrents, qu'il compare à celui des nageurs et cyclistes qui s'épilent les jambes.

La DSA visait au départ la substitution pure et simple du système décimal par le système duodécimal, et son aile fondamentaliste persiste dans cette intention, mais Michael nourrit de plus modestes ambitions. Il souhaite seulement montrer aux gens qu'il existe une alternative au système décimal, et qu'elle serait mieux à même de répondre à leurs besoins. Il sait que les chances de voir le monde renoncer au *dix* pour le *douze*[1] sont nulles. Ce serait aussi déroutant que coûteux. Et le système décimal fonctionne suffisamment bien pour la plupart des gens – notamment à l'ère de l'ordinateur où, dans l'ensemble, le calcul mental est moins indispensable. « Je trouve que le système duodécimal est la meilleure des bases pour les calculs courants d'usage quotidien, ajoute-t-il, mais mon propos n'est pas de convertir qui que ce soit. »

Dans l'immédiat, l'un des objectifs de la DSA est d'obtenir l'incorporation des symboles *dek* et *el* à l'Unicode, le répertoire de caractères qu'utilisent la majorité des ordinateurs. En fait, le choix de ces symboles fait l'objet d'un débat passionné au sein de la société duodécimale. Le X et le Ɛ, aujourd'hui officiellement préconisés par la DSA, ont été conçus dans les années 1940 par William Addison Dwiggins, l'un des principaux dessinateurs américains de fontes, créateur notamment des polices Futura, Caledonia et

---

1. En français dans le texte. *(NdT.)*

Electra. Isaac Pitman préférait le Ƨ et le Ɛ. Jean Essig, un Français enthousiaste, aurait pour sa part opté pour le ⌐ et le Ƨ. Certains membres de l'organisation, plus pragmatiques, préféreraient les signes * et #, qui ont le mérite de déjà figurer parmi les douze touches des téléphones. Le *Manual of the Dozen System* (écrit en 1960, ou 1174 en base 12) recommande les termes dek, el et do (avec gro pour 100, mo pour 1 000, puis do-mo, gro-mo, bi-mo et tri-mo pour les puissances suivantes de do). D'autres suggèrent de conserver le 10, le 11 et le 12 et de continuer avec 12-1, 12-2 et ainsi de suite. Les questions terminologiques sont si sensibles que la DSA, soucieuse de ne marginaliser les partisans d'aucun symbole ou terme particulier, veille scrupuleusement à ne pas prendre parti.

L'amour de Michael pour les bases d'avant-garde ne s'est pas arrêté au 12. Il a aussi joué avec le 8, qui lui sert parfois pour bricoler chez lui. « Les bases me servent d'outils », dit-il. Il est même monté jusqu'à la base 60, ce qui lui a demandé de créer cinquante nouveaux symboles à ajouter aux dix chiffres que nous utilisons déjà, mais ce n'était pas à des fins pratiques. Le travail en base 60 lui inspire une comparaison avec l'ascension d'une montagne. « Il est impossible de vivre là-haut. Les chiffres sont trop nombreux. Dans la vallée, c'est le système décimal, on peut y respirer. Mais rien n'interdit d'aller se promener en montagne, pour apprécier la vue. » Il a rédigé les tables de multiplication du système en base 60, ou sexagésimal, et contemplé avec émerveillement les schémas qui s'en dégagent. « C'est très beau, incontestablement », dit-il.

Si la base 60 paraît issue d'une imagination extraordinairement fertile, le système sexagésimal possède ses lettres de noblesse. C'est en fait le plus ancien système dont on ait connaissance.

Le mode le plus élémentaire de notation des nombres est celui de la *taille*, employé sous diverses formes dans le monde. Les Incas tenaient leurs comptes en faisant des nœuds à une corde, tandis que les habitants des cavernes peignaient des marques sur des rochers et, depuis l'invention des meubles en bois, les montants des lits ont – figurativement du moins – été marqués d'encoches. Le plus ancien « artefact mathématique » jamais trouvé est, croit-on, un bâton de comptage : un péroné de babouin de trente-cinq mille ans découvert dans une grotte du Swaziland. L'« os de

Lebombo » est gravé de vingt-neuf lignes, qui correspondent peut-être à un cycle lunaire.

On l'a vu au chapitre précédent, l'homme est instantanément capable de distinguer entre un et deux objets, entre deux et trois objets, mais entre trois et quatre, cela devient plus difficile. Il en va de même avec les encoches. Dans tout système pratique de comptage, les tailles doivent être groupées. En Grande-Bretagne, la notation conventionnelle se compose de quatre traits verticaux, barrés en diagonale du cinquième – c'est ce qu'on appelle la « *five-bar gate* », la grille à cinq barreaux. En Amérique du Sud, on préfère tracer un carré avec les quatre premiers traits, lui aussi barré en diagonale du cinquième. Japonais, Chinois et Coréens emploient une méthode plus élaborée, qui dessine l'idéogramme 正, signifiant « correct » ou « adéquat ». (La prochaine fois que vous irez manger des sushis, demandez au serveur de vous montrer comment il a noté votre commande.)

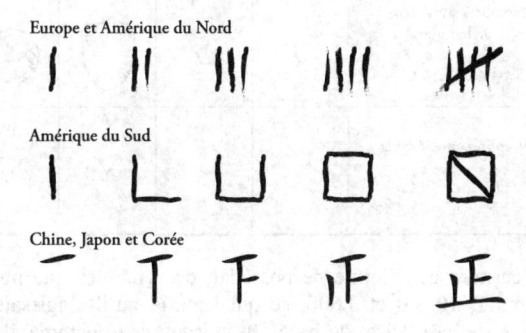

Systèmes de comptage dans le monde

Aux alentours de 8000 av. J.-C., la pratique consistant à faire des marques sur de petites pièces d'argile pour dénombrer les objets s'est répandue à travers le monde antique. Ces jetons retenaient en premier lieu la trace du nombre d'objets, comme les moutons achetés ou vendus. Différentes pièces d'argile correspondaient à différents objets ou nombres d'objets. On pouvait dès lors compter les moutons sans que ces derniers soient physiquement présents, ce qui simplifiait beaucoup les échanges et le dénombrement du troupeau. C'est la naissance de ce que nous connaissons aujourd'hui comme nombres.

Au IVe millénaire av. J.-C., à Sumer, une région de l'actuel Irak, ce système de symboles a évolué sous forme d'inscription obtenue en pressant sur l'argile tendre un morceau de roseau taillé. Les nombres ont d'abord été représentés par des cercles, ou des formes d'ongle. Autour de 2700 av. J.-C., la pointe du roseau s'est aplatie, et les marques se sont mises à ressembler à des traces de pattes d'oiseau ; différentes empreintes correspondant à différents nombres. Cette écriture, dite cunéiforme, est le point de départ de la longue histoire des systèmes d'écriture occidentaux. Il y a quelque chose de merveilleusement cocasse à songer que la littérature est le sous-produit d'une notation numérale inventée par des comptables mésopotamiens.

	1	10	60	3 600
Nombres sumériens archaïques IVe siècle av. J.-C.				
Nombres cunéiformes IIIe siècle av. J.-C.				

L'écriture cunéiforme ne possédait de symboles que pour les nombres 1, 10, 60 et 3 600, ce qui signifie qu'il s'agissait d'un mélange de base 60 et de base 10, puisque cette gamme élémentaire peut se traduire par 1, 10, 60 et 60 × 60. Le fait que les Sumériens aient regroupé leurs nombres par soixante a parfois été présenté comme l'un des grands mystères irrésolus de l'histoire de l'arithmétique. Certains y ont vu la fusion de deux systèmes précédents, en base 5 et 12, mais aucune preuve concluante n'a jamais été trouvée.

Les Babyloniens, qui sont à l'origine de grandes avancées en mathématiques et en astronomie, ont adopté la base sexagésimale sumérienne, puis ce furent les Égyptiens, suivis des Grecs, qui ont fondé leur décompte du temps sur le système babylonien – cela explique que, jusqu'à ce jour, soixante secondes fassent une minute et soixante minutes une heure. Nous sommes tellement habitués à dire l'heure en base 60 que cela ne soulève plus guère d'interrogations, alors que ce système demeure largement inexpliqué. La France révolutionnaire, toutefois, a voulu balayer ce qui lui apparaissait comme une incohérence avec le système décimal. En 1793, lorsque la Convention introduisit le système métrique des poids et mesures, elle tenta aussi de décimaliser le temps. Un décret établit alors que la journée serait divisée en dix heures, chacune comptant cent minutes de cent secondes. Ça fonctionnait à merveille, chaque jour comportant cent mille secondes – contre les 86 400 secondes (60 × 60 × 24) que nous connaissons. La seconde révolutionnaire était par conséquent légèrement plus courte que la seconde normale. En 1794, le temps décimal est devenu obligatoire, et l'on s'est mis à produire des montres dont les cadrans n'allaient que jusqu'à dix. Mais le système a profondément perturbé la population, au point qu'il a été abandonné au bout de six mois. Il faut dire qu'une heure comportant cent minutes n'est pas aussi pratique qu'une heure de soixante minutes, car le nombre 100 ne possède pas autant de diviseurs que 60. 100 est divisible par 2, 4, 5, 10, 20, 25 et 50, alors qu'on peut diviser 60 par 2, 3, 4, 5, 6, 10, 12, 15, 20 et 30. La faillite du temps décimal a été une petite victoire pour la pensée duodécimale. Non seulement 12 est un diviseur de 60, mais il l'est aussi de 24, le nombre d'heures de la journée.

Bien plus récemment, une nouvelle campagne pour la décimalisation du temps a encore échoué. En 1998, le conglomérat suisse Swatch lançait le Swatch Internet Time, qui divisait la journée en mille fractions nommées *battements* (équivalant à une minute et 26,4 secondes). Le fabricant a mis en vente des montres affichant sa « vision révolutionnaire du temps » pendant environ un an, avant de se déballonner et de les retirer de son catalogue.

Mais la France et la Suisse ne sont pas les seules nations occidentales à avoir, dans un passé récent, engagé des procédures farfelues de comptage. En Grande-Bretagne, le *bâton de taille partagé*, obsolète depuis le jour où le premier Sumérien apposa son empreinte sur la première tablette cunéiforme, a servi de monnaie d'échange jusqu'en 1826. La Banque d'Angleterre a longtemps émis des bâtons de comptage préfabriqués dont la valeur monétaire était définie par la distance séparant une encoche de la base. Un

Montre révolutionnaire, avec cadran décimal et traditionnel

document rédigé en 1186 par le trésorier Lord Richard Fitzneal établissait ces valeurs comme suit :

1 000 £	largeur de la paume de la main
100 £	épaisseur d'un pouce
20 £	épaisseur d'un auriculaire
1 £	épaisseur d'un grain d'orge gonflé

La procédure employée par le Trésor reposait en fait sur un système de « double taille ». On brisait un bâton de bois en son centre, constituant ainsi deux parties – la taille *(stock)* et la contre-taille *(foil)*. Une valeur était gravée – « taillée » – sur la taille, et reportée sur la contre-taille, qui tenait lieu de reçu. Si je prêtais de l'argent à la Banque d'Angleterre, on me remettait une taille marquée d'une encoche indiquant le montant concerné – ce qui explique l'origine des termes *stockholder* et *stockbroker*[1] –, tandis que la banque conservait la contre-taille, portant une encoche identique.

Cette pratique n'a été abandonnée qu'il y a deux siècles. En 1834, le Trésor a fait brûler les morceaux de bois devenus obsolètes dans une chaudière du sous-sol du palais de Westminster, siège du gouvernement britannique. Mais le feu s'est propagé. Ainsi Charles Dickens a-t-il décrit l'événement : « Le fourneau, comblé de ces grotesques bâtons, a mis le feu au lambris ; le lambris a embrasé la Chambre des communes ; les deux chambres [du Parlement] ont été réduites en cendres. » On a souvent vu d'obscurs instruments financiers influencer les travaux du gouvernement, mais seul le bâton de taille a littéralement provoqué l'effondrement d'un parlement. À sa reconstruction, le palais s'est trouvé doté d'une belle tour ornée d'une horloge, Big Ben, qui deviendrait rapidement le monument distinctif de la ville de Londres.

Les défenseurs du système de mesures impérial avancent souvent que la sonorité de ses vocables est plus gracieuse que celle du système métrique. Les mesures employées pour le vin illustrent parfaitement leur argument :

2 gills = 1 chopine
2 chopines = 1 pinte
2 pintes = 1 quart
2 quarts = 1 pottle
2 pottles = 1 gallon
2 gallons = 1 pelletée
2 pelletées = 1 demi-boisseau
2 demi-boisseaux = 1 boisseau (ou barillet)
2 barillets = 1 kilderkin
2 kilderkins = 1 barrique
2 barriques = 1 muid
2 muids = 1 pipe
2 pipes = 1 tun

---

1. Respectivement « détenteur de stock », ou actionnaire, et agent de change. *(NdT.)*

Ce système est en base 2, ou binaire, qu'on exprime généralement par les chiffres 0 et 1. Les nombres du système binaire sont ceux qu'on emploierait en base 10 si n'y figuraient que le 0 et le 1. Autrement dit, c'est la séquence qui commence par 0, 1, 10, 11, 100, 101, 110, 111, 1 000. Par conséquent 10 vaut 2, 100 vaut 4, 1 000 vaut 8 et ainsi de suite, chaque 0 supplémentaire correspondant à une multiplication par 2. (Exactement comme en base 10, où l'ajout de chaque 0 correspond à une multiplication par 10.) Pour le vin, la plus petite unité de mesure est le gill. Deux gills font une chopine, quatre gills font une pinte, huit gills font un quart, seize gills font un pottle, etc. Ces mesures sont la réplique parfaite du système de numération binaire. Si le gill vaut 1, alors la chopine vaut 10, la pinte 100, le quart 1 000 et ainsi de suite jusqu'au tun, qui vaut 10 000 000 000 000.

Le système binaire peut se targuer d'avoir pour premier partisan le plus grand mathématicien à s'être jamais épris d'une base non conventionnelle. Gottfried Leibniz, scientifique, philosophe et homme d'État de la fin du XVIIe siècle, fut l'un des principaux penseurs de son temps. Parmi de nombreuses fonctions, il exerça celle de bibliothécaire à la cour du duc de Brunswick, à Hanovre. Sa passion pour la base 2 était telle qu'il écrivit un jour au duc pour le presser de faire frapper un médaillon avec la mention *Imago Creationis* – « à l'image du monde » – en hommage au système binaire, porteur à ses yeux de cohérence pratique et spirituelle. D'abord, il jugeait que son aptitude à décrire chaque nombre en termes de double facilitait toute une gamme d'opérations. « [Il] sert aux essayeurs pour peser toutes sortes de masses avec peu de poids et pourrait servir dans les monnaies pour donner plusieurs valeurs avec peu de pièces », écrivit-il en 1703. Mais Leibniz trouvait quand même au système binaire certains inconvénients pratiques. Les nombres sont beaucoup plus longs à écrire : 1000, en système décimal, par exemple, s'écrit 1 111 101 000 en binaire. Mais, ajoutait-il, « le calcul par 2, c'est-à-dire par 0 et par 1, en récompense de sa longueur, est le plus fondamental pour la science, et permet de nouvelles découvertes ». L'observation des symétries et des schémas de la notation binaire, affirmait-il, ouvre de nouvelles perspectives mathématiques, elle enrichit et rend plus polyvalente la théorie des nombres.

Représentation du médaillon binaire de Leibniz, dans la Dissertatio mathematica de praestantia arithmeticae binaria prae decimali *(1718). Outre les mots* Imago Creationis, *on peut lire en latin :* « L'un crée le tout à partir de rien… mais l'un est nécessaire. »

Ensuite, Leibniz s'émerveillait des résonances qu'il trouvait dans le système binaire avec ses convictions religieuses. Le cosmos était à ses yeux constitué d'être, ou de substance, et de non-être, ou de néant, une dualité parfaitement symbolisée par les chiffres 1 et 0. De même que Dieu crée tous les êtres à partir du vide, tous les nombres peuvent s'écrire en termes de 1 et de 0. La conviction chez Leibniz que le binaire était l'illustration parfaite d'une vérité métaphysique fondamentale s'est – à sa grande joie – renforcée lorsque, plus tard dans sa vie, il a découvert le *Yi King*, un ancien texte mystique chinois. Le *Yi King* est un livre de divination où figurent soixante-quatre symboles différents, chacun accompagné d'un commentaire. Le lecteur tire l'un de ces symboles au hasard (traditionnellement en jetant des tiges d'achillée mille-feuille) et interprète le texte qui s'y rattache – un peu comme on lirait un thème astral. Chaque symbole du *Yi King* est un hexagramme, c'est-à-dire qu'il se compose de six lignes horizontales, qui sont soit brisées, soit entières, selon qu'elles correspondent au yin ou au yang. Les soixante-quatre hexagrammes du *Yi King* couvrent toute la gamme des combinaisons possibles de yin et de yang par groupes de six.

La figure ci-dessous représente un mode de classement particulièrement harmonieux de ces hexagrammes. Si l'on remplace chaque yang par 0 et chaque yin par 1, la séquence correspond précisément aux nombres binaires de 0 à 63.

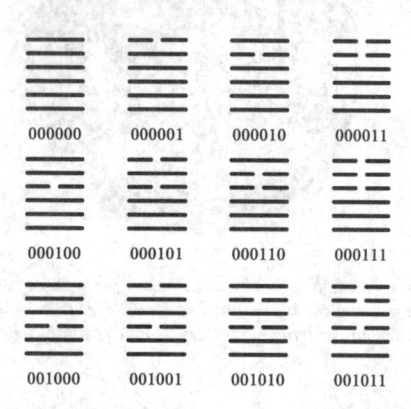

Extrait de la suite de Fu Hsi, du Yi King *et son équivalent binaire*

Cet agencement s'appelle la suite de Fu Hsi. (À strictement parler, c'est l'inverse de la suite de Fu Hsi, mais elles sont mathématiquement équivalentes.) Lorsque Leibniz s'est aperçu de la nature binaire de cette suite, il en a tiré « une grande opinion de la profondeur [du *Yi King*] ». Persuadé que le système binaire était le reflet de la Création, et constatant la présence de ce même système au fondement de la sagesse taoïste, il s'est dit que le mysticisme oriental pouvait désormais s'accommoder de ses propres croyances occidentales. « La substance de la théologie antique des Chinois est intacte et, pour peu qu'on corrige les erreurs qui ont suivi, elle peut consentir aux grandes vérités de la religion chrétienne », a-t-il écrit.

Le panégyrique de Leibniz sur la base 2 témoignait d'une préoccupation plutôt excentrique aux yeux des grands esprits universels de son temps. Pourtant, en accordant une importance fondamentale à ce système, il montrait davantage de prescience qu'il ne l'aurait cru. L'ère numérique est fondée sur le binaire car, à son niveau le plus élémentaire, l'informatique repose sur un langage composé de 0 et de 1. « Hélas ! écrivait le mathématicien Tobias Dantzig. Ce qui fut naguère salué comme un monument au monothéisme a fini dans les entrailles d'un robot. »

« La liberté, c'est la liberté de dire que deux et deux font quatre », écrit Winston Smith, le héros de *1984*, de George Orwell. Par cette affirmation, Orwell n'évoquait pas seulement la liberté d'expression en Union soviétique, mais les mathématiques. Deux plus deux feront toujours quatre. Nul ne pourra jamais dire le contraire. Les vérités mathématiques ne subissent pas l'influence de la culture ou de l'idéologie.

Ce qui est très influencé par la culture, en revanche, c'est notre approche des mathématiques. Le choix de la base 10, par exemple, n'est pas né de considérations mathématiques mais physiologiques : le nombre de nos doigts et de nos orteils. La langue aussi intervient dans notre compréhension mathématique, et de fort curieuse façon. En Occident, notamment, les mots que nous avons choisis pour désigner les nombres nous imposent une certaine restriction.

Dans la quasi-totalité des langues d'Europe occidentale, les termes numéraux ne suivent pas un schéma régulier. En anglais, pour dire vingt et un, vingt-deux, vingt-trois, on dit *twenty-one*, *twenty-two*, *twenty-three*. Mais pour onze, douze et treize, on ne dit pas *tenty-one*, *tenty-two*, *tenty-three* – on dit *eleven*, *twelve*, *thirteen*. *Eleven* et *twelve* sont des constructions uniques, et bien que *thirteen* soit un assemblage de *three* (trois) et de *ten* (dix), le *three* précède le *ten* – à la différence de *twenty-three*, où le *three* suit le *twenty*. De dix à vingt, l'anglais est un vrai capharnaüm[1].

En revanche, en chinois, en japonais et en coréen, les termes de numération suivent un schéma cohérent. Onze s'écrit dix-un. Douze, dix-deux, et ainsi de suite pour dix-trois, dix-quatre, jusqu'à dix-neuf. Vingt s'écrit deux-dix, et vingt et un, deux-dix un. Et dans chaque cas, les nombres se prononcent dans l'ordre où ils s'écrivent. Et alors ? Il semble bien que ça fasse une différence chez les plus jeunes. Les études s'obstinent à montrer que les enfants d'Asie apprennent plus facilement à compter que les Européens. Dans une autre étude, portant sur des enfants chinois et

---

1. Le lecteur l'aura perçu, en français aussi la séquence est discontinue, et l'on dit onze, douze, treize, plutôt que « dix et un », « dix-deux », « dix-trois ». Ce désordre prend fin après seize, où dix-sept, dix-huit et dix-neuf remettent enfin les choses en place. *(NdT.)*

américains de quatre et cinq ans, les deux nationalités ont obtenu les mêmes résultats lorsqu'il fallait compter jusqu'à 12, mais au-delà, les Chinois ont montré une avance d'un an. La régularité du système facilite la compréhension arithmétique. Il suffit d'énoncer une addition aussi simple que 25 + 32 sous la forme deux-dix-cinq plus trois-dix-deux pour se trouver déjà un petit peu plus près de la solution : cinq-dix-sept.

Toutes les langues européennes ne comportent pas cette irrégularité. Le gallois, par exemple, est semblable au chinois. Onze, en gallois, se dit *un deg un* (un-dix-un) ; douze, *un deg dau* (un-dix-deux), et ainsi de suite. Ann Dowker et Delyth Lloyd, de l'université d'Oxford, ont testé les aptitudes mathématiques d'enfants de langue anglaise et galloise habitant le même village gallois. La supériorité des enfants chinois sur les enfants américains peut s'expliquer par nombre de facteurs culturels, comme le nombre d'heures consacrées aux mathématiques ou l'attitude générale à leur égard, mais pour ce qui concerne les enfants d'un même village, ces différences culturelles s'effacent. Dowker et Lloyd ont constaté que si les aptitudes arithmétiques générales des sujets de langue anglaise et galloise sont à peu près équivalentes, les seconds manifestent bel et bien de meilleures aptitudes mathématiques dans certains domaines précis – la lecture, la comparaison et le maniement des nombres à deux chiffres.

L'allemand est encore plus irrégulier que l'anglais. En allemand, vingt et un se dit *einundzwanzig*, soit un-et-vingt, vingt-deux se dit *zweiundzwanzig*, ou deux-et-vingt, et ainsi de suite, l'unité précédant les dizaines jusqu'à 99. Ce qui implique que lorsqu'un Allemand dit un nombre supérieur à 100, il n'énonce pas les chiffres dans l'ordre consécutif : trois cent quarante-cinq se dit *dreihundertfünfundvierzig*, ou trois cent cinq et quarante, ce qui revient à aligner les chiffres sous la forme absconse de 3-5-4. En Allemagne, l'effervescence est telle autour de la confusion numérale ainsi suscitée qu'une campagne a été lancée par un groupe nommé *Zwanzigeins* (Vingt et un) pour réclamer un système plus régulier.

Le positionnement des termes et leur irrégularité entre 11 et 19 ne sont pas les seules causes du désavantage des langues d'Europe occidentale par rapport à certaines langues d'Asie. Nous sommes aussi handicapés par le temps que nous mettons à prononcer les nombres. Dans *La Bosse des maths*, Stanislas Dehaene présente la séquence 4, 8, 5, 3, 9, 7, 6 et demande au lecteur de consacrer vingt secondes à sa mémorisation. Les anglophones ont 50 % de chances de bien retenir ces sept chiffres. En comparaison, les individus de langue chinoise en retiendront neuf. Selon Dehaene, cela est dû au fait que le nombre de chiffres que nous sommes capables de conserver en tête à un moment donné est déterminé par le nombre de ceux que nous pouvons prononcer dans un intervalle de deux secondes. Tous les adjectifs numéraux chinois du 1 au 9 se composent d'une syllabe concise : *yi, er, san, si, wu, liu, qi, ba, jiu*. Chacun se prononce en moins d'un quart de seconde, si bien qu'en deux secondes un individu de langue chinoise peut en dire neuf. Les chiffres anglais, en revanche, se prononcent en à peine moins qu'un tiers de seconde (à cause de l'encombrant *seven*, qui comporte deux syllabes, et de la syllabe prolongée du *three*), si bien qu'en deux secondes nous plafonnons à sept. Le record en la matière est détenu par le cantonais, dont les chiffres se prononcent plus brièvement encore, puisqu'on peut en énoncer dix en deux secondes.

Si les langues occidentales semblent aller à l'encontre de toute notion d'aisance en mathématiques, au Japon, le langage est mis à contribution dans le bon sens. Les mots et les phrases sont expressément modifiés pour simplifier l'apprentissage des tables de multiplication, nommées *kuku*. La tradition de ces tables prend son origine dans la Chine ancienne, et s'est propagée au Japon autour du VIIIe siècle. *Ku* signifie neuf en japonais, et le nom des tables vient du fait qu'on commençait à les réciter par la fin, par 9 × 9 = 81. Cette tradition a été modifiée voici quelque quatre cents ans, de sorte que le *kuku* commence aujourd'hui par « un un est un ».

Les paroles du *kuku* sont simples :

Un un est un
Un deux est deux
Un trois est trois…

Cela continue jusqu'à « Un neuf est neuf », puis, la table de 2 commence par :

Deux un est deux
Deux deux est quatre

Et ainsi de suite jusqu'à neuf neuf est quatre-vingt-un.

Jusque-là, cela ressemble beaucoup à la manière occidentale. Dans le *kuku*, toutefois, chaque fois qu'il existe deux prononciations pour un mot, on emploie la plus fluide. Le un, par exemple, peut se dire *in* ou *ichi*, et plutôt que d'entamer le *kuku* par *in in* ou *ichi ichi*, on emploie la combinaison *in ichi*, plus douce à l'oreille. Huit se dit *ha*. Huit huit devrait donc se dire *ha ha*. Pourtant, la façon de dire 8 × 8 dans le *kuku* est *happa*, qui roule plus vite sur la langue. Tout cela fait du *kuku* un genre de poème, ou de comptine. Lors de ma visite d'une école élémentaire à Tokyo, à entendre une classe d'enfants de sept et huit ans travailler le *kuku*, j'ai été frappé par la ressemblance avec le rap – les phrases étaient syncopées et joyeuses. On était à mille lieues en tout cas de la façon dont j'ai moi-même récité mes tables de multiplication à l'école, plus voisine du son métronomique d'une locomotive à vapeur grimpant une côte. Makiko Kondo, la maîtresse, m'a expliqué qu'elle enseigne le *kuku* à ses élèves sur un tempo soutenu, parce que ça rend l'apprentissage plus amusant. « Nous commençons par leur apprendre à le réciter, et ce n'est que plus tard qu'ils comprennent ce que ça signifie vraiment. » On dirait que la poésie du *kuku* facilite l'inculcation des tables de multiplication dans les cerveaux japonais. Des adultes m'ont dit que leur connaissance du fait que sept fois sept font 49, par exemple, ne leur venait pas d'un souvenir mathématique, mais parce que la musique de « sept fois sept quarante-neuf » sonne juste.

Si les irrégularités du vocabulaire numéral occidental desservent les arithméticiens en herbe, elles font en revanche la joie des historiens des mathématiques. Le terme français quatre-vingts révèle que les ancêtres des Français employèrent un système en base 20. On a également dit que la similarité entre le chiffre « neuf » et le caractère de ce qui est nouveau, constatée dans de nombreuses langues indoeuropéennes, comme le français *(neuf, neuf)*, l'espagnol *(nueve, nuevo)*, l'allemand *(neun, neu)* et le norvégien *(ni, ny)*, serait un vestige de l'emploi d'un système en base 8 depuis longtemps oublié, dans lequel la neuvième unité était la première d'une nouvelle série de huit. (Si l'on exclut les pouces, nous sommes dotés de huit doigts, et c'est ce qui pourrait avoir donné lieu à un tel système. Ou alors en comptant les intervalles séparant les doigts.) Les termes par lesquels nous désignons les chiffres nous rappellent aussi que nous ne serions pas si éloignés que ça des tribus sans nombres d'Amazonie et d'Australie. En anglais, *thrice* peut aussi bien signifier trois fois que de nombreuses fois ; en français, *trois* est voisin de *très :* peut-être faut-il y voir l'ombre de notre propre passé de pratiquants du « un, deux, beaucoup ».

Si certains aspects des nombres – la base, le style de la numération ou la structure des termes employés – ont beaucoup varié d'une culture à l'autre, les premières civilisations, dans leur mécanique de comptage et de calcul, ont au contraire affiché un degré d'uniformité étonnant. Toutes ont employé le système général nommé « valeur de position », dont le principe est que différentes positions représentent différents ordres numéraux. Voyons ce que cela signifie dans le contexte des bergers médiévaux du Lincolnshire. Comme on l'a vu plus haut, ils employaient vingt nombres, de *yan* à *figgit*. Une fois que le berger avait dénombré vingt moutons, il mettait un caillou de côté et recommençait, de *yan* à *figgit*. S'il possédait quatre cents moutons, ça lui faisait vingt cailloux, puisque $20 \times 20 = 400$. Imaginons à présent qu'il ait possédé mille moutons. S'il les comptait tous, ça faisait cinquante cailloux, puisque $50 \times 20 = 1\ 000$. Mais le problème de ce berger avec ses cinquante cailloux, c'est qu'il ne pouvait pas les compter, puisqu'il ne comptait que jusqu'à 20 !

Face à cette difficulté, l'une des solutions peut consister à tracer des sillons parallèles dans le sol, comme sur la figure ci-dessous. Une fois atteint le nombre de vingt moutons, le berger dépose un caillou dans le premier sillon. Quand il en compte vingt de plus, il dépose un deuxième caillou dans le même sillon. Peu à peu, le premier sillon se remplit. Mais au moment de déposer le vingtième caillou dans le premier sillon, il place en fait un seul caillou dans le second sillon, et vide entièrement le premier. Autrement dit, un caillou dans le second sillon équivaut à vingt cailloux dans le premier – de la même façon qu'un caillou dans le premier sillon représente vingt moutons. Un caillou dans le second sillon représente quatre cents moutons. Le berger possédant mille moutons qui employait cette méthode se retrouvait donc avec deux cailloux dans le second sillon et dix dans le premier. Grâce à ce système de valeur de position – dans lequel chaque sillon confère une valeur différente au caillou qu'il contient –, notre berger n'a besoin que de douze cailloux pour compter ses mille moutons, au lieu des cinquante qu'il lui aurait autrement fallu.

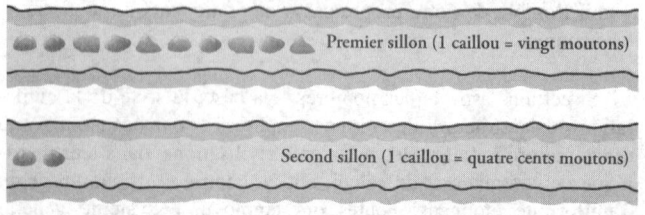

Premier sillon (1 caillou = vingt moutons)

Second sillon (1 caillou = quatre cents moutons)

Nombre total de moutons = (10 × 20) + (2 × 400) = 1 000

Les systèmes de comptage par valeur de position ont servi dans le monde entier. Au lieu de cailloux et de sillons, les Incas déposaient des haricots ou des grains de maïs dans des plateaux. Les Indiens d'Amérique du Nord enfilaient des perles ou des coquillages sur des fils de différentes couleurs. Les Grecs et les Romains plaçaient des jetons d'os, d'ivoire ou de métal sur un abaque, une table marquée de plusieurs colonnes. En Inde, on faisait des traces dans le sable.

Les Romains ont aussi fabriqué une version mécanique de ce système, où des perles coulissaient dans des fentes : le boulier. Ce modèle transportable s'est répandu à travers le monde civilisé même si, selon les pays, les versions ont quelque peu varié. Le *schoty* russe comporte dix perles par tige (sauf sur une rangée qui n'en comporte que quatre, pour permettre aux caissiers de compter les quarts de rouble). Le *suan-pan* chinois en comporte sept, tandis que le *soroban* japonais, comme le boulier romain, n'en compte que cinq.

Chaque année, au Japon, près d'un million d'enfants apprennent le maniement du boulier dans l'un des vingt mille clubs qui y sont exclusivement consacrés, le soir, après l'école. J'ai eu l'occasion de visiter l'un de ces lieux, dans la banlieue ouest de Tokyo, à proximité d'une ligne de chemin de fer, dans un quartier résidentiel. Trente vélos de toutes les couleurs stationnaient au-dehors. Dans une grande vitrine, on pouvait admirer des trophées, des bouliers, et une rangée de planchettes de bois sur lesquelles étaient calligraphiés les noms des meilleurs élèves.

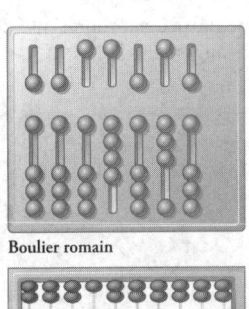

Boulier romain

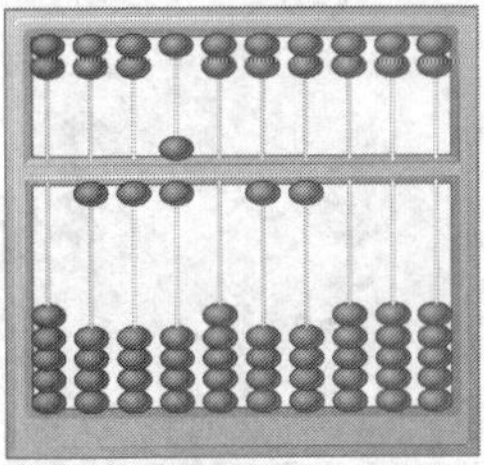

Schoty russe

Suan-pan chinois

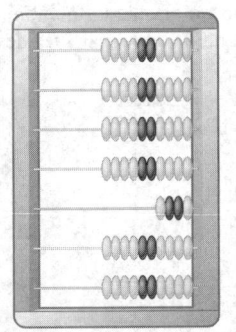

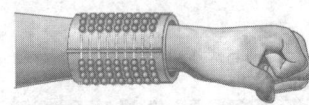

Nepohualtzintzin maya

En japonais, « lire », « écrire » et « arithmétique » se disent *yomi*, *kaki* et *soroban* – ce dernier terme signifiant aussi boulier. Cela remonte à la période de l'histoire japonaise où le pays a vécu dans un isolement quasi total du reste du monde, entre le XVIIe et le XIXe siècle. Avec l'émergence d'une jeune classe de marchands, pour qui manier le sabre du samouraï ne suffisait pas, une nouvelle culture a fleuri dans des écoles communautaires privées, où l'on apprenait la langue et l'arithmétique – en mettant l'accent sur l'apprentissage du maniement du boulier.

Le club de boulier de Yuji Miyamoto est un descendant moderne de ces anciens établissements de *soroban*. À mon arrivée, M. Miyamoto, en costume bleu marine et chemise blanche, se tenait devant une petite classe de cinq filles et neuf garçons. Il lisait tout haut des nombres en japonais, à la cadence haletante d'un commentateur de courses hippiques. Simultanément, les enfants procédaient à leur addition, dans un crépitement de boules qui évoquait un essaim de cigales.

Sur un *soroban*, il y a exactement dix façons d'arranger les boules de chaque colonne, représentant les nombres de 0 à 9, comme on le voit sur la figure page suivante.

Quand on affiche un nombre, chaque chiffre est représenté sur une colonne distincte par l'un des dix arrangements.

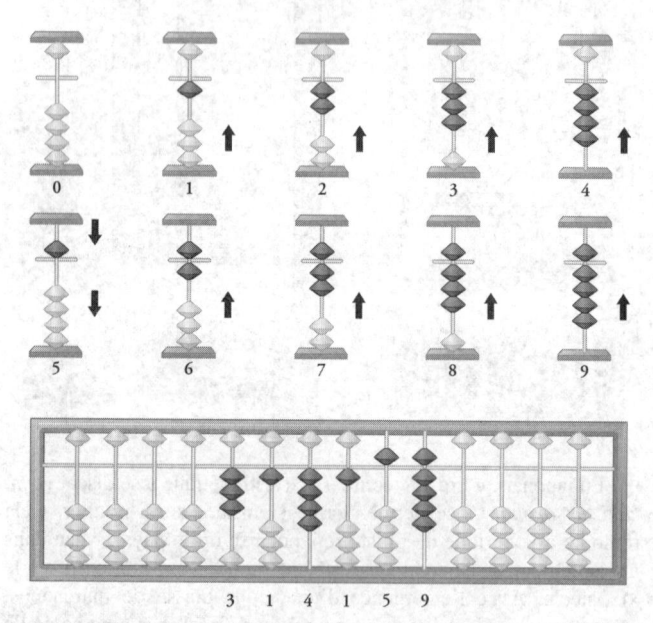

Les nombres sur le soroban

Le boulier a été inventé comme un instrument de comptage, mais il a vraiment pris toute sa dimension en tant que mode de calcul. La méthode consistant à faire coulisser les boules a immensément simplifié l'arithmétique. Pour calculer 3 plus 1, par exemple, on part de trois boules, on en déplace une, et le résultat est déjà là, sous nos yeux – quatre boules. Pour compter 31 plus 45, on part de deux colonnes indiquant 3 et 1, on déplace quatre boules sur la colonne de gauche et cinq sur celle de droite. Les colonnes affichent à présent 7 et 6, qui est la réponse, 76. Avec un peu de pratique et d'application, il devient très facile d'additionner des nombres de n'importe quelle longueur, à partir du moment où l'on dispose du nombre suffisant de colonnes. Si, dans une quelconque colonne, les deux nombres dépassent 10, il faut déplacer d'un cran les boules de la colonne à sa gauche. Par exemple, 9 plus 2 sur une colonne se transpose en 1 sur la colonne de gauche et 1 sur la colonne d'origine, ce qui constitue la réponse, 11. Les soustractions, les multiplications et les divisions sont un peu plus compliquées mais, une fois maîtrisées, elles peuvent s'accomplir à grande vitesse.

De Moscou à Tokyo, les bouliers ont continué à garnir les magasins jusqu'à l'apparition des calculettes bon marché, dans les années 1980. D'ailleurs, pendant la transition entre l'ère manuelle et l'ère électronique, on trouvait même au Japon un produit combinant le boulier et la calculette. Les additions se font généralement plus rapidement sur le boulier, puisque la réponse apparaît aussitôt qu'on y a entré les termes. Pour la multiplication, la calculette offre un léger avantage en matière de vitesse. (Le boulier hybride permettait aussi au sceptique de confirmer le résultat de la calculette, au cas où il s'en serait méfié.)

Modèle hybride de boulier-calculette, par Sharp

L'usage du boulier a considérablement reculé au Japon depuis les années 1970 où, à son sommet, 3,2 millions d'élèves passaient chaque année le concours national de maîtrise du *soroban*. Sa pratique demeure toutefois un signe caractéristique de développement personnel, et une activité parascolaire de masse, au même titre que la natation, le violon ou le judo. D'ailleurs, elle s'organise comme un art martial. Le niveau de compétence se mesure en *dan,* et il existe tout un système de compétitions à l'échelon local, provincial et national. Un dimanche, je me suis rendu à l'une de ces rencontres régionales. Dans une grande salle de conférences, quelque trois cents enfants de cinq à douze ans étaient assis, chacun à sa table, avec son *soroban* et ses accessoires, notamment un bel étui de soie. Au fond de la salle se tenait un annonceur qui, avec l'intonation d'un muezzin impatient, dictait les nombres à additionner, soustraire ou multiplier. C'était une compétition par élimination, étalée sur plusieurs heures. Au moment de la remise des trophées – une figurine ailée brandissant un boulier –, les haut-parleurs ont craché une marche militaire.

Dans son école, M. Miyamoto m'a présenté l'un de ses meilleurs élèves, Naoki Furuyama, dix-neuf ans, ancien champion national de *soroban*. En tenue décontractée, chemisette à carreaux sur tee-shirt noir, le jeune homme avait l'air d'un ado tout ce qu'il y a de plus détendu et bien dans sa peau – aux antipodes du cliché du *supergeek* asocial. Furuyama est capable de multiplier deux nombres à six chiffres en quatre secondes environ, soit à peu près le temps qu'il faut pour énoncer le problème. Je lui ai demandé quelle utilité pouvait bien avoir une telle rapidité de calcul, qui ne répond à aucune exigence de la vie quotidienne. Il m'a répondu que c'était bon pour sa capacité de concentration et d'autodiscipline. M. Miyamoto est alors intervenu. À quoi peut-il bien servir de courir quarante et un kilomètres ? m'a-t-il demandé. On n'a jamais besoin de courir quarante et un kilomètres dans la vie, et pourtant on le fait, pour pousser la performance humaine à sa limite. De la même façon, a-t-il dit, il y a une certaine noblesse à pousser aussi loin que possible les capacités arithmétiques du cerveau.

Certains parents inscrivent leur enfant au club de boulier parce que c'est une façon de les aider à obtenir de meilleures notes en maths à l'école. Mais cela ne suffit guère à expliquer la vogue que connaît actuellement cette activité. Pour les mathématiques, il existe des cours de perfectionnement plus spécifiquement ciblés – le Kumon, par exemple, une méthode pour résoudre au mieux les exercices lancée à Osaka dans les années 1950, est aujourd'hui pratiqué par plus de quatre millions d'enfants dans le monde. Le club de boulier offre l'avantage d'être amusant. J'ai lu sur le visage des élèves de l'école de M. Miyamoto qu'ils prenaient un plaisir manifeste à exercer leur adresse à déplacer les boules avec vitesse et précision. La tradition japonaise du *soroban* constitue un motif de fierté nationale. Cependant, me suis-je dit, la vraie joie du boulier est plus primaire : c'est un instrument utilisé depuis des milliers d'années qui, dans certains cas, reste la façon la plus rapide d'effectuer des additions.

Après quelques années d'usage du boulier, une fois qu'on a atteint un certain degré de familiarité avec le positionnement des boules, il devient possible d'effectuer des calculs en se contentant de les visualiser dans son esprit. C'est ce qu'on appelle l'*anzan*, et tous les meilleurs élèves de M. Miyamoto y parviennent. C'est très impressionnant à voir – bien qu'il n'y ait absolument rien à voir. M. Miyamoto lit les nombres devant une salle parfaitement silencieuse et immobile et, après quelques secondes, les élèves lèvent la main pour donner la réponse. Naoki Furuyama m'a confié qu'il était capable de visualiser un boulier à huit colonnes. Autrement dit, son boulier imaginaire peut afficher tous les nombres de 0 à 99 999 999.

Au regard du nombre de *dan* obtenus par ses élèves et de leur palmarès dans les tournois nationaux, le club de boulier de M. Miyamoto est l'un des meilleurs du pays. Sa spécialité, toutefois, c'est l'*anzan*. Voici quelques années, M. Miyamoto s'est employé à concevoir un type d'épreuve d'arithmétique à laquelle il n'est possible de répondre que par l'*anzan*. Quand on énonce une addition à un élève, par exemple, ce dernier peut procéder de plusieurs façons : à l'aide d'une calculette, d'un crayon et d'un papier, d'un boulier, ou par l'*anzan*. M. Miyamoto entendait montrer que, dans certaines circonstances, seul l'*anzan* était possible.

Il en a tiré le jeu informatique *Flash Anzan*, dont il m'a fait une démonstration. Après avoir demandé à sa classe de se préparer, il a appuyé sur la touche *play*, et les élèves ont fixé un écran de télévision installé au bout de la salle, devant eux. La machine a émis trois bips, pour indiquer qu'elle était sur le point de commencer, et les quinze nombres suivants sont apparus, l'un après l'autre. Chacun n'est resté à l'écran que 0,2 seconde, si bien qu'après trois secondes, c'était fini :

164
597
320
872
913
450

568
370
619
482
749
123
310
809
561

Les nombres se sont succédé si vite que j'ai à peine eu le temps de les lire. Pourtant, dès l'apparition du dernier, Naoki Furuyama a annoncé en souriant que leur somme était égale à 7 907.

Il est impossible de trouver la solution à une épreuve de *Flash Anzan* à l'aide d'une calculette ou d'un boulier, puisqu'on n'a pas le temps de mémoriser les nombres qui apparaissent, et moins encore de les taper sur un clavier ou de disposer les boules. L'*anzan* ne passe pas par la mémorisation des nombres. Il faut simplement arranger les boules dans sa tête aussitôt qu'on aperçoit un nouveau nombre. On part de 0, puis, dès qu'on voit 164, on voit le boulier affichant 164. À l'apparition du 597, le boulier intérieur se réarrange selon la somme, c'est-à-dire 761. À la quinzième addition, on ne se souvient d'aucun des nombres apparus à l'écran, ni des sommes intermédiaires, mais le boulier imaginaire affiche le résultat final : 7 907.

Le caractère spectaculaire de l'*anzan* en a fait une marotte nationale, au point que Nintendo a lancé un jeu baptisé *Flash Anzan* pour sa console DS. M. Miyamoto m'a montré des extraits d'une version télévisée de *Flash Anzan*, où des stars adolescentes de la discipline s'affrontent devant un public de fans hystériques. M. Miyamoto m'explique que son jeu a provoqué une vague d'affluence dans les clubs de boulier à travers l'ensemble du Japon. « Les gens ne se rendaient pas compte de ce que la pratique de l'*anzan* permet d'accomplir, dit-il. À présent, avec tout ce battage, ils le savent. »

L'imagerie cérébrale révèle que les régions du cerveau s'activant pendant l'utilisation d'un boulier, ou pendant la pratique de l'*anzan*, ne sont pas celles que le calcul arithmétique ordinaire ou le langage activent. Le calcul traditionnel, avec stylo et papier, dépend des réseaux neuronaux associés au traitement linguistique.

Le *soroban*, lui, repose sur l'activation des réseaux associés à l'information visuo-spatiale. M. Miyamoto l'explique plus simplement : il dit que « le *soroban* utilise l'hémisphère droit, alors que les mathématiques normales utilisent l'hémisphère gauche ». La recherche n'a pas encore expliqué les bienfaits de cette dissociation, ni quelle relation elle entretient avec l'intelligence générale, la concentration ou d'autres facultés. En revanche, elle rend compte d'un autre phénomène époustouflant : les maîtres du *soroban* ont une capacité extraordinaire pour accomplir plusieurs tâches simultanées.

M. Miyamoto a rencontré sa femme, ancienne championne nationale de *soroban*, dans le club de boulier que tous deux fréquentaient dans leur jeunesse. Leur fille, Rikako, est un prodige de *soroban* – malheur à elle si elle ne l'avait pas été ! Elle a décroché dès huit ans le *dan* supérieur – un niveau que seule une personne sur cent mille atteint dans sa vie. Le jour où j'ai vu Rikako, aujourd'hui âgée de neuf ans, elle était en classe, vêtue d'une chemisette bleu ciel et coiffée d'une frange qui descendait jusqu'aux lunettes. L'air extrêmement alerte, elle se pinçait les lèvres en signe de concentration.

Le *shiritori* est un jeu japonais avec les mots. Le premier joueur dit *shiritori*, et chaque joueur suivant doit ajouter un terme commençant par la dernière syllabe du précédent[1]. Le deuxième mot peut donc être *ringo* (pomme), par exemple, qui commence par *ri*. M. Miyamoto a demandé à Rikako et à sa jeune voisine de jouer au *shiritori* tout en se livrant à une partie de *Flash Anzan*, où trente nombres à trois chiffres leur seraient montrés en vingt secondes. La machine a émis ses bips de départ, et les filles ont tenu le dialogue suivant :

Ringo
Gorira (gorille)
Rappa (trompette)
Panda (panda)
Dachou (autruche)
Ushi (vache)
Shika (cerf)

---

1. Comme le « marabout, bout de ficelle, selle de cheval... » de nos cours de récréation. *(NdT.)*

Karasu (corbeau)
Suzume (moineau)
Medaka (nothobranchius)
Kame (tortue)
Medama yaki (œuf au plat)

Au terme des vingt secondes, Rikako a lâché : « 17 602 ». Elle avait parfaitement additionné les trente nombres, tout en jouant au *shiritori*.

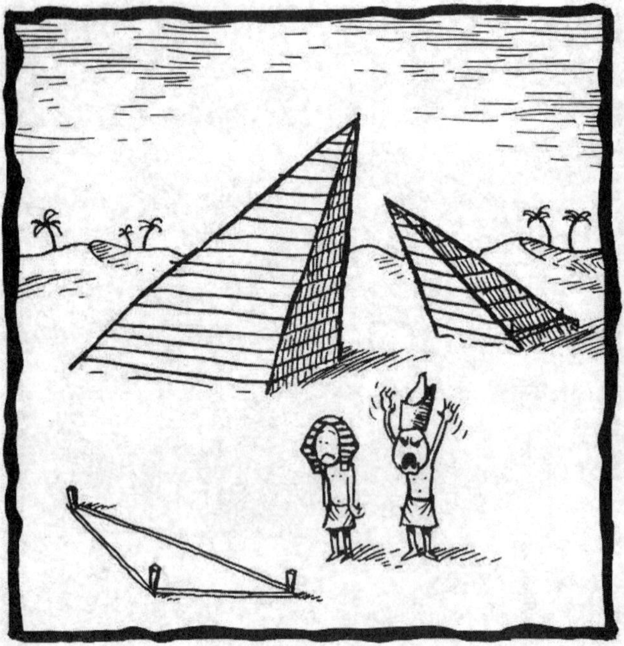

2
Voyez !

Je ne considère pas que ma date de naissance soit un sujet de conversation particulièrement passionnant, mais peut-être n'ai-je pas suffisamment fréquenté de gens comme Jerome Carter. À peine suis-je installé à table avec sa femme et lui, dans leur maison de Scottsdale, Arizona, que la question s'invite au déjeuner : je suis né un 22 novembre.

« Ouaaaaaah ! » s'exclame Pamela, une ancienne hôtesse de l'air de cinquante-sept ans, en coquet bustier rose et jupe en jean.

Jerome me fixe du regard. D'un ton solennel, il appuie l'enthousiasme de sa femme : « C'est un sacré nombre que vous avez là. »

À cinquante-trois ans, Jerome n'a pas grand-chose du mystique tel qu'on se l'imagine. Il est en chemise hawaïenne orange et short blanc, et sa solide constitution témoigne de son passé de champion de karaté et de garde du corps international. Je lui demande ce que le 22.11 a de si formidable.

« Eh bien, le 22 est un nombre maître. Et le 11 aussi. Il n'existe en tout que quatre nombres maîtres : le 11, le 22, le 33 et le 44. »

Jerome est doté d'un visage atypique, aux lignes du sourire particulièrement marquées, surplombé d'un dôme lisse et luisant. Il possède aussi une voix merveilleusement mélodieuse, dont le débit rappelle à la fois le commentateur sportif et le MC rappeur : « Vous êtes né le 22, dit-il. Ce n'est pas un hasard si notre premier président est aussi du 22. Deux et deux, ça fait combien ? Quatre. Tous les combien élisons-nous nos présidents ? Tous les quatre ans. Nous payons nos impôts le quatrième mois. Tout aux États-Unis est fondé sur le 4. Tout. Notre première flotte se composait de

13 navires, 1 et 3 égale 4. Nous constituions 13 colonies, 1 et 3 égale 4. Il y a 13 signataires de la Déclaration d'indépendance. Quatre. Où se sont-ils réunis ? Au 1300 Locus Street. Quatre !

« Le 4 contrôle l'argent. Nous sommes nés sous ce chiffre. C'est un chiffre extrêmement puissant. Le 4, c'est le carré, alors il concerne la loi, la structure, le gouvernement, l'organisation, le journalisme, la construction. »

Jerome prend son rythme de croisière : « C'est ce qui m'a permis de dire à O. J. [Simpson] qu'il allait s'en tirer. J'ai étudié la composition de sa défense. Tous ses avocats étaient nés sous le numéro 4. Johnny Cochran, né le 22, 2 et 2 égale 4. F. Lee Bailey, né le 13, 1 et 3 égale 4. Barry Scheck, né le 4. Robert Shapiro, né le 31, 3 et 1 égale 4. Il avait donc quatre avocats nés sous le numéro 4. Et quand le verdict a-t-il été rendu ? À quatre heures de l'après-midi, OK ? Même Hitler s'en serait tiré !

« Comme l'a dit Mike Tyson quand je lui ai fait ses chiffres, avec des numéros comme ça, même nos erreurs deviennent positives. »

Jerome est un numérologue professionnel. Il croit que les nombres n'expriment pas seulement des *quantités*, mais des *qualités*. Son don, dit-il, c'est de savoir tirer parti de cette vision pour relever certaines informations sur la personnalité des gens, et même prédire l'avenir. Des acteurs, des musiciens, des athlètes et des entreprises lui payent grassement ses conseils. « La plupart des numérologues sont pauvres. La plupart des voyants sont pauvres, dit-il. Et ce n'est pas logique. » Jerome, lui, habite une belle maison dans une copropriété de luxe ; trois motos à vingt-cinq mille dollars dorment dans son garage.

Pour le numérologue, la date de naissance est une source évidente de chiffres à partir desquels déduire certains traits de caractère. Le nom aussi, puisqu'on peut le décomposer en lettres, dont chacune est traduisible en chiffres. « Puff Daddy était sur le point d'aller en prison, poursuit Jerome. Puff Daddy avait de mauvaises relations. J'ai changé son nom en P. Diddy. Puis, quand il a eu envie de se ranger, j'ai de nouveau changé son nom en … – Diddy. Ces suggestions sont venues de moi, et il les a adoptées. Jay-Z voulait épouser Beyoncé. Je lui ai dit qu'il devait reprendre son nom d'origine. Il est revenu à Shawn Carter. »

Je demande à Jerome s'il a des recommandations à m'adresser.

« Quel est votre nom complet ? »

« Alexander Bellos, mais tout le monde m'appelle Alex. »

« Aïe ! c'est archinul. » Pour appuyer son effet, il marque une pause.

Je lui demande : « Alexandre, c'est mieux ? »

Il tonne : « Disons juste que l'un des plus grands hommes à avoir foulé cette planète ne s'appelait pas Alex le Grand.

« Je vous le dis comme je le vois, c'est tout. J'ai déjà parlé à des gens qui s'appellent Alex. Pour faire simple : la première lettre du prénom est très importante. Le "A", c'est le numéro 1. Vous l'avez déjà, avec Alex. Mais avec Alexander, vous finissez par un "r". "R" égale 9. La première et la dernière lettre de votre prénom sont le 1 et le 9. L'alpha et l'oméga. Le commencement et la fin. Prenons maintenant la première et la dernière lettre d'Alex. Déjà, rien que le son du "x". » Il a prononcé « ikkss » avec la grimace d'un type sur le point de vomir. « Vous voulez vraiment utiliser ça ? À votre place, j'y renoncerais. Je ne me ferais jamais appeler Alex.

« Dieu a dit qu'un nom honorable est préférable à toutes les richesses ! Il n'a pas dit qu'il fallait se trouver un surnom ! »

Je proteste : « Alex n'est pas un surnom. C'est un diminutif ! »

« Pourquoi résistez-vous, Alexander ? »

Jerome me demande de lui tendre mon bloc-notes, où il griffonne le tableau suivant :

1	2	3	4	5	6	7	8	9
A	B	C	D	E	F	G	H	I
J	K	L	M	N	O	P	Q	R
S	T	U	V	W	X	Y	Z	

« Ce tableau, m'explique-t-il, permet de voir quel chiffre correspond à quelles lettres. » Ses doigts glissent jusqu'à la première colonne. « Les lettres correspondant à 1 sont le A, le J et le S. Allah, Jésus, Sauveur, Salut. Deux, c'est le chiffre des diplomates, des ambassadeurs. Le 2 est bon conseiller, le 2, on l'aime, on est un joueur d'équipe, c'est le B, le K et le T, c'est pourquoi si vous allez chez Burger King, vous aurez tout ce que vous voulez. Le 3 contrôle la radio, la télé, le spectacle et la numérologie. C, L, U. C'est évident, vous allez à la radio et à la télé, c'est un choix, "c'est élu". » Il m'adresse un clin d'œil ironique. « Mais si vous apprenez la numérologie, c'est vous qui serez élu pour recevoir les clés de la vie. Numéro 4 : D, M, V. Combien de roues a une voiture ? Où obtient-on son permis ? Au Department of Motor Vehicles[1]. Le 5 se situe à mi-chemin entre le 1 et le 10. Le 5 est le chiffre du changement. En remettant les lettres dans l'ordre, ça donne « *new* [2] ». Six, c'est le chiffre de Vénus, de l'amour, de la famille, de la communauté. Quand vous voyez une belle femme, que voyez-vous ? Un *FOX* [3]. Sept, c'est la spiritualité. Jésus est né le 25, 2 et 5 égale 7. Huit, c'est le chiffre de la finance, du commerce, de l'argent. Où est-ce qu'on entrepose l'argent ? Au quartier général[4]. Le 9, c'est le seul à n'avoir que deux lettres. Le I et le R. Avez-vous jamais bavardé avec un Jamaïcain ? Tout est *irie, man*[5]. »

En guise de conclusion, il repose son stylo et me regarde bien en face : « Ça, fait-il, c'est le système de Pythagore selon Jerome. »

* * *

Pythagore est le plus grand nom du monde des mathématiques, notamment pour son théorème sur les triangles (nous y reviendrons plus loin). On lui attribue toutefois d'autres apports, comme la découverte des « nombres carrés ». Imaginons que, pour compter, l'on utilise des cailloux, pratique courante en ce temps-là. (Caillou, en latin, se dit *calculus*, et cela explique l'origine du verbe « calculer ».) Si l'on dispose des cailloux en carré, sous forme de rangées et de colonnes régulièrement espacées, il faut quatre cailloux pour composer un carré de deux rangées et deux colonnes, et neuf pour un carré de trois rangées et trois colonnes. Autrement dit, la multiplication d'un nombre n par lui-même est égale au nombre de cailloux nécessaires à la constitution d'un carré de n rangées et colonnes. C'est une notion tellement naturelle que le terme « carré » désigne aujourd'hui la multiplication d'un nombre par lui-même.

Dans ses carrés, Pythagore a relevé la présence d'un certain nombre de schémas très intéressants. Il a par exemple observé que

---

1. Organisme d'État chargé aux États-Unis de l'immatriculation des véhicules et des permis de conduire. *(NdT.)*
2. « Nouveau ». *(NdT.)*
3. Littéralement un « renard » ; en français on dirait un « canon » ou une « bombe ». *(NdT.)*
4. En anglais *headquarters*, ou *HQ*. *(NdT.)*
5. « Tout baigne, mec », en argot jamaïcain. *(NdT.)*

le nombre de cailloux d'un carré de deux, c'est-à-dire quatre, correspondait à la somme de 1 et 3, tandis que celui des cailloux employés dans le carré de trois, soit neuf, correspondait à 1 plus 3 plus 5. Le carré de quatre comporte seize cailloux – soit $1 + 3 + 5 + 7$. Autrement dit, le carré du nombre *n* est la somme des *n* premiers nombres impairs. Cela apparaît distinctement dans la composition d'un carré de cailloux :

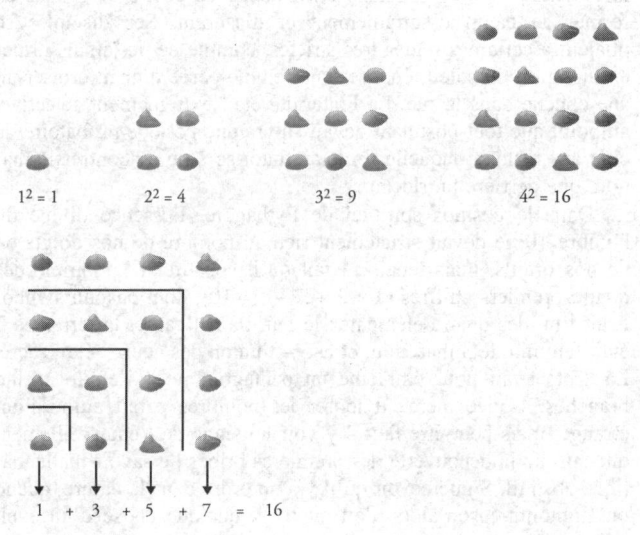

$1^2 = 1$ $2^2 = 4$ $3^2 = 9$ $4^2 = 16$

$1 + 3 + 5 + 7 = 16$

Carrés de cailloux

Pythagore a décelé un autre schéma, lié à la musique celui-là. Selon la légende, c'est en passant un jour devant une forge qu'il a remarqué que la tonalité des coups de marteau provenant de l'intérieur changeait en fonction du poids de l'enclume. Ça l'a conduit à étudier le rapport entre la longueur d'une corde et la note qu'elle émet quand elle vibre. Puis à constater qu'en réduisant de moitié cette longueur, la tonalité montait d'une octave. On obtient d'autres harmonies en divisant la corde selon les proportions 3:2, 4:3, et ainsi de suite.

Les schémas numéraux qu'il observait dans la nature avaient le don de mettre Pythagore dans tous ses états, au point qu'il a cru que les mathématiques pourraient à elles seules nous livrer les secrets de l'univers. Loin de n'y voir qu'un instrument permettant de décrire le monde, il percevait d'une certaine façon dans les nombres l'essence même de la nature – et s'est fait un devoir d'en inculquer la vénération à ses ouailles. Car Pythagore n'a pas été qu'un savant. Il a aussi été le chef charismatique d'une secte mystique dévouée à la contemplation philosophique et mathématique, la Fraternité pythagoricienne, un mélange de centre de remise en forme, de camp d'entraînement et d'ashram. Ses disciples se pliaient à certaines règles très strictes, comme de ne jamais uriner en direction du soleil, épouser une femme parée d'or ni croiser un âne couché dans la rue. La Fraternité était extrêmement sélective, au point que tout postulant devait suivre une période probatoire de cinq ans pendant laquelle il n'était autorisé à ne rencontrer Pythagore que derrière un rideau.

Dans le cosmos spirituel de Pythagore, l'essence divine du nombre 10 ne devait strictement rien au nombre de nos doigts ou de nos orteils, mais tenait au fait qu'il constituait la somme des quatre premiers chiffres ($1 + 2 + 3 + 4 = 10$), dont chacun symbolisait l'un des quatre éléments : le feu, l'air, l'eau et la terre. Le 2 était féminin, le 3 masculin, et le 5 – l'union des deux – était sacré. La secte avait pour emblème un pentagramme – l'étoile à cinq branches. L'idée même d'adorer les nombres paraît aujourd'hui étrange, mais peut-être faut-il y voir un signe de l'émerveillement que suscita la découverte des premières bribes de savoir mathématique abstrait. S'apercevoir qu'il y a un ordre dans la nature, quand on l'ignorait jusqu'alors, doit avoir eu quelque chose d'un éveil religieux.

Les préceptes spirituels de Pythagore s'étendaient au-delà de la stricte numérologie. S'y trouvaient aussi la croyance en la réincarnation, et sans doute la pratique du végétarisme. Sa diète personnelle, d'ailleurs, a soulevé des débats enfiévrés pendant plus de deux mille ans. L'interdiction par la Fraternité de consommer des petites fèves rondes et noires est notoire, et l'un des récits de la mort de Pythagore veut que, poursuivi par ses assaillants, le grand homme se soit trouvé devant un champ de fèves. Il aurait alors préféré se faire capturer, au prix de sa vie, plutôt que d'y pénétrer. Selon un récit de l'Antiquité, cette sacralisation des fèves proviendrait de la croyance qu'elles germaient à partir de la même substance primaire que l'homme. Pythagore en aurait fait la preuve en montrant que si l'on mâchait une fève et qu'on la déposait ainsi broyée quelque temps au soleil, elle prenait l'odeur de la semence humaine. Plus récemment, on a émis l'hypothèse que la Fraternité n'était finalement qu'une association d'individus atteints d'une allergie congénitale aux fèves.

Pythagore a vécu au VIe siècle av. J.-C. Il n'a pas laissé d'écrits. Tout ce qu'on sait à son sujet a été raconté longtemps après sa mort. Si, dans les comédies athéniennes de l'Antiquité, la Fraternité prête à la caricature, Pythagore, au début de l'ère chrétienne, était perçu sous un jour extrêmement favorable, comme un génie sans égal : par ses idées mathématiques, c'était le père et le précurseur des grands philosophes grecs. Des miracles lui ont été attribués et, assez bizarrement, certains auteurs ont prétendu qu'il avait une cuisse d'or. D'autres ont écrit que, traversant un jour un fleuve à pied, le cours d'eau l'avait honoré d'un « Salut à toi, Pythagore » assez sonore pour que tous l'entendent. Ces constructions mythiques posthumes ne sont pas sans rappeler l'histoire d'un autre célèbre guide spirituel des bords de la Méditerranée, à tel point d'ailleurs que Jésus et Pythagore ont un temps été des rivaux religieux. Alors que le christianisme s'implantait à Rome, au IIe siècle de notre ère, l'impératrice Julia Domna incita ses citoyens à vénérer Apollonios de Tyane, qui prétendait être la réincarnation de Pythagore.

L'héritage de Pythagore est double et contradictoire : il y a ce qui était mathématique et ce qui l'était beaucoup moins. Comme le suggèrent aujourd'hui différents chercheurs, les seules idées qu'on puisse lui attribuer avec certitude sont peut-être finalement les plus mystiques. L'ésotérisme pythagoricien n'a jamais totalement disparu d'Occident depuis l'Antiquité, mais il a été particulièrement en vogue à la Renaissance, grâce à la redécouverte d'un poème de maximes sur le « développement personnel », écrit aux alentours du IVe siècle av. J.-C. et intitulé « Les vers dorés de Pythagore ». La Fraternité pythagoricienne a tenu lieu de modèle à beaucoup de sociétés secrètes, et notamment influencé la fondation de la franc-maçonnerie, une confrérie aux rituels sophistiqués dont on estime qu'elle compte aujourd'hui près d'un demi-million de membres rien qu'au Royaume-Uni. Pythagore a aussi profondément influencé la « mère » de la numérologie occidentale, Mme L. Dow Balliett, une femme au foyer d'Atlantic City, auteur en 1908 de l'ouvrage

The Philosophy of Numbers. « Pythagore a dit que les cieux et la Terre vibrent avec les chiffres ou les nombres », écrit-elle, professant un système de divination dans lequel chaque lettre de l'alphabet correspond à un chiffre de 1 à 9. La somme des chiffres correspondant aux lettres d'un nom permettrait de révéler certains traits de la personnalité. J'ai testé l'idée sur moi-même. « Alex » donne $1 + 3 + 5 + 6 = 15$. J'ai ensuite additionné les deux chiffres du résultat : $1 + 5 = 6$. Mon nom est donc en résonance avec le 6, ce qui signifie que je suis censé « toujours [m]'habiller avec soin et sens du détail ; manifester un réel amour pour les tenues et les couleurs délicates, amenant [mes] teintes particulières, l'orange, l'écarlate, l'héliotrope, jusque dans leurs plus légères nuances, sans jamais en perdre l'authenticité de ton ». Mes gemmes sont la topaze, le diamant, l'onyx et le jaspe, mon minéral est le borax, et mes fleurs sont la tubéreuse, le laurier et le chrysanthème. Quant à ma senteur, c'est la japonica.

Évidemment, la numérologie est aujourd'hui l'un des plats principaux figurant au menu du mysticisme moderne, et le monde ne manque pas de gourous qui s'empresseront de vous conseiller en matière de loterie ou de spéculer sur les perspectives d'un important rendez-vous galant. Tout cela ressemble à un amusement inoffensif – et j'ai pris beaucoup de plaisir à discuter avec Jerome Carter –, mais l'attribution d'un sens spirituel aux nombres peut aussi avoir de sinistres conséquences. En 1987, par exemple, le gouvernement militaire de la Birmanie a émis des billets dont la valeur nominale était divisible par 9 – pour la simple raison que le 9 était le chiffre préféré du général au pouvoir. Ces nouveaux billets ont précipité une crise économique, qui a abouti au soulèvement du 8 août 1988 – le 8.8.88 (le 8 était le chiffre préféré du mouvement d'opposition à la dictature). Mais la protestation a fini violemment réprimée, le 18 septembre : le dix-huitième jour – divisible par 9 – du neuvième mois.

Le théorème de Pythagore établit que *dans un triangle rectangle, le carré de la longueur de l'hypoténuse est égal à la somme des carrés des longueurs des côtés de l'angle droit.* Cette formule est gravée dans mon cerveau à la façon d'une vieille berceuse ou d'un chant de Noël ; ses termes ont un parfum nostalgique et réconfortant, indépendamment de leur sens.

L'hypoténuse est le côté opposé à l'angle droit, et l'angle droit équivaut à un quart de tour. Ce théorème est un classique de la géométrie élémentaire, le premier concept mathématique vraiment exaltant qui nous soit enseigné à l'école. L'exaltation qu'il provoque en moi tient au fait qu'il révèle un lien profond entre les nombres et l'espace. Tous les triangles ne sont pas rectangles, mais pour ceux qui le sont, les carrés de deux de leurs côtés sont forcément égaux à celui du troisième. Le théorème fonctionne aussi dans l'autre sens. Prenez trois nombres, quels qu'ils soient. Si le carré de deux d'entre eux est égal au carré du troisième, alors on peut construire un triangle rectangle à partir des longueurs de ces côtés.

Certains commentaires à propos de Pythagore racontent qu'avant de fonder sa Fraternité, il a fait un voyage d'étude en Égypte. S'il a passé un peu de temps sur un chantier égyptien, il a certainement remarqué que pour construire un angle droit, les ouvriers recouraient à une astuce qui était une application du théorème auquel il donnerait son nom. Sur une corde, ils faisaient des nœuds distants entre eux de trois, quatre et cinq unités. Étant donné que $3^2 + 4^2 = 5^2$, lorsqu'ils tendaient la corde entre trois poteaux, avec un nœud à chaque poteau, ils constituaient un triangle dont l'un des angles était droit.

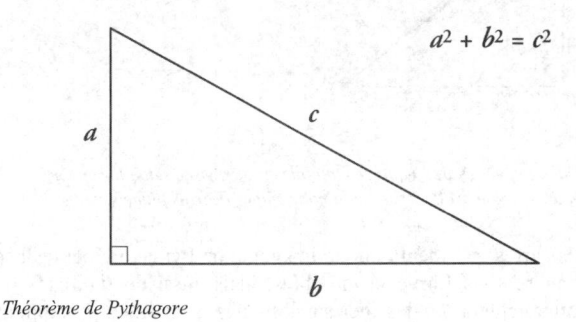

Théorème de Pythagore

Le truc de la corde était le moyen le plus commode pour obtenir un angle droit, indispensable à la pose côte à côte et à l'empilement des briques, ou des immenses blocs de pierre dont sont bâties les pyramides. (Le terme hypoténuse vient du mot grec signifiant « tendu sous ».) Pour leurs angles droits, les Égyptiens auraient pu utiliser d'autres nombres que 3, 4 et 5. En fait, il existe une infinité de nombres a, b et c tels que $a^2 + b^2 = c^2$. Ils auraient pu espacer les nœuds de cinq, douze et treize unités, par exemple, puisque $25 + 144 = 169$, ou encore huit, quinze et dix-sept, puisque $64 + 225 = 289$, ou même 2 772, 9 605 et 9 997 (7 683 984 + 92 256 025 = 99 940 009), mais cela n'aurait certainement pas été aussi pratique. Le 3, le 4 et le 5 étaient largement plus adaptés à leur tâche. Non seulement il s'agit de la triplette à plus faible valeur, mais c'est aussi la seule dont les chiffres sont des nombres entiers consécutifs. Parce qu'il tire ses origines de ces cordes tendues, le triangle rectangle dont les côtés respectent la proportion 3:4:5 est appelé triangle égyptien. C'est un véritable outil de poche, générateur d'angles droits, un bijou de notre patrimoine mathématique, un instrument intellectuel dont la puissance n'a d'égal que la simplicité et l'élégance.

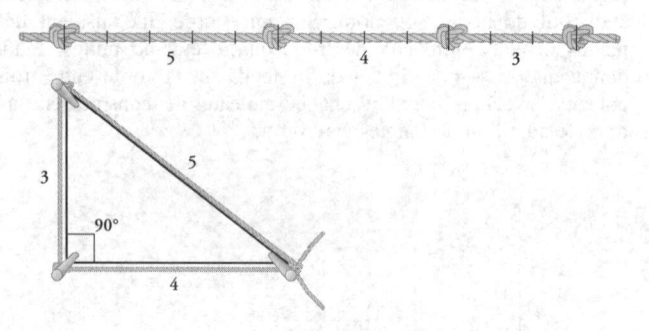

L'équivalent égyptien de l'équerre était une corde divisée selon le rapport 3:4:5, qui donne un angle droit lorsqu'on la noue autour de trois piquets.

Les carrés que mentionne le théorème de Pythagore peuvent se comprendre sous forme de nombres, mais aussi de figures – on peut littéralement les dessiner sur les côtés du triangle. Imaginons que les carrés de l'illustration page suivante soient faits d'or. Comme vous n'êtes pas membre de la Fraternité pythagoricienne, l'or est pour vous un bien désirable. Si l'on vous proposait de vous emparer des deux petits carrés, ou seulement du plus gros, que choisiriez-vous ?

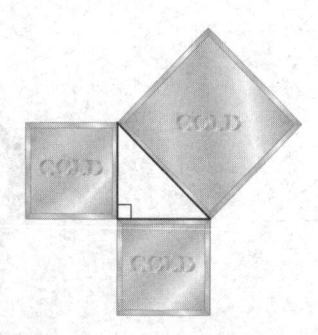

Le mathématicien Raymond Smullyan a raconté que lorsqu'il posait la question à ses élèves, la moitié de la classe optait pour le gros carré, et l'autre pour les deux petits. Tous étaient ensuite frappés de découvrir qu'il n'y avait aucune différence.

Comme l'établit le théorème, l'addition des surfaces des deux petits carrés est égale à la surface du grand carré. Tout triangle rectangle peut être ainsi étendu pour produire trois carrés tels que la surface du plus grand corresponde exactement à celle des deux petits. Il serait faux de dire que le carré de l'hypoténuse est parfois égal à la somme des carrés des deux autres côtés, et parfois pas. Ça marche parfaitement à tous les coups.

On n'est pas sûr que Pythagore ait vraiment découvert ce théorème, malgré le fait que son nom y soit associé depuis l'époque classique. Qu'il l'ait découverte ou pas, cette règle est une justification de sa vision du monde, qui dénote la présence d'une harmonie remarquable dans l'univers mathématique. En vérité, ce théorème fait apparaître un rapport qui dépasse les seuls carrés des côtés d'un triangle rectangle. La surface d'un demi-cercle sur l'hypoténuse, par exemple, est égale à la somme des surfaces des demi-cercles sur les deux autres côtés. Un pentagone sur l'hypoténuse est égal à la somme des pentagones sur les deux autres côtés, et cela vaut pour les hexagones, les octogones et, en fait, pour toute forme, qu'elle soit régulière ou irrégulière. Si l'on dessinait, ainsi, trois Joconde sur un triangle rectangle, la surface de la grande serait égale à la surface ajoutée des deux plus petites.

* * *

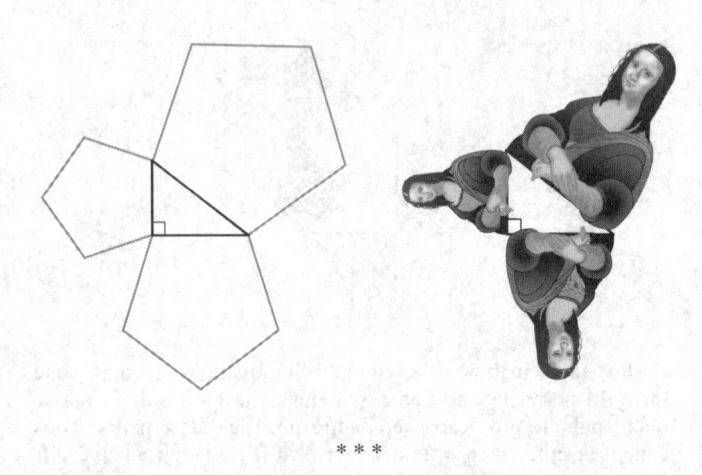

À mes yeux, la vraie jubilation que suscite le théorème de Pythagore tient à la prise de conscience de ce qui en fait une vérité incontournable. La plus simple de ses démonstrations est la suivante. Elle remonte aux Chinois, peut-être même avant la naissance de Pythagore, et c'est l'une des raisons qui ont conduit beaucoup à douter du fait qu'il soit bien l'auteur du théorème.

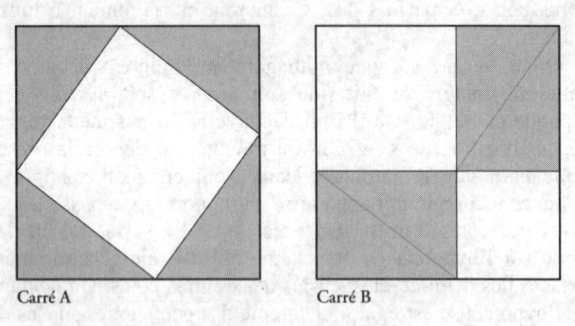

Carré A   Carré B

Avant de poursuivre votre lecture, consacrez un moment à observer les deux carrés. Le carré A est de même taille que le B, et tous les triangles rectangles qui sont à l'intérieur ont aussi la même taille. Les carrés étant égaux, la zone blanche qu'ils contiennent est égale, elle aussi. Maintenant, notez bien que le gros carré blanc à l'intérieur du carré A est le carré de l'hypoténuse du triangle rectangle. Et que les petits carrés blancs que contient le carré B sont les carrés des deux autres côtés du triangle. Autrement dit, le carré de l'hypoténuse est égal au carré des deux autres côtés. Et *voilà*[1].

Étant donné qu'on peut construire un carré comme le A et le B à partir de n'importe quelle forme ou taille de triangle rectangle, le théorème est forcément vrai dans tous les cas.

Le grand frisson que procurent les mathématiques se produit à l'instant de la révélation, lorsque apparaît une preuve de ce genre, quand tout s'éclaire d'un coup. C'est une satisfaction immense, un plaisir quasiment physique. Au XIIe siècle, une démonstration similaire du théorème de Pythagore a exercé un tel envoûtement sur le mathématicien indien Bhaskara que, dans son traité de mathématiques *Lilavati*, l'illustration ne comportait d'autre légende que la simple injonction : « Voyez ! »

Il existe de nombreuses démonstrations du théorème de Pythagore, et celle qui suit est particulièrement charmante ; on la doit au mathématicien arabe Annairizi, et elle remonte probablement aux alentours de l'an 900 de notre ère. Le théorème est contenu dans la répétition du schéma. L'avez-vous repéré ? (Si vous n'y parvenez pas, vous trouverez de l'aide à l'annexe 1, p. 459.)

En 1940, dans *The Pythagorean Proposition*, Elisha Scott Loomis a publié 371 démonstrations du théorème, recueillies auprès d'une étonnante palette de contributeurs. L'une, datée de

---

1. En français dans le texte. *(NdT.)*

1888, est attribuée à E. A. Coolidge, une jeune fille aveugle ; une autre, de 1938, à Ann Condit, lycéenne de seize ans ; d'autres encore ont pour auteurs Léonard de Vinci ou le président américain James Garfield. Ce dernier serait tombé sur sa démonstration au cours d'une récréation mathématique entre collègues, alors qu'il était membre républicain du Congrès. « Nous pensons qu'il s'agit d'une chose sur laquelle pourront s'entendre les membres des deux Chambres, sans distinction de parti », a-t-il dit lors de la première publication de sa démonstration, en 1876.

L'immense diversité de ces démonstrations témoigne de la vitalité des mathématiques. Il n'existe jamais de « bonne façon » d'aborder un problème, et il y a quelque chose de fascinant à retracer les divers cheminements qu'ont suivis différents esprits pour aboutir à la solution. En voici trois, provenant d'époques distinctes : la première est de Liu Hui, mathématicien chinois du IIIe siècle de notre ère ; la deuxième, de 1917, est celle d'Henry Dudeney, le plus célèbre compositeur de casse-tête britannique ; la dernière est attribuée à Léonard de Vinci (1452-1519). Tant celle de Liu Hui que de Dudeney sont des « démonstrations par dissection », où les deux petits carrés sont divisés en formes s'assemblant parfaitement dans le grand carré. Celle de Léonard de Vinci exige un peu plus de réflexion. (Là encore, s'il vous faut de l'aide, reportez-vous à l'annexe 1 p. 459.)

La démonstration de Liu Hui...   celle de Dudeney...   et celle de Léonard de Vinci

On doit une démonstration particulièrement dynamique (voir page suivante) au mathématicien Hermann Baravalle. Elle est d'une certaine façon plus organique – on y voit le grand carré, comme une amibe, se diviser en deux carrés plus petits. À chaque étape, la superficie grisée est la même. La seule phase moyennement évidente est la quatrième. Lorsqu'on « découpe » un parallélogramme, qu'on le déplace en préservant sa base et sa hauteur, sa surface reste identique.

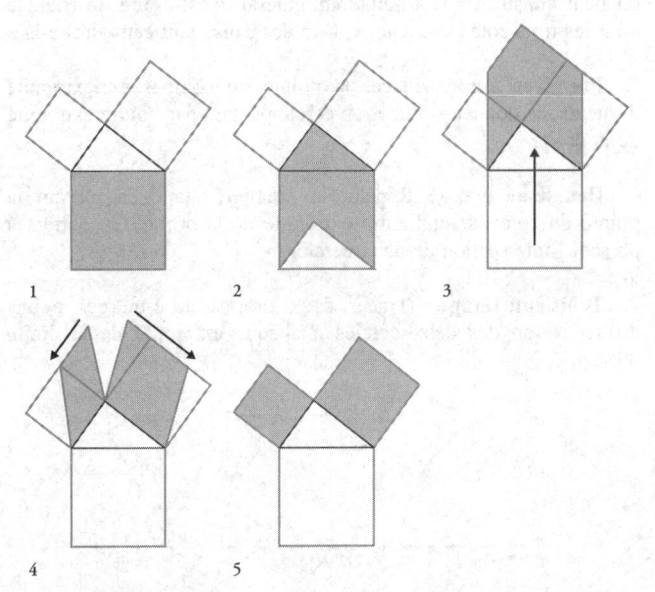

La démonstration de Baravalle

La démonstration de Baravalle ressemble à celle d'Euclide, réalisée autour de 300 av. J.-C., le plus souvent citée dans l'ensemble des textes mathématiques.

Euclide, le plus célèbre mathématicien grec après Pythagore, vivait à Alexandrie, la ville fondée par celui qui jamais ne se fit appeler Alex le Grand. Son chef-d'œuvre, *Les Éléments*, propose 465 théorèmes qui condensent l'ensemble du savoir grec de l'époque. Les mathématiques grecques ne se composaient presque que de géométrie – dont le nom provient des mots signifiant « terre » et « mesure » –, mais *Les Éléments* ne traitent aucunement du monde réel. Euclide n'a jamais évolué que dans un univers abstrait de points et de lignes. Dans sa boîte à outils, il n'admettait qu'un crayon, une règle et un compas, qui sont depuis des siècles les instruments de base de la trousse de tous les enfants du monde.

La première entreprise d'Euclide (Livre premier, proposition 1) consiste à montrer qu'à partir de n'importe quelle droite donnée, on peut construire un triangle équilatéral, c'est-à-dire un triangle dont les trois côtés sont égaux, l'un des trois étant cette droite-là :

Première étape : Placer la pointe du compas à l'extrémité d'une droite donnée et tracer un cercle passant par l'autre extrémité de la droite.

Deuxième étape : Répéter la première étape en plaçant la pointe du compas sur l'autre extrémité de la droite. On obtient à présent l'intersection de deux cercles.

Troisième étape : Tracer deux droites de l'un des points d'intersection des deux cercles à chaque extrémité de la droite d'origine.

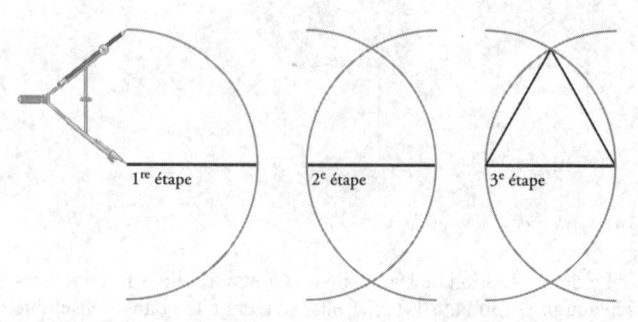

Les Éléments, *proposition 1*

Ensuite, de proposition en proposition, il met beaucoup d'application à révéler toute une foule de propriétés relatives aux droites, aux triangles et aux cercles. La proposition 9, par exemple, explique comment partager un angle en deux parties égales. La proposition 32 établit que la somme des angles intérieurs d'un triangle est toujours égale à deux angles droits, ou 180 degrés. *Les Éléments* sont un monument de démonstration et de rigueur. Rien n'y est jamais supposé. Chaque ligne découle en toute logique de la précédente. Pourtant, à partir de quelques axiomes élémentaires, Euclide rassemble un impressionnant corpus de résultats incontestables.

Le bouquet final du Livre premier est la proposition 47. Dans une édition de la première traduction anglaise, datée de 1570, on peut lire le commentaire suivant : « Ce théorème, des plus excellents et remarquables qui soient, fut conçu avant nul autre par le grand philosophe Pythagore, lequel, par la joie immense que lui inspira son invention, offrit un bœuf en sacrifice, ainsi qu'en attestèrent Hiéron, Proclos, Lycius et Vitruve. Et il a été communément nommé Dulcarnon par les auteurs barbares des temps postérieurs. » Dulcarnon, de l'arabe Dhu-l-Qarnayn, signifie « qui possède deux cornes », ou biscornu, possiblement parce que le diagramme de sa démonstration présente deux carrés ressemblant à des cornes. Ou peut-être parce que la compréhension en est terriblement difficile.

La démonstration par Euclide du théorème de Pythagore n'a rien de très attrayant. Elle est longue, pointilleuse, alambiquée et s'accompagne invariablement d'un diagramme rempli de droites et de triangles superposés. Le philosophe allemand du XIXe siècle Arthur Schopenhauer a dit que sa complexité, aussi grande qu'inutile, en faisait « un bijou de perversité ». Pour rendre justice à Euclide, reconnaissons qu'il ne cherchait pas à divertir (comme Dudeney), à faire de l'esthétique (comme Annairizi) ou à étaler son intuition (comme Baravalle). Le souci prioritaire d'Euclide était la rigueur de son système de déduction.

Autant Pythagore voyait dans les nombres d'éclatantes merveilles, autant Euclide, avec *Les Éléments*, révèle une beauté plus enfouie, un système parfaitement étanche de vérités mathématiques. Page après page, il démontre que le savoir mathématique se distingue de tous les autres. Les propositions des *Éléments* demeurent vraies à perpétuité. Elles ne perdent rien de leur vigueur avec le temps, et encore moins de leur pertinence – c'est pourquoi on enseigne toujours Euclide dans les écoles, contrairement aux auteurs, poètes et historiens grecs. La méthode euclidienne ne peut que susciter l'admiration. On raconte qu'à l'âge de quarante ans, Thomas Hobbes, le grand penseur anglais du XVIIe siècle, serait tombé par hasard dans une bibliothèque sur un exemplaire ouvert des *Éléments*. À la lecture d'une proposition, il aurait dit : « Par Dieu, c'est impossible ! » avant de passer à la proposition précédente, puis à celle d'avant, et ainsi de suite, jusqu'à se persuader de la logique de l'ensemble. Ce faisant, il serait tombé amoureux de la géométrie, pour les certitudes qu'elle affiche, et cette méthode déductive a influencé ses plus célèbres travaux de philosophie politique. Depuis *Les Éléments*, le raisonnement logique est la règle d'or de toute entreprise d'investigation humaine.

Euclide a commencé par tailler un espace bidimensionnel à la famille de formes connue sous le nom de polygones, celles qui ne sont constituées que de droites. Armé de sa règle et de son compas, il n'a pas seulement composé un triangle équilatéral, mais un carré, un pentagone et un hexagone. On appelle *polygones réguliers* les polygones dont chaque côté possède la même longueur et dont les angles formés par les côtés sont égaux. De façon fort intéressante, la méthode d'Euclide ne fonctionne pas avec tous. On ne peut pas construire d'heptagone (sept côtés), par exemple, avec un compas et une règle. L'octogone se prête à l'exercice, sans doute, mais, une fois encore, pas l'ennéagone. En revanche, le polygone régulier, ahurissant de complexité parce qu'il est doté de 65 537 côtés, est constructible – d'ailleurs, quelqu'un s'en est chargé. (On l'a choisi parce que le nombre est égal à $2^{16} + 1$.) En 1894, après dix années de labeur, le mathématicien allemand Johann Gustav Hermes a fini par y parvenir.

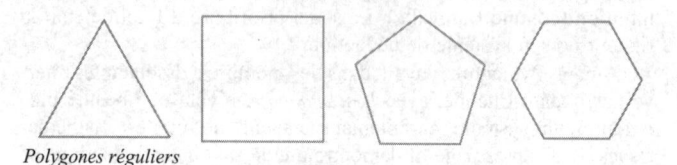

Polygones réguliers

Parmi les objectifs d'Euclide, il y avait l'étude des formes tridimensionnelles que l'on peut construire en joignant des polygones réguliers identiques. Seules quatre formes s'y prêtent : le tétraèdre, le cube, l'octaèdre, l'icosaèdre et le dodécaèdre, un quintette connu sous l'appellation de solides platoniciens depuis que Platon les a abordés dans le *Timée*. Euclide y faisait correspondre les quatre éléments de l'univers plus l'espace qui les entoure. Le tétraèdre était le feu ; le cube, la terre ; l'octaèdre, l'air ; l'icosaèdre, l'eau et le dodécaèdre, la voûte environnante. Les solides platoniciens présentent l'intérêt particulier d'être parfaitement symétriques. On a beau s'employer à les tourner, les faire rouler, les inverser ou les basculer dans tous les sens, ils ne changent pas.

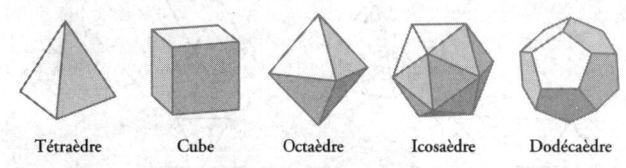

| Tétraèdre | Cube | Octaèdre | Icosaèdre | Dodécaèdre |

Les solides platoniciens

Dans le treizième et dernier livre des *Éléments*, afin de démontrer qu'il n'existe pas plus de cinq solides platoniciens, Euclide dénombre tous les objets solides qu'il est possible de constituer à partir de polygones réguliers, en commençant par le triangle équilatéral, puis les carrés, les pentagones, les hexagones, etc. Le schéma de la page suivante permet de comprendre le chemin qui le mène à cette conclusion. Pour construire un solide à partir d'un polygone, il faut toujours qu'à un moment donné trois côtés se rencontrent, formant un coin, ou ce qu'on appelle un sommet. En joignant trois triangles équilatéraux par leur sommet, par exemple, on obtient un tétraèdre (A). Si l'on en joint quatre, on obtient une pyramide (B). La pyramide n'est pas un solide platonicien, parce que tous ses côtés ne sont pas identiques, mais si l'on y colle une pyramide inversée à la base, on obtient un octaèdre, qui, lui, l'est. Joignez cinq triangles équilatéraux et vous aurez le commencement d'un icosaèdre (C). Mais joignez-en six, et ça vous donne... une feuille de papier (D). Il n'y a pas moyen de fabriquer un angle solide à partir de six triangles équilatéraux, il n'est donc pas possible d'en obtenir un solide platonicien de plus. Si l'on reproduit la méthode avec des carrés, il est évident qu'il n'y a qu'une façon de joindre trois carrés par le coin (E). Cela donne le cube. Joignez quatre carrés et vous obtenez... une feuille de papier (F). On ne trouvera pas davantage de solide platonicien ici. Pareillement, trois pentagones mis ensemble donnent un angle solide, qui mène au dodécaèdre (G). Mais il est impossible de joindre quatre pentagones. Trois hexagones joints au même point sont forcément couchés côte à côte (H) ; on n'en tirera donc jamais d'objet solide. Il n'y a pas d'autre solide platonicien car il est impossible de joindre par le sommet trois polygones réguliers dotés de plus de six côtés.

104   ALEX AU PAYS DES CHIFFRES

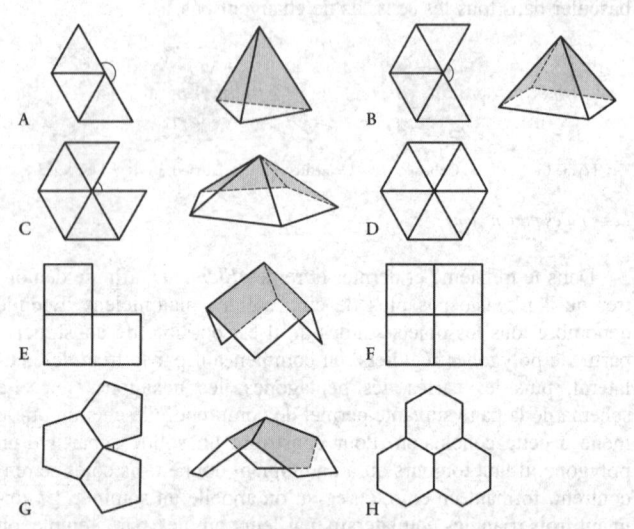

La preuve qu'il n'existe que cinq solides platoniciens

Reprenant la méthode d'Euclide, nombre de mathématiciens se sont posé de nouvelles questions, qui ont conduit à de nouvelles découvertes. En 1471, par exemple, dans une lettre à un ami, le mathématicien allemand Regiomontanus posait le problème suivant : « Depuis quel point du sol une tige suspendue perpendiculairement apparaît-elle la plus longue ? » Cette question a depuis été reformulée sous le nom de « problématique de la statue ». Imaginez une statue dressée devant vous sur un socle. Afin de la contempler, si vous vous tenez trop près, vous devez vous tordre la nuque pour n'obtenir qu'un angle très restreint. Trop loin, il faut plisser les yeux et, là encore, l'observer sous un angle très étroit. Quel est, alors, le meilleur endroit pour la regarder ?

Adoptons une perspective latérale, comme sur l'illustration suivante. Il s'agit en fait de trouver sur la ligne en pointillé, qui représente le niveau de l'œil, le point à partir duquel l'angle constitué avec la statue est le plus grand. La solution découle du Livre III des *Éléments*, qui traite du cercle. Cet angle n'est jamais plus grand qu'à l'endroit précis où le cercle, traversant à la fois le sommet et la base de la statue, rencontre la ligne en pointillé.

Le problème est équivalent à celui que rencontre le joueur de rugby qui cherche à déterminer la meilleure distance pour botter une transformation. Trop près de la ligne de but adverse, l'angle est trop fermé, mais trop loin, cet angle se réduit aussi. Quelle est la position optimale ? Il faut cette fois adopter une perspective aérienne du terrain pour tracer le diagramme. Sur la ligne en pointillé, qui indique tous les endroits d'où le coup de pied est autorisé, le point offrant le meilleur angle est précisément celui que rencontre un cercle passant à la fois par les deux poteaux et ladite ligne en pointillé.

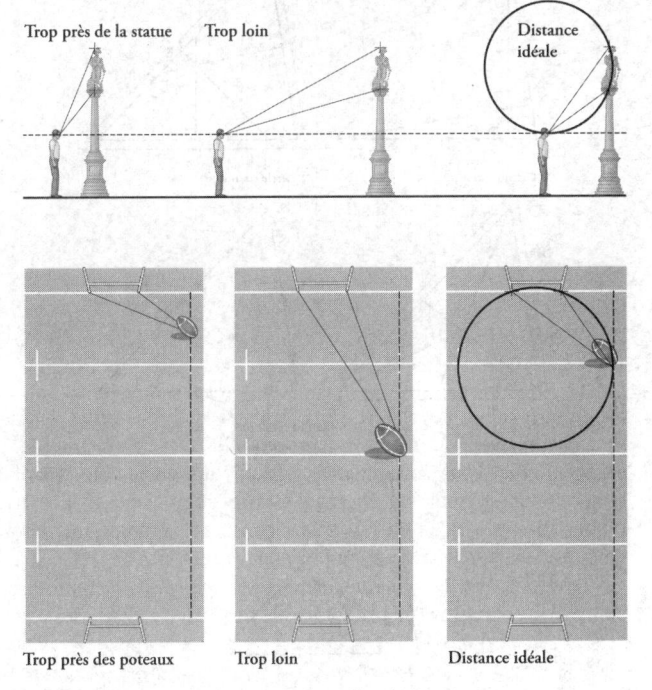

Problématique de la statue – et du rugby – d'après Regiomontanus

De tous les résultats de la géométrie euclidienne, toutefois, le plus frappant est peut-être celui qui révèle une propriété surprenante des triangles. Commençons par nous demander où se situe le centre d'un triangle. La réponse est étonnamment vague. Il existe en fait quatre façons de déterminer le centre d'un triangle, et chacune donne un point différent (sauf s'il s'agit d'un triangle équilatéral, auquel cas tous coïncident). Le premier s'appelle l'*orthocentre*, c'est le point d'intersection des droites passant par chaque sommet et perpendiculaires au côté opposé, les *hauteurs*. Le seul fait de songer que, pour n'importe quel triangle, les hauteurs se rencontrent toujours au même endroit est déjà épatant en soi.

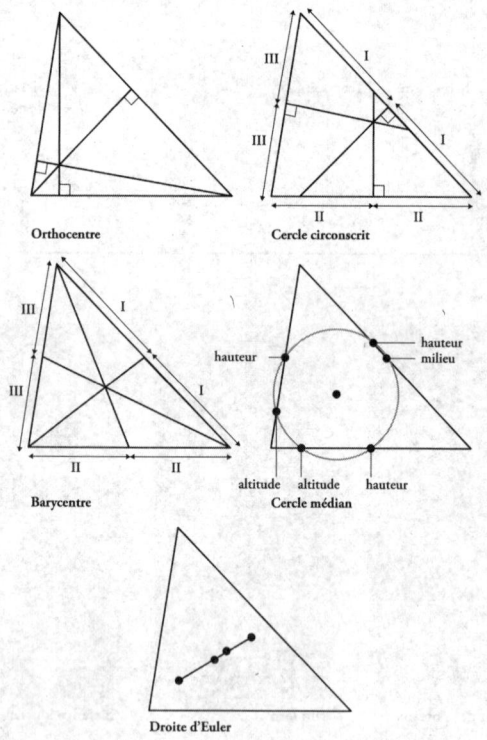

Construction de la droite d'Euler

Le deuxième se situe au centre de ce qu'on appelle le *cercle circonscrit*, à l'intersection des perpendiculaires issues des milieux de chaque côté. Là encore, il apparaît très nettement que ces droites se croiseront toujours au même endroit, quel que soit le triangle choisi.

Le troisième est le *barycentre*, soit l'intersection des droites passant à la fois par les sommets et le milieu des côtés opposés. Celles-ci se croisent aussi. Enfin, le *cercle médian* est le cercle qui passe à la fois par les milieux de chaque côté et par les intersections des côtés et des hauteurs. Tout triangle possède un cercle médian, et son centre est le quatrième type de centre qu'on peut trouver à un triangle.

En 1767, Leonhard Euler a démontré que pour tout triangle, l'orthocentre, le centre du cercle circonscrit, le barycentre et le centre du cercle médian se situent toujours sur la même droite. C'est parfaitement sidérant. Quelle que soit la forme du triangle, ces quatre points entretiennent une relation stupéfiante d'uniformité. Une harmonie qui fait rêver. Pythagore en serait resté bouche bée.

Bien qu'on peine à l'imaginer de nos jours, *Les Éléments* ont fait sensation. On dit qu'ils ont connu jusqu'au XXe siècle davantage de rééditions que tous les autres livres, à l'exception de la Bible. C'est d'autant plus remarquable que leur lecture est particulièrement ardue. L'une de ces éditions mérite toutefois d'être signalée pour sa façon très originale de rendre le texte plus accessible. Oliver Byrne, qui officiait en tant que topographe des terres de Sa Majesté dans les îles Malouines, s'est employé à ses heures libres à réécrire Euclide en couleurs. Renonçant aux interminables démonstrations habituelles, il a créé des illustrations où les angles, les droites et les surfaces sont colorées de rouge, jaune, bleu et noir. Sa version des *Éléments... où des diagrammes et des symboles colorés sont employés en lieu et place des lettres pour une plus grande facilité d'apprentissage*, parue en 1847, a été décrite comme l'« un des ouvrages les plus insolites et les plus beaux de tout le XIXe siècle ». En 1851, ce fut l'un des rares livres britanniques présentés à la Grande Exposition de Londres, mais le public n'en a pas perçu le charme. D'ailleurs, les éditeurs de Byrne ont fait faillite en 1853, plus de 75 % des exemplaires des *Éléments* étant demeurés invendus. Le coût de fabrication élevé du livre a lourdement contribué à cette faillite.

Les démonstrations colorées de Byrne, bien avant nos actuels manuels scolaires en couleurs, ont réellement rendu Euclide plus accessible. Elles étaient aussi visionnaires sur le plan esthétique. Les couleurs primaires tape-à-l'œil, les tracés asymétriques, anguleux, les formes abstraites et la grande place laissée au vide étaient annonciateurs des œuvres de nombreux peintres du XXe siècle. Le livre de Byrne ressemble à un hommage à Piet Mondrian, qui pourtant ne naîtrait que vingt-cinq ans après sa parution.

**

Aussi magistrale qu'ait été la méthode euclidienne, elle ne pouvait avoir réponse à tous les problèmes ; certains, même assez simples, ne se résolvent pas à l'aide d'un compas et d'une règle. Les Grecs l'ont d'ailleurs chèrement payé. En 430 av. J.-C., Athènes était en proie à une épidémie de typhus lorsque ses citoyens consultèrent l'oracle de Délos, qui leur recommanda de rebâtir l'autel d'Apollon, de forme cubique, au double de sa taille. Soulagés d'apprendre qu'une entreprise apparemment aussi facile suffirait à les sauver, ils ont refondé l'autel, en le dotant de côtés deux fois plus longs que ceux de l'original. Le hic, c'est qu'en doublant le côté d'un cube, on augmente en fait son volume par 2^3, soit 8. Mécontent, Apollon a relancé l'épidémie de plus belle. Le défi posé par le dieu – à savoir la construction à partir d'un cube d'un autre cube de volume double – est parfois appelé « problème délien », et c'est l'un des trois problèmes classiques de l'Antiquité impossible à résoudre avec les seuls instruments euclidiens. Les deux autres sont la *quadrature du cercle*, c'est-à-dire la construction d'un carré de même aire qu'un cercle donné, et la *trisection de l'angle*, qui est la division d'un angle en trois parties égales. Les raisons pour lesquelles la géométrie euclidienne est impuissante face à ces problèmes – quand d'autres méthodes ne le sont pas – ont très longtemps constitué pour les mathématiciens un point d'interrogation.

Les Grecs ne sont pas le seul peuple que les formes géométriques ont fasciné. Le plus saint des objets de l'islam est un solide platonicien : la Kaaba, littéralement « le Cube ». C'est le palladium noir qui se dresse au centre de la Mosquée sacrée de La Mecque, autour duquel les pèlerins marchent en sens inverse des aiguilles d'une montre pendant le Hadj. (En vérité, par ses dimensions, c'est un cube quasi parfait, mais pas exactement.) La Kaaba constitue aussi le point vers lequel les fidèles, où qu'ils soient dans le monde, doivent être orientés pendant la prière. Les mathématiques tiennent dans l'islam une place plus importante que dans toute autre religion. Plus de mille ans avant l'apparition de la technologie du GPS, l'exigence de se tourner vers La Mecque reposait sur des calculs astronomiques complexes – c'est l'une des raisons pour lesquelles la science islamique est restée sans rivale pendant près d'un millénaire.

Il n'y a pas plus représentatif de l'art islamique que les subtils motifs géométriques de mosaïque qui ornent les murs, les plafonds et les sols de ses lieux saints, nés de l'interdiction de représenter des personnes et des animaux dans les lieux de culte. On estimait alors que la géométrie exprimait une vérité dépassant l'échelle humaine, ce qui était très en phase avec la notion pythagoricienne que l'univers se révèle à travers les mathématiques. Les jeux de symétries et de boucles répétitives qu'ont créés les artisans de l'Islam dans leurs motifs étaient une allégorie de l'infini, une expression de l'ordre mathématique sacré du monde.

La beauté d'un motif répétitif de mosaïque ne tient pas tant à l'attrait esthétique de l'image répliquée qu'à la grâce avec laquelle les carreaux comblent l'espace. Plus la géométrie est aboutie, plus l'art l'est aussi. Déterminer les formes qui permettront de recouvrir un mur sans laisser de vide ni de chevauchement est un problème mathématique assez complexe ; quiconque a jamais posé du carrelage dans sa salle de bains l'aura constaté. Il s'avère que seuls trois des polygones réguliers permettent le pavage d'une surface sans laisser d'espace dégarni. Ce sont le triangle équilatéral, le carré et l'hexagone. En vérité, pour un pavage homogène, il n'est pas indispensable que le triangle soit équilatéral, et peu importe la taille de ses côtés. N'importe quel triangle fera l'affaire à condition de le disposer à côté d'un triangle identique, tête-bêche, comme dans l'illustration page suivante. La forme ainsi obtenue est un parallélogramme que l'on peut associer à d'autres, identiques, pour former une rangée qui s'adaptera parfaitement à sa voisine. Ce type de pavage – où le même motif se répète sans fin – est dit *périodique*.

Pavage par triangles et par quadrilatères

Un élément carré permet de couvrir une surface plane. C'est évident. Ainsi qu'un rectangle, quel qu'il soit. C'est perceptible à l'œil nu – quand on regarde un mur de briques, on voit l'équivalent d'un pavage de rectangles. Il est bien plus étonnant de constater que n'importe quelle forme à quatre côtés peut produire un pavage périodique. Dessinons une forme quadrilatérale quelconque. Accolons-y une autre, à l'envers, comme nous l'avons fait avec le triangle, et nous obtenons une forme à six côtés, un hexagone irrégulier, dont les bords opposés ont la propriété d'être identiques. Cette égalité permet de constituer une rangée où les extrémités de notre élément s'adaptent parfaitement. La figure ci-dessus le montre bien : cette adaptation se fait de chaque côté, et la répétition des hexagones couvre parfaitement la surface.

J'ai dit que le pavage périodique se répète à l'infini, mais on peut définir la périodicité de façon plus pratique. Imaginons un plan s'étendant à l'infini dans toutes les directions et recouvert du pavage périodique illustré plus haut. Imaginons à présent qu'on dispose une feuille de papier calque sur le plan et qu'on reproduise exactement ce motif. La périodicité suppose que si on lève le calque, qu'on le déplace et qu'on le repose ailleurs sur le plan, le motif de la copie correspondra toujours fidèlement à l'original. Cela fonctionne avec le pavage par triangles parce qu'on peut se décaler de n'importe quel nombre de triangles vers la gauche (ou la droite, le haut ou le bas). Une fois calée sur sa nouvelle position, la copie correspond parfaitement au pavage au-dessous. Cette définition de la périodicité permet de simplifier la notion de non périodicité. Sur un pavage non périodique, la copie réalisée ne s'adapte parfaitement qu'à une position et une seule sur le plan – la position d'origine. Le pavage ci-dessous, par exemple, est non périodique. (Imaginez que ce pavage se répète à l'infini, sous forme de pentagones concentriques s'élargissant de plus en plus.) Si vous en faites une copie, elle ne coïncidera avec le pavage sous-jacent qu'en un endroit.

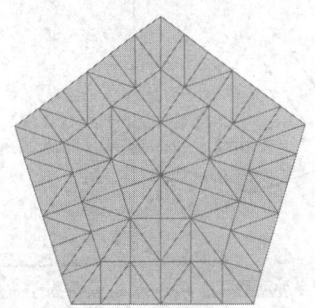

Pavage non-périodique

Bon nombre d'éléments qui s'arrangent de façon périodique peuvent aussi le faire de façon non périodique. Mais la question qui a tourmenté les mathématiciens pendant toute la seconde moitié du XXe siècle, c'était celle de la possibilité d'une gamme de formes ne pouvant s'agencer *que* de façon non périodique. Ces éléments recouvriraient une surface plane sans jamais produire de schéma répétitif. C'est une idée contraire à l'intuition – si des tuiles présentent le degré d'adaptation et d'harmonie nécessaire à paver une surface plane sans laisser d'espace, il paraît naturel que ce soit de façon régulière et répétitive. On a longtemps cru que le pavage non périodique n'existait pas.

Alors est apparu Roger Penrose, avec ses « cerfs-volants » et ses « fléchettes ». Dans les années 1970, Penrose – cosmologiste de profession – a mis en émoi le monde des mathématiques en concevant plusieurs types de formes non périodiques. Les plus simples s'obtiennent par le découpage particulier d'un losange, de façon à constituer deux formes distinctes, qu'il a nommées cerf-volant et fléchette. Étant donné que toute forme à quatre côtés peut donner un pavage périodique, Penrose a dû formuler pour l'assemblage de ces éléments une règle rendant inévitablement le schéma non périodique. Il y est parvenu en traçant deux arcs de cercle sur le cerf-volant et la fléchette, et en stipulant qu'il fallait nécessairement joindre les éléments en faisant correspondre à chaque arc de cercle un arc de cercle semblable.

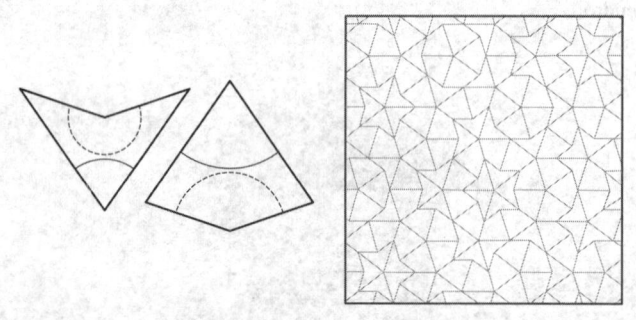

Les cerfs-volants et les fléchettes de Penrose ne peuvent constituer de pavage que non périodique.

La découverte du pavage non périodique a sans doute été une percée excitante pour les mathématiques, mais pas autant qu'elle allait le devenir pour la physique et la chimie. Dans les années 1980, les chercheurs éberlués sont tombés sur un cristal dont ils n'avaient pas cru à l'existence. Cette structure minuscule affichait un schéma non-périodique, et se comportait en trois dimensions de la façon précise dont se comportent les tuiles de Penrose en deux. L'existence de cette structure – le quasi-cristal – a bouleversé la conception scientifique de la matière, parce qu'elle contredisait la théorie classique selon laquelle tous les cristaux présentent une structure symétrique dérivée des solides platoniciens. Penrose avait peut-être inventé ses formes pour s'amuser, mais elles étaient indécemment visionnaires.

En vérité, le pavage non périodique était peut-être déjà connu des géomètres islamiques d'il y a plus de cinq siècles. En 2007, Peter J. Lu, de l'université Harvard, et Paul J. Steinhardt, de Princeton, ont fait savoir que leurs recherches sur les mosaïques d'Ouzbékistan, d'Afghanistan, d'Iran, d'Irak et de Turquie avaient révélé « des schémas de Penrose quasi cristallins proches de la perfection, réalisés cinq siècles avant leur découverte en Occident ». Il est donc fort possible que les mathématiques islamiques aient été bien plus avancées que ne l'ont toujours cru les historiens des sciences.

L'hindouisme aussi s'est servi de la géométrie pour illustrer le divin. Les mandalas sont des représentations symboliques des divinités et du cosmos. Le plus complexe d'entre eux, le Sri Yantra, est composé de cinq triangles pointés vers le bas et quatre vers le haut, tous chevauchant un point central, le *bindu*. Il est censé représenter les contours primordiaux des processus universels d'émanation et de réabsorption, et sert couramment comme point de focalisation pour la méditation et le culte. Sa construction est un exercice très confus – sa structure fait l'objet d'une description énigmatique dans un long poème, mais les textes sacrés manquent cruellement de détails. Son élaboration exacte continue de méduser les mathématiciens actuels.

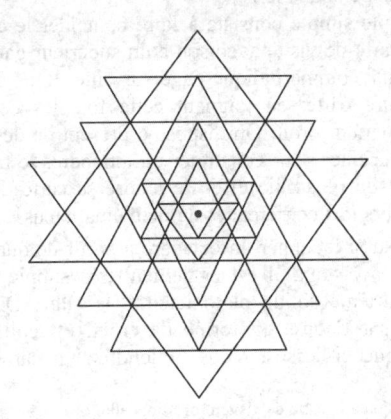

Le Sri Yantra

Les joies de la géométrie font aussi depuis longtemps la délectation d'une autre culture orientale. L'origami, l'art du pliage du papier, est une émanation de la coutume qu'observaient autrefois les paysans japonais, consistant à remercier les dieux lors de la récolte en leur offrant certains de leurs produits sur une feuille de papier. Au lieu de simplement les déposer sur une feuille plane, ils faisaient sur cette dernière une pliure en diagonale pour apporter une touche humaine à leur offrande. Depuis plusieurs siècles, l'origami s'est développé au Japon comme un passe-temps informel – une activité que pratiquent parents et enfants pour s'amuser. Il correspond à merveille à l'amour des Japonais pour la litote artistique, le soin du détail et l'économie des formes.

On prétend que la plus typiquement japonaise des inventions serait la carte de visite sous forme d'origami, parce qu'elle réunirait deux passions nationales. En vérité, les Japonais abhorrent cette pratique, parce qu'ils tiennent la carte de visite pour une extension de l'individu – il leur paraît donc particulièrement grossier d'en faire un jeu, serait-ce l'origami. Quand je m'y suis moi-même essayé dans un restaurant de Tokyo, j'ai failli me faire expulser des lieux pour ce qui a été perçu comme une provocation. Dans le reste du monde, toutefois, l'origami sur les cartes de visite est un sous-genre moderne de l'art du pliage. Cela remonte à plus d'un siècle, à la pratique (désormais obsolète) de l'origami sur carte de visite personnelle[1].

Un exemple simple consiste à faire coïncider le coin inférieur droit d'une carte de visite avec son coin supérieur gauche, puis de plier les rabats, comme indiqué page suivante. Répéter l'opération avec une autre carte, en joignant cette fois les coins inférieur gauche et supérieur droit. On dispose à présent de deux objets qui peuvent s'imbriquer pour constituer un tétraèdre. Je me suis laissé dire qu'il est du plus chic effet de tendre sa carte de visite sous cette forme lors des conférences de mathématiciens.

On peut aussi façonner un octaèdre à partir de quatre cartes, et un icosaèdre avec dix. Il est également très simple de fabriquer ainsi un quatrième solide platonicien – le cube. Disposez deux cartes l'une sur l'autre, en forme de croix, et repliez les rabats comme indiqué ci-dessus. Vous obtiendrez un carré. Six cartes

---

1. Par opposition à la carte de visite professionnelle. *(NdT.)*

VOYEZ !

Version main gauche

Version main droite

Cartes de visite arrangées en tétraèdre

Cartes de visite arrangées en cube

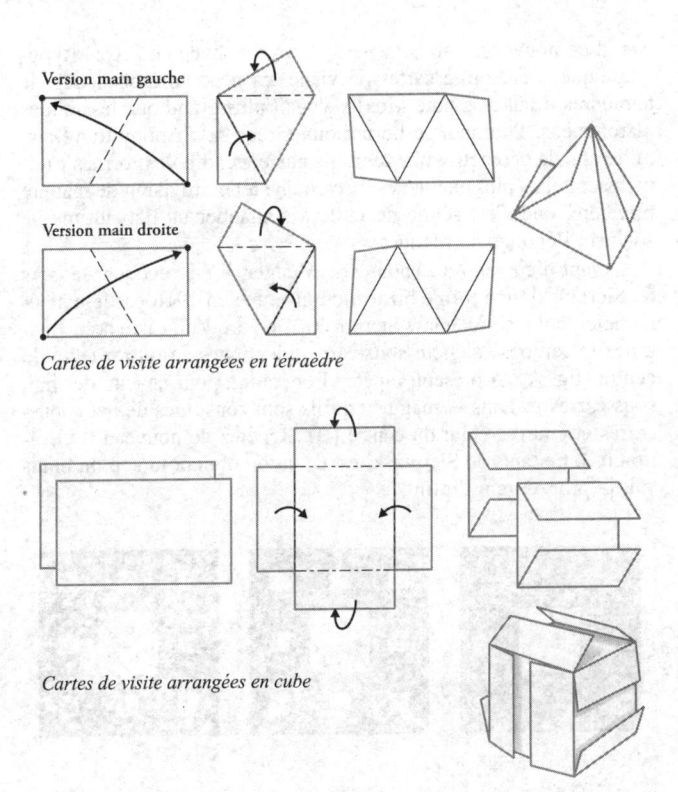

ainsi pliées peuvent s'encastrer de façon à constituer un cube, mais les rabats se trouvent à l'extérieur. Il faut donc six cartes supplémentaires, insérables sur chaque face, pour composer un cube propre et net.

La grande prêtresse zen de l'origami sur carte de visite s'appelle Jeannine Mosely, c'est une développeuse informatique du Massachusetts. Elle s'est trouvée voici quelques années en possession d'un stock de cent mille cartes de visite, qu'elle a rangé dans son garage – c'était en fait trois lots récupérés auprès de ses collègues de bureau, la première fois quand l'entreprise avait changé de nom, puis quand elle avait changé d'adresse, et enfin quand de nouvelles cartes avaient été livrées avec une erreur typographique. Cent mille cartes de visite, ça peut faire beaucoup de tétraèdres. Mais Jeannine Mosely voyait plus grand que les solides platoniciens. Pourquoi se borner aux Grecs de l'Antiquité ? Deux mille ans de géométrie n'avaient-ils pas engendré des formes tridimensionnelles plus excitantes ? Avec une telle provision de matière première, elle s'est sentie de taille à s'attaquer au défi ultime de son art : l'éponge de Menger.

Avant d'en venir à l'éponge de Menger, il faut évoquer le tapis de Sierpiński, une forme bizarroïde inventée en 1916 par le mathématicien polonais Waclaw Sierpiński. On part d'un carré noir. Imaginez-le composé de neuf sous-carrés identiques, et retirez celui du centre (fig. A). À présent, répétez l'opération pour chacun des huit sous-carrés restants – imaginez qu'ils sont constitués de neuf sous-carrés et enlevez celui du centre (B). Répétez de nouveau l'opération (C). Le tapis de Sierpiński est ce qu'on obtient lorsqu'on poursuit la procédure à l'infini.

En 1926, le mathématicien autrichien Karl Menger a eu l'idée d'une version tridimensionnelle du tapis de Sierpiński ; c'est ce qu'on appelle aujourd'hui l'éponge de Menger. On part d'un cube. On l'imagine composé de vingt-sept sous-cubes identiques, et l'on retire celui du centre, ainsi que les six sous-cubes centraux de chaque face du cube originel. On obtient un cube qui semble avoir été percé de trois tunnels carrés qui le traversent de part en part (D). On applique ensuite aux vingt sous-cubes restants le même traitement qu'au cube d'origine, en extrayant sept des vingt-sept sous-cubes (E). Lorsqu'on renouvelle la procédure (F), notre cube commence à paraître avoir été rongé par une bande de vers obsédés de géométrie.

L'éponge de Menger est un objet merveilleusement paradoxal. À force de reproduire l'extraction de cubes de plus en plus petits, le volume de l'éponge diminue peu à peu, jusqu'à devenir invisible – comme si les vers l'avaient entièrement dévorée. Pourtant, chaque répétition d'extraction d'un cube accroît aussi l'étendue de la surface du cube. À force de multiplier les extractions, on crée une surface plus grande que toute autre, ce qui signifie qu'à mesure que le nombre de répétitions approche de l'infini, l'étendue de la surface de l'éponge approche aussi de l'infini. Poussée à la limite, l'éponge de Menger est un objet doté d'une surface infiniment grande, mais invisible.

Jeannine Mosely a construit une éponge de Menger de troisième ordre – c'est-à-dire après trois répétitions d'extraction de cubes (F). Cela lui a pris dix ans. Il lui a fallu l'aide de près de deux cents personnes, et 66 048 cartes de visite. Le résultat mesure 1,46 mètre de hauteur, de largeur et de profondeur.

L'important est dans la boîte : Jeannine Mosely et son éponge de Menger

« Je me suis longtemps demandé si je ne m'étais pas lancée dans une entreprise parfaitement ridicule, m'a-t-elle confié. Mais quand j'ai eu fini, je me suis mise juste à côté et j'ai senti que sa dimension lui donnait une certaine majesté. Je trouve particulièrement merveilleux de pouvoir y entrer la tête et les épaules, ça permet de contempler cette figure incroyable sous un angle jusqu'alors inédit. » Sa construction n'a jamais cessé de la fasciner, car plus elle approchait du but, plus la répétition du schéma se faisait apparente. « Il suffit de regarder, pas besoin d'explication. On comprend rien qu'en le voyant. C'est une idée rendue solide ; des maths rendues visuelles. » L'éponge de Menger en cartes de visite est une merveille de façonnage, qui suscite une réaction émotionnelle autant qu'intellectuelle. Elle relève aussi bien de la géométrie que de l'art.

Bien que l'origami soit à l'origine une invention japonaise, d'autres pays ont donné le jour à certaines techniques de pliage de papier. En Europe, l'un des pionniers du genre a été le pédagogue allemand Friedrich Fröbel, qui, au milieu du XIXe siècle, s'en servait pour enseigner la géométrie à ses jeunes élèves. L'origami offrait aux enfants de maternelle l'avantage de ne plus devoir se contenter de regarder les objets créés sous forme de dessins, mais de pouvoir les toucher. Les travaux de Fröbel ont inspiré le mathématicien indien T. Sundara Row qui, en 1901, a publié *Geometric Exercises in Paper Folding*, où il affirme qu'en tant que méthode mathématique, l'origami est parfois plus efficace que les techniques d'Euclide. « Divers procédés géométriques importants, écrivait-il, (…) s'accomplissent bien plus facilement ainsi qu'avec un compas et une règle. » Mais même lui n'avait pas fait le tour des capacités de l'origami.

En 1936, Margherita P. Beloch, une mathématicienne italienne de l'université de Ferrara, a démontré dans un article qu'à partir d'une longueur de papier L, elle pouvait obtenir par pliage une longueur égale à la racine cubique de L. Peut-être n'en a-t-elle pas eu conscience alors, mais cela signifiait que l'origami permettait de résoudre le problème sur lequel avaient buté les Grecs de Délos, lorsque l'oracle leur avait demandé de doubler le volume d'un cube. On peut reformuler le problème délien comme consistant à créer un cube dont les côtés mesurent $\sqrt[3]{2}$ – la racine cubique de 2 – fois le côté d'un cube donné. En termes de pliage, cela consiste à obtenir la longueur $\sqrt[3]{2}$ à partir de la longueur 1. Puisqu'il est possible de doubler L pour obtenir 2 en pliant la longueur L sur elle-même, et qu'il est possible de trouver la racine cubique de cette nouvelle longueur en suivant la méthode de Beloch, le problème est résolu. La démonstration de Beloch signifiait aussi qu'il était possible de diviser n'importe quel angle en trois angles égaux – le deuxième grand problème irrésolu de l'Antiquité était donc vaincu. L'article de Beloch est resté dans l'ombre pendant des décennies, et il a fallu attendre les années 1970 pour voir enfin le monde des mathématiques se mettre à prendre l'origami au sérieux.

La première démonstration de résolution du problème délien par l'origami a paru en 1980 sous la plume d'un mathématicien japonais, et celle de la trisection de l'angle a suivi en 1986, sous celle d'un Américain. Ce brusque engouement est en partie venu de la frustration engendrée par plus de deux mille ans d'orthodoxie euclidienne. La restriction imposée par Euclide de ne travailler qu'avec un compas et une règle avait limité le spectre de l'investigation mathématique. Il se trouve que l'origami est plus polyvalent que ces instruments, notamment dans la construction de polygones réguliers, par exemple. Euclide avait été capable de tracer le triangle équilatéral, le carré, le pentagone et l'hexagone, mais rappelons-nous que l'heptagone (qui comporte sept côtés) et l'ennéagone (neuf) lui échappaient. L'origami permet assez facilement d'obtenir l'heptagone et l'ennéagone ; en revanche, il bute sur l'hendécagone (onze côtés). (Dans la mesure où l'on parle d'un origami au sens strict, c'est-à-dire n'admettant qu'une pliure à la fois. Si plusieurs pliures simultanées sont autorisées, tout polygone est théoriquement possible, même si la démonstration physique peut atteindre des degrés de difficulté… impossibles.)

Aux antipodes du jeu d'enfant, l'origami se situe désormais à la pointe des mathématiques. Littéralement. À l'âge de dix-sept ans, Erik Demaine a démontré avec ses collaborateurs qu'on peut créer n'importe quelle forme à bords droits en pliant une feuille de papier, avec une seule coupe. Une fois déterminée la forme souhaitée, on cherche le schéma de pliage, on plie, on déplie le papier, et la forme voulue tombe toute seule. On pourrait croire que cela n'intéressera que des écoliers friands de décorations de Noël particulièrement élaborées, mais les travaux de Demaine ont trouvé leur application dans l'industrie, notamment dans la conception d'airbags pour l'automobile. L'origami, qu'on peut aussi mettre en rapport avec la pliure naturelle des protéines, connaît aujourd'hui des applications dans les domaines les plus inattendus, que ce soit la fabrication d'endoprothèses vasculaires, la robotique ou la conception des panneaux solaires des satellites.

Robert Lang est un gourou de l'origami moderne, qui n'a pas seulement fait avancer la théorie sous-tendant le pliage de papier, mais aussi transformé un passe-temps en art plastique. Cet ancien physicien de la Nasa a été le premier à utiliser l'informatique pour élaborer des schémas de pliage permettant de nouvelles figures à la complexité croissante. On trouve parmi ses œuvres des insectes, des scorpions, des dinosaures, et même un homme jouant du piano à queue. Les schémas de pliage sont presque aussi beaux que l'objet achevé.

Les États-Unis peuvent aujourd'hui se prévaloir d'avoir rejoint le Japon à la pointe de l'origami, en partie parce que l'image de passe-temps informel qui colle à cette pratique dans la société japonaise interdit en quelque sorte qu'on la prenne au sérieux en tant que science. La cause n'est d'ailleurs pas favorisée par les querelles que se livrent des factions revendiquant chacune l'esprit authentique de l'origami, dans le plus pur style des films des Monty Python. Quelle n'a pas été ma surprise d'entendre Kazuo Kobayashi, le président de l'Association internationale de l'origami, décrier pour cause d'élitisme les travaux de Robert Lang : « Il travaille pour son propre compte, a-t-il objecté. L'origami tel que je le conçois doit servir à la rééducation des malades et à l'instruction des enfants. »

Il demeure que bon nombre d'amateurs japonais d'origami mènent de passionnants travaux, et je me suis rendu à Tsukuba, une ville universitaire moderne au nord de Tokyo, pour rencontrer l'un d'eux. Kazuo Haga, aujourd'hui retraité, a été entomologiste, spécialiste du développement embryonnaire des œufs d'insectes. Il me reçoit dans un bureau minuscule, rempli à craquer de livres et de présentoirs de papillons. M. Haga, aujourd'hui âgé de soixante-quatorze ans, porte de larges lunettes à fine monture noire qui offrent à son visage un cadre géométrique. Je sens immédiatement que j'ai affaire à un homme très timide, doux et effacé – l'idée même d'une interview le met profondément mal à l'aise.

Mais la timidité de M. Haga est strictement sociale. Dans l'univers de l'origami, c'est au contraire un rebelle. Volontairement demeuré à l'écart du courant majoritaire, il ne s'est jamais senti tenu par quelque convention que ce soit. Selon les règles de l'origami japonais traditionnel, par exemple, seules sont admises deux façons d'accomplir le premier pli : à la moitié pour l'une et l'autre – soit en diagonale, en joignant deux coins opposés de la feuille, soit selon la médiane, en joignant les coins adjacents. Ce sont les « plis primaires » – les diagonales et les médianes du carré.

M. Haga a choisi de procéder différemment. Qu'adviendrait-il si d'aventure il osait ramener un coin jusqu'au milieu d'un côté ? Quelle audace ! C'est en 1978 qu'il a franchi le pas. Cette simple pliure a eu pour effet de lever le voile sur un nouvel univers sublime. M. Haga venait de créer trois triangles rectangles. Mais pas n'importe quels triangles rectangles ordinaires. Tous trois étaient des triangles égyptiens, les plus historiques des triangles, une véritable icône.

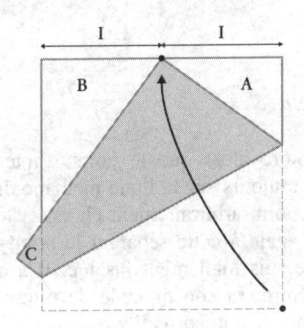

Le théorème de Haga : A, B et C sont des triangles égyptiens

Transi par sa découverte, mais sans personne auprès de lui pour la partager, il a envoyé une lettre au professeur Koji Fushimi, physicien théorique réputé pour l'intérêt qu'il portait à l'origami. « Je n'ai jamais reçu de réponse », raconte M. Haga, puis, d'un coup, voilà qu'il signe un article dans une revue intitulée *Séminaire de mathématiques*, où il évoque le « théorème de Haga ». C'était sa façon de répondre. Depuis, M. Haga a donné son nom à deux autres « théorèmes » concernant l'origami, mais il prétend en avoir encore une cinquantaine dans ses tiroirs. S'il me fait cet aveu, ce n'est pas par arrogance, mais bien pour me laisser apprécier combien le domaine est encore riche et inexploité.

Dans le théorème de Haga, on ramène un coin jusqu'au centre d'un côté. M. Haga s'est donc demandé ensuite s'il trouverait quelque chose d'intéressant en ramenant un coin jusqu'à un point aléatoire d'un côté. Pour me faire sa démonstration, il s'empare d'un carré de papier d'origami bleu, au bord duquel il trace un point au stylo rouge, au hasard. Puis il ramène l'un des coins opposés jusqu'au point tracé, marque la pliure, et déplie la feuille. Il rabat ensuite l'autre coin opposé jusqu'au point rouge, marquant une deuxième pliure, qui dote à présent le carré de deux droites distinctes se croisant.

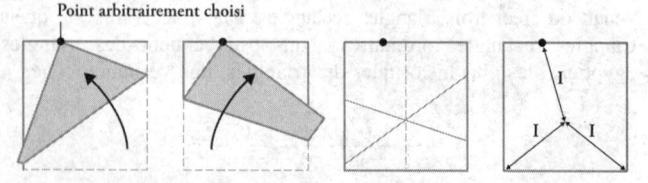

L'autre théorème de Haga

Haga me montre alors que le point d'intersection des deux pliures se trouve toujours sur la ligne médiane du papier, et que la distance entre le point arbitrairement choisi et le point d'intersection est toujours égale à celle séparant le point d'intersection des coins opposés. Je suis totalement fasciné. Il a choisi un point au hasard, pas le centre. Et son procédé de pliure semble avoir agi comme un mécanisme autocorrectif.

Haga tient à me montrer un dernier schéma. Il a choisi pour cette découverte un nom aux airs de haïku : *une « droite mère »* *arbitrairement tracée donne naissance à onze merveilleux petits*.

Première étape : Faites une pliure arbitraire sur une feuille de papier carrée.

Deuxième étape : Rabattez successivement chaque côté de la feuille jusqu'à cette pliure, et dépliez à chaque fois de façon à en laisser la marque apparente, comme indiqué sur les figures A à E.

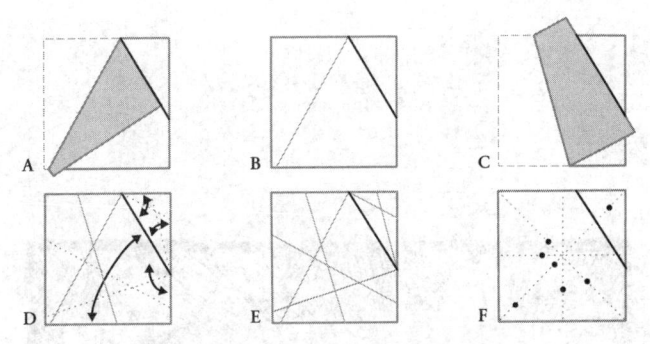

Droite mère montrant sept de ses onze merveilleux petits

Là encore, c'est extrêmement simple à réaliser, et ça laisse apparaître un très bel ordre géométrique. Comme montré en F, tous les points d'intersection se trouvent sur les pliures primaires. (Le diagramme laisse apparaître les sept intersections que contient le carré originel ; les quatre autres se trouvent au-dehors, sur le prolongement des pliures.) La première pliure a été faite au hasard, mais toutes se rencontrent sur les diagonales et les médianes, avec une concision et une régularité parfaites.

J'ai le sentiment très net que si un homme peut aujourd'hui prétendre incarner l'esprit de Pythagore dans le monde moderne, c'est Kazuo Haga. Chez l'un ou l'autre, la passion de la recherche mathématique tient à l'émerveillement que suscitent les harmonies simples de la géométrie. L'expérience semble produire sur M. Haga les mêmes effets spirituels que sur Pythagore deux mille ans auparavant. « La plupart des Japonais cherchent à créer de nouvelles formes par l'origami, dit-il. Mon objectif était d'échapper à l'idée qu'il faille nécessairement créer quelque chose de physique, et chercher plutôt à découvrir des phénomènes mathématiques. C'est ça que je trouve intéressant. On s'aperçoit que dans le monde très, très simple, des choses fascinantes restent à découvrir. »

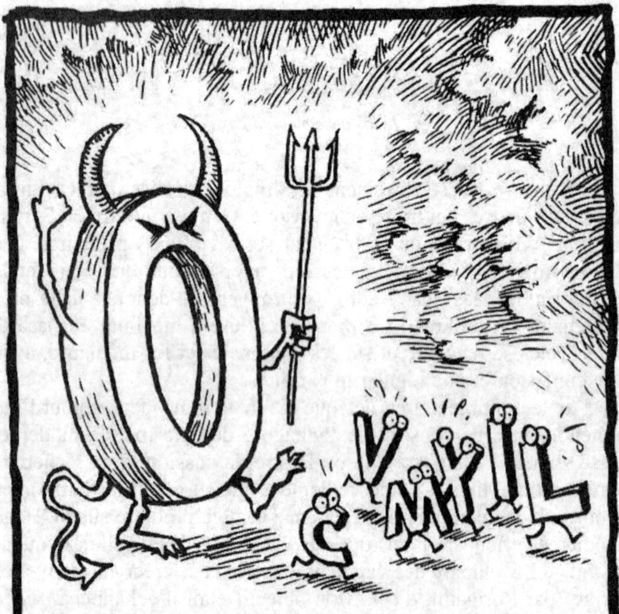

3

Quelque chose à propos de rien

Chaque année, la ville de Puri, sur le littoral indien, accueille un million de pèlerins. Ils viennent assister à l'une des fêtes les plus spectaculaires que compte le calendrier hindou – c'est le Râthayâtra, au cours duquel trois immenses chariots défilent à travers la ville. Lors de ma visite, les rues grouillaient de dévots frappant leurs cymbales en chantant des mantras, de prêtres barbus aux pieds nus, et de touristes indiens vêtus de tee-shirts à la mode et de saris fluo. On était au milieu de l'été, au début de la mousson, et entre deux averses le personnel du festival aspergeait d'eau le visage des passants pour les rafraîchir. Le Râthayâtra donne lieu à diverses processions, dans toute l'Inde, mais celle de Puri est la plus importante, et ses chars sont les plus imposants.

Les festivités ne commencent vraiment que lorsque le raja local, le Śaṅkarācārya de Puri, se dresse devant la foule pour la bénir. Ce personnage est l'un des principaux sages de l'hindouisme ; l'ordre monastique qu'il conduit remonte à plus de mille ans. C'est aussi pour lui que je suis venu jusqu'à Puri. Le Śaṅkarācārya n'est pas seulement un guide spirituel, c'est aussi un mathématicien dont les œuvres sont publiées. J'étais donc moi aussi un pèlerin venu chercher l'illumination.

Dès mon arrivée en Inde, quelque chose d'inhabituel m'a frappé dans l'utilisation des nombres. À la réception de l'hôtel, j'ai ramassé un exemplaire du *Times of India*. Le battement des pages du journal au gré des ventilateurs métalliques n'avait pas empêché le titre à la une de retenir mon regard.

5 *crore* d'Indiens oubliés
dans les estimations officielles

Crore étant le terme anglo-indien signifiant dix millions, l'article racontait en fait que le pays venait de se découvrir cinquante millions de citoyens qu'il avait jusqu'alors ignorés – à peu près l'équivalent de la population de l'Angleterre. Qu'un pays puisse passer à côté d'un si grand nombre d'habitants, même si cela ne représente que moins de 5 % de sa population, était déjà frappant en soi. Mais ce qui a surtout attiré mon attention, c'était bien l'emploi du mot *crore*. L'anglais pratiqué en Inde ne possède pas les mêmes termes pour les nombres élevés que celui de Grande-Bretagne ou des États-Unis. Le terme « million », par exemple, n'existe pas. On exprime le million par la locution *dix lakh*, un lakh signifiant 100 000. Étant donné que l'Inde ne connaît pas le « million », le film *Slumdog Millionaire* y est sorti sous le titre *Slumdog Crorepati*. Ici, un individu très riche ne dispose pas d'un million, mais d'un *crore* de dollars ou de roupies. Voici un tableau d'équivalences des termes de numération indienne et française :

Français	Écriture	Anglais de l'Inde	Notation
Dix	10	Ten	10
Cent	100	Hundred	100
Mille	1 000	Thousand	1,000
Dix mille	10 000	Ten thousand	10,000
Cent mille	100 000	Lakh	1,00,000
Un million	1 000 000	Ten lakh	10,00,000
Dix millions	10 000 000	Crore	1,00,00,000
Cent millions	100 000 000	Ten crore	10,00,00,000

Notez qu'au-dessus de 1 000, les Indiens placent une virgule tous les deux chiffres, alors que, dans le reste du monde, la convention veut qu'on les sépare par groupes de trois.

L'emploi de *lakh* et de *crore* est un héritage des mathématiques de l'Inde antique. Ces termes viennent de l'hindi *lakh* et *karod*, qui descendent eux-mêmes de *laksh* et *koti*, les termes sanscrits désignant ces mêmes nombres. Dans l'Inde antique, seuls les scientifiques et les religieux se préoccupaient de donner des noms aux valeurs élevées. Dans le *Lalitavistara Sūtra,* par exemple, un texte sanscrit remontant au moins au début du IVe siècle, Bouddha est mis au défi d'exprimer des nombres supérieurs à cent *koti*. Voici sa réponse :

> Cent *koti* font un *ayuta*, cent *ayuta* font un *niyuta*, cent *niyuta* font un *kankara*, cent *kankara* font un *vivara*, cent *vivara* font un *kshobhya*, cent *kshobhya* font un *vivaha*, cent *vivaha* font un *utsanga*, cent *utsanga* font un *bahula*, cent *bahula* font un *nâgabala*, cent *nâgabala* font un *titilambha*, cent *titilambha* font un *vyavasthânaprajñapati,* cent *vyavasthânaprajñapati* font un *hetuhila*, cent *hetuhila* font un *karahu*, cent *karahu* font un *hetvindriya*, cent *hetvindriya* font un *samâptalambha*, cent *samâptalambha* font un *gananâgati*, cent *gananâgati* font un *niravadya*, cent *niravadya* font un *mudrâbala*, cent *mudrâbala* font un *sarvabala*, cent *sarvabala* font un *visamjñagati*, cent *visamjñagati* font un *sarvajña*, cent *sarvajña* font un *vibhutangamâ*, cent *vibhutangamâ* font un *tallakshana*.

Comme dans l'Inde d'aujourd'hui, Bouddha énonce sa liste ascendante par multiples de 100. Puisque le *koti* vaut dix millions, le *tallakshana* vaut dix millions multiplié vingt-trois fois par cent, soit 10 suivi de cinquante-deux zéros, ou 10^{53}. C'est un nombre phénoménal, si grand en fait qu'il faudrait mesurer l'univers tout entier d'un bout à l'autre en mètres et porter encore ce nombre au carré pour en approcher.

Mais Bouddha ne s'arrête pas là. Ce n'est encore qu'un échauffement. Il entreprend ensuite d'expliquer qu'il s'est contenté jusque-là de décrire le système de comptage du *tallakshana*, mais qu'au-dessus s'en trouve un autre, celui du *dhvajâgravati*, composé d'autant de termes. Et plus haut encore, le *dhavjâgranishâmani* en comporte vingt-quatre supplémentaires. En fait, il y a encore six systèmes supérieurs – dont Bouddha, bien entendu, se fait un plaisir de dresser la liste. Le dernier nombre du dernier système équivaut à 10^{421} : un, suivi de 421 zéros.

La considération de ce nombre mérite qu'on s'arrête un instant pour reprendre son souffle. On estime à 10^{80} le nombre d'atomes constituant l'univers. Ou alors prenons la plus petite unité de temps mesurable – le temps de Planck, soit une seconde divisée en 10^{43} fractions : on estime qu'il s'en est écoulé 10^{60} depuis le Big Bang. Si l'on multiplie le nombre d'atomes dans l'univers par le nombre de temps de Planck depuis le Big Bang – soit le nombre de positions uniques de chaque particule depuis l'origine du temps –, on n'arrive encore qu'à 10^{140}, ce qui est beaucoup, beaucoup plus petit que 10^{421}. Les grands nombres de Bouddha n'ont aucune application pratique – du moins pas pour compter des choses qui existent.

Mais Bouddha ne se borne pas à savoir sonder les grandeurs impossibles, il est tout aussi à l'aise dans l'infiniment petit, puisqu'il explique combien d'atomes comporte le *yojana*, une ancienne unité de longueur à peu près équivalente à dix kilomètres. Un *yojana*, dit-il, équivaut à :

Quatre *krosha*, chacun correspondant à la longueur de
Mille arcs, chacun correspondant à la longueur de
Quatre coudées, chacune correspondant à la longueur de
Deux travées, chacune correspondant à la longueur de
Douze phalanges de doigts, chacune correspondant à la longueur de
Sept grains d'orge, chacun correspondant à la longueur de
Sept graines de moutarde, chacune correspondant à la longueur de
Sept graines de pavot, chacune correspondant à la longueur de
Sept particules de poussière soulevée par une vache, chacune correspondant à la longueur de
Sept grains de la poussière déplacée par un bélier, chacun correspondant à la longueur de
Sept grains de la poussière soulevée par un lièvre, chacun correspondant à la longueur de
Sept grains de poussière emportés par le vent, chacun correspondant à la longueur de
Sept minuscules grains de poussière, chacun correspondant à la longueur de
Sept infimes grains de poussière, chacun correspondant à la longueur de
Sept particules des premiers atomes.

En vérité, il s'agit d'une estimation assez juste. Admettons qu'une phalange de doigt soit longue d'environ quatre centimètres. Les « premiers atomes » de Bouddha feraient donc quatre centimètres divisés dix fois par 7, soit, $0{,}04 \text{ m} \times 7^{-10}$, ou $0{,}0000000001416$ m, ce qui correspond à peu près à la taille d'un atome de carbone.

Bouddha n'était pas le seul Indien d'alors à s'intéresser à l'incroyablement grand et à l'infiniment petit, loin de là. La littérature sanscrite regorge de nombres astronomiques. Les adeptes du jaïnisme, religion voisine de l'hindouisme, définissaient le *raju* comme étant la distance parcourue en six mois par un Dieu couvrant cent mille yojana à chaque clin d'œil. Le *palya* était le temps qu'il fallait pour vider un cube géant, mesurant un yojana de côté, rempli de laine d'agneaux nouveau-nés dont on retirerait un seul brin par siècle. Cette obsession pour les grands nombres (et les petits) était de nature métaphysique, comme une façon de tâtonner vers l'infini et d'embrasser les grandes questions existentielles de la vie.

* * *

Avant que le système de numération arabe ne devienne un genre de *lingua franca* internationale, l'homme a eu bien d'autres façons d'écrire les nombres. Les premiers symboles numéraux apparus en Occident ont été les encoches, les empreintes cunéiformes ressemblant à des empreintes de pattes d'oiseau et les hiéroglyphes. Quand les langues ont commencé à se forger leur propre alphabet, on a d'abord représenté les nombres par des lettres. Les Juifs employaient l'aleph hébreu (א) pour le 1, le beth (ב) pour le 2 et ainsi de suite. La dixième lettre, yod (י), correspondait au 10 et, à sa suite, chaque lettre valait une dizaine supplémentaire, puis, à partir de 100, une centaine supplémentaire. La vingt-deuxième et dernière lettre de l'alphabet hébreu, tav (ת), correspondait à 400. L'emploi de lettres pour les nombres prêtait à confusion et favorisait l'interprétation numérologique du comptage. La gématrie, par exemple, consistait à additionner les nombres correspondant aux lettres des mots hébreux pour leur attribuer une valeur à des fins spéculatives ou divinatoires.

Les Grecs employaient un système similaire, l'alpha (α) signifiant 1, le bêta (β) signifiant 2 et ainsi de suite jusqu'à la vingt-septième lettre de l'alphabet, sampi (ϡ), qui correspondait à 900. La culture mathématique grecque, la plus avancée du monde classique, ne partageait pas la soif des Indiens pour les nombres gigantesques. Le plus élevé de leurs adjectifs numéraux était la *myriade*, qui signifiait 10 000, représentée par un M majuscule.

Les Romains aussi employaient un système de numération alphabétique, dont les racines étaient plus anciennes que celles des

Grecs ou des Juifs. Le symbole représentant le 1 était I, sans doute le vestige d'une encoche sur un bâton de comptage. Le 5 s'écrivait V, peut-être parce qu'il ressemble à une main. Les autres chiffres étaient le X, le L, le C, le D et le M, équivalant respectivement à 10, 50, 100, 500 et 1 000. Tous les autres nombres s'écrivaient à l'aide de ces sept lettres majuscules. Du fait qu'il provenait du bâton de comptage, le système romain de numération était extrêmement intuitif. Il était aussi très efficace – parce qu'il n'employait que sept symboles, comparés aux vingt-deux du système hébreu et aux vingt-sept du système grec – au point de prédominer en Europe pendant largement plus de mille ans.

Cependant, les chiffres romains se prêtaient très mal à l'arithmétique. Essayons donc de calculer 57×43. La meilleure façon de procéder est d'utiliser une méthode connue sous le nom de multiplication égyptienne (ou paysanne), parce qu'elle remonte au moins à l'Égypte antique. C'est une méthode ingénieuse, mais longue.

On commence par décomposer l'un des nombres à multiplier en puissances de 2 (qui sont 1, 2, 4, 8, 16, 32 et ainsi de suite, doublant à chaque fois) et par créer une table des doubles de l'autre nombre. Ainsi, pour notre exemple de 57×43, décomposons 57 et établissons une table des doubles de 43. J'emploie ici les chiffres arabes pour bien montrer comment cela fonctionne, puis je traduirai en chiffres romains.

Décomposition : $57 = 32 + 16 + 8 + 1$

Table des doubles :
$1 \times 43 =$ 43
$2 \times 43 =$ 86
$4 \times 43 =$ 172
$8 \times 43 =$ 344
$16 \times 43 =$ 688
$32 \times 43 =$ 1 376

La multiplication de 57×43 équivaut à l'addition des nombres de la table des doubles qui correspondent aux quantités de la décomposition. Dit comme ça, cela paraît très compliqué, mais c'est somme toute assez logique. La décomposition contient un 32, un 16, un 8 et un 1. Dans la table, 32 correspond à 1376, 16 correspond à 688, 8 correspond à 344 et 1 correspond à 43. On peut donc réécrire la multiplication initiale sous la forme 1 376 + 688 + 344 + 43, et l'on obtient 2 451.

En chiffres romains, à présent, 57 s'écrit LVII, et 43 XLIII. La décomposition et la table deviennent :

LVII = XXXII + XVI + VIII + I

et

XLIII
LXXXVI
CLXXII
CCCXLIV
DCLXXXVIII
MCCCLXXVI

donc,

LVII × XLIII = MCCCLXXVI + DCLXXXVIII + CCCXLIV + XLIII = MMCDLI

Ouf ! En décomposant le calcul en morceaux plus digestes ne requérant que la multiplication par 2 et l'addition, la numération romaine finit par répondre à la question posée. Il n'empêche que nous avons travaillé bien plus que nécessaire. J'ai dit plus haut que le système romain était intuitif et efficace. Je le retire. Le système romain devient assez facilement contraire à l'intuition, puisque la longueur des nombres ne dépend pas de leur valeur. MMCDLI est plus élevé que DCLXXXVIII, mais il comporte moins de chiffres, ce qui va à l'encontre du sens commun. Et le gain d'efficacité obtenu grâce à l'emploi de seulement sept chiffres est aussitôt perdu par l'incommodité de leur usage. De longues séquences sont souvent nécessaires pour signifier de petits nombres : LXXXVI comporte six symboles, ce qui, par rapport aux deux chiffres de son équivalent arabe, 86, fait beaucoup.

Comparons le calcul ci-dessus à la méthode de multiplication posée que nous avons tous apprise à l'école :

```
    57
  × 43
  0171
  2280
  2451
```

Si notre méthode est à ce point plus rapide et plus facile, c'est pour une raison très simple. Pas plus les Romains que les Grecs ou les Juifs ne possédaient de symbole pour le 0. Or, en matière de calcul, un rien change tout.

Le Veda est l'ensemble des textes sacrés de l'hindouisme. Il s'est transmis oralement pendant des générations, avant d'être rédigé en sanscrit, voici quelque deux mille ans. Dans le Veda, au cœur d'un passage traitant de l'édification d'autels, on trouve la liste suivante de termes numéraux :

Dasa	10
Sata	100
Sahasra	1 000
Ayuta	10 000
Niyuta	100 000
Prayuta	1 000 000
Arbuda	10 000 000
Nyarbuda	100 000 000
Samudra	1 000 000 000
Madhya	10 000 000 000
Anta	100 000 000 000
Parârdha	1 000 000 000 000

Disposer d'un terme pour chaque multiple de 10 rend la description des grands nombres très commode, et cela a offert aux astronomes et aux astrologues (ainsi, manifestement, qu'aux bâtisseurs d'autels) un vocabulaire adapté aux immenses quantités que brassaient leurs calculs. C'est l'une des raisons qui ont donné à l'astronomie indienne une certaine avance sur son temps. Prenons le nombre 422 396. Les Indiens commençaient par le plus petit chiffre, à droite, et énuméraient les autres successivement de droite à gauche : *Six et neuf dasa et trois sata et deux sahasra et deux ayuta et quatre niyuta*. De là, il n'y avait pas loin à s'apercevoir qu'on pouvait aisément se passer des noms des puissances de 10, étant donné que la position du chiffre dans la séquence définissait sa valeur. En d'autres termes, le nombre ci-dessus pouvait s'écrire : *six, neuf, trois, deux, deux, quatre*.

Ce type d'énumération porte le nom de système à « valeur de position », que nous avons déjà évoqué précédemment. La valeur d'une boule de boulier dépend de la colonne où elle se trouve. De même, la valeur de chaque chiffre de la liste ci-dessus dépend de sa position dans la liste. Les systèmes à valeur de position exigent toutefois la notion de « marque substitutive ». Si, par exemple, un nombre comporte deux *dasa*, pas de *sata* et trois *sahasra*, on ne peut pas l'écrire *deux, trois*, puisque cela signifierait deux *dasa* et trois *sata*. Il faut donc une marque substitutive qui préserve les positions de l'ensemble, pour clairement établir qu'il n'y a pas de *sata*. Cette marque substitutive, les Indiens la désignaient du terme *shunya* – qui signifie « vide ». Le nombre équivalent à deux *dasa* et trois *sahasra* s'écrivait donc *deux, shunya, trois*.

Les Indiens ne furent pas les premiers à employer une marque substitutive. Cet honneur échoit probablement aux Babyloniens, qui écrivaient leurs symboles numéraux en colonnes, selon un système en base 60. Il y avait une colonne pour les unités, la suivante était pour les soixantaines, celle d'après pour les 3 600 et ainsi de suite. Au départ, lorsqu'un nombre ne comportait pas de valeur pour une colonne donnée, celle-ci était laissée en blanc. Mais comme cela prêtait à confusion, on a fini par créer un symbole exprimant l'absence de valeur. Ce symbole, toutefois, ne servait encore que de marqueur.

Après avoir adopté le *shunya* comme marque substitutive, les Indiens ont poussé l'idée un cran plus loin en finissant par donner au *shunya* une valeur de chiffre à part entière : 0. Nous n'éprouvons plus aucune difficulté aujourd'hui à comprendre que 0 est un chiffre, mais l'idée était alors tout sauf évidente. Elle n'était pas venue aux civilisations occidentales, entre autres, malgré des millénaires d'étude des mathématiques. L'ampleur du fossé conceptuel franchi par les Indiens apparaît clairement dans le fait que le monde antique avait ce 0 sous le nez, mais qu'il n'a jamais fait que regarder directement au travers. Le boulier supposait la notion de 0, puisqu'il reposait sur la valeur de position. Par exemple, lorsqu'un Romain voulait exprimer 101, il poussait une boule dans la première colonne pour signifier 100, aucune dans la deuxième pour signifier l'absence de dizaine, et une boule dans la troisième colonne pour signifier une unité. La deuxième colonne, intouchée, exprimait le rien. Dans ses calculs, le manieur de boulier était parfaitement conscient de l'importance qu'il y avait à tenir compte des colonnes intouchées, au même titre que de celles dont les boules avaient été déplacées. Mais il n'a jamais donné de nom ou de symbole numérique à la valeur exprimée par la colonne intouchée.

Le 0 a accompli ses premiers pas hésitants en tant que chiffre à part entière sous la tutelle de mathématiciens indiens tels que Brahmagupta, qui, au VIIe siècle, décrivit les relations qu'entretient *shunya* avec les autres nombres :

Une dette moins *shunya* est une dette
Une fortune moins *shunya* est une fortune
Shunya moins *shunya* égale *shunya*
Une dette retranchée de *shunya* est une fortune
Une fortune retranchée de *shunya* est une dette
Le produit de *shunya* multiplié par une dette ou une fortune est *shunya*
Le produit de *shunya* multiplié par *shunya* est *shunya*

Si l'on remplace « fortune » par « nombre positif a », et « dette » par « nombre négatif $-a$ », Brahmagupta a donc énoncé les propriétés suivantes :

$-a - 0 = -a$
$a - 0 = a$
$0 - 0 = 0$
$0 - (-a) = a$
$0 - a = -a$
$0 \times a = 0, 0 \times -a = 0$
$0 \times 0 = 0$

Les nombres étaient apparus comme un outil de comptage, comme des abstractions décrivant des quantités. Or, le 0 n'était pas un nombre de comptage dans ce sens-là ; comprendre sa valeur requérait un degré supérieur d'abstraction. Mais plus les mathématiques se sont détachées des choses concrètes, plus le 0 a gagné en puissance.

QUELQUE CHOSE À PROPOS DE RIEN

Traiter le 0 comme un chiffre signifiait que le système à valeur de position, qui avait fait du boulier le meilleur des instruments de calcul, pouvait servir à l'emploi de symboles écrits. Le 0 allait aussi faire progresser les mathématiques à d'autres égards, en ouvrant la voie à l'« invention » des nombres négatifs et des fractions décimales – des notions qu'on apprend couramment à l'école et qui sont constitutives de nos nécessités quotidiennes, mais qui n'allaient certainement pas de soi. Les Grecs ont fait de fantastiques découvertes mathématiques en se passant du 0, des nombres négatifs et des fractions décimales, parce que leur connaissance des mathématiques était essentiellement spatiale. Il leur semblait absurde que « rien » puisse être « quelque chose ». Pythagore n'était pas plus capable d'imaginer un nombre négatif qu'un triangle négatif.

Évolution des chiffres modernes

De toutes les innovations de l'Inde antique en matière de nombres, aucune peut-être ne fut aussi insolite que le vocabulaire employé pour désigner les chiffres de 0 à 9. Au lieu d'attribuer à chacun un nom bien à lui, on employait tout un lexique de synonymes particulièrement coloré. Zéro, par exemple, se disait *shunya*, qui signifiait aussi « éther », « point », « trou » ou « serpent de l'éternité ». Un pouvait aussi signifier « terre », « lune », « étoile Polaire », ou « lait caillé ». Deux voulait également dire « bras », trois, « feu » et quatre, « vulve ». Les noms choisis dépendaient du contexte et se conformaient aux strictes règles sanscrites de versification et de prosodie. Le couplet suivant, par exemple, est un fragment de calcul intensif tiré d'un texte d'astrologie antique :

Les apsides de la lune dans un yuga
Feu. Vide. Cavaliers. *Vasus*[1]. Serpent. Océan,
et de son nœud décroissant
Vasus. Feu. Couple primordial. Cavaliers. Feu. Jumeaux.

Traduction :
[Le nombre de révolutions] des apsides de la lune dans un [cycle cosmique est]
Trois. Zéro. Deux. Huit. Huit. Quatre, [ou 488 203]
et de son nœud décroissant
Huit. Trois. Deux. Deux. Trois. Deux. [ou 232 238]

S'il peut de prime abord paraître déconcertant qu'à chaque chiffre corresponde un tel foisonnement d'alternatives, c'est au fond parfaitement logique. En ces temps où les manuscrits étaient fragiles et s'abîmaient facilement, il fallait aux astronomes et aux astrologues une méthode de secours pour retenir avec précision les nombres importants. Les séries de chiffres sont plus faciles à mémoriser sous forme de vers et avec des noms variés plutôt qu'en reprenant constamment les mêmes.

La transmission orale des nombres était aussi due au fait que les chiffres de 1 à 9 (nous reviendrons au 0 plus loin), qui faisaient leur apparition dans différentes régions d'Inde, n'étaient pas les mêmes partout. Elle permettait à deux individus ne comprenant pas leurs symboles respectifs de communiquer au moins par les mots. Vers l'an 500 de notre ère, toutefois, une certaine uniformité s'est établie, et l'Inde s'est trouvée en possession des trois éléments nécessaires à l'émergence d'un système décimal moderne : dix

---

1. Groupe de huit divinités, dans l'épopée hindoue du Mahābhārata.

chiffres, la valeur de position, et un beau 0 bien rond, dans toute sa plénitude.

Grâce à la simplicité de son usage, la méthode indienne s'est répandue au Moyen-Orient, où elle a été adoptée par le monde islamique, ce qui explique que les chiffres aient pris le nom, à tort, d'arabes. De là, c'est un Italien entreprenant, Leonardo Fibonacci, dont le patronyme signifiait « fils de Bonacci », qui les a importés en Europe. C'est à l'enfance que Fibonacci avait rencontré les chiffres indiens, dans ce qui est aujourd'hui la ville algérienne de Béjaïa, où son père officiait en tant qu'agent des douanes pisanes. Percevant que ces chiffres étaient bien plus performants que les chiffres romains, Fibonacci a écrit un livre au sujet du système décimal à valeur de position, le *Liber Abaci*, paru en 1202. D'entrée de jeu, il annonce la bonne nouvelle :

Les neuf chiffres indiens sont :

9 8 7 6 5 4 3 2 1

Avec ces neuf symboles, et avec le signe 0, que les Arabes nomment *zéphyr*, on peut écrire n'importe quel nombre, ainsi que nous allons le démontrer.

Le *Liber Abaci* est l'ouvrage qui, plus que tout autre, a introduit le système indien en Occident. Fibonacci y expose des méthodes d'arithmétique plus rapides, plus simples et plus élégantes que celles qu'employaient alors les Européens. La multiplication et la division posées peuvent aujourd'hui paraître barbantes, mais au début du XIIIe siècle, c'était le dernier cri de la technologie.

Cependant tout le monde ne s'est pas laissé convaincre de l'adopter du jour au lendemain. Tout d'abord, les manieurs professionnels de boulier se sont sentis menacés par ce mode de comptage simplifié. (Sans doute ont-ils été les premiers à s'apercevoir que le système décimal était fondamentalement une variante du boulier à base de symboles écrits.) En outre, le livre de Fibonacci paraissait en pleine période de croisades contre l'Islam, quand le clergé se méfiait de tout ce qui pouvait avoir des consonances arabes. Certains, à vrai dire, ont vu dans cette nouvelle arithmétique l'œuvre du diable, précisément pour son ingéniosité. La crainte des chiffres arabes transparaît dans l'étymologie de certains termes modernes. De *zéphyr* est venu « zéro », mais aussi le terme portugais *chifre*, qui signifie « cornes [du diable] », et l'anglais *cipher*, qui signifie « code ». Il s'est dit que cela provenait du fait que l'usage de nombres avec un *zéphyr*, ou un 0, se faisait en secret, contre la volonté de l'Église.

En 1299, à Florence, les chiffres arabes furent interdits sous prétexte que leurs symboles tortueux étaient plus aisément falsifiables que les robustes V et I romains. On pouvait trop facilement transformer un 0 en 6 ou 9, de même qu'un 1 en 7. Il a donc fallu attendre la fin du XVe siècle pour voir les chiffres romains céder la place, mais les nombres négatifs n'accrocheraient en Europe que bien plus tard, puisqu'ils ne seraient pas acceptés avant le XVIIe siècle, accusés de servir au calcul de l'usure, le prêt financier illégal, jugée blasphématoire. Notons toutefois que là où aucun calcul n'est requis, comme les documents légaux, les chapitres de livres ou les dates à la fin des émissions de la BBC, les chiffres romains subsistent à ce jour.

Avec l'adoption des chiffres arabes, l'arithmétique, qui jusqu'alors avait surtout été l'outil des boutiquiers, a rejoint la géométrie parmi les mathématiques à part entière, et ce nouveau système a ouvert la porte à la révolution scientifique.

Plus récemment, l'Inde a apporté une autre contribution au domaine des nombres, avec une panoplie d'astuces arithmétiques connue sous le nom de « mathématiques védiques ». Elles ont été découvertes au début du XXe siècle par un jeune swâmi (moine) nommé Bharati Krishna Tirthaji, qui affirmait les avoir trouvées dans le Veda, un peu comme si un curé annonçait avoir découvert une méthode de résolution des équations du second degré dans la Bible. Les mathématiques védiques reposent sur la liste suivante de seize aphorismes, ou soutras, dont Tirthaji explique qu'ils ne figurent littéralement dans aucun passage du Veda, mais ne sont décelables que « par le biais de la révélation intuitive ».

1. Par un de plus que le précédent
2. Tous de 9 et le dernier de 10
3. Verticalement et en Diagonale
4. Transposer et Appliquer
5. Si le Samuccaya est le Même, c'est le Zéro

QUELQUE CHOSE À PROPOS DE RIEN   139

Arithmetica, l'esprit de l'arithmétique, départageant Boèce, qui emploie les chiffres arabes, et Pythagore, qui utilise une table de comptage. Son regard bienveillant et les nombres ornant sa robe trahissent sa préférence. Détail d'une gravure sur bois reproduit dans la Margarita Philosophica *de Gregor Reisch (1503).*

6. Si Un est dans le Ratio, l'Autre est Zéro
7. Par Addition et par Soustraction
8. Par la Complétion ou la Non-Complétion
9. Calcul Différentiel
10. Par la Déficience
11. Spécifique et Général
12. Les Restes par le Dernier Chiffre
13. L'Ultime et deux fois le Pénultième
14. Par Un de moins que l'Un Précédent
15. Le Produit de la Somme
16. Tous les Multiplicateurs

Était-ce bien sérieux ? Certainement, et pas qu'un peu. Tirthaji a été l'un des prêtres les plus respectés de sa génération. Ancien enfant prodige, diplômé de sanscrit, de philosophie, d'anglais, de mathématiques, d'histoire et de sciences dès l'âge de vingt ans, c'était en outre un orateur talentueux destiné, comme cela apparaîtra clairement dès son entrée dans l'âge adulte, à endosser un rôle prééminent dans la vie religieuse indienne. D'ailleurs, en 1925, Tirthaji a été fait Śaṅkarācārya, l'une des fonctions de premier plan de la société traditionnelle hindoue, avec la charge d'un monastère d'importance nationale, à Puri, Orissa, dans la baie du Bengale. C'est précisément la ville où je me suis rendu, l'épicentre du Râthayâtra, le festival des Chars, et où j'espérais pouvoir rencontrer son successeur, l'actuel Śaṅkarācārya, qui fait aujourd'hui fonction d'ambassadeur des mathématiques védiques.

Au cours des années 1930 et 1940, dans le cadre de ses fonctions de Śaṅkarācārya, Tirthaji a régulièrement parcouru l'Inde, prononçant des sermons devant des foules de dizaines de milliers de fidèles auxquels il dispensait aussi bien des enseignements spirituels que ses méthodes novatrices de calcul. Les seize soutras, enseignait-il, devaient s'utiliser comme autant de formules mathématiques. Derrière leur apparente ambiguïté, et leur allure de titre de manuel d'ingénierie ou de mantra de numérologie, ils faisaient en fait référence à des règles spécifiques. L'un des plus clairs est le second : *Tous de 9 et le dernier de 10*. Il peut s'appliquer chaque fois que l'on doit retrancher un nombre d'une puissance de 10, comme 1 000. Si l'on veut calculer 1 000 − 456, par exemple, on retranche 4 de 9, puis 5 de 9, et 6 de 10. Autrement dit, on retranche les deux premiers chiffres de 9 et le dernier de 10. Et l'on obtient 544. (Les autres soutras s'appliquent à d'autres situations, dont certaines seront abordées plus loin.)

En assurant ainsi la promotion des mathématiques védiques, Tirthaji estimait faire un don à la nation, puisqu'il faut généralement quinze ans à un enfant pour apprendre les mathématiques, expliquait-il, alors que, grâce aux soutras, à peine huit mois suffisaient. Il allait même jusqu'à prétendre que le système dépassait la simple arithmétique et s'étendait à l'algèbre, à la géométrie, au calcul et à l'astronomie. L'autorité morale et le charisme de Tirthaji en tant qu'orateur lui ont attiré la profonde affection des foules. Le grand public, a-t-il écrit, se montrait « extrêmement impressionné, ou plutôt enchanté, émerveillé, abasourdi ! » par les mathématiques védiques. À ceux qui lui demandaient si la méthode relevait des mathématiques ou de la magie, il livrait une réponse toute faite : « Les deux. C'est de la magie jusqu'au moment où on les comprend ; après, ce sont des mathématiques. »

En 1958, à quatre-vingt-deux ans, Tirthaji s'est rendu aux États-Unis, ce qui n'a pas manqué de soulever une vive controverse en Inde, parce que les guides spirituels hindous n'ont pas le droit de se rendre à l'étranger, et que jamais un Śaṅkarācārya n'avait encore quitté le pays. Aux États-Unis, sa venue a suscité beaucoup de curiosité. La côte Ouest n'était pas encore le foyer du Flower Power, des gourous et de la méditation qu'elle allait devenir ; on n'y avait encore jamais vu aucun personnage de ce type. Quand Tirthaji est arrivé en Californie, le *Los Angeles Times* a vu en lui « l'un des personnages les plus importants – et les plus méconnus – du monde ».

Tirthaji a animé tout un programme de conférences et d'émissions de télévision, où il a essentiellement parlé de paix dans le monde, mais il a quand même consacré une conférence entière aux mathématiques védiques, au California Institute of Technology, l'une des plus prestigieuses institutions scientifiques qui soient. Frêle comme un roseau et vêtu d'une tunique traditionnelle, Tirthaji s'est assis devant une salle de classe aux murs boisés. D'une voix paisible, mais chargée de présence, il a dit à l'assistance : « Depuis l'enfance, j'ai éprouvé autant d'attachement pour la métaphysique, d'un côté, que pour les mathématiques, de l'autre. Et ça ne m'a pas posé la moindre difficulté. »

Il a ensuite expliqué de quelle façon précise il avait trouvé les soutras, et soutenu que les textes védiques recelaient encore une foule de savoirs cachés derrière le double sens des mots et des phrases. Ces « calembours » mystiques, a-t-il ajouté, étaient jusqu'alors passés totalement inaperçus aux yeux des indianistes occidentaux. « On a toujours supposé que les mathématiques n'appartenaient pas à la littérature védique, a-t-il dit, mais dès le moment où je les ai trouvées, c'est allé comme sur du velours. »

En guise d'ouverture, Tirthaji s'est employé à démontrer comment multiplier 9 × 8 sans recourir aux tables de multiplication. On emploie pour cela le soutra *Tous de 9 et le dernier de 10*, mais la logique n'apparaît clairement que plus tard.

D'abord, il a tracé un 9 au tableau, suivi de la différence de 9 moins 10, qui est – 1. Dessous, il a inscrit 8, puis la différence de 8 moins 10, qui est – 2.

9   – 1
8   – 2

Il y a quatre façons de trouver le premier chiffre de la réponse. Soit on additionne les nombres de la première colonne et on retranche 10 (9 + 8 – 10 = 7). Soit on additionne ceux de la deuxième colonne et on ajoute 10 (– 1 – 2 + 10 = 7). Soit en additionnant n'importe laquelle des diagonales (9 – 2 = 7, et 8 – 1 = 7). Le résultat est toujours 7.

9   – 1
8   – 2
7

On calcule la deuxième partie de la réponse en multipliant les deux chiffres de la deuxième colonne (–1 × –2 = 2). Le résultat complet est 72.

9   – 1
8   – 2
7   2

Cette astuce déclenche en moi une satisfaction immense. Inscrire un chiffre à côté de sa différence de 10 est un peu comme l'isoler pour révéler sa personnalité intérieure, aligner l'ego avec l'alter ego. Son comportement nous apparaît plus compréhensible. En matière de calcul, il n'y a rien de plus banal que 9×8, mais il suffit pourtant de gratter la surface pour rencontrer une beauté et un ordre inattendus. Et la méthode ne vaut pas que pour 9×8, mais pour n'importe quel duo de chiffres. Tirthaji a ensuite tracé à la craie un autre exemple : 8×7.

```
8    − 2
7    − 3
5      6
```

Là encore, le premier chiffre jaillit indistinctement de l'une des quatre méthodes : $8 + 7 - 10 = 5$, ou $-2 - 3 + 10 = 5$, ou $8 - 3 = 5$, ou $7 - 2 = 5$. Le second chiffre est le produit des occupants de la deuxième colonne : $-2 \times -3 = 6$.

La méthode de Tirthaji ramène la multiplication de deux chiffres à l'addition et la multiplication des différences entre les nombres originels et 10. Autrement dit, elle réduit la multiplication de deux chiffres supérieurs à 5 à l'addition et la multiplication de deux chiffres inférieurs à 5. Ce qui signifie qu'on peut multiplier par 6, 7, 8 et 9, sans puiser au-delà de la table de 5. C'est très utile pour tous ceux qui ont du mal à apprendre leurs tables de multiplication.

En fait, la technique décrite par Tirthaji ressemble à celle du comptage sur les doigts employée en Europe au moins depuis la Renaissance, et restée en vigueur parmi les agriculteurs de certaines régions de France et de Russie jusque dans les années 1950. Sur chaque main, on assigne aux doigts les chiffres de 6 à 10. Pour multiplier deux chiffres ensemble, mettons 8 et 7, faites se toucher le doigt 8 et le doigt 7 de l'autre main. Soustrayez ensuite du nombre attribué à l'un de ces doigts la quantité de doigts de l'autre main qui se trouvent au-dessus de lui ($7 - 2$, ou $8 - 3$), en l'occurrence 5. Multipliez ensuite le nombre des doigts se trouvant au-dessus des doigts en contact, de chaque côté, soit 2 et 3, ce qui donne 6. La réponse, on l'a vu plus haut, est 56.

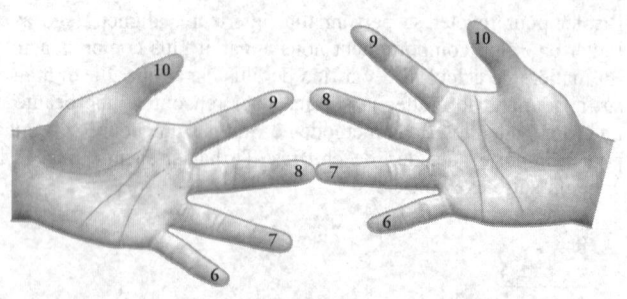

*Comment calculer 8 × 7 par la méthode « paysanne »
de multiplication sur les doigts*

Tirthaji a poursuivi sa causerie en démontrant que la méthode fonctionne également lorsqu'il s'agit de multiplier des nombres à deux chiffres, cette fois à partir de l'exemple 77 × 97. Il a inscrit au tableau :

77
97

Puis, au lieu de retrancher 77 à 10, il a retranché nos deux nombres de 100. (C'est là qu'intervient le deuxième soutra. Quand on retranche un nombre de 100, ou de toute puissance supérieure de 10, on retranche tous les chiffres du nombre de 9 sauf le dernier, qu'on retranche de 10, comme je l'ai montré p. 140) :

77   – 23
97   – 3

Comme précédemment, pour obtenir la première partie de la réponse, il y a quatre possibilités. Il a choisi celle des deux additions en diagonale : 77 – 3 = 97 – 23 = 74.

77   – 23
97   – 3
───────
74

La seconde partie de la réponse s'obtient par la multiplication des deux nombres de la colonne de droite : – 23 × – 3 = 69.

```
 77   – 23
 97   –  3
 74      69
```

La réponse est 7 469.

Tirthaji a ensuite pris un exemple comportant des nombres à trois chiffres : 888 × 997. Cette fois, la différence se calcule à partir de 1000.

```
888   – 112
997   – 003
885     336
```

L'addition en diagonale donne 885 pour la première partie, et la multiplication de la colonne de droite donne 336 pour la seconde, la réponse est donc 885 336.

« Ces formules rendent les équations beaucoup plus simples », a commenté Tirthaji, provoquant un franc éclat de rire parmi les étudiants. Peut-être ce rire naissait-il de la cocasserie de la scène : un gourou de quatre-vingt-deux ans en tunique était en train d'enseigner l'arithmétique élémentaire à certains des plus brillants étudiants en mathématiques des États-Unis. Ou alors était-ce dû au caractère ludique des trucs arithmétiques de Tirthaji. Les nombres arabes recèlent une mine de schémas cachés, y compris à un niveau aussi élémentaire que celui de la multiplication de deux chiffres. Tirthaji a poursuivi son exposé en évoquant des techniques de calcul de carrés, de division et d'algèbre. À en juger une transcription de la conférence, la salle n'a pas caché son enthousiasme : « Dès la fin de la démonstration, on a entendu un étudiant demander au camarade assis à côté de lui : "Qu'en penses-tu ?" L'ami a répondu "Fantastique !". »

À son retour en Inde, Tirthaji a été convoqué dans la ville sainte de Varanasi, où un concile exceptionnel de sages hindouistes a jugé la gravité de la transgression consistant à avoir quitté le pays. Il a été décidé que ce serait la première et la dernière fois qu'un Śaṅkarācārya serait autorisé à quitter l'Inde, et Tirthaji s'est soumis à un rituel de purification, au cas où, pendant son déplacement, il aurait consommé des aliments non conformes. Deux ans plus tard, il rendait l'âme.

Désireux d'en apprendre davantage, je discute dans mon hôtel de Puri avec deux défenseurs des mathématiques védiques. Kenneth Williams, soixante-deux ans, est un ancien professeur de mathématiques du sud de l'Écosse, auteur de plusieurs livres sur la méthode. « C'est présenté avec tant de beauté, le système est si homogène, dit-il, qu'en les découvrant j'ai pensé qu'il faudrait que les mathématiques soient toujours comme ça. » Williams est un gentleman réservé, au crâne monacal, à la barbe poivre et sel soigneusement taillée et aux yeux bleus surplombés de lourdes paupières. Il est accompagné de Gaurav Tekriwal, vingt-neuf ans, bien plus loquace, agent de change de Kolkata, vêtu d'une chemise blanche impeccable et de lunettes de soleil Armani. Tekriwal est le président de Vedic Maths Forum India, une association qui tient un site Internet, organise des conférences et vend des DVD.

Tekriwal m'a aidé à obtenir une entrevue avec le Śaṅkarācārya, et il tient à m'y accompagner, tout comme Williams. Nous hélons un rickshaw motorisé qui nous conduira jusqu'au Govardhan Math, dont le nom certes prometteur n'a malheureusement aucun rapport avec les mathématiques, puisque le terme *math* signifie tout simplement monastère, ou temple. Nous passons le front de mer et les ruelles bordées d'échoppes de nourriture et de soie imprimée. Le Math est un bâtiment sobre, de brique et de béton, de la taille d'une église de campagne, entouré de palmiers et d'un jardin sec où poussent du basilic, des aloès et des manguiers. Dans la cour se dresse un banian, dont le tronc est orné de draperies ocre ; on dit que Shankara, le sage hindouiste qui fonda l'ordre au VIIIe siècle, s'asseyait dessous pour méditer. La seule touche de modernité vient du frontispice noir luisant qui orne le premier étage – une façade à l'épreuve des balles, installée pour protéger la chambre du Śaṅkarācārya quand le Math a reçu les menaces de terroristes musulmans.

Nischalananda Sarasvati, l'actuel Śaṅkarācārya de Puri, tient son titre de celui qui l'avait lui-même hérité de Tirthaji. Il revendique fièrement le legs mathématique de Tirthaji, et a publié cinq ouvrages sur la méthode védique des nombres et du calcul. Dès notre arrivée au Math, on nous emmène dans la pièce où le Śaṅkarācārya donne ses audiences. Pour tout mobilier, il n'y a qu'un vieux canapé au revêtement rouge intense et, juste devant, une chaise basse à large siège, au dossier de bois et recouverte d'un châle rouge : c'est le trône du Śaṅkarācārya. Nous sommes assis en face, en tailleur, sur le sol, et attendons l'arrivée du saint homme.

Sarasvati entre dans la pièce, vêtu d'une tunique rose délavé. Son premier disciple se lève, récite quelques vers religieux, puis Sarasvati joint les mains pour prier, et touche la représentation de Shankara pendue au mur du fond. Le Śaṅkarācārya a les yeux bleus, une barbe blanche, et un crâne chauve à la peau claire. Assis sur son trône en position du demi-lotus, il affiche une expression partagée entre la sérénité et l'ennui. La séance est sur le point de commencer lorsqu'un homme en tunique bleue se jette juste devant moi, en prosternation devant le trône, mains tendues. Avec un soupir de grand-père exaspéré, le Śaṅkarācārya le chasse mollement.

Le protocole religieux exigeant que le Śaṅkarācārya s'exprime en hindi, il faut recourir aux talents d'interprète de son premier disciple. Je pose ma première question : « Quel est le lien entre mathématiques et spiritualité ? » Au bout de quelques minutes, la réponse arrive. « À mon avis, la création, l'existence et la destruction du présent univers surviennent sous une forme très mathématique. Nous ne faisons pas de distinction entre mathématiques et spiritualité. Nous considérons les mathématiques comme la source des philosophies indiennes. »

Sarasvati me raconte alors l'histoire de deux rois qui se croisent dans la forêt. Le premier se prétend capable de compter toutes les feuilles d'un arbre d'un seul regard. Incrédule, le second roi entreprend d'arracher les feuilles une à une en les comptant. Une fois sa tâche achevée, il aboutit au nombre précis donné par le premier roi. Selon Sarasvati, cette histoire indique que les Indiens de l'Antiquité étaient capables de compter un grand nombre d'objets en les regardant comme un tout au lieu de les dénombrer un à un. Cette faculté s'est perdue, comme beaucoup d'autres de ce temps-là. « Il est possible de retrouver l'ensemble de ces sciences par le biais de la contemplation scrupuleuse, de la méditation scrupuleuse et de l'effort scrupuleux », dit-il. La démarche consistant à étudier les écrits anciens dans l'intention de recouvrer des savoirs perdus, ajoute-t-il, est exactement celle que menait Tirthaji avec les mathématiques.

Pendant notre entretien, la pièce s'est remplie d'une vingtaine de personnes, qui se sont assises en silence pendant que s'exprimait le Śaṅkarācārya. Comme la séance touche à sa fin, un consultant en informatique d'une quarantaine d'années originaire de Bangalore l'interroge à propos de la signification du nombre 10^{62}. « Puisqu'il figure dans le Veda, dit-il, cela veut forcément dire quelque chose. » Le Śaṅkarācārya acquiesce. Il apparaît bien dans le Veda, et signifie donc forcément quelque chose. Un débat s'ouvre sur le fait que le gouvernement indien est en train de négliger l'héritage du pays, et le Śaṅkarācārya se plaint d'avoir à dédier tant d'énergie à la protection de la culture traditionnelle, car cela l'empêche de consacrer davantage de temps aux mathématiques. Cette année, il n'a pu leur réserver que quinze jours.

Le lendemain, au petit-déjeuner, j'interroge le consultant en informatique au sujet du nombre 10^{62}, et il me fait tout un discours sur les réalisations scientifiques de l'Inde antique. « Il y a des milliers d'années, dit-il, les Indiens en savaient davantage à propos du monde que ce qu'on en sait aujourd'hui. Ils faisaient même voler des avions. »

Comme je lui demande s'il existe des preuves de ce qu'il affirme, il me répond qu'on a trouvé gravées dans la roche des représentations millénaires d'engins volants. « Des avions à moteur ?
— Non, me dit-il, ils tiraient leur énergie du champ magnétique terrestre. Constitués d'un matériel composite, ils volaient à faible vitesse, entre 100 et 150 km/h. »

Mes questions commencent alors à l'agacer, car il voit dans ma soif d'explications scientifiques dignes de ce nom une offense à l'héritage culturel indien. Au bout d'un moment, il refuse de me parler.

Si la science védique, qui cultive volontiers le fantastique et l'occultisme, n'est que peu crédible, les mathématiques védiques, elles, résistent à l'examen minutieux, malgré le fait que le Veda soit pour l'essentiel tellement vague qu'il perd tout sens et que l'acceptation de l'origine védique de ces mathématiques exige qu'on mette son incrédulité de côté. Certaines de ces techniques ont une application tellement spécifique qu'elles ne sont au fond que de simples curiosités – comme par exemple l'astuce permettant de calculer la fraction $\frac{1}{19}$ jusqu'à la dernière décimale. D'autres, en revanche, sont incontestablement très habiles.

Reprenons l'exemple de 57 × 43. La méthode conventionnelle pour multiplier ces nombres consiste à écrire deux lignes intermédiaires, puis à les additionner :

```
  57
× 43
────
0171
2280
────
2451
```

Si l'on applique le troisième soutra, *Verticalement et en diagonale*, le résultat est assez facile à trouver, comme suit.

1re étape : Inscrire les nombres l'un au-dessus de l'autre :

    5 7

    4 3

2e étape : Multiplier les chiffres de la colonne de droite : $7 \times 3 = 21$. Le dernier chiffre de ce nombre est le dernier chiffre de la réponse. Inscrivons-le sous la colonne de droite, et retenons le 2.

```
5 7
  |
4 3
 ₂1
```

3e étape : Calculer la somme des produits en diagonale : $(5 \times 3) + (7 \times 4) = 15 + 28 = 43$. Ajoutons le 2 retenu à l'étape précédente, pour obtenir 45. Inscrivons le dernier chiffre de ce résultat, 5, sous la colonne de gauche, et retenons 4 :

```
 5  7
  ×
 4  3
₄5  1
```

4e étape : Multiplions les chiffres de la colonne de gauche, $5 \times 4 = 20$. Ajoutons le 4 retenu pour obtenir 24, et le résultat final apparaît :

```
    5 7
    |
    4 3
 ─────────
 2 4 5 1
```

On a multiplié les chiffres verticalement et en diagonale, exactement comme le disait le soutra. La méthode vaut pour les multiplications de n'importe quelle taille. Tout ce qui change, c'est le nombre de chiffres à multiplier verticalement et en diagonale. Prenons par exemple 376 × 852 :

$$3 \quad 7 \quad 6$$

$$8 \quad 5 \quad 2$$

1re étape : On commence par la colonne de droite : 6 × 2 = 12

```
 3  7  6
       |
 8  5  2
 ───────
       ₁2
```

2e étape : On additionne ensuite les produits en diagonale entre la colonne des unités et celle des dizaines, (7 × 2) + (6 × 5) = 44, résultat auquel on ajoute la retenue 1. Cela donne 45.

```
 3  7  6
     ╳
 8  5  2
 ───────
    ₄5  2
```

3e étape : Venons-en à présent aux produits des diagonales entre la colonne des unités et celle des centaines, et ajoutons-les au produit vertical de celle des dizaines, (3 × 2) + (8 × 6) + (7 × 5) = 89, plus la retenue de 4. Cela donne 93.

```
 3  7  6
  ╲ | ╱
 8  5  2
 ───────
 ₉3  5  2
```

4ᵉ étape : En glissant vers la gauche, procédons à présent au produit des diagonales des deux premières colonnes : $(3 \times 5) + (7 \times 8) = 71$, plus le 9 retenu ci-dessus. Cela donne 80.

```
    3  7  6
       ×
    8  5  2
 ₈0  3  5  2
```

5ᵉ étape : Enfin, calculons le produit vertical de la colonne de gauche, $3 \times 8 = 24$, plus le 8 retenu. Cela donne 32. Résultat final : 320 352.

```
       3  7  6
          |
       8  5  2
    3  2  0  3  5  2
```

Verticalement et en diagonale, ou « produit des diagonales », est une méthode plus rapide, qui occupe moins de place, et se révèle moins ardue que la multiplication posée. Kenneth Williams m'a dit que chaque fois qu'il explique la méthode védique à ses élèves, ils n'ont aucun mal à l'apprendre. « Ils ne comprennent pas qu'on ne la leur ait pas enseignée plus tôt », m'a-t-il confié. L'école préfère la multiplication posée parce qu'elle rend apparente chaque étape du calcul. *Verticalement et en diagonale* laisse cachée une partie de la mécanique. Pour Williams, ce n'est pas une mauvaise chose, et ça pourrait même aider les élèves moins doués. « Il faut simplement tracer une voie, sans s'acharner à vouloir que les enfants sachent toujours tout. Certains ont besoin de savoir comment [la multiplication] fonctionne. D'autres n'y tiennent pas. Ils veulent juste être capables de la faire. » « Si un élève finit par ne pas savoir multiplier parce que le professeur persiste à vouloir lui inculquer une règle générale qu'il ne parvient pas à saisir, dit Kenneth, il n'apprend rien. Pour les enfants plus doués, ajoute-t-il, les mathématiques védiques donnent de la vie à l'arithmétique. Les maths sont une discipline créative. Lorsqu'on leur présente plusieurs méthodes, les enfants comprennent que chacun est libre d'inventer la sienne, et ça les rend inventifs à leur tour. Les maths sont une matière vraiment amusante, ludique et [les mathématiques védiques] nous procurent un moyen de les enseigner dans cet esprit. »

Ma première rencontre avec le Śaṅkarācārya ne m'ayant pas permis d'aborder tous les sujets escomptés, on m'accorde une seconde audience. Dès le début de la séance, le premier disciple a une annonce à faire : « Nous voudrions dire quelque chose à propos du 0. » Très animé, le Śaṅkarācārya parle alors pendant une dizaine de minutes en hindi, puis le disciple traduit : « Le système mathématique actuel tient le 0 pour une entité inexistante, déclare-t-il. Nous souhaiterions rectifier cette anomalie. On ne peut pas considérer le 0 comme une entité inexistante. La même entité ne peut pas exister quelque part et ne plus exister ailleurs. » Le propos du Śaṅkarācārya est en substance le suivant, du moins est-ce ainsi que je le comprends : on considère généralement que le 0 du nombre 10 existe, mais que par lui-même le 0 n'existe pas. C'est une contradiction – soit une chose existe, soit elle n'existe pas. C'est donc que le 0 existe. « Dans les textes védiques, le 0 est considéré comme le chiffre éternel, dit-il. Le 0 ne peut être annihilé ou détruit. C'est la base indestructible. C'est le fondement de tout. »

À ce stade, je suis accoutumé au mélange particulier de mathématiques et de métaphysique que comportent les propos du Śaṅkarācārya. Je renonce à lui demander de clarifier certains points, parce que le temps que mes commentaires soient traduits en hindi, débattus, puis retraduits dans l'autre sens, la réponse ne fait jamais qu'ajouter à ma confusion. Je décide donc de ne plus me focaliser sur le détail de son discours et de me laisser imprégner par les mots traduits qui me parviennent. J'observe attentivement le Śaṅkarācārya. Il porte cette fois une tunique orange, nouée sur la nuque par un gros nœud, et on lui a badigeonné le front de teinture beige. Je me demande à quoi ressemble la vie de cet homme. On m'a dit qu'il dort dans une pièce vide, mange tous les jours le même curry fade, et qu'il n'éprouve ni le besoin ni le désir de posséder quoi que ce soit. D'ailleurs, dès le début de la séance, un pèlerin s'est approché pour lui remettre une corbeille de fruits, que le saint homme a aussitôt distribués entre nous. Pour ma part, j'ai reçu une mangue, qui se trouve encore à mes pieds.

Souhaitant partager un peu de la sagesse du Śaṅkarācārya, je me répète intérieurement la phrase « Zéro est une entité existante », à la façon d'un mantra. Je lâche prise. Soudain, me voilà perdu dans mes pensées. Et tout s'éclaire. « Zéro est une entité existante » n'est pas simplement le point de vue mathématique du Śaṅkarācārya, c'est une description concise de lui-même. Devant moi se tient M. Zéro en personne, l'incarnation du *shunya*, en chair et en os.

C'est un moment d'éclairement, peut-être même d'illumination. Dans la pensée hindoue, rien n'est pas rien. Le néant est tout. Et dans son immense abnégation monacale, le Śaṅkarācārya est un parfait ambassadeur de ce néant. Je songe aux profondes imbrications de la spiritualité orientale et des mathématiques. La philosophie indienne a embrassé la notion de néant de la même façon que les mathématiques ont embrassé celle du 0. Le bond conceptuel qui a conduit à l'invention du 0 s'est produit dans une culture qui acceptait le vide comme étant l'essence de l'univers.

Le symbole apparu dans l'Inde antique pour exprimer le 0 illustre parfaitement le message primordial du Śaṅkarācārya, selon lequel on ne peut dissocier les mathématiques de la spiritualité. Le cercle, 0, a été choisi parce qu'il dépeint le mouvement cyclique du visage du paradis. Le 0 signifie le néant, et aussi l'éternité.

La fierté d'avoir inventé le 0 a placé l'excellence mathématique au cœur de l'identité nationale indienne. Les écoliers sont tenus d'apprendre leurs tables de multiplication jusqu'à 20, soit deux fois plus que ce que j'ai moi-même eu à mémoriser au Royaume-Uni. Dans les précédentes décennies, ils apprenaient jusqu'à la table de 30. L'un des grands mathématiciens indiens non-védiques, S. G. Dani, en témoigne : « À l'enfance, j'étais très conscient de l'extrême importance des mathématiques, m'a-t-il dit. Il était courant pour les grands de lancer des défis mathématiques aux enfants, et trouver la bonne réponse valait à ces derniers une appréciation considérable. Indépendamment du fait qu'elles soient utiles ou pas, les mathématiques sont en Inde l'objet d'une grande valorisation, aussi bien entre collègues qu'entre amis. »

M. Dani enseigne les mathématiques au Tata Institute of Fundamental Research de Bombay. Sous la mèche qui barre sa calvitie avancée, il porte des lunettes à monture d'écaille et une moustache surligne sa lèvre sur toute la longueur. Ce n'est pas un grand adepte des mathématiques védiques ; il ne croit pas que les méthodes arithmétiques de Tirthaji figurent dans le Veda, et ne juge pas particulièrement opportun de prétendre qu'elles s'y trouvent. « Il y a de bien meilleures façons de susciter l'intérêt pour les mathématiques que de chercher à les incorporer aux textes anciens, dit-il. Je ne crois pas que cela rende les mathématiques plus intéressantes. L'argument maître de ces algorithmes, c'est la rapidité qu'ils procurent, pas le fait qu'ils rendent la chose plus captivante ou qu'ils vous amènent à intérioriser le processus. Leur intérêt réside dans la fin, pas dans le procédé. » Il doute même du fait qu'ils rendent vraiment le calcul plus rapide, puisque la vie réelle ne nous amène jamais à rencontrer des problèmes aussi parfaitement constitués que celui qui consiste à trouver tous les chiffres après la virgule de $\frac{1}{19}$. Au bout du compte, ajoute-t-il, la méthode conventionnelle est plus pratique.

C'est donc avec surprise que j'entends M. Dani évoquer avec emphase la mission de Tirthaji autour des mathématiques védiques. En fait, s'il se sent lié à Tirthaji, c'est sur un plan émotionnel. « Le sentiment qui prédominait en moi à son égard, c'est qu'il essayait surtout de venir à bout d'un gros complexe d'infériorité. Enfant, j'ai eu moi aussi ce genre d'attitude. En Inde, en ce temps-là [peu après l'Indépendance], nous avions l'impression qu'il fallait à tout prix reprendre [aux Britanniques] ce que nous avions perdu. C'était essentiellement une affaire d'objets, toutes les choses que les Anglais nous avaient volées. On nous avait tant pris que j'estimais qu'il fallait récupérer l'équivalent de ce que nous avions perdu.

« Les mathématiques védiques sont une tentative malavisée de revendiquer la restitution à l'Inde de l'arithmétique. »

Certains des trucs des mathématiques védiques sont si simples que je me suis demandé s'ils ne se trouveraient pas dans d'autres textes d'arithmétique. J'ai pensé que le *Liber Abaci* de Fibonacci constituerait un bon point de départ pour la recherche. De retour à Londres, j'en ai déniché un exemplaire dans une librairie, et je l'ai ouvert au chapitre sur les multiplications : la première méthode proposée par Fibonacci n'est autre que... *Verticalement et en diagonale*. J'ai fouillé encore un peu, et découvert que la multiplication selon *Tous de 9 et le dernier de 10* est la technique de prédilection de plusieurs livres européens du XVIe siècle. (On prétend d'ailleurs que les deux méthodes auraient peut-être influencé l'adoption du signe × pour la multiplication. En 1631, lorsque le ×

s'est imposé, des livres étaient déjà parus illustrant les deux méthodes de multiplication par de larges croix en diagonale.)

Il semble bien que les mathématiques védiques de Tirthaji ne soient, au moins en partie, que la redécouverte de certaines astuces arithmétiques très communes à la Renaissance. Peut-être trouvent-elles leur origine en Inde, ou peut-être pas, mais quelle que soit leur provenance, le charme des mathématiques védiques tient à mes yeux dans la joie enfantine qu'elles suscitent à l'égard des nombres, dans les schémas et les symétries qu'elles recèlent. L'arithmétique est essentielle dans la vie quotidienne, il est important de bien la maîtriser, c'est pourquoi on nous l'enseigne avec tant d'application à l'école. Mais à force de nous focaliser sur ses aspects pratiques, nous avons perdu de vue toute la beauté du système de numération indien. Son avènement a constitué un progrès radical par rapport à toutes les méthodes de comptage précédentes, et il n'a guère été perfectionné depuis mille ans. Peut-être avons-nous trop tendance à considérer le système décimal à valeur de position comme une chose acquise, sans bien percevoir toute sa polyvalence, son élégance et son efficacité.

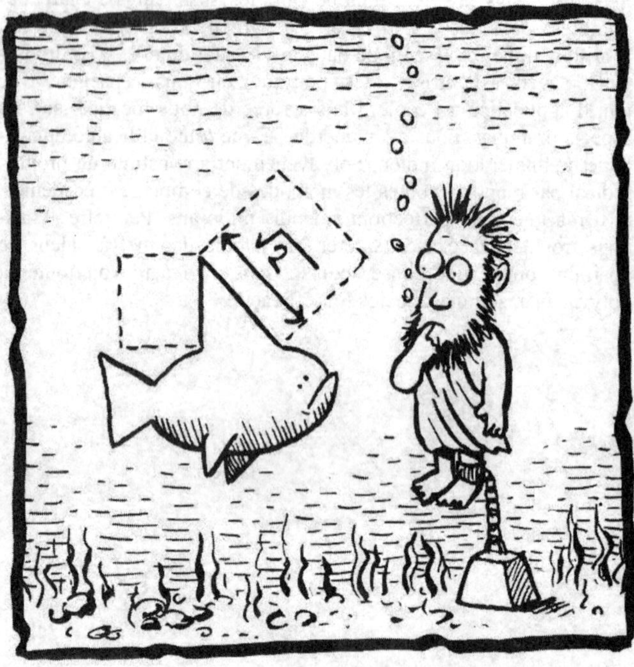
√2

4

Histoire de pi

Au début du XIXᵉ siècle, informée des exploits de l'enfant prodige George Parker Bidder, fils d'un tailleur de pierres, la reine Charlotte souhaita lui poser une question :

« Du Land's End, en Cornouailles, à Farret's Head, en Écosse, il a été mesuré la distance de 838 miles ; combien de temps faudrait-il à un escargot pour les parcourir, à la vitesse de huit pieds par jour ? »

Cette question et sa réponse – 553 080 jours – figurent dans un ouvrage très apprécié à l'époque, *Bref récit à propos de George Bidder, le célèbre calculateur mental : avec un échantillon des questions les plus difficiles qui lui ont été soumises dans les principales villes du royaume, et ses réponses étonnamment rapides !* Le livre égrène les plus impressionnants calculs de l'enfant, dont certains sont devenus des classiques, comme « Quelle est la racine carrée de 119 550 669 121 ? » (345 761, répond-il après trente secondes), ou « Combien de livres de sucre contiennent 232 muids, pesant chacun douze quintaux un quart et vingt-deux livres ? » (323 408 livres, réponse également fournie en trente secondes).

Les chiffres arabes ont sans doute simplifié les additions pour tout le monde, mais, conséquence inattendue, ils ont aussi révélé que certains individus possédaient un don proprement stupéfiant pour l'arithmétique. Bien souvent, ces prodiges n'affichaient guère d'autre talent que leur grande facilité avec les nombres. L'un des premiers cas connus fut celui de Jedediah Buxton, un ouvrier agricole du Derbyshire qui épatait les gens du cru par son aptitude à multiplier alors qu'il savait à peine lire. Il était par exemple capable de calculer la valeur d'un sou doublé cent quarante fois.

(La réponse comporte trente-neuf chiffres, avec un reliquat de deux shillings et huit pence.) En 1754, la curiosité suscitée par Buxton lui valut d'être reçu à Londres, où on le soumit à l'examen des membres de la Royal Society. Le garçon présentait apparemment certains des symptômes de l'autisme de haut niveau, car lorsqu'on l'emmena à une représentation de *Richard III*, de Shakespeare, il resta de marbre, ce qui ne l'empêcha pas de signaler à ses hôtes que les acteurs avaient accompli 5 202 pas de danse et prononcé 14 445 mots.

Au XIXe siècle, les « calculateurs prodiges » étaient des vedettes internationales. Chez certains, le don se manifestait à un âge incroyablement précoce. Zerah Colburn, du Vermont, n'avait que cinq ans lorsqu'il donna sa première représentation, et huit lorsqu'il vogua pour l'Angleterre, des rêves de gloire pleins la tête. (Colburn était polydactyle de naissance, mais on ignore si ses doigts supplémentaires lui ont valu un quelconque avantage quand il a appris à compter.) George Parker Bidder, le garçon du Devonshire, était contemporain de Colburn, et les deux prodiges se sont croisés en 1818, alors que le premier avait douze ans et le second quatorze. Leur rencontre dans un pub londonien devait fatalement déboucher sur un duel mathématique.

On a demandé à Colburn combien de temps mettrait un ballon pour faire le tour du monde à la vitesse de 3 878 pieds par minute, considérant que la circonférence de la Terre est de 24 912 miles. L'aspect international de la question tombait fort à propos, étant donné qu'il s'agissait de décrocher le titre officieux de plus gros malin du monde. Mais après neuf minutes de réflexion, Colburn n'a pas su répondre. Un quotidien londonien s'est gargarisé du fait que son opposant, lui, n'avait mis que deux minutes avant de livrer la bonne réponse, « vingt-trois jours, treize heures et dix-huit minutes, [qui fut] reçue par de grandes salves d'applaudissements. Nombre d'autres questions ont été posées au garçon américain, qui les a toutes refusées ; alors que le jeune Bidder a répondu à chacune d'entre elles ». Dans sa charmante autobiographie, *Mémoires de Zerah Colburn, rédigés par lui-même*, l'Américain fait de ce concours un récit différent. « [Bidder] a montré beaucoup de force et de puissance dans les branches supérieures de l'arithmétique », écrit-il, avant d'ajouter, non sans un certain mépris, « mais il a été incapable d'extraire les racines et de trouver les facteurs des nombres. » Le championnat n'a pas eu de vainqueur. L'université d'Édimbourg s'est ensuite proposée de prendre en charge l'éducation de Bidder, qui deviendrait un ingénieur de premier plan, d'abord dans les chemins de fer, puis en tant que superviseur de la construction des docks Victoria de Londres. Colburn, en revanche, est rentré en Amérique, où il s'est fait pasteur avant de mourir à l'âge de trente-cinq ans.

La faculté de calculer vite n'a pas grand rapport avec l'intelligence ou la créativité en mathématiques. Seuls quelques grands mathématiciens ont montré des dons de calculateur prodige, et l'on observe souvent chez les autres une faiblesse étonnante en arithmétique. Alexander Craig Aitken est un célèbre calculateur prodige de la première moitié du XXe siècle, qui présentait la particularité d'exercer aussi le métier de professeur de mathématiques à l'université d'Édimbourg. En 1954, lors d'une conférence prononcée devant la Société des ingénieurs de Londres, Aitken a dévoilé certaines ficelles de son art, comme les raccourcis algébriques et – surtout – l'importance de la mémoire. Pour appuyer son propos, il s'est employé à débiter le développement décimal de $\frac{1}{97}$, qui ne devient périodique qu'après quatre-vingt-seize chiffres.

Aitken a conclu son intervention par le triste constat que son don s'était mis à décliner dès le jour où il avait acquis sa première calculatrice de bureau. « Il est fort possible qu'à l'instar des Tasmaniens ou des Morioris, les calculateurs mentaux soient voués à l'extinction, a-t-il prédit. Par conséquent... vous trouverez peut-être un intérêt quasi anthropologique à examiner le curieux spécimen que je suis, et certains de ceux qui m'écoutent ici diront peut-être dans les années 2000 de notre ère : "Oui, j'ai connu l'un d'eux." »

Dans ce calcul-là, une fois n'est pas coutume, Aitken se trompait.

« Neurones ! Prêts ? Partez ! »
Dans un bruissement fébrile, les concurrents de l'épreuve de multiplication de la Coupe du monde de calcul mental retournent leur feuille de papier. Le silence tombe sur la salle de l'université de Leipzig pendant que tous, dix-sept hommes et deux femmes, lisent la première question : 29 513 736 × 92 842 033.

L'arithmétique est de retour. Trente ans après que les premières calculettes électroniques bon marché ont annihilé toute aptitude au calcul mental, l'heure de la revanche a sonné. Chaque jour, les journaux proposent à leurs lecteurs des casse-tête mathématiques, on voit sortir de nouveaux jeux informatiques à base de problèmes d'arithmétique censés affûter nos esprits et – tout au sommet de la pyramide – les calculateurs prodiges s'affrontent dans des tournois internationaux. La Coupe du monde de calcul mental, fondée en 2004 par l'informaticien allemand Ralf Laue, se tient tous les deux ans. C'est l'inévitable croisement des deux passe-temps préférés de M. Laue : l'arithmétique mentale et la chasse aux records insolites (comme celui du plus grand nombre de raisins lancés à une distance de 4,5 mètres et attrapés dans la bouche en une minute – qui est de cinquante-cinq). L'Internet lui a grandement simplifié la tâche en lui permettant d'atteindre des esprits semblables au sien – les arithméticiens mentaux ne sont généralement pas de grands extravertis. À Leipzig, le village mondial des calculateurs humains, les « mathlètes », était bien représenté, puisqu'on y trouvait des concurrents venus d'horizons aussi divers que le Pérou, l'Iran, l'Algérie et l'Australie.

Comment mesure-t-on le don du calcul ? M. Laue a emprunté les épreuves en vigueur dans les *Guinness World Records* – la multiplication de deux nombres à huit chiffres, l'addition de dix nombres à dix chiffres, l'extraction de la racine carrée de nombres à six chiffres jusqu'à huit chiffres significatifs, et la détermination du jour de la semaine de n'importe quelle date entre 1600 et 2100. Cette dernière épreuve, intitulée « calcul de calendrier », n'est pas sans évoquer l'âge d'or des calculateurs prodiges, quand l'artiste demandait à un membre du public sa date de naissance pour lui annoncer du tac au tac le jour de la semaine auquel elle correspondait.

Depuis ce temps, la réglementation et l'esprit de compétition ont gagné du terrain, au détriment de la théâtralité. Le plus jeune participant à la Coupe du monde, un garçon de onze ans venu d'Inde, pratique la méthode du « boulier aérien » – ses mains s'agitent furieusement en déplaçant des boules imaginaires, contrairement à tous les autres concurrents, qui restent immobiles et silencieux, notant ponctuellement leurs réponses. (La règle veut que l'on n'inscrive que la réponse finale.) Après huit minutes et vingt-cinq secondes, Alberto Coto, d'Espagne, lève la main comme un écolier surexcité. C'est le temps qu'il a fallu à cet homme de trente-huit ans pour effectuer dix multiplications de deux nombres à huit chiffres, pulvérisant le record du monde. C'est de toute évidence une prouesse, et pourtant le spectacle n'a pas été beaucoup plus palpitant que celui qui s'offre au surveillant d'un examen scolaire.

Les débats de Leipzig souffrent toutefois d'une absence de taille, puisque le plus célèbre mathlète du monde, l'étudiant français Alexis Lemaire, n'y participe pas. Pour Lemaire, la bonne évaluation de la puissance de calcul requiert d'autres méthodes. En 2007, âgé de vingt-sept ans, il a fait les gros titres de la presse mondiale quand, au musée des Sciences de Londres, il ne lui a fallu que 70,2 secondes pour calculer la racine treizième de :

85 877 066 894 718 045 602 549 144 850 158 599 202 771 247 748 960 878 023 151 390 314 284 284 465 842 798 373 290 242 826 571 823 153 045 030 300 932 591 615 405 929 429 773 640 895 967 991 430 381 763 526 613 357 308 674 592 650 724 521 841 103 664 923 661 204 223

L'exploit d'Alexis Lemaire est incontestablement plus spectaculaire. Le nombre comporte deux cents chiffres, à peine prononçables en 70,2 secondes. Mais cela fait-il de lui, comme il le prétend, le plus grand calculateur prodige de tous les temps ? La question soulève une profonde controverse dans le milieu des calculateurs, rappelant la bataille que se livrèrent, près de deux cents ans auparavant, Zerah Colburn et George Bidder, exceptionnellement doués l'un et l'autre dans leur propre type de calcul.

La locution « treizième racine de *a* » désigne le nombre qui, multiplié treize fois par lui-même, est égal à *a*. Seule une quantité déterminée de nombres donne un nombre à deux cents chiffres quand on les multiplie treize fois par eux-mêmes. (C'est une grande quantité. La réponse se limite à quelque quatre cents billions de possibilités, toutes longues de seize chiffres et commençant par 2.) Le 13 étant un nombre premier, de surcroît considéré porteur de malchance, la performance de Lemaire s'entourait d'une certaine aura de mystère. En vérité, le 13 offre certains avantages. Par exemple, lorsqu'on multiplie treize fois 2 par lui-même, la réponse finit par un 2. Quand on multiplie treize fois 3 par lui-même, la réponse finit par un 3. Cela vaut pour 4, 5, 6, 7, 8 et 9. Autrement dit, le dernier chiffre de la treizième racine d'un nombre est le même que le dernier chiffre du nombre originel. On obtient donc ce chiffre à l'œil, sans avoir à effectuer le moindre calcul.

Pour les quatorze autres chiffres du résultat final, Lemaire a travaillé des algorithmes, qu'il n'a pas divulgués. Les puristes, injustement peut-être, prétendent qu'il s'agit moins d'un exploit de calcul que de mémorisation d'immenses suites de chiffres. Et ils signalent que M. Lemaire n'est pas capable de trouver la treizième racine de *n'importe quel* nombre de deux cents chiffres qu'on lui soumet. Au musée des Sciences de Londres, on lui a présenté quelques centaines de nombres et il a pu choisir celui sur lequel porterait son calcul.

Il demeure que, par rapport à la compétition de Leipzig, sa performance s'inscrivait davantage dans la grande tradition des calculateurs sur scène d'antan. Le public préfère le frisson de l'ébahissement à la compréhension du procédé. Par comparaison, à la Coupe du monde de calcul, Coto n'a pas pu choisir le problème à résoudre, et il n'a employé aucune technique cachée pour multiplier 29 513 736 par 92 842 033. Il ne s'est servi que de ses tables de 1 à 9. Pour multiplier deux nombres à huit chiffres, le plus rapide est d'utiliser le soutra védique *Verticalement et en diagonale*, qui décompose le calcul en soixante-quatre multiplications de simples chiffres. Chaque bonne réponse lui a pris moins de cinquante et une secondes en moyenne. Connaître sa technique rend son exploit moins époustouflant, bien que cela demeure de toute évidence une prouesse formidable.

En discutant avec les concurrents de Leipzig, je constate que beaucoup sont tombés sous le charme de l'arithmétique rapide grâce à Wim Klein, un calculateur prodige hollandais qui s'est fait connaître du grand public dans les années 1970. Klein était déjà un habitué des cirques et des cabarets quand, en 1958, on lui a confié un emploi dans le meilleur institut de physique d'Europe – le Conseil européen pour la recherche nucléaire (CERN), à Genève – où il a mis ses services de calculateur à la disposition des physiciens. C'est probablement le dernier calculateur humain à avoir été employé en tant que tel. Avec le développement des ordinateurs, ses aptitudes sont devenues obsolètes, et pendant sa retraite il a réintégré le monde du spectacle et fait de nombreuses apparitions à la télévision. (Klein a d'ailleurs été l'un des premiers à promouvoir les calculs de racine treizième.)

Un siècle avant Klein, un autre de ces prodiges, Johann Zacharias Dase, avait aussi été employé par la communauté scientifique pour effectuer des calculs. Né à Hambourg, Dase avait montré ses talents dès l'adolescence, et deux éminents mathématiciens l'avaient pris sous leur aile. Avant l'avènement de la calculatrice électronique ou mécanique, les scientifiques effectuaient leurs multiplications et divisions complexes à l'aide de tables de logarithmes. Nous y reviendrons plus tard, mais chaque nombre possède son propre logarithme, qui se calcule par un laborieux procédé d'addition de fractions. Dase a calculé les logarithmes naturels des premiers 1 005 000 nombres, chacun jusqu'à sept décimales. Cela lui a pris trois ans, et, selon son témoignage, apporté beaucoup de plaisir. Puis, sur recommandation du mathématicien Carl Friedrich Gauss, il s'est lancé dans un autre projet colossal : la compilation d'une table de facteurs de tous les nombres compris entre 7 000 000 et 10 000 000. C'est-à-dire qu'il a considéré chaque nombre dans la fourchette et calculé ses facteurs, soit la totalité des nombres qui le divisent. 7 877 433, par exemple, n'en possède que deux : 3 et 2 625 811. À sa mort, à l'âge de trente-sept ans, Dase avait abattu une bonne partie du travail.

C'est pourtant pour un autre exploit qu'on se souvient de Dase. Alors qu'il était encore adolescent, il avait calculé pi jusqu'à deux cents décimales, un record à l'époque.

On trouve des cercles partout dans la nature – que ce soit la pleine lune, l'œil de l'homme et de l'animal, ou la coupe horizontale d'un œuf. Attachez un chien à un poteau, et, pour peu que la laisse soit tendue, il tracera un sentier circulaire. Le cercle est la plus élémentaire des formes bidimensionnelles. Aussi bien le fermier égyptien cherchant à déterminer le nombre de plants d'un champ circulaire que le mécanicien romain souhaitant mesurer la longueur de bois nécessaire à la fabrication d'une roue ont eu à faire des calculs concernant le cercle.

Les civilisations de l'Antiquité se sont aperçues que la proportion de la circonférence d'un cercle par rapport à son diamètre est invariable, quelle que soit la taille du cercle. (La circonférence est la longueur du tour du cercle, le diamètre est le segment qui le traverse en son milieu.) Cette proportion s'appelle pi, ou π, et elle est légèrement supérieure à 3. C'est-à-dire que si l'on prend le diamètre d'un cercle et qu'on l'enroule autour de la circonférence, on constate qu'il y entre un peu plus de trois fois.

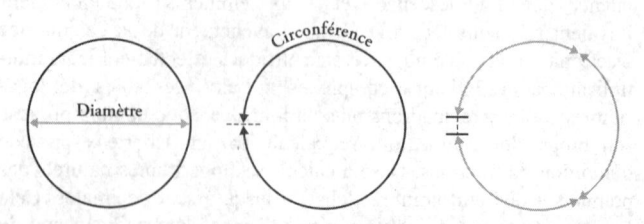

Bien que pi ne soit guère plus qu'un rapport entre des propriétés fondamentales du cercle, la détermination de sa valeur précise s'est révélée particulièrement difficile. Son caractère fuyant a fait de pi un objet de fascination pendant des milliers d'années. C'est le seul nombre qui donne à la fois son titre à une chanson de Kate Bush et son nom à un parfum de Givenchy, dont les services promotionnels m'ont fait parvenir le texte suivant :

Π – Pi
AU-DELÀ DE L'INFINI

Après quatre mille ans, le mystère demeure.
Tous les écoliers étudient π, mais ce symbole familier
recèle encore un abîme de complexité.

Pourquoi avoir choisi π pour symboliser l'éternel masculin ?

C'est une affaire de signes et de directions.
Si π est l'histoire de la longue
quête de l'impossible, c'est aussi un portrait
du conquérant légendaire à la recherche du savoir.

Pi parle des hommes, de tous les hommes,
de leur génie scientifique,
de leur goût de l'aventure,
de leur volonté d'agir et de leurs passions,
portées à l'extrême.

* * *

On doit les premières approximations de pi aux Babyloniens, avec une valeur de $3\frac{1}{8}$, et aux Égyptiens, avec $4\left(\frac{8}{9}\right)^2$, qui, en termes décimaux, se traduisent respectivement par 3,125 et 3,160. On trouve même un vers de la Bible évoquant une situation où pi est donné pour égal à 3 : « Il fit la mer de fonte. Elle avait dix coudées d'un bord à l'autre, une forme entièrement ronde, cinq coudées de hauteur, et une circonférence que mesurait un cordon de trente coudées. » (1 Rois, 7:23[1].)

Si cette mer est ronde, avec une circonférence de trente coudées et un diamètre de dix, alors pi vaut $\frac{30}{10}$, soit 3. Nombre d'excuses ont été avancées pour expliquer cette imprécision biblique : on a par exemple prétendu que la mer en question se trouvait dans une cuve circulaire dotée d'un bord épais, de sorte que les dix coudées de diamètre annoncées devaient comprendre la mer et la bordure (et le diamètre réel de la mer était alors légèrement inférieur à dix coudées), alors que la circonférence de la mer avait été mesurée à l'intérieur des bords. Il existe aussi une explication mystique, bien plus aguichante : les particularités de la prononciation et de l'écriture hébraïques font que le terme « cordon », ou *qwh*, se prononce *qw*. Si l'on calcule les valeurs numérologiques des lettres, on obtient 111 pour *qwh* et 106 pour *qw*. La multiplication de trois par $\frac{111}{106}$ donne 3,1415, qui est précisément pi à quatre décimales.

Le premier grand génie auquel pi ait donné une fièvre à la hauteur des aspirations de l'après-rasage de Givenchy est aussi l'homme qui prit le plus célèbre bain de l'histoire des sciences. En se glissant dans sa baignoire, Archimède a constaté que le volume de l'eau qu'il déplaçait était égal au volume de son propre corps immergé. Il en a aussitôt déduit qu'il pourrait calculer le volume de n'importe quel objet en le mettant sous l'eau, notamment la couronne du roi de Syracuse, ce qui lui permettrait de déterminer si cet élément du clinquant royal, en calculant sa densité, était constitué d'or pur ou non. (Elle ne l'était pas.) Le choc de sa révélation l'amena à courir nu dans les rues en criant « Eurêka ! » (« J'ai trouvé ! »), exhibant au passage (au moins aux yeux des citoyens de Syracuse) l'éternel masculin. Archimède aimait se frotter aux problèmes bien concrets du monde réel, contrairement à Euclide,

---

1. Version Louis Segond, 1910. *(NdT.)*

qui ne s'occupait que d'abstractions. On lui attribue, parmi de nombreuses inventions, une catapulte géante, ainsi qu'un dispositif d'immenses miroirs reflétant les rayons du soleil avec tant d'intensité qu'ils auraient embrasé les navires romains lors du siège de Syracuse. C'est aussi le premier individu à avoir conçu un dispositif pour capturer pi.

Il fallait pour cela commencer par tracer un cercle, puis deux hexagones – l'un ajusté à l'intérieur du cercle, l'autre à l'extérieur, comme dans les figures ci-après. Cela nous indique déjà que pi doit se situer quelque part entre 3 et 3,46, qui sont les valeurs obtenues en calculant le périmètre des deux hexagones. Si l'on part du principe que le diamètre du cercle vaut 1, alors le périmètre de l'hexagone intérieur vaut 3, une valeur inférieure à la circonférence du cercle, ou pi, elle-même inférieure au périmètre de l'hexagone extérieur, qui est de $3\sqrt{2}$, ou 3,46, à deux décimales. (La méthode employée par Archimède pour calculer cette valeur est pour l'essentiel un précurseur rudimentaire de la trigonométrie, trop complexe pour que nous l'abordions ici.)

Par conséquent, 3 < pi < 3,46.

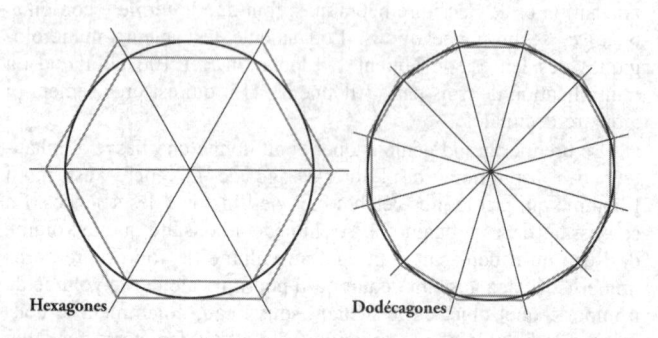

Hexagones / **Dodécagones**

Si l'on réitérait le calcul avec deux polygones réguliers comportant plus de six côtés, on obtiendrait une fourchette plus serrée de l'estimation de pi, car plus nos polygones comportent de côtés, plus leurs périmètres se rapprochent de la circonférence, comme le montre le diagramme ci-dessus établi avec deux polygones à douze côtés. Ces polygones opèrent comme des cloisons enserrant pi, par le haut et le bas, entre des marges de plus en plus étroites. Archimède a commencé par des hexagones, pour finir par construire des polygones de quatre-vingt-seize côtés, qui l'ont conduit au résultat suivant : $3\frac{10}{71} <$ pi $< 3\frac{1}{7}$.

Cela peut se traduire par 3,14084 < pi < 3,14289, soit une exactitude à deux chiffres après la virgule.

Mais les chasseurs de pi n'entendaient pas en rester là. Pour s'approcher encore de la valeur réelle du nombre, il suffisait de construire des polygones comportant davantage de côtés. Dans la Chine du IIIe siècle, Liu Hui a eu recours à une méthode similaire, avec un polygone à 3 072 côtés pour accrocher pi jusqu'à cinq décimales : 3,14159. Deux siècles plus tard, à l'aide d'un polygone à 12 288 côtés, Tsu Chung-Chih et son fils Tsu Keng-Chih débusquaient une décimale supplémentaire : 3,141592.

Mais les Grecs comme les Chinois étaient handicapés par un système de notation encombrant. Dès que les mathématiciens ont enfin disposé des nombres arabes, le record est tombé. En 1596, le maître d'escrime hollandais Ludolph Van Ceulen a recouru à un polygone gonflé à 60×2^{29} côtés pour déterminer pi jusqu'à vingt décimales exactes. La brochure sur laquelle il a imprimé son résultat s'achevait par la phrase : « libre à quiconque le souhaitera de s'en approcher davantage », et nul n'en a ressenti le besoin aussi fort que lui-même. Il a donc fini par calculer pi jusqu'à trente-deux, puis trente-cinq décimales – qui seraient gravées sur sa pierre tombale. En Allemagne, *die Ludolphsche Zahl*, le nombre de Ludolph, est encore l'un des noms qu'on donne à pi.

Pendant deux mille ans, la seule façon de déterminer la valeur de pi avait été celle des polygones. Mais au XVIIe siècle, Gottfried Leibniz et John Gregory ont ouvert une nouvelle voie grâce à la formule :

$$\frac{\text{pi}}{4} = 1 - \frac{1}{3} + \frac{1}{5} - \frac{1}{7} + \frac{1}{9} \dots$$

Autrement dit, le quart de pi est égal à 1 moins un tiers plus un cinquième moins un septième plus un neuvième et ainsi de suite, alternant l'addition et la soustraction de fractions unitaires des nombres impairs jusqu'à l'infini. Auparavant, les scientifiques n'avaient eu conscience que du caractère immense et désordonné du développement décimal de pi. Ils se trouvaient à présent face à l'une des équations mathématiques les plus élégantes et simples qui soient. Finalement, pi, cet enfant du désordre, était bien porteur dans son ADN d'un certain ordre.

Leibniz avait trouvé la formule grâce au « calcul infinitésimal », une branche puissante des mathématiques qu'il avait découverte, où la détermination des aires, des courbes et des gradients se fait à travers une nouvelle approche des quantités infinitésimales. Isaac Newton, de son côté, avait lui aussi découvert le calcul infinitésimal, et les deux grands hommes se sont longtemps chamaillés pour savoir lequel y était arrivé le premier. (Pendant des années, on a considéré que le titre de pionnier devait échoir à Newton, en se fondant sur les dates de ses manuscrits non publiés, mais il apparaît aujourd'hui qu'une version du calcul infinitésimal a été inventée dès le XIVe siècle par le mathématicien indien Madhava.)

La formule de pi trouvée par Leibniz est ce qu'on appelle une *série infinie*, un calcul qui ne finit jamais, et elle offre un moyen de déterminer pi. D'abord, il faut multiplier par 4 les deux côtés de la formule pour obtenir :

$$\text{Pi} = 4 - \frac{4}{3} + \frac{4}{5} - \frac{4}{7} + \frac{4}{9} \ldots$$

En commençant par le premier terme et en ajoutant les termes successifs, on obtient la progression suivante (convertie en valeurs décimales) :

$$4 \to 2{,}667 \to 3{,}467 \to 2{,}896 \to 3{,}340 \to \ldots$$

Le total se rapproche de plus en plus de pi, avec un écart de moins en moins important. Toutefois, cette méthode requiert plus de trois cents termes pour obtenir une valeur de pi juste à deux décimales ; elle n'avait donc aucune utilité pour quiconque aurait souhaité trouver davantage de chiffres après la virgule.

À force de calculs, on a fini par trouver d'autres séries infinies pour pi, moins belles mais plus fonctionnelles. En 1705, c'est par l'intermédiaire de l'une d'elles que l'astronome Abraham Sharp a déterminé pi jusqu'à soixante-douze décimales, pulvérisant le record de Van Ceulen qui, un siècle plus tôt, n'en avait trouvé que trente-cinq. C'était sans doute une réussite, mais elle était parfaitement inutile. Il n'y a aucune raison pratique de connaître pi à soixante-douze décimales près, pas plus d'ailleurs qu'à trente-cinq. Pour l'ingénieur qui conçoit des instruments de précision, quatre décimales suffisent. Dix décimales suffisent à calculer la circonférence de la Terre à une fraction de centimètre près. Avec trente-neuf chiffres après la virgule, on peut calculer, au rayon d'un atome d'hydrogène près, la circonférence d'un cercle qui embrasserait la totalité de l'univers connu. Mais dans tout cela, la pratique ne jouait aucun rôle. Les hommes-pi du siècle des Lumières ne se souciaient guère d'applications ; la chasse aux chiffres était une fin en soi, un défi romantique. Un an après l'exploit de Sharp, John Machin atteignait cent décimales, puis, en 1717, le Français Thomas de Lagny en ajoutait encore vingt-sept. Au tournant du siècle, le Slovène Jurij Vega prenait la tête, avec cent quarante décimales.

En 1844, Zacharias Dase, le calculateur prodige allemand, a poussé le record jusqu'à deux cents décimales, au prix de deux mois d'efforts intensifs. Dase a utilisé les séries ci-dessous, lesquelles, malgré leur apparence plus complexe que la formule qui précède, sont en fait plus simples d'usage. Cela est dû en premier lieu au fait qu'elles dévoilent pi à une cadence appréciable. On atteint une précision à deux décimales après les neuf premiers termes. Ensuite, les fractions $\frac{1}{2}$, $\frac{1}{5}$ et $\frac{1}{8}$ qui reparaissent tous les trois termes sont d'un maniement très aisé. En réécrivant $\frac{1}{5}$ sous la forme de $\frac{2}{10}$ et $\frac{1}{8}$ sous celle de $\frac{1}{2} \times \frac{1}{2} \times \frac{1}{2}$, toutes les multiplications impliquant ces termes peuvent se réduire à des combinaisons de multiplication et de division par 2. Pour s'aider dans ses calculs, Dase a probablement rédigé un tableau de référence des doubles, en commençant par 2, 4, 8, 16, 32 et ainsi de suite, aussi loin que nécessaire – c'est-à-dire, puisqu'il cherchait pi jusqu'à la deux centième décimale, que son dernier double devait être long de deux cents chiffres. Il faut pour cela 667 doublements successifs.

Voici la série employée par Dase :

$$\begin{aligned}\frac{\pi}{4} =\ & \frac{1}{2} - \frac{(1/2)^3}{3} + \frac{(1/2)^5}{5} - \ldots \\ & + \frac{1}{5} - \frac{(1/5)^3}{3} + \frac{(1/5)^5}{5} - \ldots \\ & + \frac{1}{8} - \frac{(1/8)^3}{3} + \frac{(1/8)^5}{5} - \ldots \\ =\ & \frac{1}{2} + \frac{1}{5} + \frac{1}{8} - \left[\frac{(1/2)^3}{3} + \frac{(1/5)^3}{3} + \frac{(1/8)^3}{3}\right] \\ & + \left[\frac{(1/2)^5}{5} + \frac{(1/5)^5}{5} + \frac{(1/8)^5}{5}\right] - \ldots\end{aligned}$$

Par conséquent, π = 4 (0,825 − 0,0449842 + 0,00632 −...

Après un terme, cela donne 3,3
Après deux termes, cela donne 3,1200
Après trois termes, cela donne 3,1452

Dase avait à peine eu le temps de profiter de ses lauriers que les Britanniques décidaient de s'attaquer à son record, et après une dizaine d'années, William Rutherford poussait pi jusqu'à 440 décimales. Il a aussi encouragé son protégé, William Shanks, mathématicien amateur dirigeant un internat de County Durham, à aller plus loin encore. En 1853, celui-ci atteignait 607 chiffres, puis, en 1874, 707. Son record a tenu soixante-dix ans, jusqu'au jour où D. F. Ferguson, du Royal Naval College de Chester, décela une erreur dans les calculs de Shanks. Comme cette erreur portait sur le 527ᵉ chiffre, tous les suivants étaient faux. Ferguson a passé la dernière année de la Seconde Guerre mondiale à calculer pi à la main. On ose espérer qu'il s'est dit que la guerre était déjà gagnée. En mai 1945, il en était à la cinq cent treizième décimale et, en juillet 1946, il atteignait la six cent vingtième, et nul n'est jamais allé plus loin à l'aide d'un stylo et d'une feuille de papier.

Ferguson aura été le dernier chasseur manuel de décimales, mais aussi le premier à utiliser la mécanique. À l'aide d'une calculatrice de bureau, il y a ajouté près de deux cents chiffres en à peine plus d'un an, si bien qu'en septembre 1947, pi était connu jusqu'à la huit cent huitième décimale. L'apparition de l'ordinateur a alors transfiguré la course. Le premier à s'être attelé à la tâche est l'Electronic Numerical Integrator and Computer, ou ENIAC, construit dans les dernières années de la Seconde Guerre mondiale au Laboratoire de recherche balistique de l'armée américaine, dans le Maryland. Ce monstre avait la taille d'une maisonnette. En septembre 1949, il lui a fallu soixante-dix heures pour calculer pi jusqu'à 2 037 chiffres – pulvérisant le record précédent de plus de mille décimales.

À mesure que pi dévoilait ses décimales, une chose est devenue claire : les chiffres n'obéissaient à aucun schéma évident. Il a toutefois fallu attendre 1767 pour que des mathématiciens parviennent à prouver que la séquence chaotique de ses décimales ne se répéterait jamais. Cette découverte a jailli de la réflexion autour du type de nombre dont pouvait relever pi.

Le *type* de nombre le plus commun est celui des *entiers naturels*. Ce sont les nombres du comptage, en commençant par le 1 :

1, 2, 3, 4, 5, 6 ...

Toutefois, les nombres naturels ont une portée limitée, parce qu'ils ne s'étendent que dans une direction. Plus utiles, les *entiers relatifs* sont les nombres naturels plus le 0 et les naturels négatifs :

... – 4, – 3, – 2, – 1, 0, 1, 2, 3, 4 ...

La catégorie des entiers relatifs comprend tout nombre entier positif ou négatif de moins l'infini à plus l'infini. S'il existait un hôtel doté d'un nombre illimité d'étages et de niveaux en sous-sol, les boutons de l'ascenseur correspondraient aux entiers relatifs.

Il est un autre type fondamental de nombres, les *fractions*, qui s'écrivent $\frac{a}{b}$, quand a et b sont des entiers et que b est distinct de 0. Dans une fraction, le nombre du dessus s'appelle le *numérateur*, et celui du dessous, le *dénominateur*. En présence de plusieurs fractions, le *plus petit dénominateur commun* est le plus petit nombre divisible par tous les dénominateurs sans laisser de reste. Par conséquent, dans le cas de $\frac{1}{2}$ et $\frac{3}{10}$, le plus petit dénominateur commun est 10, puisque 2 et 10 sont des diviseurs de 10. Quel est alors le plus petit dénominateur commun de $\frac{1}{3}$, $\frac{3}{4}$, $\frac{2}{9}$ et $\frac{7}{13}$? Autrement dit, quel est le plus petit nombre que divisent à la fois 3, 4, 9 et 13 ? La réponse est étonnamment élevée : 468 ! Le propos de cet exemple tient davantage à des questions de sémantique que de mathématiques. On emploie souvent l'expression « plus petit dénominateur commun » pour désigner quelque chose de basique ou de peu sophistiqué. C'est évocateur, mais peu fidèle à l'arithmétique. Les plus petits dénominateurs communs sont souvent élevés et fort peu conventionnels : 468 est tout de même un nombre assez impressionnant ! Pour désigner une chose courante et bon marché, il serait plus juste en termes d'arithmétique d'employer l'expression *plus grand commun diviseur* – qui désigne le plus grand nombre divisible par chacun des nombres d'un groupe. Le plus grand commun diviseur de 3, 4, 9 et 13, par exemple, est 1, et l'on ne fera pas plus petit ou moins sophistiqué que ça.

Les fractions équivalant à des rapports entre nombres entiers, des *ratios*, on les nomme aussi *nombres rationnels*, et il en existe une infinité. En fait, il existe déjà une infinité de nombres rationnels entre 0 et 1. Qu'on en juge par chaque fraction de numérateur 1 dont le dénominateur est un entier naturel supérieur ou égal à 2. C'est la panoplie des :

$$\frac{1}{2}, \frac{1}{3}, \frac{1}{4}, \frac{1}{5}, \frac{1}{6} \ldots$$

On peut aller plus loin et prouver qu'il existe une quantité infinie de nombres entre *n'importe quels* deux nombres rationnels. Considérons c et d comme étant n'importe quels deux nombres rationnels, où c est inférieur à d. Le point situé à mi-chemin entre c et d est un nombre rationnel : $\frac{(c+d)}{2}$. Nommons ce point e. Nous pouvons à présent trouver un point à mi-chemin entre c et e. C'est $\frac{(c+e)}{2}$. C'est un rationnel, et lui aussi se trouve entre c et d. On pourrait poursuivre à l'infini, en divisant toujours l'écart entre c et d en parties de plus en plus petites. Si infime que soit au départ l'écart entre c et d, il y aura toujours entre eux une infinité de nombres rationnels.

Étant donné qu'on peut toujours trouver une quantité infinie de rationnels entre deux rationnels quels qu'ils soient, on pourrait croire que les rationnels couvrent tous les nombres. C'est, à n'en pas douter, ce qu'avait espéré Pythagore. Sa métaphysique reposait sur la croyance que le monde se compose de nombres et de la proportion harmonique qui les lie. Le fait qu'existe un nombre ne pouvant se décrire sous forme de fraction a pour le moins fait perdre du poids à sa proposition, pour ne pas dire qu'elle la contredit directement. Malheureusement pour Pythagore, il existe des nombres qu'on ne peut exprimer sous forme de fraction et – détail assez embarrassant pour lui – son propre théorème nous conduit à l'un d'eux. Si l'on prend un carré dont chaque côté a pour longueur 1, la diagonale vaut la racine carrée de 2, qui ne s'écrit pas sous forme de fraction. (Vous en trouverez la démonstration dans l'annexe deux, p. 460).

Les nombres qu'on ne peut écrire sous forme de fraction sont dits *irrationnels*. La légende veut qu'ils aient été découverts par Hippase de Métaponte, un disciple de Pythagore, et que cela ne lui a pas valu beaucoup d'amis au sein de la Fraternité ; déclaré hérétique, il fut précipité et noyé dans la mer.

Lorsqu'on écrit un nombre rationnel sous forme de fraction décimale, soit il possède un nombre fini de chiffres, comme $\frac{1}{2}$ s'écrit 0,5, soit son développement en arrive forcément à se répéter, comme $\frac{1}{3}$, qui s'écrit 0,3333..., les 3 se répétant sans fin. La boucle répétitive concerne parfois plus d'un chiffre, comme dans le cas de $\frac{1}{11}$, qui donne 0,090909..., les chiffres 09 se répétant à l'infini, ou $\frac{1}{19}$, qui donne 0,0526315789473684210..., où 052631578947368421 se reproduit indéfiniment. En revanche, et c'est là l'essentiel, lorsqu'un nombre est irrationnel, son développement décimal ne se répète jamais.

En 1767, le mathématicien suisse Johann Heinrich Lambert a démontré que pi est un nombre irrationnel. Les premiers « hommes-pi » avaient d'abord espéré qu'à la suite du chaos initial de 3,14159... les choses se calmeraient et qu'un schéma apparaîtrait. La découverte de Lambert a confirmé qu'il n'en était rien. Le développement décimal de pi galope jusqu'à l'infini de façon déterminée, mais sans logique apparente.

Les mathématiciens qui se sont penchés sur les nombres irrationnels ont cherché à pousser plus loin leur catégorisation. Au XVIIIe siècle, ils se sont mis à conjecturer autour d'un type particulier de nombres irrationnels, les *transcendants*, mystérieux et insaisissables au point que même les mathématiques dites « discrètes » ne parvenaient pas à les capturer. La racine carrée de deux, √2, par exemple, est un irrationnel, mais peut se décrire comme la solution à l'équation $x^2 = 2$. Un nombre transcendant est un irrationnel que l'on ne peut décrire par une équation au nombre fini de termes. Lorsque est apparue la notion de nombres transcendants, nul n'était encore sûr de leur existence.

En fait, ils existaient, mais il a fallu près d'un siècle pour qu'un mathématicien français, Joseph Liouville, en produise quelques exemples. Pi n'était pas du lot. C'est seulement quarante ans plus tard que l'Allemand Ferdinand von Lindemann démontrerait le caractère transcendant de pi. Le nombre existait au-delà du royaume de l'algèbre finie.

La découverte de von Lindemann est un moment déterminant de la théorie des nombres. Elle a aussi réglé, une fois pour toutes, ce qui était probablement le plus célèbre des problèmes mathématiques irrésolus : la possibilité ou l'impossibilité d'obtenir la quadrature du cercle. Pour l'expliquer, il me faut commencer par aborder la formule établissant que l'aire d'un cercle est πr^2, r étant le rayon. (Le rayon est la distance qui sépare le centre du côté, soit la moitié du diamètre.) Pour obtenir une preuve visuelle de la véracité de cet énoncé, la tarte nous offre encore la meilleure métaphore de pi. Imaginons deux tartes rondes de même taille, l'une blanche, l'autre grise, comme ci-dessous, en A. La circonférence de chacune de ces tartes est pi multiplié par le diamètre, ou pi multiplié par le double du rayon, soit $2\pi r$. Si on la coupe en parts égales, on peut redisposer ces dernières tête-bêche, qu'il s'agisse de quarts, comme en B, ou de dixièmes, comme en C. Dans un cas comme dans l'autre, la longueur du côté demeure $2\pi r$. Si l'on continue de découper des parts de plus en plus petites, on finira par obtenir un rectangle, comme en D, dont les côtés seront r et $2\pi r$. La surface de ce rectangle – qui est la surface de nos deux tartes – étant donc $2\pi r^2$, celle d'une seule tarte est πr^2.

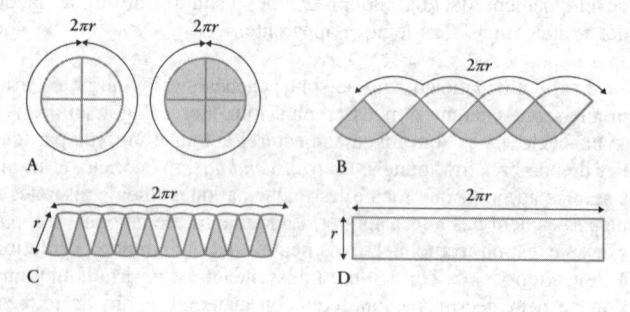

Démonstration que l'aire d'un cercle = πr^2

Obtenir la quadrature du cercle consiste à construire (à l'aide du seul compas et de la règle) un carré de même aire qu'un cercle donné. Nous savons à présent qu'une droite de longueur r est le rayon d'un cercle dont l'aire est πr^2, et nous savons aussi qu'un carré dont l'aire est πr^2 doit avoir des côtés dont la longueur est $r\sqrt{\pi}$ (étant donné que $[r\sqrt{\pi}]^2 = r^2[\sqrt{\pi}]^2 = r^2\pi = \pi r^2$). Par conséquent, on peut ramener la quadrature du cercle à la tâche consistant à construire la longueur $r\sqrt{\pi}$ à partir de la longueur r. Ou, si l'on détermine par souci de commodité que $r = 1$, la longueur $\sqrt{\pi}$ à partir de 1.

Par l'entremise de la géométrie analytique, que nous aborderons plus loin, on peut exprimer le processus de construction d'une droite sous forme algébrique comme une équation finie. On peut démontrer que tant que x est la solution d'une équation finie, si l'on part d'une droite de longueur 1, on peut construire une droite de longueur x. Mais si x n'est pas la solution d'une équation finie – autrement dit si x est transcendant –, il est impossible de construire une droite de longueur x. Or, le fait que π soit transcendant signifie que $\sqrt{\pi}$ est transcendant aussi. (Sur ce point, il va falloir me faire confiance.) Il est donc impossible de construire la longueur $\sqrt{\pi}$. La transcendance de π démontre l'impossibilité d'obtenir la quadrature du cercle.

En prouvant la transcendance de π, Lindemann a balayé ce dont d'innombrables mathématiciens avaient rêvé depuis des millénaires. Le plus célèbre personnage qui ait jamais déclaré avoir obtenu la quadrature du cercle est peut-être Thomas Hobbes, le penseur anglais du XVIIe siècle, auteur du *Léviathan*, fondement de la philosophie politique moderne. À soixante-sept ans, pris sur le tard d'un vif intérêt pour la géométrie, Hobbes publia sa solution. Si, à l'époque, la question de la quadrature du cercle continuait de se poser, la démonstration de Hobbes fut reçue avec un certain amusement par la communauté scientifique. John Wallis, professeur à Oxford, le meilleur mathématicien britannique avant Isaac Newton, se fit un devoir d'exposer les erreurs de Hobbes dans une brochure, déclenchant l'une des querelles les plus comiques – et inutiles – de l'histoire de la vie intellectuelle britannique. Hobbes répondit aux commentaires de Wallis par un addendum à son livre, intitulé *Six leçons pour les professeurs de mathématiques*. Wallis répliqua par *Correction méritée pour M. Hobbes en discipline scolaire pour ne pas réciter correctement ses leçons*. Hobbes y répondit avec ses *Notes sur la géométrie absurde, le langage rural, la politique ecclésiale écossaise et les barbarismes de John Wallis*. Ce qui inspira en retour à Wallis *Hobbiani Puncti Dispunctio !* ou *le Démontage des arguments de M. Hobbes*. La querelle dura près d'un quart de siècle, jusqu'à la mort de Hobbes, en 1679. Wallis avait pris dans ces hostilités un certain plaisir, car il y avait trouvé un moyen de calomnier la pensée politique et religieuse de Hobbes, qu'il méprisait. Et puis, évidemment, il avait raison. Dans la plupart des disputes historiques, la vérité se partage entre les deux camps. Ce n'est pas le cas de celle de Hobbes et Wallis. Hobbes n'avait pas pu trouver la quadrature du cercle, car c'est une tâche impossible.

La preuve de cette impossibilité n'a pas découragé tout le monde. En 1897, l'assemblée de l'Indiana a envisagé l'adoption d'une célèbre loi comportant la preuve de la quadrature du cercle par E. J. Goodwin, un médecin de campagne, qui en avait fait « offrande à l'État d'Indiana ». Évidemment, il s'était trompé. Depuis Ferdinand von Lindemann, en 1882, dans le jargon mathématique, un « quadrateur de cercle » désigne un hurluberlu.

Aux XVIIIe et XIXe siècles, il est apparu que les propriétés énigmatiques de pi ne concernaient pas seulement d'antiques problèmes de géométrie, mais résidaient au cœur de certains nouveaux domaines de la science qui n'avaient pas nécessairement de rapport avec les cercles. « Ce mystérieux 3,141592... qui revient par toutes les portes et les fenêtres, qui descend par toutes les cheminées », écrivit le mathématicien britannique Augustus De Morgan. Le temps que met un pendule à se balancer, par exemple, dépend de pi. La répartition des décès dans une population est une fonction de pi. Si vous lancez une pièce en l'air $2n$ fois, la probabilité d'obtenir exactement 50 % de pile et de face, à condition que n soit très grand, est de $\frac{1}{\sqrt{(n\pi)}}$.

L'homme dont le nom est le plus souvent associé à des apparitions originales de pi est le polymathe français Georges Louis Leclerc, comte de Buffon (1707-1788). Des nombreuses entreprises scientifiques pittoresques de Buffon, la plus ambitieuse fut peut-être la construction d'un modèle opérationnel des miroirs ardents d'Archimède, supposément susceptibles d'incendier des navires. Le dispositif de Buffon comportait cent soixante-huit glaces planes mesurant chacune six pouces par huit, qui lui permirent de mettre le feu à une planche de bois située à cent cinquante pieds, un effort appréciable, mais qui reste assez loin de l'embrasement d'une flotte romaine.

Pour ce qui concerne pi, on prête à Buffon la découverte d'une équation donnant lieu à une nouvelle méthode de calcul de pi, mais Buffon n'a pas fait le rapprochement lui-même. Il y était toutefois parvenu en étudiant un jeu de hasard du XVIIIe siècle qui consistait à lancer une pièce sur une surface carrelée et parier sur la probabilité de la voir toucher les joints entre les carreaux ou s'immobiliser sans le faire. Buffon a apporté une variante à la règle : sur un plancher marqué à intervalles réguliers de rainures parallèles, il lançait une aiguille. Il a alors correctement calculé que si la longueur de l'aiguille est l et la distance entre les rainures est d, l'équation suivante est vraie :

$$\text{Probabilité de l'aiguille touchant la rainure} = \frac{2l}{\pi d}$$

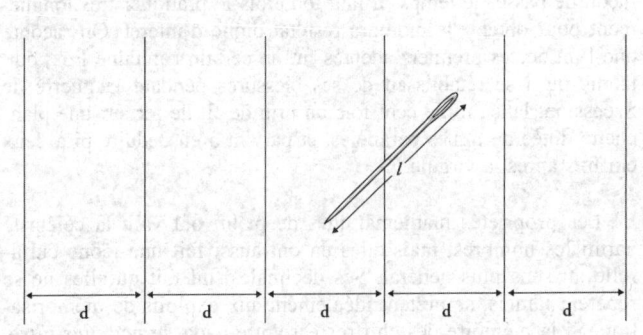

Quelques années après la mort de Buffon, Pierre Simon Laplace s'est aperçu que cette équation pouvait servir à donner une approximation de pi. À condition de lancer un très grand nombre d'aiguilles sur le plancher, le rapport entre le nombre de fois où l'aiguille touche la rainure et le total des lancers sera à peu près égal à la probabilité mathématique que l'aiguille touche la rainure. Autrement dit, après de nombreux lancers :

$$\frac{\text{Nombre de fois où l'aiguille touche une rainure}}{\text{Nombre total de lancers}} \approx \frac{2l}{\pi d}$$

ou

$$\pi \approx \frac{2l}{d} \frac{\text{(Nombre total de lancers)}}{\text{(Nombre de fois où l'aiguille touche une rainure)}}$$

(Le symbole $\approx$ signifie « à peu près égal à ».)

Laplace est le premier à avoir écrit à propos de cette façon d'évaluer pi, mais, ses travaux découlant de l'équation de Buffon, c'est ce dernier qui est passé à la postérité. Ce fait lui a valu une place dans le club prestigieux des mathématiciens qui ont trouvé un mode de calcul de pi, aux côtés d'Archimède et Leibniz.

Plus on accumule de lancers de l'aiguille, meilleure est l'approximation, au point que c'est devenu le divertissement ordinaire des mathématiciens incapables de se trouver une meilleure façon de passer le temps. Il faut toutefois le pratiquer très longuement pour obtenir le moindre résultat digne d'intérêt. On raconte que l'un de ses premiers adeptes fut un certain capitaine Fox, qui, tandis qu'il se rétablissait de ses blessures pendant la guerre de Sécession, lança mille cent fois un brin de fil de fer sur une planchette dotée de lignes parallèles, et parvint à en déduire pi à deux chiffres après la virgule.

Les propriétés mathématiques de pi lui ont valu la célébrité parmi les nombres, mais elles en ont aussi fait une icône culturelle au sens plus général. Ses décimales, du fait qu'elles ne se répètent jamais, se prêtent idéalement aux exploits de mémorisation. Si la mémoire des chiffres est votre dada, le *nec plus ultra*, ce sont les décimales de pi, qui font l'objet d'un passe-temps depuis au moins 1838, date à laquelle le journal *The Scotsman* rapporta le fait qu'un garçon hollandais de douze ans avait récité la totalité des cent cinquante-cinq chiffres qu'on connaissait alors devant une assemblée de scientifiques et de membres de la famille royale. Le record mondial est aujourd'hui détenu par Akira Haraguchi, un ingénieur sexagénaire à la retraite. En 2006, devant les caméras rassemblées dans une salle publique près de Tokyo, il a récité pi jusqu'à cent mille chiffres après la virgule. Cela lui a pris seize heures et vingt-huit minutes, avec cinq minutes de pause toutes les deux heures pour avaler des boulettes de riz. Il a expliqué à un journaliste que pi symbolisait la vie même, puisque ses chiffres ne se répètent jamais et qu'ils ne suivent aucun schéma. La mémorisation de pi, a-t-il ajouté, est « la religion de l'univers ».

Si la simple mémorisation de pi se fait vite un tantinet lassante, réciter pi tout en jonglant, voilà un sport de compétition digne de ce nom ! Le record de la discipline est détenu par le Suédois Mats Bergsten, un actuaire proche de la soixantaine, qui en a débité 9 778 décimales tout en jonglant avec trois balles. Il m'a cependant confié qu'il tirait une plus grande fierté de sa performance au « test de l'Everest », qui porte sur les dix mille premiers chiffres du développement de pi divisés en deux mille groupes de cinq, en commençant par 14 159. Lors du test, on lit cinquante de ces groupes au hasard au concurrent, qui doit réciter de mémoire ceux qui suivent et précèdent chacun. Mats Bergsten est l'une des quatre personnes au monde à pouvoir le faire sans erreur, et son chrono, dix-sept minutes et trente-neuf secondes, est le plus rapide de tous. Il est mentalement bien plus éprouvant, m'a-t-il dit, de retenir dix mille chiffres sous forme aléatoire, que dans l'ordre.

Pour réciter de mémoire cent mille décimales de pi, Akira Haraguchi a eu recours à une méthode mnémotechnique consistant à assigner une syllabe à chaque chiffre de 0 à 9, puis à traduire les décimales en mots, qui à leur tour forment des phrases. Les quinze premiers chiffres donnaient : « femme et enfants sont partis à l'étranger ; le mari n'a pas peur ». Les écoliers du monde entier emploient les mots pour apprendre pi, quoique cela ne passe généralement pas par l'assignation de syllabes, mais par la création d'une phrase dans laquelle le nombre de lettres de chaque mot représente chaque chiffre consécutif du développement décimal de pi. L'une de celles-ci, en langue anglaise, est attribuée à l'astrophysicien Sir James Jeans : *How I need a drink, alcoholic in nature, after the heavy lectures involving quantum mechanics. All of thy geometry, Herr Planck, is fairly hard*[1]. « How » possède trois lettres ; « I », une ; « need », quatre et ainsi de suite.

De tous les nombres, seul pi s'est attiré ce type de fan-club. Nul n'a jamais cherché à apprendre par cœur la racine carrée de 2, qui n'a pourtant rien à lui envier. Pi est d'ailleurs le seul nombre à avoir donné lieu à son propre sous-genre littéraire. L'écriture contrainte est une technique par laquelle on se plie à certains schémas obligatoires ou à certains interdits. Des poèmes entiers – on dit des « pièmes » – ont été écrits sous la contrainte que le nombre de lettres de chaque mot soit déterminé par les chiffres de pi – avec cette convention qu'à un 0 corresponde un mot de dix lettres. Le plus ambitieux de ces pièmes est *Cadaeic Cadenza*, de Mike Keith, qui suit pi sur 3 835 chiffres. Cela commence comme un pastiche d'Edgar Allan Poe :

---

1. « Qu'il me faut un verre, alcoolique de nature, après les pesantes leçons de mécanique quantique. Toute ta géométrie, Herr Planck, est assez ardue. »

One ; A poem
A Raven
Midnights so dreary, tired and weary,
    Silently pondering volumes extolling all by-now obsolete lore.
During my rather long nap – the weirdest tap !
    An ominous vibrating sound disturbing my chamber's antedoor.
« This », I whispered quietly, « I ignore »[1].

Si l'on en croit Keith, l'écriture contrainte est à la fois un exercice de discipline et de découverte. Les chiffres de pi étant aléatoires, la contrainte, dit-il, revient à « mettre de l'ordre dans le chaos ». À ma question « Pourquoi pi ? », il a répondu que pi est « la métaphore de tout ce qui est infini, inscrutable, imprévisible, ou porteur d'un émerveillement sans fin ».

Pi n'est ainsi nommé que depuis 1706, année où le Gallois William Jones introduisit le symbole π dans son ouvrage sobrement intitulé *Nouvelle introduction aux mathématiques à l'usage de quelques amis qui n'ont pas plus le loisir ni l'utilité que, peut-être, la patience de fouiller parmi tant d'auteurs différents et de se tourner vers un aussi grand nombre de volumes fastidieux, ainsi qu'il est inévitablement requis pour accomplir des progrès ne serait-ce qu'acceptables en mathématiques*. Cette lettre de l'alphabet grec, probablement choisie en tant qu'abréviation du

---

1. Un ; Un poème/Un Corbeau/De si mornes minuits, las et flapi,/À méditer en silence des masses exaltant des traditions désormais obsolètes./Le temps d'un somme plutôt long – quel étrange filon !/Une inquiétante vibration perturbe la porte d'entrée de ma chambre./« Ça, murmurai-je doucement, je l'ignore. »

Des versions françaises de cet exercice existent. En voici une particulièrement aboutie, rencontrée sur Internet, signée Solveig de Ory, et intitulée « Momie » :

Tel l'ogre l'autre reviendra/Et finira toute vie quand/Sauvages vaisseaux angoras/Mangeront nos os des diamants

Mais triste il nagera vers/Les tas cendreux qui se cassent/Souvenirs rêves stellaires/Un passager lointain face

À autrefois regarde l'orient/Insoluble ils adoraient/Insolents les rituels élans/D'éternelles lunes filaient

Le redoutable échassier/Avaleur noir dissimulé/Dans leur ville inhabitée/Et les solitaires oubliés

Pleurent l'infini sans lendemain/Devant un fragment jamais vu/Territoire effondré…

(http://www.ludicart.com/historique/Pi-anot%E9/Pi-anot%E9.html). *(NdT.)*

mot périphérie, n'a pas immédiatement séduit ; elle ne deviendrait la notation conventionnelle de pi que trente ans plus tard, une fois adoptée par Leonhard Euler.

Euler est le mathématicien le plus prolifique de tous les temps (il a publié 886 ouvrages), et on lui doit aussi probablement la plus importante contribution à la connaissance de pi. C'est sa formule améliorée qui a permis aux chasseurs de décimales du XVIIIe et du XIXe siècle de gagner autant de terrain. Au début du XXe siècle, le mathématicien indien Srinivasa Ramanujan a encore trouvé un grand nombre de suites infinies dans la veine de celle d'Euler pour déterminer pi.

Ramanujan était un mathématicien fondamentalement autodidacte qui exerçait la fonction de greffier lorsqu'il a pris l'initiative d'écrire au professeur G. H. Hardy, de l'université de Cambridge. Ébahi de constater que Ramanujan avait redécouvert seul des résultats qu'on avait mis des siècles à trouver, Hardy l'a invité en Angleterre, où les deux hommes collaboreraient jusqu'à la mort de Ramanujan, à l'âge de trente-deux ans. Ses travaux révèlent une extraordinaire intuition pour les propriétés des nombres, notamment de pi, et sa plus célèbre formule est la suivante :

$$\frac{1}{\pi} = \frac{2\sqrt{2}}{9801} \sum_{n=0}^{\infty} \frac{(4n)!(1103 + 26390n)}{(n!)^4 396^{4n}}$$

Le symbole $\sum_{n=0}^{\infty}$ désigne une suite de valeurs qui toutes s'additionnent, en commençant par celle ou n égale 0, suivie de celle où n égale 1, et ainsi de suite jusqu'à l'infini. Sans rien comprendre à la notation d'une telle équation, on peut quand même en apprécier toute l'intensité dramatique. La formule de Ramanujan file vers pi à une vitesse remarquable. Dès le départ, avec n valant 0, la formule ne comporte encore qu'un terme, et ça ne l'empêche pas de donner une valeur correcte de pi jusqu'à la sixième décimale. À chaque accroissement de la valeur de n, la formule ajoute environ huit nouveaux chiffres à pi. C'est une véritable machine industrielle à fabriquer pi.

Dans les années 1980, s'inspirant de Ramanujan, les mathématiciens d'origine ukrainienne Gregory et David Chudnovsky ont trouvé une formule plus redoutable encore. Chaque terme supplémentaire ajoute environ quinze chiffres à pi.

$$\frac{1}{\pi} = \sum_{n=0}^{\infty} (-1)^n \times \frac{(6n)!}{(3n)!n!^3} \times \frac{163096908 + 6541681608n}{(262537412640768000)^{n+1/2}}$$

La première fois que j'ai vu la formule des Chudnovsky, j'étais en train de marcher dessus. Gregory et David sont frères, ils partagent un bureau à l'université polytechnique de Brooklyn. C'est un espace décloisonné garni d'un canapé dans un coin et de deux chaises, et dont le sol bleu est orné de douzaines de formules de pi. « Nous voulions mettre quelque chose par terre, et que voulez-vous que ce soit d'autre que des trucs en rapport avec les mathématiques ? » m'explique Gregory.

En fait, pour décorer le sol, les motifs de pi n'étaient qu'un second choix. Le projet initial consistait à y poser une reproduction géante de *Melencolia I*, d'Albrecht Dürer (voir p. 241). Cette gravure du XVIe siècle est particulièrement prisée des mathématiciens parce qu'elle regorge de références ludiques aux nombres, à la géométrie et à la perspective.

« Un soir, alors que notre surface était encore dégarnie, nous avons imprimé plus de deux mille copies de [*Melencolia I*] et nous les avons étalées sur le sol, raconte David. Seulement, dès qu'on marchait dessus, ça donnait envie de vomir ! La perspective change de façon très abrupte. » Pour trouver le moyen de décorer leur bureau sans que personne ne soit pris de nausée dès qu'il y pose le pied, David a entrepris d'étudier le sol des cathédrales et des châteaux d'Europe. « J'ai découvert qu'ils obéissent pour l'essentiel à un… »

« … style géométrique simple », coupe Gregory.

« Des carreaux blancs, noirs, blancs, noirs… », reprend David.

« Vous voyez, quand on marche sur une image complexe, les angles changent de façon si brusque que l'œil n'apprécie pas, ajoute Gregory. Si bien que la seule option, pour faire quelque chose de ce genre, c'est de… »

« se suspendre au plafond ! » me hurle David dans l'oreille gauche, et les deux hommes de se perdre dans de grands éclats de rire.

Quand on discute avec les Chudnovsky, on a l'impression de porter un casque stéréo dont les écouteurs fonctionnent à tour de rôle de façon totalement aléatoire. Ils ont pris place sur leur canapé et m'ont fait asseoir entre eux. Ils s'interrompent sans cesse, et chacun a la manie de terminer la phrase de l'autre, le tout dans un anglais particulièrement mélodieux aux lourdes intonations slaves. Les deux frères sont nés à Kiev, au temps où la ville appartenait à la république soviétique d'Ukraine, mais ils vivent aux États-Unis depuis la fin des années 1970 et sont aujourd'hui citoyens américains. Ils ont cosigné tant d'articles et de livres que cela invite l'interlocuteur à les considérer comme un seul mathématicien, pas deux.

Malgré tant d'harmonie génétique, conversationnelle et professionnelle, les deux hommes offrent une apparence très différente. Cela est dû essentiellement au fait que Gregory, qui a cinquante-six ans, souffre de myasthénie grave, une maladie neuromusculaire auto-immune. Il est si maigre, si frêle, qu'il doit rester allongé le plus clair de son temps. Je ne l'ai jamais vu se redresser sur son canapé. Pourtant, l'énergie qui fait défaut à son corps est compensée par l'expressivité lumineuse de son visage, qui prend vie aussitôt qu'on parle mathématiques. Il a les traits pointus, de grands yeux marron, la barbe blanche et une fine chevelure ébouriffée. David, de cinq ans son aîné, a les yeux bleus, une silhouette et un visage plus ronds. Ce jour-là, il est rasé de près et ses cheveux courts sont dissimulés sous une casquette de base-ball vert olive.

On peut dire que les Chudnovsky sont les mathématiciens qui, ces dernières années, en ont fait le plus pour populariser pi. Au début des années 1990, dans l'appartement de Gregory, à Manhattan, ils ont fabriqué un superordinateur à partir de pièces vendues par correspondance, qui, avec leur propre formule, a porté le nombre jusqu'à plus de deux milliards de décimales – un record à l'époque.

Cette performance ahurissante a fait l'objet d'un article du *New Yorker*, qui a lui-même inspiré le film *Pi*, sorti en 1998. Le personnage principal est un matheux de génie à la mèche en bataille qui traque des schémas cachés dans les données boursières à l'aide d'un superordinateur de fabrication artisanale. Je suis curieux de savoir si les Chudnovsky ont vu le film, largement salué par la critique, au point de devenir un point de référence en tant que thriller psychomathématique noir et blanc à petit budget. « Non, nous ne l'avons pas vu », dit Gregory.

« Il faut bien comprendre qu'en général les cinéastes ne restituent que leur propre état intérieur », ajoute David, sarcastique.

Je leur dis que je les aurais imaginés flattés de l'attention qui leur était ainsi portée.

« Non, non », grimace Gregory.

« Laissez-moi vous dire autre chose, intervient David. Il y a deux ans, je suis allé en France. Deux jours avant mon retour, il y avait là-bas un immense Salon du livre. Je me suis arrêté devant un stand où l'on exposait un ouvrage sur une histoire de détective. C'était écrit par un ingénieur. Un mystère criminel, vous voyez le genre. Il y avait plein de cadavres, essentiellement des maîtresses dans des hôtels, et la source qui déterminait chacun de ces crimes, c'était pi. »

Grimaçant d'une oreille à l'autre, Gregory souffle : « En voilà un en tout cas que je ne lirai pas, c'est clair. »

David poursuit : « Alors j'ai parlé au type. C'était un bonhomme très instruit. » Il s'interrompt, hausse les épaules, et reprend, une octave plus haut : « Comme je le dis toujours, je n'ai aucune responsabilité là-dedans ! »

David raconte le trouble qui s'est emparé de lui la première fois qu'il a vu les panneaux publicitaires pour le parfum Givenchy. « Tout le long de la rue il n'y avait que pi… pi… pi… » Il se met à hululer « *pi… pi… pi !* C'est ma faute, peut-être ? »

Gregory me dévisage : « Allez savoir pourquoi, le grand public est fasciné avec ça. Il reçoit en quelque sorte les mauvaises inférences. » Beaucoup de mathématiciens professionnels, dit-il, étudient pi. Et d'ajouter, narquois : « D'habitude, on n'autorise pas ces gens-là à voir la lumière du jour. »

Dans les années 1950 et 1960, on jugeait des progrès de l'informatique au nombre de décimales de pi que trouvaient les nouveaux ordinateurs. À la fin des années 1970, le record avait été battu neuf fois, pour n'atteindre qu'un million de chiffres après la virgule. Mais dans les années 1980, des ordinateurs encore plus rapides associés à des algorithmes tout neufs ont ouvert une nouvelle ère de chasse effrénée aux décimales. Yasumasa Kanada, un jeune informaticien de l'université de Tokyo, est sorti avant tout le monde des starting-blocks de ce qui allait devenir une course entre deux concurrents : le Japon et les États-Unis. En 1981, à l'aide d'un ordinateur NEC, il a porté pi à deux millions de décimales en cent trente-sept heures. Trois ans plus tard, il atteignait seize millions. William Gosper, un mathématicien californien, a alors pris la tête avec 17,5 millions, avant de se faire dépasser à son tour par David H. Bailey, de la Nasa, avec vingt-neuf millions. En 1986, Kanada les a tous deux coiffés avec trente-trois millions de décimales, record qu'il battrait ensuite lui-même trois fois en deux ans pour atteindre deux cent un millions à l'aide d'un nouvel engin, le S-820, en six heures à peine.

Loin des projecteurs de la chasse aux décimales, les Chudnovsky travaillaient d'arrache-pied sur pi, eux aussi. Grâce à un nouveau système de communication nommé Internet, Gregory a connecté l'ordinateur installé à son chevet à deux superordinateurs IBM localisés en deux points différents des États-Unis. Les frères ont alors élaboré un programme de calcul de pi reposant sur la nouvelle formule ultrarapide qu'ils avaient découverte. Les grosses machines ne leur étaient accessibles qu'aux heures où personne d'autre ne les utilisait, la nuit et le week-end.

« C'était formidable », se souvient Gregory avec nostalgie. En ce temps-là, les ordinateurs ne possédaient pas assez de mémoire pour stocker les nombres que calculaient les frères. « On conservait pi sur des bandes magnétiques », dit-il.

« Des minibandes. Et il fallait appeler le type et lui demander... », ajoute David.

« ... lui dire bande numéro tel et tel, poursuit Gregory. Et parfois, s'il arrivait quelqu'un de plus important, on retirait vos bandes en plein calcul. » Ses yeux roulent comme pour lever les bras au ciel.

Malgré tant d'obstacles, les Chudnovsky n'ont pas renoncé, et ils ont poussé pi au-delà du milliard de décimales. Kanada les a ensuite brièvement dépassés, mais ils ont vite repris la tête avec 1,13 milliard. David et Gregory ont alors songé que s'ils voulaient vraiment se consacrer au calcul de pi, il fallait absolument qu'ils disposent de leur propre machine.

L'ordinateur signé Chudnovsky occupait une pièce entière de l'appartement de Gregory. Cet amas de processeurs reliés par des câbles a coûté, selon leurs estimations, environ soixante-dix mille dollars au total, une somme dérisoire comparée aux millions qu'il aurait fallu débourser pour l'achat d'un engin de même capacité ; leur mode de vie s'en est toutefois trouvé passablement compliqué. Il était impératif que l'ordinateur, baptisé *m zero*, demeure constamment allumé, au cas où son extinction aurait été irréversible, et il a fallu installer vingt-cinq ventilateurs dans la pièce pour l'empêcher de surchauffer. Les frères ont bien pris garde de ne jamais allumer trop de lumières en même temps dans l'appartement, car cela risquait de faire sauter le disjoncteur.

En 1991, l'appareil artisanal de David et Gregory a calculé pi au-delà de deux milliards de décimales. Après quoi ils se sont laissé distraire par d'autres problèmes. En 1995, Kanada reprenait la tête de la course, pour atteindre 1,2 billion (mille deux cents milliards) de chiffres en 2002, un record qui ne tiendrait que jusqu'en 2008, quand ses compatriotes de l'université de Tsukuba ont été jusqu'à 2,6 billions. En décembre 2009, le Français Fabrice Bellard proclamait un nouveau record obtenu à l'aide de la formule des Chudnovsky : près de 2,7 billions de décimales. Le calcul lui avait pris cent trente et un jours, sur son ordinateur de bureau.

Si l'on prenait la peine d'aligner un billion de chiffres en petits caractères, l'inscription couvrirait la distance de la Terre au Soleil. Si l'on inscrivait cinq mille chiffres par page (ce qui suppose déjà de tout petits caractères) et qu'on empilait les pages l'une sur l'autre, pi ferait dix kilomètres de hauteur. Quel sens y a-t-il à calculer pi dans d'aussi absurdes proportions ? Il y a déjà une raison très humaine : les records sont faits pour qu'on les batte.

Mais il existe une autre motivation, plus conséquente celle-là. La détermination de nouvelles décimales de pi est un test idéal de la capacité de traitement et de la fiabilité des ordinateurs. « Le développement de pi pour le plaisir ne m'intéresse absolument pas, a dit Kanada. En revanche, j'éprouve un intérêt immense à pousser plus loin les performances du traitement informatique. » Le calcul de pi est aujourd'hui un élément essentiel de la mise à l'épreuve des qualités des superordinateurs parce que c'est « un travail extrêmement exigeant qui requiert une grande mémoire centrale, opère d'immenses calculs intensifs et offre [un moyen] simple de vérifier [la] bonne réponse. Les constantes mathématiques comme la racine carrée de deux, e[1] [et] gamma font de bonnes candidates, mais pi est plus efficace. »

Il y a dans l'histoire de pi un aspect merveilleusement circulaire. C'est la plus simple et la plus ancienne des proportions

---

[1]. La constante mathématique e est un nombre irrationnel qui commence par 2,718281828, que Gregory Chudnovsky surnomme « deux fois Tolstoï », car le romancier russe est né en 1828. Elle n'a aucun rapport avec l'équation d'Einstein $E = mc^2$, dans laquelle E signifie « énergie ».

mathématiques, et elle s'est aujourd'hui réinventé un destin d'outil fondamental à la pointe de la technologie informatique.

En vérité, l'intérêt des Chudnovsky pour pi est né de leur désir de construire des superordinateurs, une passion qui n'a rien perdu de sa vigueur. Les deux frères travaillent aujourd'hui à la conception d'une puce dont ils prétendent qu'elle sera la plus rapide du monde, large d'à peine 2,7 cm mais garnie de cent soixante mille puces plus petites et de 1,75 km de câblage.

Quand il évoque leur nouveau bébé, Gregory se laisse un peu emporter : « Les ordinateurs doublent leur capacité tous les dix-huit mois, non seulement parce qu'ils sont plus rapides, mais parce qu'on peut y entasser davantage de choses. Mais il y a un piège, ajoute-t-il. Le défi mathématique réside essentiellement dans la façon de fractionner les plus petits composants afin qu'ils communiquent entre eux le plus efficacement possible. » Sur son ordinateur portable, il affiche le circuit de la puce. « Je dirais que le problème de cette puce, c'est que c'est une puce capitaliste ! s'exclame-t-il. Le problème, c'est que la plupart des trucs là-dedans sont en train de ne rien faire. Il n'y a pas assez de prolos là-dedans. » Il désigne une région spécifique. « Là, ce n'est que de la gestion des magasins à l'intérieur de la puce, se lamente-t-il. La plupart de ces gars se contentent de faire de l'emmagasinage et de la comptabilité. C'est épouvantable ! Où donc est le secteur de fabrication ? »

* * *

Dans *Contact*, le best-seller de Carl Sagan, un extraterrestre vient sur Terre informer une femme qu'au bout d'un certain nombre de décimales, pi cesse d'être aléatoire et qu'un message codé apparaît sous forme de 0 et de 1. Ce message survient à 10^{20} chiffres après la virgule – soit le nombre correspondant au chiffre 1 suivi de vingt zéros. Étant donné qu'on ne connaît pi « que » jusqu'à 2,7 billions de décimales (27 suivi de onze zéros), il reste encore pas mal de chemin à parcourir avant de nous assurer qu'il s'agit bien d'une invention. En vérité, il faudra aller plus loin encore, puisque ce message serait apparemment écrit en base 11.

L'idée de la présence d'un schéma dans pi est entêtante. Les mathématiciens cherchent des signes d'ordre dans le développement décimal de pi depuis que les développements décimaux existent. L'irrationalité de pi signifie que les chiffres continuent de se succéder sans schéma répétitif, mais cela n'exclut pas la possibilité qu'il s'y trouve certaines séquences ordonnées – un message rédigé sous forme de 0 et de 1, par exemple. En attendant, personne jusqu'ici n'a trouvé quoi que ce soit de ce genre. Ce qui n'empêche pas le nombre de manifester quand même quelques caprices. Le premier 0 n'apparaît qu'en trente-deuxième position, c'est-à-dire bien plus tard que ce qu'on aurait attendu d'une répartition aléatoire. La première répétition d'un chiffre six fois de suite est 999 999, à la 762e position décimale. La probabilité de voir six 9 se succéder si tôt, en cas de répartition aléatoire, est inférieure à 0,1 %. Cette séquence porte le nom de « point de Feynman », car le physicien Richard Feynman a dit un jour qu'il rêvait de mémoriser pi jusqu'à ce point et pouvoir finir par dire « neuf, neuf, neuf, neuf, neuf, neuf et ainsi de suite ». La succession suivante de six répétitions du même chiffre dans pi survient à la $193\,034^e$ position, et ce sont encore des 9. S'agit-il d'un message de l'au-delà et, dans ce cas, que peut-il bien signifier ?

Un nombre est considéré *normal* si chacun des chiffres de 0 à 9 apparaît à la même fréquence dans le développement décimal de ce nombre. Pi est-il normal ? Kanada, qui s'est penché sur les deux cents premiers milliards de décimales de pi, a constaté que les chiffres y présentent la fréquence suivante :

0	20 000 030 841	5	19 999 917 053
1	19 999 914 711	6	19 999 881 515
2	20 000 136 978	7	19 999 967 594
3	20 000 069 393	8	20 000 291 044
4	19 999 921 691	9	19 999 869 180

Seul le chiffre 8 semble légèrement surreprésenté, mais l'écart est statistiquement insignifiant. Il apparaît donc que pi soit normal, bien que personne n'ait jamais pu le prouver. Et personne n'a jamais pu prouver qu'une telle preuve soit impossible. Une chance demeure, malgré tout, que pi *ne soit pas* normal. Peut-être après tout qu'à partir de 10^{20} il n'y a plus que des 0 et des 1 ?

Se pose aussi la question, distincte mais pas totalement sans rapport, du positionnement des chiffres. Leur distribution est-elle bien aléatoire ? Stan Wagon a analysé les dix premiers millions de chiffres de pi sous le prisme du « test du poker » : prendre cinq chiffres consécutifs et les considérer comme une main de poker.

Type de main	Occurrence réelle	Occurrence attendue
Tous les chiffres différents	604 976	604 800
Une paire, trois différents	1 007 151	1 008 000
Deux paires	216 520	216 000
Brelan	144 375	144 000
Full	17 891	18 000
Carré	8 887	9 000
Cinq chiffres identiques	200	200

La colonne de droite comporte le nombre de fois où l'on doit s'attendre à voir apparaître les mains de poker si pi est normal, et chaque position décimale a les mêmes chances d'être occupée par n'importe quel chiffre. Les résultats réellement obtenus se situent dans la fourchette des attentes. La fréquence de chaque schéma correspond manifestement à une détermination aléatoire des décimales.

Il existe des sites Web qui vous dégottent la première apparition dans pi de votre date d'anniversaire. La première occurrence de 0 123 456 789 survient à la 17 387 594 880e place – ce qui n'a été découvert que lorsque Kanada est arrivé jusque-là, en 1997.

Je demande à Gregory s'il a jamais cru qu'on trouverait un jour un ordre dans pi. « Il n'y a pas d'ordre, me répond-il avec un certain dédain. Et si jamais il y en avait, ce serait bizarre, pas correct. Alors il ne rime à rien de perdre son temps avec ça. »

Au lieu de se focaliser sur les schémas que contiendrait pi, certains voient précisément dans son caractère aléatoire une formidable expression de beauté mathématique. Pi est prédéterminé, mais il imite l'aléatoire à merveille.

« C'est un très bon nombre aléatoire », approuve Gregory.

Peu après s'être mis à calculer pi, les Chudnovsky ont reçu un appel du gouvernement des États-Unis. David me piaille une imitation de la voix au bout du fil : « Pourriez-vous nous envoyer pi, s'il vous plaît ? »

Dans l'industrie et le commerce, on a grand besoin de nombres aléatoires. Prenons par exemple le cas d'une entreprise d'études de marché qui cherche à sonder un échantillon représentatif d'un millier d'individus dans une population d'un million de personnes. Pour sélectionner son groupe échantillon, cette entreprise va utiliser un générateur de nombres aléatoires. Plus le générateur fournit de nombres vraiment aléatoires, plus l'échantillon sera représentatif – et plus le sondage sera juste. De même, il faut des séries de nombres aléatoires pour simuler des scénarios imprévisibles lors de mises à l'épreuve de modèles d'ordinateurs. Plus les chiffres sont aléatoires, plus le test est costaud. D'ailleurs, si les nombres utilisés dans ces tests ne sont pas assez aléatoires, cela peut carrément provoquer la faillite d'un projet. « On n'obtient jamais que la qualité de ses nombres aléatoires », remarque David. « Si l'on emploie de très mauvais nombres aléatoires, on finit en très mauvaise posture », conclut Gregory. De toutes les séries disponibles de nombres aléatoires, le développement de pi est la meilleure.

On est pourtant en présence d'un paradoxe philosophique. Pi, cela va de soi, n'est pas aléatoire. Peut-être que ses chiffres se comportent comme s'ils l'étaient, mais ils sont déterminés. Par exemple, si les chiffres de pi étaient vraiment aléatoires, il n'y aurait que dix chances sur cent que le premier chiffre après la virgule soit 1, pourtant, on sait avec une certitude absolue qu'il l'est. Pi affiche un caractère aléatoire de façon non aléatoire – c'est à la fois fascinant et bizarre.

Pi, notion mathématique étudiée depuis des millénaires, cache encore beaucoup de secrets. Depuis la preuve de sa transcendance, qui remonte à près d'un siècle et demi, on n'a pas vraiment progressé dans sa connaissance.

« En vérité, pour l'essentiel, on ne sait pas grand-chose de ce machin-là », dit Gregory.

Je lui demande si l'on connaîtra jamais de nouvelles percées dans la connaissance de pi.

« Mais oui, bien entendu, répond-il. Il y a toujours des progrès. Les mathématiques vont de l'avant. »

« Ce sera plus miraculeux, mais ça ne sera pas joli joli », dit David.

Mille neuf cent soixante-huit a été l'année de soulèvements contestataires dans le monde entier, et la Grande-Bretagne n'a pas été épargnée par ces révoltes générationnelles. En mai, le Trésor annonçait l'introduction d'une nouvelle pièce de monnaie... révolutionnaire.

On avait conçu la pièce de cinquante pence pour remplacer l'ancien billet de dix shillings, dans le cadre du passage de la monnaie impériale à la monnaie décimale. Mais ce qui donnait sa spécificité à cette pièce, ce n'était pas tant sa valeur nominale que sa forme peu orthodoxe.

« Voilà qui n'est pas une pièce ordinaire, s'exclamait le *Daily Mirror*. Quoi, le Bureau de la monnaie décimale est même allé jusqu'à l'appeler "heptagone multilatéral curviligne". » Jamais un pays n'avait encore mis en circulation de pièce à sept côtés. Et jamais une nation ne s'était à ce point offusquée de l'esthétique d'une forme géométrique. En tête de la révolte se trouvait le colonel à la retraite Essex Moorcroft, originaire de Rosset, dans le Derby, fondateur du Mouvement des anti-heptagonistes. « Nous empruntons notre devise au célèbre cri du cœur de Cromwell : "Enlevez-moi cette babiole !" J'ai fondé cette association car j'estime que cette monstruosité heptagonale offense notre Reine, disait-il. C'est une vilaine pièce de monnaie, une insulte à notre Souveraine, dont elle porte l'effigie. »

Malgré tout, la pièce de cinquante pence est entrée en circulation en octobre 1969 et le colonel Moorcroft n'a pas édifié de barricades. En fait, dès janvier 1970, *The Times* racontait que « l'heptagone curviligne semble s'être gagné une certaine affection ». Aujourd'hui, cette pièce est un élément distinctif particulièrement choyé du patrimoine britannique. D'ailleurs, le jour où l'on a introduit une pièce de vingt pence, en 1982, elle aussi était heptagonale.

La pièce de cinquante pence comme celle de vingt pence sont en vérité des classiques du stylisme. Leur forme à sept côtés les rend aisément distinguables des pièces circulaires, ce qui est particulièrement utile pour les aveugles et les malvoyants. De toutes les pièces en circulation, ce sont aussi celles qui frappent le plus l'imagination. Le cercle n'est pas la seule forme ronde intéressante en mathématiques.

Un cercle peut se définir comme une courbe dont tous les points sont équidistants d'un point donné : le centre. Cette propriété comporte de nombreuses applications pratiques. La roue – généralement saluée comme étant la première grande invention de l'humanité – en est le plus évident exemple. Un axe relié au centre d'une roue demeurera stable au-dessus du sol alors que la roue tournera lestement sur une surface, ce qui explique que les charrettes, les voitures et les trains filent sans cahoter à chaque tour.

Dans le cas du transport de charges extrêmement lourdes, toutefois, l'axe risque de ne pas supporter le poids. Une alternative peut alors consister à utiliser des rouleaux. Un rouleau est un long tube de section transversale circulaire, à même le sol. Lorsqu'on pose un objet lourd à base plate (comme un gros bloc de pierre destiné à la construction d'une pyramide) sur plusieurs rouleaux, on peut alors le pousser doucement, en déposant de nouveaux rouleaux à l'avant au fil de la progression.

Ce qui caractérise le rouleau, c'est essentiellement que la distance entre son sommet et le sol ne varie pas, un fait qui découle évidemment de la section transversale circulaire, étant donné que la largeur d'un cercle (le diamètre) est toujours la même.

Faut-il impérativement que la section transversale du rouleau soit circulaire ? D'autres formes peuvent-elles faire l'affaire ? Bien que cela paraisse contraire à l'intuition, il existe un certain nombre de formes susceptibles de constituer de parfaits rouleaux. La pièce de cinquante pence en est un exemple.

Si l'on collait ensemble des pièces de façon à composer des rouleaux dont la section transversale aurait la forme des pièces de cinquante pence, et que l'on déposait dessus le livre que vous tenez entre les mains, ce dernier ne subirait pas de cahots quand on le ferait avancer. Il glisserait de façon aussi aisée que sur des cylindres circulaires.

Cela est dû au fait que la pièce de cinquante pence est une *courbe de largeur constante*. De quelque point de son périmètre qu'on la mesure, la pièce de cinquante pence présente la même largeur. Par conséquent, lorsqu'une telle pièce roule par terre, la distance entre le sol et le sommet de la pièce ne varie pas. Le livre qu'on poserait sur une série de rouleaux de cinquante pence se maintiendrait donc à hauteur constante.

Curieusement, les courbes de largeur constante existent en très, très grand nombre. La plus simple est le triangle de Reuleaux. Il se construit à partir d'un triangle équilatéral au sommet duquel on place la pointe d'un compas pour tracer l'arc de cercle passant par chacun des deux autres. Dans le diagramme de la page suivante, on

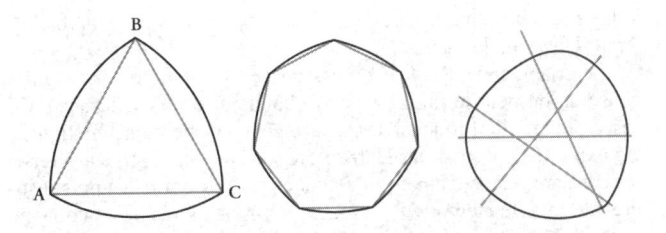

On trouve parmi les courbes de largeur constante le triangle de Reuleaux (à gauche) et l'heptagone curviligne, plus connu sous le nom de pièce de cinquante pence (centre).

pose la pointe du compas en A, et on déplace la mine de crayon du B au C, puis on répète l'opération à partir des autres sommets. L'heptagone curviligne se construit de la même façon. Les courbes de largeur constante n'ont pas à être symétriques. On peut les construire à partir de n'importe quel nombre de droites qui se croisent, comme montré ci-dessus à droite. Les segments du périmètre sont toujours des arcs d'un cercle centré selon le sommet opposé.

Le triangle curviligne doit son nom à Franz Reuleaux, un ingénieur allemand qui en a décrit les applications possibles en 1876, dans *Cinématique des mécanismes*. Des années plus tard, l'ouvrage a atterri entre les mains de H. G. Conway, un ancien président de l'Institution of Mechanical Engineers, qui siégeait au Bureau décimal du Trésor britannique. Conway a proposé l'adoption d'une courbe de largeur constante non circulaire pour la pièce de cinquante pence, car cette propriété la rendrait apte à l'emploi dans les machines à pièces. Ces machines reconnaissent les pièces à leur diamètre, et la pièce de cinquante pence offre la même largeur dans toutes les positions. (Une pièce carrée, même si ses côtés sont incurvés, ne présentera jamais de largeur constante, c'est pourquoi il n'existe pas de pièces quadrilatérales.) Le choix des sept côtés a obéi à des critères esthétiques.

Si le triangle de Reuleaux a réinventé le rouleau, il n'a pas réinventé la roue. On ne peut pas constituer de roue avec un triangle de Reuleaux parce que les courbes non circulaires de largeur constante n'ont pas de « centre » – de point fixe équidistant de chaque point du périmètre. Si l'on dotait un triangle de Reuleaux d'un axe pour le faire rouler, la hauteur resterait invariable, mais l'axe, lui, ballotterait dans tous les sens.

Le triangle de Reuleaux possède cette propriété fort avantageuse qu'on peut le faire tourner à l'intérieur d'un carré sans qu'il cesse jamais d'en toucher les quatre côtés. Cette caractéristique a été exploitée en 1914 par Harry James Watts, un ingénieur anglais résidant en Pennsylvanie, qui a conçu l'un des outils les plus insolites de tous les temps : la perceuse de trous carrés. (Les coins ne sont pas abrupts, mais arrondis, alors, à strictement parler, le trou a la forme d'un carré modifié.)

La section transversale de l'invention de Watts est un simple triangle de Reuleaux dont on a retiré trois portions pour obtenir un tranchant. Elle s'accompagne d'un mandrin spécifiquement conçu pour compenser le ballottement du centre de la mèche lors de la rotation. La perceuse de Watts sert encore aujourd'hui.

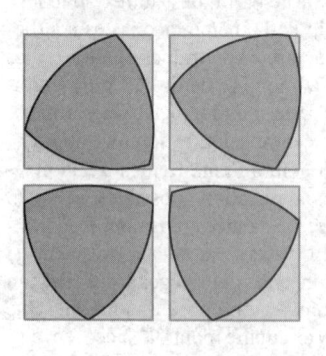

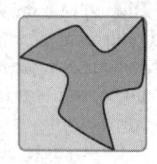

À gauche : rotation du triangle de Reuleaux dans un carré

À droite : section transversale de la mèche de la mortaiseuse de Watts

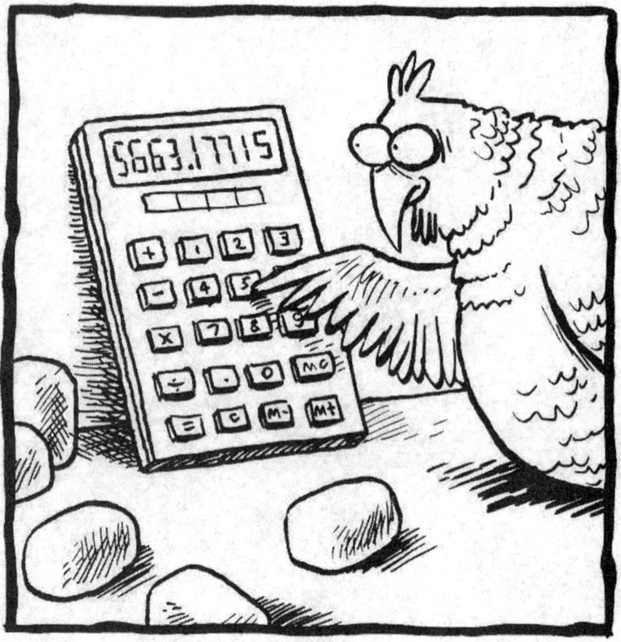
5663.17715

5
Le facteur-*x*

Les mathématiciens sont généralement friands de tours de magie, qui suscitent l'amusement et recèlent souvent des théories intéressantes. Voici un classique du genre, qui offre aussi une jolie façon d'apprécier les vertus de l'algèbre. Commencez par choisir n'importe quel nombre à trois chiffres dont le premier et le dernier aient une différence supérieure ou égale à 2 – par exemple 753. Inversez à présent ce nombre pour obtenir 357. Soustrayez le plus petit au plus grand : 753 − 357 = 396. Enfin, ajoutez à ce nombre son inverse : 396 + 693. Vous obtenez 1 089.

Recommençons, avec un autre nombre, mettons 421.

421 − 124 = 297
297 + 792 = 1 089

Le résultat est le même. En fait, quel que soit le nombre à trois chiffres de départ, on aboutit toujours à 1 089. Comme par magie, 1 089 surgit de nulle part, tel un roc parmi les sables mouvants des nombres qu'on choisit au hasard. Aussi déroutant soit-il de songer qu'on puisse invariablement atteindre le même résultat après quelques opérations élémentaires, quel que soit le point de départ, il y a une explication, et nous y viendrons bientôt. Le mystère de la récurrence de 1 089 se démonte de façon quasi immédiate aussitôt qu'on pose le problème sous forme de symboles plutôt que de nombres.

Si l'emploi de nombres à des fins récréatives a régulièrement été source de découverte mathématique, les mathématiques proprement dites n'ont vraiment vu le jour qu'en tant qu'instrument voué à résoudre des problèmes pratiques. Le papyrus Rhind, qui date des alentours de 1600 av. J.-C., est le document mathématique le plus complet qui nous soit parvenu de l'Égypte antique. Il comporte quatre-vingt-quatre problèmes concernant des questions d'arpentage, de comptabilité, et de la bonne façon de distribuer un nombre donné de pains entre un nombre donné d'hommes.

Les Égyptiens posaient leurs problèmes sous forme rhétorique. Le problème n° 30 du papyrus Rhind interroge : « Si le scribe demande quelle est la pile dont $\frac{2}{3} + \frac{1}{10}$ feront 10, qu'il l'entende. » La « pile » est le terme égyptien signifiant *quantité inconnue*, ce que nous désignons aujourd'hui d'un x, qui est le symbole fondamental, la substance même de l'algèbre moderne. Aujourd'hui, voici comment nous reformulerions le problème n° 30 : déterminer la valeur de x telle que $\frac{2}{3} + \frac{1}{10}$ multiplié par x donne 10. Ou, plus concis : déterminer x tel que $(\frac{2}{3} + \frac{1}{10}) x = 10$.

Les Égyptiens ne disposant pas des outils symboliques qui sont aujourd'hui les nôtres – parenthèses, signe égal ou x –, c'est par tâtonnements qu'ils atteignaient la solution de la question ci-dessus. Ils commençaient par faire une estimation de la pile, puis ils cherchaient la réponse. C'est la méthode dite de « fausse position », qui tient un peu de la partie de golf. Une fois sur le green, il est plus facile de voir comment on va s'y prendre pour loger la balle dans le trou. De façon similaire, aussitôt qu'on tient une réponse, fût-elle erronée, on sait comment s'approcher de la bonne. À titre comparatif, la méthode moderne de résolution consiste à combiner les fractions de l'équation avec la variable x, de telle façon que :

$(\frac{2}{3} + \frac{1}{10}) x = 10$

Ce qui revient à dire que :

$(\frac{20}{30} + \frac{3}{30}) x = 10$

ou :

$(\frac{23}{30}) x = 10$

que l'on peut encore réduire à :

$$x = 10 \left(\tfrac{30}{23}\right)$$

et enfin :

$$x = \tfrac{300}{23}$$

La notation symbolique nous simplifie incontestablement l'existence.

Le hiéroglyphe égyptien représentant l'addition était $\bigwedge$, une paire de jambes marchant de droite à gauche. La soustraction, elle, se notait $\bigwedge$, une paire de jambes marchant de gauche à droite. De même que les premiers symboles numéraux furent des encoches sur un bâton et qu'ils évoluèrent jusqu'à devenir des chiffres, les symboles des opérations arithmétiques ont aussi connu des changements.

Toujours est-il que les Égyptiens ne possédaient pas de symbole pour désigner une quantité inconnue, pas plus que Pythagore ou Euclide. À leur sens, les mathématiques étaient géométriques, liées à ce qui est constructible. La notion de quantité inconnue requérait un degré d'abstraction supplémentaire. Le premier mathématicien grec qui ait introduit un symbole pour l'inconnu est Diophante d'Alexandrie, qui employa à cette fin la lettre grecque sigma, ς. Pour le carré de l'inconnue, il employait Δ^Y, et pour le cube K^Y. Si ses notations furent en leur temps un progrès, car elles permettaient une expression plus concise des problèmes, elles n'en prêtaient pas moins à confusion car, contrairement à x, x^2 et x^3, il n'y a pas de rapport visuel évident entre ς et ses puissances, Δ^Y et K^Y. En dépit des défauts de ses symboles, Diophante est demeuré comme le père de l'algèbre.

Diophante vécut à Alexandrie, quelque part entre le Ier et le IIIe siècle de notre ère. De sa vie privée, on ne connaît que l'énigme suivante, apparue dans un recueil grec de casse-tête et dont on dit qu'elle était inscrite sur sa tombe :

« Dieu lui accorda de rester enfant pendant le sixième de sa vie ; après un autre douzième ses joues se couvrirent de barbe ; après un septième, il alluma le flambeau du mariage ; cinq ans après, il lui naquit un fils ; mais celui-ci, enfant malheureux, quoique passionnément aimé, mourut arrivé à peine à la moitié de l'âge atteint par son père. Diophante vécut encore quatre ans, adoucissant sa douleur par des recherches sur la science des nombres. »

Ces paroles ne constituent sans doute pas tant une description fidèle de la situation familiale de Diophante qu'un hommage à l'homme dont la trouvaille offrit de nouvelles méthodes de résolution pour les problèmes tels que celui qui précède. La possibilité d'exprimer des phrases mathématiques dépouillées de tout verbiage déroutant a ouvert la voie à de nouvelles techniques. Avant d'en venir à la résolution de cette épitaphe, considérons certaines de ces techniques.

« Algèbre » est le terme générique désignant les équations mathématiques dans lesquelles les nombres et les opérations sont notés sous forme de symboles. L'histoire du mot lui-même ne manque pas de pittoresque. Dans l'Espagne médiévale, les boutiques des barbiers exhibaient une pancarte sur laquelle on pouvait lire *Algebrista y Sangrador*. Cette phrase signifie « Rebouteux et Saigneur », deux offices qui faisaient généralement partie du répertoire du barbier. (C'est ce qui explique que l'enseigne du barbier soit rayée de rouge et de blanc – symbolisant le sang et les bandages.)

Algebrista vient de l'arabe, *al-jabr*, qui, outre la référence aux méthodes chirurgicales primitives, signifie également restauration ou réunion. Au IXe siècle, à Bagdad, Muhammad ibn Musa al-Khwarizmi publia un livre intitulé *Hisāb al-jabr wa'l-muqābalah*, ou « Calcul par la restauration et la réduction », dans lequel il livrait deux techniques de résolution des problèmes d'arithmétique. Al-Khwarizmi rédigeait ses problèmes sous forme rhétorique, mais ici, à des fins de compréhension, nous les exprimerons avec les symboles et la terminologie modernes.

Considérons l'équation $A = B - C$.

Al-Khwarizmi désignait par *al-jabr*, ou restauration, le processus par lequel l'équation devient $A + C = B$. Autrement dit, un terme négatif peut être rendu positif si on le déplace de l'autre côté du signe égal.

Considérons à présent l'équation $A = B + C$.

La réduction est le processus qui transforme cette équation en $A - C = B$.

Grâce à la notation moderne, il apparaît clairement aujourd'hui que la restauration comme la réduction sont des illustrations de la grande règle générale qui veut que *quoi qu'on fasse* d'un côté d'une équation, il faut le faire de l'autre côté également. Dans la première équation, nous avons *ajouté* C des deux côtés. Dans la seconde, nous avons *soustrait* C des deux côtés. Du fait que, par définition, les expressions des deux côtés d'une équation sont égales, elles le demeurent forcément lorsqu'on ajoute ou qu'on soustrait simultanément un nouveau terme de chaque côté. Il s'ensuit que si l'on multiplie un côté d'une équation par une valeur, il faut multiplier l'autre côté par la même valeur, et cela s'applique aussi avec la division et les autres opérations.

Le signe égal est comme une clôture qui séparerait les jardins de deux familles très portées sur la compétition. Quoi que fassent les Martin dans leur jardin, leurs voisins, les Durand, en feront exactement autant.

Al-Khwarizmi n'était pas le premier à employer la restauration et la réduction – on rencontre aussi ces opérations chez Diophante ; mais lors de la traduction en latin du livre d'al-Khwarizmi, le terme *al-jabr* du titre devint *algebra*. Le livre d'algèbre d'al-Khwarizmi, ainsi qu'un second, sur le système décimal indien, connurent un tel succès en Europe que son nom s'est immortalisé sous forme de terme scientifique : al-Khwarizmi est devenu Alchoarismi, Algorismi et, enfin, algorithme.

* * *

Entre le XVe et le XVIIe siècle, les phrases mathématiques sont passées de l'expression rhétorique à l'expression symbolique. Petit à petit, les lettres ont remplacé les mots. Diophante a sans doute introduit le symbolisme avec son emploi de ç pour désigner la quantité inconnue, mais le premier à avoir réellement popularisé cet usage fut le Français François Viète, au XVIe siècle, qui proposa l'emploi des voyelles majuscules – A, E, I, O, U, Y – pour les quantités inconnues, et les consonnes B, C, D, etc., pour les quantités connues.

Quelques décennies après la mort de Viète, René Descartes publiait son *Discours de la méthode*, où il appliquait le raisonnement mathématique à la pensée humaine. Descartes commençait par mettre en doute toutes les choses auxquelles il croyait afin de, une fois dépouillé de tout, ne plus avoir pour seule certitude que celle de son existence. Dans le *Discours*, l'argument qu'on ne peut douter de sa propre existence, car le processus de pensée exige l'existence d'un penseur, est ramassé dans la formule *je pense, donc je suis*. C'est l'une des plus célèbres citations de tous les temps, et l'ouvrage est considéré comme la pierre angulaire de la philosophie occidentale. Descartes l'avait initialement conçu comme l'introduction à trois traités concernant ses autres travaux scientifiques. L'un de ceux-ci, *La Géométrie*, fera aussi date dans l'histoire des mathématiques.

Dans *La Géométrie*, Descartes introduit ce qui allait devenir la notation algébrique normale. C'est le premier ouvrage qui ressemble à un livre moderne de maths, rempli de a, de b, de c ainsi que de x, de y et de z. C'est Descartes qui a décidé d'employer les minuscules du début de l'alphabet pour désigner les quantités connues, et les minuscules de la fin de l'alphabet pour les inconnues. Lors de l'impression du livre, toutefois, l'imprimeur, se trouvant soudain à court de caractères, a demandé s'il pouvait indifféremment employer des x, des y et des z. Descartes lui a répondu que oui, si bien que l'imprimeur a choisi de s'en tenir au x, moins fréquent dans la langue française que le y ou le z. Il en résulte que x s'est installé en mathématiques – mais aussi dans la culture générale – comme le symbole des quantités inconnues. Voilà pourquoi les phénomènes paranormaux sont classés parmi les X-Files et Wilhelm Röntgen a choisi le terme rayons X. Si ce n'avait été pour le déficit d'un imprimeur en caractères, on nommerait peut-être aujourd'hui « facteur-Y » la qualité intangible d'une étoile et le dirigeant politique afro-américain se serait peut-être fait appeler Malcolm Z.

Le système de symboles de Descartes a définitivement balayé toute trace d'expression rhétorique.

L'équation qu'en 1494 Luca Pacioli aurait exprimée sous la forme :

4 census p 3 de 5 rebus ae 0

et qu'en 1591 Viète aurait notée :

4 in A quad – 5 in A plano + 3 aequatur 0

fut ainsi fixée en 1637 par Descartes :

$4x^2 - 5x + 3 = 0$

LE FACTEUR-X

La substitution aux mots des lettres et des symboles n'était pas qu'une affaire de commodité immédiate. Le symbole x a certes vu le jour pour remplacer « quantité inconnue », mais à partir de son invention, c'est devenu un puissant outil de pensée. Un mot ou une abréviation ne se soumettent pas aux opérations mathématiques de la même façon qu'un symbole tel que x. Les nombres ont rendu possible le comptage, mais les symboles sous forme de lettres ont entraîné les mathématiques dans un autre domaine, bien au-delà du langage.

Lorsque les problèmes s'exprimaient sous forme rhétorique, comme en Égypte, les mathématiciens avaient recours pour les résoudre à des méthodes ingénieuses mais assez hasardeuses. Ces savants d'un autre temps étaient pareils à des explorateurs perdus dans le brouillard, tout juste munis de quelques astuces leur permettant d'évoluer. Dès l'instant où les problèmes se sont exprimés sous forme de symboles, le brouillard s'est levé sur un monde à la définition précise.

L'aspect merveilleux de l'algèbre, c'est qu'il suffit souvent de reformuler le problème en termes symboliques pour qu'il soit déjà quasiment résolu.

Revenons à l'épitaphe de Diophante d'Alexandrie, par exemple. À quel âge est-il donc mort ? Si l'on traduit le texte en employant la lettre D pour symboliser cet âge, l'épitaphe nous dit que pendant $\frac{D}{6}$ années, ce fut un enfant, puis $\frac{D}{12}$ années passèrent avant qu'il lui vienne de la barbe au menton, et il se maria après encore $\frac{D}{7}$ années. Cinq ans plus tard, il eut un fils, qui vécut $\frac{D}{2}$ années, avant de pousser lui-même son dernier soupir, quatre ans plus tard. La somme de tous ces intervalles de temps donne D, puisque D est le nombre d'années que vécut Diophante. Par conséquent :

$$\frac{D}{6} + \frac{D}{12} + \frac{D}{7} + 5 + \frac{D}{2} + 4 = D$$

Le plus petit dénominateur commun de ces fractions étant 84, cela devient :

$$\frac{14D}{84} + \frac{7D}{84} + \frac{12D}{84} + 5 + \frac{42D}{84} + 4 = D$$

Qui peut se réécrire :

$$D\left(\frac{14 + 7 + 12 + 42}{84}\right) + 9 = D$$

Ou encore :

$$D\left(\tfrac{75}{84}\right) + 9 = D$$

Qui revient à :

$$D\left(\tfrac{25}{28}\right) + 9 = D$$

On ramène alors tous les D du même côté :

$$D - D\left(\tfrac{25}{28}\right) = 9$$
$$D\left(\tfrac{28}{28}\right) - D\left(\tfrac{25}{28}\right) = 9$$
$$D\left(\tfrac{3}{28}\right) = 9$$

Et on fait la multiplication :

$$D = 9 \times \tfrac{28}{3} = 84$$

C'est donc à quatre-vingt-quatre ans que mourut le père de l'algèbre.

Nous voilà prêts à revenir au tour de magie du début de ce chapitre. Je vous ai demandé de choisir un nombre à trois chiffres dont le premier et le dernier présentaient une différence supérieure ou égale à 2. Je vous ai ensuite demandé d'inverser ce nombre de façon à en obtenir un second. Puis je vous ai fait soustraire le plus petit du plus grand. Par conséquent, si vous aviez choisi 614, son inversion était 416. Puis, 614 − 416 = 198. Je vous ai ensuite demandé d'ajouter ce résultat intermédiaire à son inversion, en l'occurrence 198 + 891.

Comme précédemment, le résultat est 1 089. Il le sera toujours, et l'algèbre nous explique pourquoi. D'abord, toutefois, il faut trouver une façon de décrire notre protagoniste, ce nombre à trois chiffres dont le premier et le dernier présentent une différence supérieure ou égale à 2.

Prenons le nombre 614. Il est égal à 600 + 10 + 4. En fait, tout nombre à trois chiffres abc peut s'écrire $100a + 10b + c$ (n.b. : abc, dans ce cas, n'est **pas** $a \times b \times c$). Par conséquent, choisissons d'appeler abc notre nombre initial, ou a, b et c sont des chiffres. Et, par commodité, déterminons que a est supérieur à c.

L'inversion de *abc* est *cba*, que l'on peut développer sous la forme $100c + 10b + a$.

Il nous est demandé de soustraire *cba* d'*abc* pour obtenir un résultat intermédiaire. Donc *abc* – *cba* est :

$(100a + 10b + c) - (100c + 10b + a)$

Les deux termes *b* s'annulent, ce qui nous donne le résultat intermédiaire suivant :

$99a - 99c$, ou
$99(a - c)$

Au niveau élémentaire, l'algèbre ne demande pas de connaissances particulières, mais plutôt l'application de certaines règles. Il s'agit de suivre ces règles jusqu'à rendre l'expression aussi simple que possible.

Le terme $99(a-c)$ est aussi réduit qu'il peut l'être.

Étant donné que le premier et le dernier chiffre d'*abc* doivent présenter une différence supérieure ou égale à 2, $a - c$ ne peut donner que 2, 3, 4, 5, 6, 7 ou 8.

Par conséquent, $99(a-c)$ est forcément l'un des nombres suivants : 198, 297, 396, 495, 594, 693, 792 ou 891. Quel que soit le nombre à trois chiffres de départ, une fois qu'on le soustrait à son inversion, on obtient un résultat intermédiaire correspondant à l'un des huit nombres qui précèdent.

L'étape finale consiste à ajouter ce nombre intermédiaire à son inversion.

Répétons ce que nous avons fait plus haut en l'appliquant au nombre intermédiaire. Appelons ce nombre *def*, qui équivaut à $100d + 10e + f$. Il faut ajouter *def* à *fed*, son inversion. Si l'on examine attentivement la liste des possibles intermédiaires ci-dessus, on constate que le chiffre du milieu, *e*, est toujours 9. Et aussi que l'addition du premier et du dernier chiffre donne toujours 9, autrement dit que $d + f = 9$. Par conséquent, *def* + *fed* donne :

$100d + 10e + f + 100f + 10e + d$

Ou :
$100(d+f) + 20e + d + f$

Qui équivaut à :
(100 × 9) + (20 × 9) + 9

Ou :
900 + 180 + 9

Le tour est joué ! Le total est 1 089, et la magie est mise à nu.

Le caractère surprenant du tour de magie du 1 089 tient au fait qu'à partir d'un nombre choisi au hasard, on aboutisse invariablement à un nombre fixe. L'algèbre nous permet de voir au-delà du tour de passe-passe, parce qu'il nous fait passer du concret à l'abstrait – de l'observation du comportement d'un nombre spécifique à celle du comportement de *n'importe quel* nombre. C'est un outil indispensable, et pas seulement en mathématiques. La science tout entière repose sur le langage des équations.

En 1621 parut en France une traduction latine d'*Arithmetica*, le chef-d'œuvre de Diophante. Cette édition relança l'intérêt porté à d'anciennes techniques de résolution de problèmes, qui, associées à une meilleure notation numérale et symbolique, ouvrirent une nouvelle ère de la pensée mathématique. Parce qu'elle était moins alambiquée, cette notation offrait davantage de clarté à la description des problèmes. Pierre de Fermat, juriste français de Toulouse, était à ses heures libres un mathématicien amateur enthousiaste qui s'employa à noircir son exemplaire personnel d'*Arithmetica* de considérations sur les nombres. En marge d'un passage sur les triplets pythagoriciens – tout assortiment de nombres naturels a, b et c tels que $a^2 + b^2 = c^2$, comme par exemple 3, 4 et 5 –, Fermat griffonna des notes. Il avait remarqué l'impossibilité de trouver pour a, b et c des valeurs telles que $a^3 + b^3 = c^3$. Il n'avait pas davantage trouvé de valeurs pour a, b et c telles que $a^4 + b^4 = c^4$. Dans son exemplaire du livre, Fermat nota que pour tout nombre n supérieur à 2, il n'existait pas pour a, b et c de valeur susceptible de satisfaire à l'équation $a^n + b^n = c^n$. « J'ai trouvé une merveilleuse démonstration de cette proposition, mais la marge est trop étroite pour la contenir », écrivit-il.

Fermat n'a jamais produit de démonstration – merveilleuse ou pas – de sa proposition, même une fois délivré de l'étroitesse d'une marge. Ses annotations dans *Arithmetica* signifient peut-être qu'il détenait une preuve, ou qu'il pensait la détenir, ou peut-être qu'il cherchait à jouer la provocation. En tout cas, cette phrase espiègle a tenu lieu d'appât phénoménal pour des générations entières de mathématiciens. La proposition a gardé le nom de « dernier théorème de Fermat », et elle resterait le plus célèbre des problèmes mathématiques irrésolus jusqu'à ce que le Britannique Andrew Wiles finisse en 1995 par en venir à bout. On le voit, l'algèbre peut parfois infliger de grandes leçons d'humilité – la facilité qu'il y a à entamer un problème ne présente aucune corrélation avec celle qu'il y aurait à le résoudre. La démonstration de Wiles est si complexe que seules quelques centaines de personnes sont probablement en mesure de la comprendre.

* * *

Les progrès de la notation mathématique ont permis la découverte de nouveaux concepts. Le *logarithme* est une invention extrêmement importante du début du XVIIe siècle, jaillie de la réflexion du mathématicien écossais John Napier, laird de Merchiston, surtout connu de son vivant pour ses travaux autour de la théologie. C'était notamment l'auteur d'un pamphlet protestant abondamment diffusé dans lequel il qualifiait le pape d'Antéchrist et annonçait que le Jugement dernier surviendrait entre 1688 et 1700. Le soir, il aimait faire les cent pas en robe de chambre au sommet de la tour qu'il habitait, ce qui ne contribua pas à atténuer sa réputation de nécromancien. Il expérimenta aussi l'emploi de fertilisants dans son vaste domaine près d'Édimbourg, et eut quelques idées d'engins militaires, tel un char doté d'une « bouche mobile de métal » capable de « semer la destruction de tous côtés » et une machine pour « naviguer sous l'eau, avec des plongeurs et d'autres stratagèmes pour nuire à l'ennemi » – des précurseurs du char d'assaut et du sous-marin. En tant que mathématicien, il popularisa l'usage de la virgule décimale, et trouva donc l'idée du logarithme, terme qu'il tira du grec *logos*, rapport, et *arithmos*, nombre.

Ne vous laissez pas décourager par la définition suivante : *le logarithme d'un nombre est l'exposant lorsque ce nombre est exprimé sous forme de puissance de 10*. On comprend plus facilement les logarithmes sous forme algébrique : si $a = 10^b$, le logarithme de a est b.

Ainsi, log 10 = 1 (car $10 = 10^1$)
log 100 = 2 (car $100 = 10^2$)
log 1 000 = 3 (car $1\,000 = 10^3$)
log 10 000 = 4 (car $10\,000 = 10^4$)

La détermination du logarithme d'un nombre va de soi lorsque ce nombre est une puissance de 10. Mais qu'en est-il s'il s'agit d'un nombre qui ne l'est pas ? Quel est, par exemple, le logarithme de 6 ? Le logarithme de 6 est le nombre a tel que, lorsqu'on multiplie 10 par lui-même a nombre de fois, l'on obtienne 6. Il paraît totalement absurde de prétendre obtenir 6 en multipliant 10 par lui-même un certain nombre de fois. Comment multiplier 10 par lui-même une fraction de fois ? Évidemment, le concept *est* absurde tant qu'on suppose qu'il s'agit du monde réel, mais toute la puissance et la beauté des mathématiques résident dans le fait qu'on n'a pas à se soucier de trouver quelque sens que ce soit au-delà de la définition algébrique.

Le logarithme de 6 est 0,778, à trois chiffres après la virgule. Autrement dit, si l'on multiplie 0,778 fois 10 par lui-même, on obtient 6.

Voici la liste des logarithmes des nombres de 1 à 10, tous à trois décimales près.

log 1 = 0   log 6 = 0,778
log 2 = 0,301   log 7 = 0,845
log 3 = 0,477   log 8 = 0,903
log 4 = 0,602   log 9 = 0,954
log 5 = 0,699   log 10 = 1

Quel est l'intérêt des logarithmes ? Ils transforment l'opération complexe qu'est la multiplication en une opération plus simple : l'addition. Pour être précis, la multiplication de deux nombres équivaut à l'addition de leurs logarithmes. Si X × Y = Z, alors log X + log Y = log Z.

Vérifions cette équation à l'aide du tableau qui précède.

3 × 3 = 9
log 3 + log 3 = log 9
0,477 + 0,477 = 0,954

et encore,
2 × 4 = 8
log 2 + log 4 = log 8
0,301 + 0,602 = 0,903

On peut donc employer la méthode suivante pour multiplier deux nombres : les convertir en logarithmes, les ajouter pour obtenir un troisième logarithme, puis reconvertir ce dernier en nombre. Que donnent 2 × 3, par exemple ? Prenons les logarithmes de 2 et 3, qui sont 0,301 et 0,477, additionnons-les, ce qui donne 0,778. Dans la liste ci-dessus, nous constatons que 0,778 est le logarithme de 6. La réponse est donc 6.

Multiplions à présent 89 par 62.

D'abord, il faut trouver leurs logarithmes, ce qui se fait en entrant ces nombres dans une calculette ou grâce à Google. Jusqu'à la fin du XXe siècle, toutefois, la seule façon de procéder était de consulter des tables de logarithmes. Le logarithme de 89 est 1,949, à trois décimales près. Celui de 62 est 1,792.

Par conséquent, la somme des logarithmes est 1,949 + 1,792 = 3,741.

Le nombre qui a pour logarithme 3,741 est 5 518. Là encore, on le découvre en consultant les tables de logarithmes.

Par conséquent, 89 × 62 = 5 518.

On remarquera que pour trouver le résultat de cette multiplication, nous n'avons eu à effectuer qu'une addition relativement simple.

Les logarithmes, écrit Napier, ont délivré les mathématiciens d'une « fastidieuse dépense de temps » et des « erreurs furtives » que supposent « les multiplications, les divisions, les extractions de racines carrées et cubiques de grands nombres ». Grâce à l'invention de Napier, non seulement les multiplications devenaient additions de logarithmes, mais les divisions devenaient soustractions de logarithmes, le calcul de racines carrées devenait division de logarithmes par 2 et le calcul de racines cubiques devenait division de logarithmes par 3.

Par la commodité qu'ils ont procurée, les logarithmes sont l'invention mathématique majeure du temps de Napier, dont la science, le commerce et l'industrie ont immensément bénéficié. L'astronome allemand Johannes Kepler, par exemple, a presque immédiatement utilisé les logarithmes pour calculer l'orbite de Mars. On a récemment avancé qu'il n'aurait peut-être pas trouvé ses trois lois fondamentales sur la mécanique céleste s'il n'avait disposé du confort de calcul apporté par les nouveaux nombres de Napier.

Dans *Description de l'admirable table des logarithmes*, qui parut en 1614, Napier emploie une version des logarithmes légèrement différente de celle en usage dans les mathématiques modernes. Un logarithme peut s'exprimer en tant que puissance de n'importe quel nombre, qu'on appelle la base. Le système de Napier utilisait une base inutilement complexe de $1 - 10^{-7}$ (qu'il multipliait ensuite par 10^7). Henry Briggs, le plus éminent mathématicien anglais au temps de Napier, se rendit un jour à Édimbourg pour féliciter l'Écossais de sa trouvaille, après quoi il s'employa à simplifier le système en le dotant de logarithmes de base 10 – également connus sous le nom de logarithmes de Briggs, ou logarithmes communs, parce que 10 est resté la base la plus employée depuis. En 1617, Briggs publia une table de logarithmes de tous les nombres de 1 à 1 000, à huit décimales. En 1628, avec le mathématicien hollandais Adriaan Vlacq, il portait la table jusqu'à 100 000, à dix décimales. Leurs travaux supposaient des calculs extrêmement intensifs – mais une fois correctement accomplis, il n'y aurait plus jamais à y revenir.

Page des tables de logarithmes de Briggs, 1624

Ce fut bien le cas, du moins jusqu'en 1792, quand la jeune République française fit élaborer de nouvelles tables plutôt ambitieuses – celles des logarithmes de tous les nombres jusqu'à 100 000, à dix-neuf décimales, et de 100 000 à 200 000, à vingt-quatre décimales. L'homme chargé du projet, Gaspard de Prony, affirmait pouvoir « fabriquer des logarithmes aussi aisément qu'on fabrique des épingles ». Il disposait d'une équipe de près de quatre-vingt-dix calculateurs humains, notamment d'anciens laquais ou poseurs de perruque dont le savoir-faire était tombé en désuétude à la Révolution (certains y voyaient même un signe de connivence avec l'Ancien Régime). L'essentiel des calculs fut achevé en 1796, mais l'intérêt des autorités s'était alors émoussé, et le gigantesque manuscrit de Gaspard de Prony ne parut jamais. Il est aujourd'hui conservé à l'Observatoire de Paris.

Les tables de Briggs et Vlacq ont donc servi de référence pendant trois cents ans, jusqu'en 1924, quand l'Anglais Alexander J. Thompson s'est attelé à l'élaboration, à la main, d'une nouvelle série à vingt décimales. Sauf que, loin de donner un coup de jeune à un concept ancien, le travail de Thompson était déjà obsolète quand il en a atteint le terme, en 1949, car l'ordinateur générait déjà ces tables sans peine.

Ainsi se présentent les chiffres de 1 à 10 sur une règle calibrée selon leurs valeurs logarithmiques :

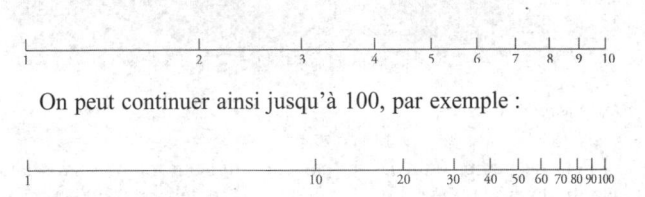

1	2	3	4	5	6	7	8	9	10

On peut continuer ainsi jusqu'à 100, par exemple :

1	10	20	30	40	50 60 70 80 90 100

C'est ce qu'on appelle l'échelle logarithmique. Les nombres se rapprochent de plus en plus à mesure qu'ils croissent.

Pour certaines mesures, l'échelle est nécessairement logarithmique, c'est-à-dire qu'à chaque fois qu'on monte d'un cran, cela représente une multiplication par 10 de ce qui est mesuré. (Dans la seconde échelle ci-dessus, la distance entre 1 et 10 est égale à celle entre 10 et 100.) L'échelle de Richter, par exemple, qui désigne l'amplitude des ondes enregistrées par les sismographes, est l'échelle logarithmique d'usage le plus courant. Un tremblement de terre de niveau 7 sur l'échelle de Richter correspond à une secousse d'une amplitude dix fois supérieure à celle de niveau 6.

En 1620, le mathématicien britannique Edmund Gunter fut le premier à reporter l'échelle logarithmique sur une règle. Il constata alors que cette règle permettait d'accomplir des multiplications en y additionnant des longueurs. Si l'on plaçait la pointe gauche d'un compas en 1, et la droite en a, et si l'on décalait ensuite ce compas de façon à placer la pointe gauche en b, la pointe droite indiquerait la valeur correspondant à $a \times b$. Sur le diagramme ci-dessous, le compas est d'abord calé sur le 2, puis sa pointe gauche est posée en 3, plaçant la pointe droite sur $2 \times 3 = 6$.

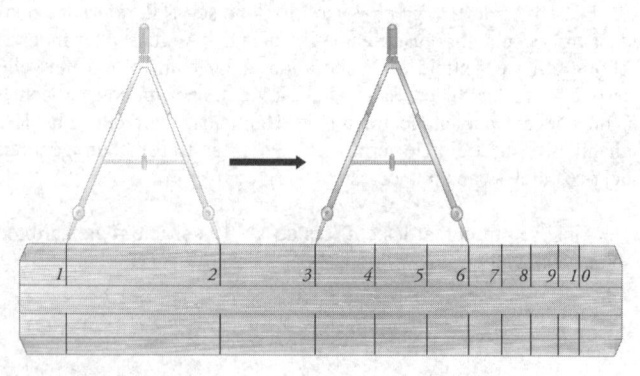

Multiplication de Gunter

Peu de temps après, un pasteur anglican nommé William Oughtred perfectionna l'idée de Gunter. Il se débarrassa du compas en plaçant côte à côte deux échelles logarithmiques en bois ; la règle à calcul était née. Oughtred en fabriqua ainsi deux types. L'une comportait deux règles droites, l'autre un disque doté de deux curseurs. Mais, pour des raisons inconnues, il ne publia rien au sujet de son invention. En 1630, toutefois, l'un de ses élèves, Richard Delamain, le fit à sa place. Profondément offusqué, Oughtred traita Delamain de « happe-bourse » et la querelle autour de l'origine de la règle à calcul se prolongea jusqu'à la mort de

Delamain. « Ce scandale, se lamenta Oughtred au soir de sa vie, m'a porté grand préjudice et désavantage. »

La règle à calcul était une machine à calculer formidablement ingénieuse, et bien qu'elle paraisse aujourd'hui obsolète, elle conserve de fervents adeptes. J'ai rendu visite à l'un de ceux-là, Peter Hopp, à Braintree, dans l'Essex. « De 1700 jusqu'à 1975, toutes les innovations technologiques ont été réalisées à l'aide de la règle à calcul », me dit-il, tandis que nous sortions de la gare où il était venu me chercher. Ingénieur électricien à la retraite, Hopp est un homme extrêmement affable, doté de minces sourcils, d'yeux bleus et de généreuses bajoues. Il m'emmène admirer sa collection de règles à calcul, l'une des plus importantes du monde, comptant plus de mille modèles de cette illustre sommité de notre patrimoine scientifique. En chemin vers sa maison, nous évoquons le monde des collectionneurs. Hopp m'explique que les meilleures pièces s'échangent directement aux enchères sur Internet, où la concurrence tire invariablement les prix au plus haut. Une règle à calcul, pour peu qu'elle soit rare, peut facilement valoir plusieurs centaines de livres.

Dès notre arrivée, son épouse prépare le thé et nous nous retirons dans son étude, où il me montre une règle à calcul Faber-Castell des années 1970, en bois, avec une finition de plastique couleur magnolia. Elle a la taille d'une règle ordinaire de trente centimètres, et comporte une section centrale coulissante. Sur le dessus, elle affiche plusieurs graduations en tout petits caractères. Elle est aussi dotée d'un curseur transparent coulissant, marqué d'un mince repère. Par sa forme et sa matière, cette Faber-Castell est profondément évocatrice d'une certaine ringardise d'après guerre mais d'avant l'informatique – un temps où le premier de la classe portait une chemise, une cravate et un protège-poche plutôt qu'un tee-shirt, des baskets et un iPod.

J'ai suivi mon enseignement secondaire dans les années 1980, un temps où les règles à calcul n'étaient déjà plus en circulation, alors Hopp m'offre un rapide cours de rattrapage. Comme je suis vraiment novice, il me conseille d'employer l'échelle logarithmique de 1 à 100 sur la règle principale et l'échelle logarithmique adjacente de 1 à 100 sur la section centrale coulissante.

La multiplication de deux nombres s'accomplit en alignant le premier nombre, inscrit sur une échelle, avec le second, inscrit sur l'autre. Il n'y a même pas à savoir ce qu'est un logarithme – il suffit de faire coulisser la règle centrale jusqu'à la bonne position et de lire le résultat.

Mettons par exemple que je veuille multiplier 4,5 par 6,2. Je dois ajouter la longueur correspondant à 4,5 sur une règle à celle correspondant à 6,2 sur l'autre. Il suffit pour cela de faire coulisser le 1 de la règle centrale jusqu'au point correspondant à 4,5 sur la règle principale. Le résultat de la multiplication est le point de la règle principale adjacent au 6,2 de la règle centrale. Le diagramme ci-dessous vous permettra de mieux comprendre :

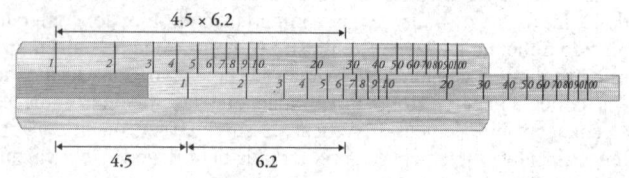

Comment multiplier à l'aide d'une règle à calcul

Grâce au repère du curseur, on voit très facilement le point précis où une échelle rencontre l'autre. Je constate que le repère correspondant à 6,2 sur la règle centrale est aligné avec une valeur située *juste avant* 28 sur l'autre, ce qui est la bonne réponse. La règle à calcul n'offre pas la précision d'une machine, ou plutôt c'est nous qui sommes imprécis dans l'usage que nous en faisons. Lire une règle à calcul consiste davantage à estimer la position d'un nombre sur une échelle analogique qu'à obtenir un résultat précis. Pourtant, selon Hopp, malgré cette imprécision intrinsèque, la règle à calcul s'est toujours révélée en tout cas suffisamment précise pour la plupart des tâches associées à ses fonctions d'ingénieur.

L'échelle logarithmique de la règle à calcul que j'ai en main s'étend de 1 à 100. Certains modèles gradués de 1 à 10 offrent davantage de précision parce que les nombres y sont plus espacés. Ainsi, quand on utilise une règle à calcul, il est toujours préférable de convertir la somme d'origine en valeurs comprises entre 1 et 10, par déplacement de la virgule. Pour multiplier 4 576 par 6 231, par exemple, je convertis l'opération en 4,576 par 6,231. Une fois la réponse obtenue, je déplace à nouveau la virgule de six chiffres vers la droite. Quand j'aligne 4,576 avec 6,231, j'obtiens environ

28,5, ce qui signifie que le résultat de 4 576 × 6 231 avoisine 28 500 000. La réponse précise, calculée à l'aide de logarithmes selon la méthode décrite plus haut, est 28 513 056. L'estimation n'était pas mauvaise. Généralement, une règle à calcul du type Faber-Castell vous donnera une précision à trois chiffres significatifs – ce qui est habituellement suffisant. Mais ce que j'ai perdu en précision, je l'ai gagné en vitesse – le calcul ne m'a guère pris plus de cinq secondes. L'usage de tables logarithmiques m'aurait demandé dix fois ce temps.

Le plus ancien article de la collection de Peter Hopp est une règle à calcul de bois du début du XVIIIe siècle, un modèle qu'employaient les receveurs des impôts pour calculer les volumes d'alcool. Jusqu'à ma rencontre avec Hopp, j'étais plutôt sceptique quant à l'intérêt de collectionner des règles à calcul. Au moins les timbres et les fossiles sont plutôt jolis ! Mais la règle à calcul est un instrument ordinaire, tout juste fonctionnel. Pourtant, avec ses nombres élégamment gravés sur le bois précieux, la vieille règle à calcul de Hopp est vraiment une belle pièce d'antiquité.

L'imposante collection de Hopp témoigne de la lenteur du progrès au fil des siècles. Au XIXe, de nouvelles échelles sont venues s'ajouter aux précédentes. Peter Roget – dont la manie compulsive d'établir des listes (comme mécanisme de compensation d'une maladie mentale) a donné lieu à son grand classique, l'éternel et définitif *Thesaurus* – inventa l'échelle log-log, qui permet le calcul de fractions de puissances, comme $3^{2,5}$, et de racines carrées. Grâce au perfectionnement des techniques de fabrication, on a conçu de nouveaux instruments à l'ingéniosité, la précision et la splendeur croissantes. L'instrument de calcul de Thacher, par exemple, ressemble à un rouleau à pâtisserie monté sur un support de métal, et celui du professeur Fuller se constitue de trois cylindres creux et concentriques de cuivre pourvus d'une poignée d'acajou. Une graduation hélicoïdale longue de 12,5 mètres s'enroule en spirale autour du cylindre, offrant une précision à cinq chiffres significatifs. Le Calculex de Halden, lui, tout de verre et d'acier chromé, ressemble à une montre de gousset. Les règles à calcul, finalement, sont des objets étonnamment attrayants.

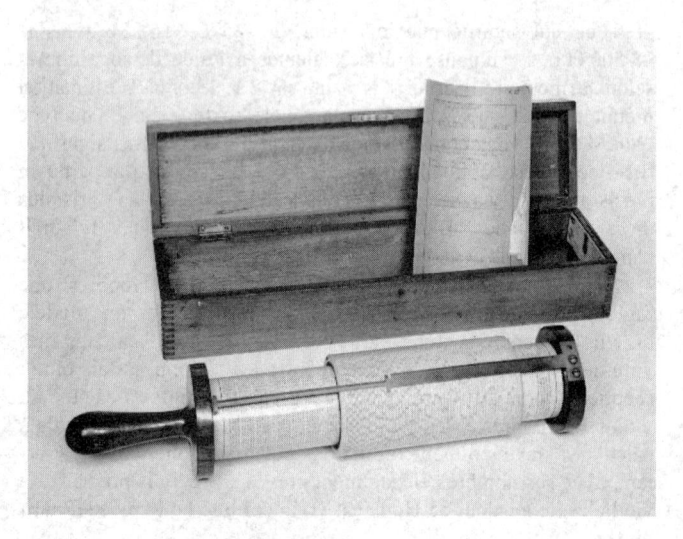

L'instrument de calcul du professeur Fuller

Parmi tous ces instruments, je remarque sur l'étagère de Hopp une espèce de poivrier, et je lui demande ce que c'est. Il me dit qu'il s'agit d'un calculateur Curta. Le Curta est un cylindre qui tient dans la paume de la main, doté en son sommet d'une manivelle – l'invention est singulière : c'est la seule calculette de poche mécanique jamais conçue. Pour me faire la démonstration de son fonctionnement, Hopp donne un tour de manivelle, qui remet l'appareil à 0. Il faut ensuite intégrer les nombres en déplaçant de petits curseurs situés sur le côté du Curta. Hopp les règle sur la position 346, puis il donne encore un tour de manivelle, entre 217, et, après un dernier tour de manivelle, la somme des deux nombres apparaît sur le dessus de l'engin – 563. Hopp me dit que le Curta peut aussi soustraire, multiplier, diviser et accomplir d'autres opérations mathématiques. Il précise que le Curta a rencontré un grand succès parmi les amateurs de sport automobile, parce qu'il permet au copilote de calculer les temps de course sans avoir à quitter trop longtemps la route des yeux. La lecture est plus aisée que sur une règle à calcul, et l'objet est moins sensible aux cahots du véhicule.

LE FACTEUR-X 217

Bien que le Curta ne soit pas une règle à calcul, son ingéniosité lui a valu l'affection des collectionneurs d'instruments de mathématiques. À peine l'ai-je utilisé que c'est devenu ma pièce préférée de la collection de Hopp. D'abord, il s'agit à proprement parler d'une moulinette à calcul – on y introduit les nombres, on tourne la manivelle, et le résultat apparaît. Mais peut-être la notion de moulin est-elle un peu rudimentaire s'agissant d'un gadget composé de six cents pièces mécaniques assemblées avec la précision d'une horloge suisse.

miniature
all purpose calculator

Weighs only 8 oz.

THE CURTA IS A PRECISION CALCULATING MACHINE FOR ALL ARITHMETICAL OPERATIONS

Curta adds, subtracts, multiplies, divides, square and cube roots, continuous multiplication, negative multiplication, standard deviations and all statistical calculations, squares and higher powers, co-ordinates and associated land survey formulae, and every other computation arising in science and commerce . . . Available on a trial basis. Price $125.00. Write for literature.

CURTA COMPANY
DEPT. SA-6   P. O. BOX 3414
VAN NUYS, CALIFORNIA

Publicité Curta de 1971

Le Curta possède en outre une histoire assez particulière. Son inventeur, Curt Herzstark, en a dessiné le prototype alors qu'il se trouvait en captivité au camp de concentration de Buchenwald, pendant les dernières années de la Seconde Guerre mondiale. Citoyen autrichien de père juif, Herzstark avait obtenu des autorités du camp, qui connaissaient sa qualité d'ingénieur génial, l'autorisation spéciale de travailler à son calculateur. On a promis à Herzstark que si son engin fonctionnait, il en serait fait cadeau à Adolf Hitler – après quoi lui-même se verrait déclaré aryen, et sa vie serait épargnée. À la fin de la guerre, Herzstark, une fois libéré, s'en est allé avec ses plans en poche. Après plusieurs tentatives infructueuses auprès de divers investisseurs, il a fini par convaincre le prince du Liechtenstein – pays où serait fabriqué le premier modèle, en 1948. Depuis lors, jusqu'au début des années 1970, une usine de la principauté en a produit environ cent cinquante mille exemplaires. Herzstark a vécu dans un appartement au Liechtenstein jusqu'à sa mort, en 1988, à quatre-vingt-six ans.

Tout au long des années 1950 et 1960, le Curta a été le seul calculateur de poche capable de produire des réponses exactes. Mais tant le Curta que la règle à calcul ont été relégués à l'état de quasi-extinction par un événement de l'histoire du matériel arithmétique aussi cataclysmique que la chute de la météorite qui annihila les dinosaures : la naissance de la calculatrice électronique de poche.

Il est difficile de trouver un objet ayant disparu aussi vite après une si longue période de domination que la règle à calcul. Pendant trois cents ans, elle a régné sans partage jusqu'à ce jour de 1972 où Hewlett-Packard a mis sur le marché la HP-35. Les messages publicitaires parlaient de « règle à calcul électronique portable de haute précision », mais l'engin n'avait rien d'une règle à calcul. De la taille d'un petit livre, il comportait un écran d'affichage LED rouge, trente-cinq touches et un interrupteur on/off. Après quelques années, on ne trouvait plus de règle à calcul d'usage général qui ne fût d'occasion, et seuls les collectionneurs s'y intéressaient encore.

Bien que la calculette ait tué sa bien-aimée règle coulissante, Peter Hopp n'éprouve aucune rancœur. Les premières calculatrices électroniques trouvent aussi leur place dans sa collection. Comme nous abordons la question, il me montre sa HP-35 et se souvient de la première qu'il a vue, au début des années 1970, quand il débutait sa carrière chez Marconi, l'entreprise de transmissions électriques. L'un de ses collègues avait acheté l'HP-35 pour la somme de

365 livres – ce qui représentait une part non négligeable de la paye annuelle d'un jeune ingénieur. « Elle était si précieuse qu'il la conservait dans son tiroir fermé à clé et ne laissait jamais personne s'en servir », raconte Hopp. Mais tant de confidentialité répondait pour ce collègue à un autre motif. Il était persuadé d'avoir trouvé un usage de la calculatrice susceptible de réduire de 1 % les dépenses de l'entreprise. « Il y a eu des réunions ultrasecrètes avec les patrons. C'était motus et bouche cousue », se souvient Hopp. En vérité, le collègue avait commis une petite erreur. La calculatrice n'est pas un instrument parfait – tapez 10, divisez par 3, vous obtenez 3,3333333. Multipliez le résultat par 3, et vous ne revenez pas à votre point de départ ; vous obtenez 9,9999999. Le collègue de Hopp avait exploité une anomalie de la calculatrice numérique pour créer quelque chose à partir de rien. En se remémorant l'incident, Hopp ne peut retenir un sourire : « Lorsque son projet a été vérifié à la règle à calcul par un collègue, l'économie qu'il supposait a été jugée illusoire. »

L'anecdote montre bien pourquoi Hopp regrette la disparition de la règle à calcul. Cette dernière permettait à l'usager une compréhension visuelle des nombres, qui signifiait qu'avant même d'avoir déterminé son résultat, il en possédait une idée approximative. « Aujourd'hui, dit Hopp, on entre des nombres dans une calculatrice sans avoir la moindre intuition de la justesse de la réponse. »

Il demeure que la calculatrice électronique a constitué un progrès par rapport à la règle à calcul. D'usage plus simple, elle fournissait des réponses précises et, dès 1978, coûtait moins de cinq livres, ce qui la rendait accessible au grand public.

Voilà plus de trente ans que la règle à calcul a disparu, et cela rend d'autant plus surprenant le constat qu'il se trouve dans le monde moderne un milieu où son usage reste courant : celui des pilotes d'avion. La règle à calcul du pilote, de forme circulaire, s'appelle « calculateur de navigation » et mesure la vitesse, la distance, le temps, la consommation de carburant, la température et la densité de l'air. Il faut impérativement en connaître le maniement pour décrocher son brevet de pilote, ce qui peut paraître insolite vu le degré de sophistication technologique que connaissent aujourd'hui les cabines de pilotage. Cette exigence répond au fait que tout pilote doit savoir opérer sur de petits avions sans ordinateur de bord. Certains commandants des plus modernes avions à réaction continuent de préférer leur règle à calcul, qui fournit une évaluation très rapide et offre une compréhension plus visuelle des paramètres chiffrés du vol. Il est aujourd'hui plus sûr de voyager en avion si le pilote sait se servir d'un instrument datant du début du XVIIe siècle.

Le prix astronomique des premières calculettes en faisait un produit de luxe réservé au monde des affaires. L'inventeur Clive Sinclair a baptisé son premier modèle « the Executive[1] ». Parmi les premières idées de marketing, il y eut au Japon celle de cibler les hommes d'affaires importants par l'entremise de geishas. Après une nuit de batifolage, la jeune femme extrayait de son kimono une Sinclair Executive pour que son hôte fasse lui-même l'addition. Ce dernier se sentait alors obligé de l'acheter.

Lorsque le prix de la calculette a baissé, on ne l'a plus seulement perçue comme un instrument d'arithmétique, mais comme un jouet polyvalent. Dans le livre *50 jeux avec votre calculatrice électronique*, paru en 1975, le lecteur trouvait de nombreux divertissements avec ce petit bijou high-tech. « La calculatrice électronique fait son entrée dans notre existence. Totalement inconnue voici cinq ans, elle est en passe de devenir aussi banale que le téléviseur ou la chaîne stéréo », pouvait-on y lire. « Elle se distingue pourtant par le fait qu'il ne s'agit pas d'un objet d'amusement passif, mais que son usage requiert une dose d'intelligence et une intention manifeste. L'intéressant n'est pas tant ce que peut faire la calculatrice électronique, mais ce qu'on peut faire avec elle. »

Si le logarithme fut une réelle invention, rendue possible par les progrès de la notation, l'*équation du second degré*, ou quadratique, est une notion mathématique ancienne que l'usage de nouveaux symboles a remis à flot. Dans la notation moderne, une équation est dite du second degré lorsqu'elle ressemble à ceci :

$ax^2 + bx + c = 0$, où x est l'inconnue et a, b et c sont n'importe quelle constante.
Par exemple $3x^2 + 2x - 4 = 0$.

Autrement dit, l'équation du second degré est celle qui comporte un x et un x^2. Elle apparaît le plus souvent dans les calculs concernant une aire. Considérons le problème suivant, tiré d'une

---

[1]. « Le cadre supérieur ». *(NdT.)*

tablette d'argile d'époque babylonienne : un champ rectangulaire dont l'aire est de soixante unités possède un côté comportant sept unités de plus que l'autre. Quelle est la longueur des côtés de ce champ ? Pour trouver la réponse, il faut faire un croquis, comme ci-dessous. Le problème se ramène à l'équation du second degré $x^2 + 7x - 60 = 0$.

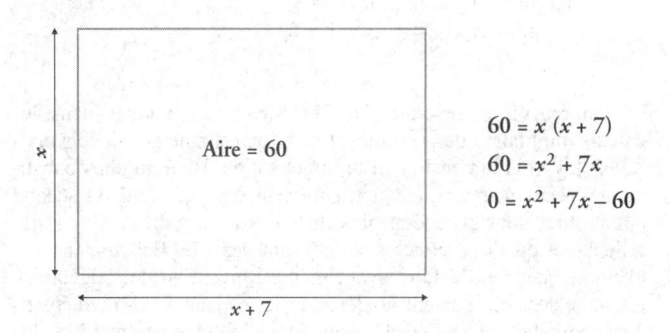

$$60 = x(x+7)$$
$$60 = x^2 + 7x$$
$$0 = x^2 + 7x - 60$$

Aire = 60, côtés x et $x + 7$.

L'un des aspects particulièrement pratiques des équations du second degré, c'est qu'on peut les résoudre en substituant les valeurs de a, b et c dans cette formule passe-partout :

$$x = \frac{-b \pm \sqrt{b^2 - 4ac}}{2a}$$

Le symbole $\pm$ signifie qu'il existe deux solutions : l'une pour la formule comportant un +, et l'autre pour celle comportant un –. Dans notre problème babylonien, $a = 1$, $b = 7$ et $c = -60$, ce qui donne deux solutions : 5 et – 12. La réponse négative n'ayant aucun sens en termes d'aire, le bon résultat est donc 5.

Les équations du second degré ont toutefois un autre usage que le calcul des surfaces. Pour l'essentiel, la physique a vu le jour avec la théorie de Galilée sur la chute des corps, qu'il aurait soi-disant découverte en laissant choir des boulets de canon depuis le sommet de la tour penchée de Pise. La formule qu'il a trouvée pour décrire la distance d'un objet en chute libre était une équation du second degré. Depuis lors, ces équations ont pris une telle place dans la compréhension du monde qu'on peut dire sans exagérer qu'elles sous-tendent la science moderne.

Il demeure que tout problème n'est pas réductible à des équations d'x^2. Certains requièrent la puissance suivante de x : x^3. Ce sont les équations dites *cubiques*, qui se présentent sous la forme suivante :

$ax^3 + bx^2 + cx + d = 0$, où x est l'inconnue, et a, b, c et d sont n'importe quelle constante.
Par exemple $2x^3 - x^2 + 5x + 1 = 0$.

On rencontre généralement les équations cubiques dans les calculs impliquant des volumes, lorsqu'on est amené à devoir multiplier les trois dimensions d'un objet solide. Bien qu'elles constituent l'échelon immédiatement supérieur des équations du second degré, elles sont beaucoup plus difficiles à résoudre. S'il y a des millénaires que les premières ont été vaincues – les Babyloniens, par exemple, savaient le faire avant même l'invention de l'algèbre –, les secondes continuaient de dépasser les capacités des mathématiciens au début du XVIe siècle. Tout cela allait changer en 1535.

Dans l'Italie de la Renaissance, la quantité inconnue, ou x, était désignée du terme *cosa*, la « chose ». La science des équations s'appelait « art cossique », et le professionnel qui les résolvait, le « cossiste » – littéralement, le « chosiste ». Les chosistes n'étaient pas vraiment des savants enfermés dans leur tour d'ivoire, c'étaient des praticiens qui vendaient leur savoir-faire mathématique à une classe commerçante en plein essor et réclamant d'urgence de l'aide pour tenir ses comptes. Le négoce d'inconnues était un secteur à très forte concurrence et, comme les maîtres artisans, les cossistes gardaient jalousement leurs meilleures techniques pour eux-mêmes.

Cependant, malgré le secret généralisé, en 1535, la rumeur courut à Bologne que deux cossistes avaient résolu l'équation cubique. Dans la communauté mathématique, la nouvelle fit l'effet d'une bombe. La conquête du cube allait élever d'un cran supplémentaire le professionnel de l'équation au-dessus de ses semblables, et avec lui le montant de ses honoraires.

Dans le monde universitaire que nous connaissons aujourd'hui, l'annonce qu'un célèbre problème irrésolu a enfin été vaincu se ferait communément à travers la publication d'un article, ou peut-être à l'occasion d'une conférence de presse, mais à la Renaissance les cossistes avaient pour usage de se livrer un duel mathématique en public.

Le 13 février, à l'université de Bologne, la foule se pressa pour assister à l'affrontement entre Niccolò Tartaglia et Antonio Fiore. Selon les règles du concours, les deux hommes se défieraient à travers la résolution de trente équations cubiques. Pour chaque équation correctement résolue, le vainqueur gagnerait un banquet offert par son opposant.

Le concours s'acheva par la victoire cinglante de Tartaglia. (Son nom peut se traduire par « bègue » ; il s'agit en fait d'un surnom acquis à la suite d'un coup de sabre qui l'avait défiguré et laissé avec un profond défaut de prononciation.) Tartaglia résolut tous les problèmes de Fiore en deux heures, alors que ce dernier n'avait pu solutionner aucun des siens. Premier homme à avoir trouvé une méthode de résolution des équations cubiques, Tartaglia suscita la jalousie des mathématiciens de l'Europe entière, mais il ne voulut livrer son secret à personne. Il résista en particulier aux supplications de Girolamo Cardano, dit Cardan, sans doute le plus haut en couleur des grands mathématiciens de l'histoire.

Médecin de profession, Cardan était réputé dans de nombreux pays pour les guérisons qu'il obtenait – on le fit un jour se déplacer jusqu'en Écosse pour soigner l'asthme de l'archevêque du pays. Ce fut aussi un écrivain prolifique. Dans son autobiographie, il fait mention de cent trente et un livres imprimés, cente onze jamais parus et cent soixante-dix manuscrits rejetés par lui-même parce qu'il les jugeait imparfaits. *De la consolation*, son recueil de conseils à l'attention des âmes en peine, fut un best-seller dans toute l'Europe, au point que, si l'on en croit les spécialistes de littérature, ce serait le livre que tient Hamlet entre ses mains pendant sa célèbre tirade « Être ou ne pas être ». Cardan fut aussi un astrologue professionnel, et il prétendit avoir inventé la « métoposcopie », l'art de lire les traits de caractère d'un individu dans les irrégularités de son visage. En mathématiques, la principale contribution de Cardan est l'invention de la probabilité, à laquelle nous reviendrons plus loin.

Brûlant de savoir de quelle façon Tartaglia avait bien pu s'y prendre pour résoudre l'équation cubique, Cardan lui écrivit pour solliciter la permission de citer sa solution dans un ouvrage qu'il préparait alors. Devant le refus de Tartaglia, Cardan réitéra sa demande, jurant cette fois de ne rien révéler à personne. De nouveau, Tartaglia refusa.

Arracher la formule cubique à Tartaglia devint pour Cardan une obsession. Il en vint à échafauder tout un stratagème – il invita Tartaglia à Milan, sous prétexte de le présenter à un bienfaiteur potentiel, le gouverneur de Lombardie. Tartaglia accepta, mais apprit dès son arrivée que le gouverneur n'était pas en ville, et se trouva face au seul Cardan. De guerre lasse, il finit par céder en se faisant promettre que Cardan ne communiquerait la formule à personne. Toutefois, quand il lui transmit l'information, l'habile Tartaglia l'avait rédigée sous une forme délibérément absconse : un poème bizarre en vingt-cinq vers.

Malgré cet obstacle, le très polyvalent Cardan déchiffra la méthode, et parvint presque à tenir sa promesse. Il ne livra le secret qu'à une seule personne, son secrétaire personnel, un jeune homme nommé Lodovico Ferrari. Cela finit par poser problème ; non que le jeune homme se fût montré indiscret, mais parce qu'il trouva moyen d'améliorer la technique de Tartaglia en la portant aux *équations quartiques* – les équations comportant une puissance de x^4. Par exemple, $5x^4 - 2x^3 - 8x^2 + 6x + 3 = 0$. On peut rencontrer une équation quartique lorsqu'il faut multiplier deux équations du second degré.

Cardan était dans l'impasse – il ne pouvait publier la découverte de Ferrari sans trahir la parole donnée à Tartaglia, mais ne pouvait pas davantage refuser à Ferrari la reconnaissance publique qu'il méritait. Il finit quand même par trouver une issue. Il s'avéra qu'Antonio Fiore, l'homme qui avait perdu le duel cubique contre Tartaglia, connaissait en fait la méthode de résolution des équations cubiques pour l'avoir lui-même reçue d'un vieux mathématicien, Scipione del Ferro, quand ce dernier gisait sur son lit de mort. Cardan, qui apprit ce fait parce qu'il fréquentait la famille de del Ferro, fut amené à parcourir les notes non publiées du défunt mathématicien. Il se sentit alors moralement autorisé à publier le résultat, en créditant del Ferro de l'invention originale, et Tartaglia de sa réinvention. La méthode parut donc dans *Ars Magna*, de Cardan, le grand traité d'algèbre du XVIe siècle.

Tartaglia ne pardonna jamais à Cardan, et mourut dans la colère et l'amertume. Ce dernier, pour sa part, ne s'éteindrait que peu avant soixante-quinze ans, le 21 septembre 1576, à la date qu'il avait lui-même prédite des années plus tôt en faisant son propre horoscope. Certains historiens des mathématiques prétendent qu'il se trouvait en fait en parfaite santé et ingéra du poison à seule fin de valider sa prédiction.

Au lieu de simplement aborder des équations comportant des puissances de plus en plus grandes de x, on peut aussi monter d'un cran dans la complexité en ajoutant une seconde inconnue, y. Ce qu'on nomme *système d'équations*, un grand classique de l'algèbre scolaire, consiste habituellement à résoudre deux équations possédant chacune deux variables. Par exemple :

$y = x$
$y = 3x - 2$

Pour résoudre ces deux équations, on substitue la valeur de la variable dans l'une par la valeur de l'autre. Dans ce cas, puisque $y = x$, alors :

$x = 3x - 2$
Ce qui se réduit sous la forme $2x = 2$
Par conséquent, $x = 1$ et $y = 1$

Une équation à deux variables peut aussi s'exprimer sous forme de graphique. Tracez une droite horizontale et une droite verticale qui se coupent. Définissez l'axe horizontal comme étant celui des x, et le vertical comme celui des y. Les deux se croisent en 0. On peut alors déterminer la position de n'importe quel point du plan en se référant à un point sur chaque axe. La position (a, b) est définie par l'intersection d'une droite verticale passant par a sur l'axe des x et d'une droite horizontale passant par b sur celui des y.

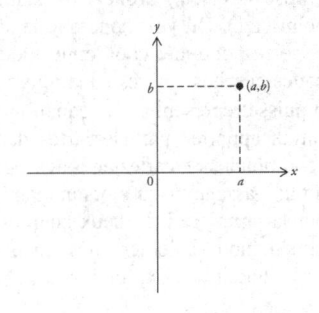

Pour toute équation avec x et y, les points pour lesquels (x, y) présentent des valeurs de x et y satisfaisant à l'équation dessinent une droite sur le graphique. Par exemple, les coordonnées $(0,0)$, $(1,1)$, $(2,2)$ et $(3,3)$ satisfont toutes à notre équation précédente, $y = x$. Si l'on trace ces points sur un graphique, il apparaît nettement que l'équation $y = x$ produit une droite rectiligne, comme on le voit sur la figure ci-dessous. De même, on peut tracer notre seconde équation, $y = 3x - 2$. En attribuant une valeur à x, puis en déterminant celle de y, on peut établir que les points $(0, -2)$, $(1,1)$, $(2,4)$ et $(3,7)$ se trouvent sur la ligne que décrit l'équation. C'est encore une droite, qui traverse l'axe des y en -2, comme ci-dessous à droite :

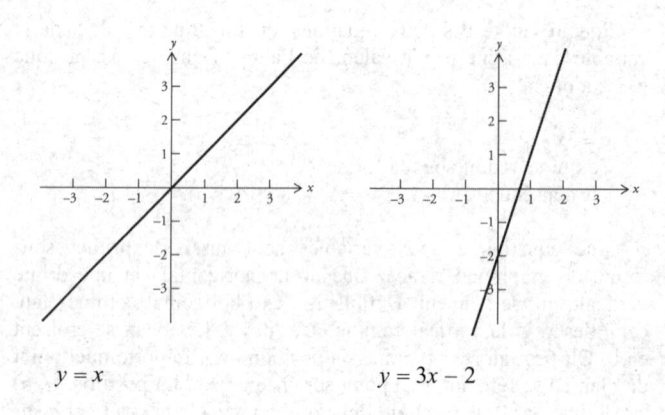

$y = x$ $\qquad\qquad\qquad\qquad$ $y = 3x - 2$

Si l'on superpose ces deux droites, on s'aperçoit qu'elles se rencontrent au point $(1,1)$. On voit donc que la solution de ce système d'équations correspond aux coordonnées du point d'intersection des deux droites décrites par ces équations.

L'idée qu'on puisse représenter une équation par une droite est la grande innovation apportée par Descartes dans *La Géométrie*. Son système de coordonnées « cartésien » avait ceci de révolutionnaire qu'il ouvrait un passage jusqu'alors inconnu entre l'algèbre et la géométrie. Pour la première fois, deux champs d'étude distincts et séparés s'avéraient non seulement liés, mais constituant aussi des représentations alternatives l'un de l'autre. Descartes se proposait de rendre plus aisée la compréhension de la géométrie et de l'algèbre, notamment parce que, séparément, selon ses propres termes, « outre qu'elles ne s'étendent qu'à des matières fort abstraites et qui ne semblent d'aucun usage, la première est toujours si astreinte à la considération des figures qu'elle ne peut exercer l'entendement sans fatiguer beaucoup l'imagination ; et on s'est tellement assujetti en la dernière à certaines règles et certains chiffres qu'on en a fait un art confus et obscur qui embarrasse l'esprit, au lieu d'une science qui le cultive ». Descartes n'était pas amateur d'efforts inutiles. C'est l'un des grands lève-tard de l'Histoire ; il est de notoriété publique qu'il ne manquait jamais une occasion de rester au lit jusqu'à la mi-journée.

Cette réunion cartésienne de l'algèbre et de la géométrie est un bel exemple de l'interaction entre les idées abstraites et l'imagerie spatiale, thème récurrent en mathématiques. Une bonne part des plus impressionnantes démonstrations d'algèbre – comme celle du dernier théorème de Fermat – repose sur la géométrie. Pareillement, certains problèmes géométriques vieux de deux mille ans ont recouvré une nouvelle vie sitôt qu'on a pu les décrire sous forme algébrique. Les mathématiques possèdent cette excitante caractéristique que des questions apparemment distinctes se révèlent finalement liées, et que cela donne souvent lieu à de nouvelles découvertes passionnantes.

En 1649, Descartes s'établit à Stockholm pour y exercer la fonction de tuteur personnel de la reine Christine de Suède. La damoiselle était fort matinale. Peu rompu aux rigueurs de l'hiver scandinave et à l'obligation de se lever à 5 heures du matin, Descartes succomba à une pneumonie peu de temps après son arrivée.

L'un des corollaires les plus frappants de la découverte par Descartes qu'on pouvait traduire les équations comportant x et y sous forme de droites est le fait que différents types d'équations produisent différentes droites. Abordons ici leur classification :

Les équations telles $y = x$ et $y = 3x - 2$, sans autre terme que x et y, produisent invariablement une droite rectiligne.

En revanche, les équations du second degré – celles qui comportent des valeurs pour x^2 et/ou y^2 – produiront toujours l'un des quatre types de courbe suivants : le cercle, l'ellipse, la parabole ou l'hyperbole.

Cercle   Ellipse   Parabole   Hyperbole

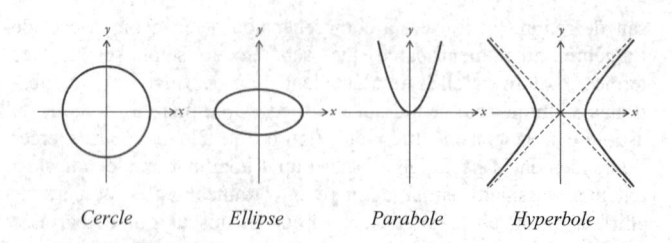

Le fait que tout cercle, toute ellipse, toute parabole et toute hyperbole soient descriptibles par une équation du second degré sous forme de x et de y est particulièrement utile à la science, parce que chacune de ces courbes existe dans le monde réel. La parabole correspond à la trajectoire d'un objet fendant l'air (si l'on ignore la résistance de l'air et qu'on admet par principe la présence d'un champ gravitationnel uniforme). Le ballon que frappe le joueur de football, par exemple, décrit une parabole. L'ellipse est la courbe qui correspond à la trajectoire des planètes en orbite autour du Soleil, ou celle que suit au fil de la journée l'ombre de l'aiguille du cadran solaire.

Considérons l'équation suivante du second degré, qui est une espèce de machine à dessiner les cercles et les ellipses :

$$\frac{x^2}{a^2} + \frac{y^2}{b^2} = 1, \text{ où } a \text{ et } b \text{ sont des constantes}$$

Notre machine possède deux boutons, l'un pour le a, l'autre pour le b. En ajustant les valeurs de a et b, on peut créer n'importe quel cercle ou ellipse de centre 0.

Par exemple, quand a est égal à b, l'équation donne un cercle de rayon a. Quand $a = b = 1$, l'équation est $x^2 + y^2 = 1$, et elle produit un cercle de rayon 1, qu'on appelle aussi *cercle trigonométrique* ; on le voit page suivante en haut à gauche. Et quand $a = b = 4$, l'équation devient $\frac{x^2}{16} + \frac{y^2}{16} = 1$, et le cercle possède un rayon de 4. Si, en revanche, a et b sont des nombres différents, l'équation devient une ellipse qui traverse l'axe des x en a et celui des y en b. La courbe page suivante en haut à droite, par exemple, montre l'ellipse engendrée si $a = 3$ et $b = 2$.

$x^2 + y^2 = 1$ $\dfrac{x^2}{3^2} + \dfrac{y^2}{2^2} = 1$

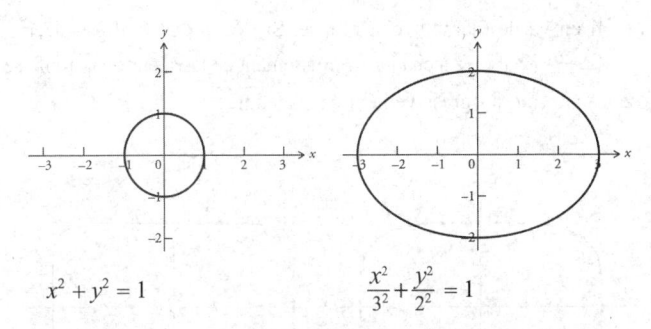

En 1818, le mathématicien français Gabriel Lamé s'amusa quelque temps avec la formule du cercle et de l'ellipse. Il se demanda ce qu'il adviendrait s'il modifiait l'exposant, la puissance, plutôt que les valeurs de a et b.

Cette variante eut un effet fascinant. Considérons par exemple l'équation $x^n + y^n = 1$. Quand $n = 2$, on obtient le cercle trigonométrique. Voici les courbes obtenues quand $n = 2$, $n = 4$ et $n = 8$:

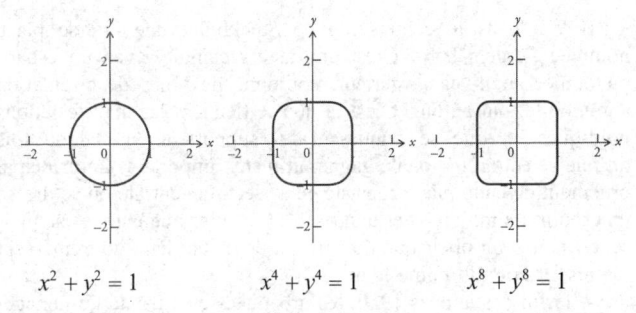

$x^2 + y^2 = 1$ $x^4 + y^4 = 1$ $x^8 + y^8 = 1$

Lorsque n vaut 4, la courbe ressemble à un fromage écrasé dans une boîte, vu d'en haut. Ses côtés se sont aplatis et l'on remarque que les quatre coins sont arrondis. On dirait que le cercle cherche à devenir carré. Quand n vaut 8, la courbe ressemble encore plus à un carré.

En fait, plus on accroît la valeur de n, plus la courbe se rapproche du carré. Poussé à la limite, quand $x^\infty + y^\infty = 1$, l'équation donne bel et bien un carré. (Si quelque chose mérite l'appellation de quadrature du cercle, c'est bien ça.)

Il en va de même avec l'ellipse. Si l'on prend l'ellipse décrite par $(\frac{x}{3})^n + (\frac{y}{2})^n = 1$, à chaque accroissement de la valeur de n, l'ellipse se transforme progressivement en rectangle.

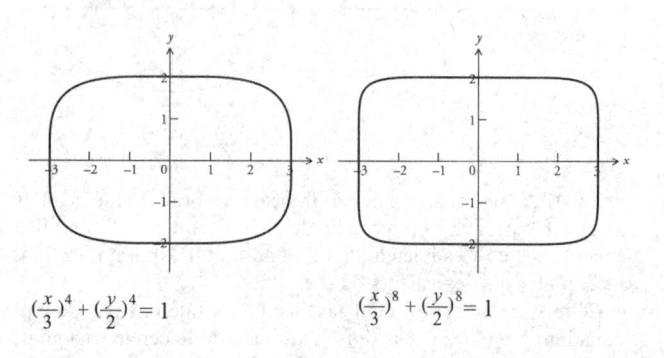

$(\frac{x}{3})^4 + (\frac{y}{2})^4 = 1$ $(\frac{x}{3})^8 + (\frac{y}{2})^8 = 1$

* * *

Il y a dans le centre-ville de Stockholm une grande place nommée Sergels-Torg. C'est un vaste rectangle, avec un espace piétonnier au niveau inférieur, couronné de voies de circulation automobile tout autour. C'est là que se tiennent les manifestations politiques, et que se réunissent les supporters à chaque fois qu'une sélection nationale gagne un match important. Le principal ornement de cette place consiste en sa section centrale où se dresse une sculpture massive des années 1960 que les autochtones se plaisent à haïr – un obélisque de verre et de métal, haut de trente-sept mètres, et qui s'illumine la nuit.

À la fin des années 1950, les urbanistes chargés de l'aménagement de la place Sergels-Torg se sont heurtés à un problème géométrique. Quelle était la meilleure forme, se demandaient-ils, pour un rond-point dans un espace rectangulaire ? Ils ne voulaient pas d'un cercle, qui n'aurait pas pleinement rempli le rectangle. Mais ils ne voulaient pas non plus d'un ovale ou d'une ellipse – qui auraient sans doute comblé l'espace, mais dont les extrémités pointues auraient perturbé la fluidité du trafic. Au fil de leurs recherches, les architectes du projet en sont venus à se tourner vers l'étranger pour consulter Piet Hein, un homme qui passe pour le troisième personnage le plus célèbre du Danemark (après le physicien Niels Bohr et l'écrivain Karen Blixen). Piet Hein était l'inventeur du *grook*, un genre de poème aphoristique qui circula au Danemark pendant la Seconde Guerre mondiale en tant que forme de résistance passive à l'occupation nazie. C'était aussi un peintre et un mathématicien, doté de la juste dose de sensibilité artistique, de pensée oblique et de savoir scientifique pour être en mesure d'apporter des idées neuves au problème que rencontraient les Suédois.

La solution de Piet Hein a été une forme à mi-chemin de l'ellipse et du rectangle, trouvée par simple calcul mathématique. Il a suivi à cette fin la méthode décrite plus haut, ajustant l'exposant de l'équation de façon à produire l'ellipse la mieux adaptée au rectangle de la place Sergels-Torg. Sur le plan purement algébrique, il a procédé comme Lamé, en tâtonnant avec le n de l'équation de l'ellipse :

$$\left(\frac{x}{a}\right)^n + \left(\frac{y}{b}\right)^n = 1$$

On l'a vu précédemment, en augmentant la valeur de n depuis 2 jusqu'à l'infini, on transforme le cercle en carré ou l'ellipse en rectangle. Piet Hein a déterminé que le meilleur compromis esthétique entre les angles ronds et droits supposait une valeur de $n = 2,5$. Il a baptisé sa nouvelle forme « super-ellipse ».

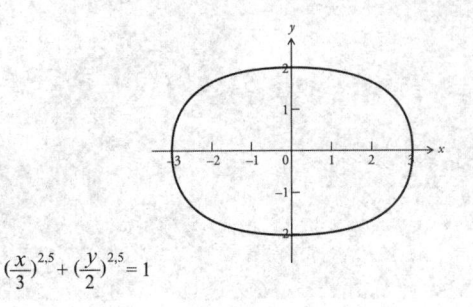

$$\left(\frac{x}{3}\right)^{2,5} + \left(\frac{y}{2}\right)^{2,5} = 1$$

La super-ellipse de Piet Hein était non seulement une belle réalisation mathématique, mais elle touchait à une affaire plus

Uri Geller : l'œuf fantastique

profonde en l'homme – l'éternel conflit dans notre environnement entre les cercles et les droites. À ce sujet, il a écrit : « Dans sa trame générale, la civilisation a toujours connu deux tendances, l'une préférant les lignes droites et les formes rectangulaires, l'autre les courbes. Chacune de ces tendances possède ses motivations, à la fois mécaniques et psychologiques. Les choses constituées de lignes droites s'adaptent bien ensemble et supposent un gain d'espace. Celles faites de lignes arrondies nous permettent d'évoluer plus aisément – tant sur le plan physique que mental. Mais nous sommes engoncés dans une camisole de force, contraints de choisir l'une ou l'autre, alors qu'une forme intermédiaire serait bien souvent souhaitable. La super-ellipse résout ce problème. Elle n'est ni ronde ni rectangulaire, mais entre les deux. Pourtant, elle est fixée, elle est définie – elle présente une unité. »

Le rond-point en super-ellipse de Stockholm a inspiré d'autres architectes, notamment pour le tracé du stade Aztèque de la ville de Mexico – qui accueillit la finale de la Coupe du monde en 1970 et 1986. En fait, la courbe de Piet Hein a été très en vogue, au point de devenir omniprésente dans la ligne des meubles scandinaves des années 1970. On trouve encore aujourd'hui des plats, des plateaux, et des poignées de porte superelliptiques fabriqués par l'entreprise du fils de Piet Hein.

Mais l'esprit ludique de Piet Hein ne s'est pas arrêté à la super-ellipse. Dans le cadre d'un projet ultérieur, il s'est demandé à quoi ressemblerait la version tridimensionnelle de sa forme. L'objet, entre la sphère et la boîte, a reçu le nom de « super-œuf ».

L'une des caractéristiques surprenantes du super-œuf était sa capacité à tenir debout. Dans les années 1970, Piet Hein a mis sur le marché de petits super-œufs d'acier inoxydable, en tant que « sculptures, nouveautés ou amulettes ». C'est un très bel objet, très curieux également. J'en possède un moi-même, posé sur une étagère. Le célèbre animateur de télévision et prétendu psychokinésiste Uri Geller en a un aussi. C'est John Lennon qui le lui a donné, en lui expliquant qu'il l'avait lui-même reçu d'extraterrestres venus lui rendre visite dans son appartement new-yorkais. « Garde-le, aurait dit Lennon à Geller. C'est trop étrange pour moi. Il s'agit peut-être d'un billet pour accéder à une autre planète, et je n'ai pas envie d'y aller. »

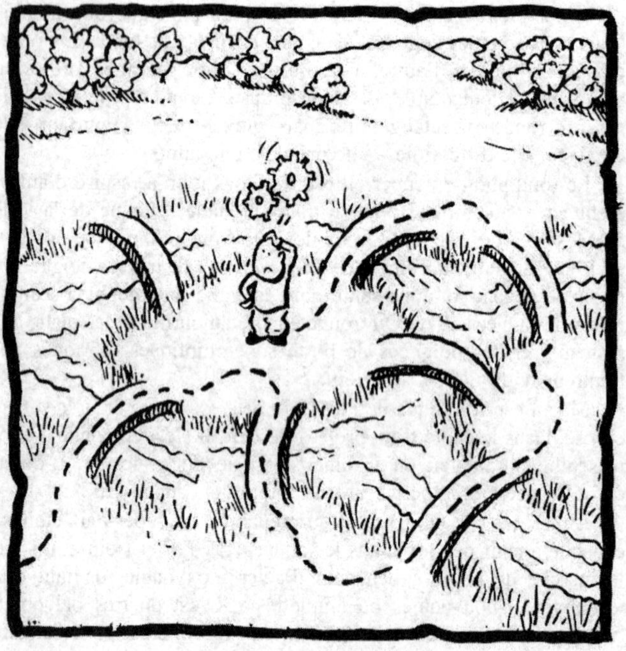

6

Récréation (Jouons un peu)

Maki Kaji dirige un journal japonais spécialisé dans les casse-tête numériques. Il se considère comme un saltimbanque dont le négoce repose sur les nombres. « Je me sens plus proche d'un metteur en scène de cinéma ou de théâtre que d'un mathématicien », explique-t-il. Je suis venu le rencontrer dans son bureau, à Tokyo. Il n'a pas l'air d'un type trop coincé, ni, inversement, trop décontracté ; deux caractéristiques qu'on aurait pu attendre chez un matheux devenu businessman à succès. Kaji porte ce jour-là un tee-shirt noir sous un cardigan beige très tendance, et des lunettes à la John Lennon. À cinquante-sept ans, il arbore un bouc blanc soigneusement taillé, des favoris et un sourire volontiers pétillant. Kaji me parle aussi de ses autres passe-temps. Il collectionne par exemple les élastiques, et lors d'un récent déplacement à Londres il a mis la main sur ce qu'il tient pour un véritable trésor – un sachet de vingt-cinq grammes d'élastiques estampillés WH Smith, et un autre, de cent grammes, d'un fabricant indépendant. Il s'amuse aussi à photographier les plaques minéralogiques présentant une certaine particularité arithmétique. Au Japon, les plaques d'immatriculation comportent deux chiffres, suivis de deux autres. Kaji se promène constamment avec un petit appareil photo, et il fait un cliché pour chaque plaque dont le produit de la première paire est égal à la seconde.

Partant du principe qu'aucune voiture japonaise ne porte 00 pour seconde paire de chiffres, chaque plaque que photographie Kaji correspond à une ligne des tables de multiplication de 1 à 9. 11 01, par exemple, peut se lire $1 \times 1 = 1$. De même, 12 02 équivaut à $1 \times 2 = 2$. En poursuivant la liste, on arrive à quatre-vingt-une combinaisons possibles. Kaji en a déjà recueilli plus de cinquante. Quand il les aura toutes réunies, il en fera une exposition, dans une galerie d'art.

Kaji a croisé un jour ce 3 × 5 = 15 dans un parking de Tokyo.

L'idée qu'on puisse s'amuser avec les nombres est aussi ancienne que les mathématiques elles-mêmes. Dans le papyrus Rhind d'Égypte antique, par exemple, figure la liste suivante comme élément de réponse au problème 79. À la différence des autres problèmes que comporte le papyrus, celui-ci ne possède manifestement aucune application pratique.

Maisons	7
Chats	49
Souris	343
Épeautres	2 401[1]
Heqat[2]	16 807
Total	19 607

---

1. Dans le document original, le nombre des épeautres est, de façon erronée, 2301.
2. Unité de volume égyptienne.

Il s'agit de l'inventaire de sept maisons, dont chacune abritait sept chats, qui mangèrent chacun sept souris, qui avaient elles-mêmes mangé sept grains d'épeautre chacune, dont chacun provenait d'un *heqat* distinct. Ces nombres composent une *progression géométrique* – c'est-à-dire une suite dont chaque terme s'obtient en multipliant le précédent par un nombre déterminé, en l'occurrence 7. Il y a sept fois plus de chats que de maisons, sept fois plus de souris que de chats, sept fois plus de grains d'épeautre que de souris, et sept fois plus d'*heqats* que de grains d'épeautre. On pourrait donc réécrire le nombre total d'articles sous la forme $7 + 7^2 + 7^3 + 7^4 + 7^5$.

Mais les Égyptiens ne furent pas les seuls à trouver irrésistible ce genre de séquence. La même reparaît, quasiment à l'identique, au début du XIXe siècle, dans une comptine de Mère l'Oie :

En chemin vers St Ives
J'ai croisé un homme et ses sept femmes
Chaque femme avait sept sacs
Chaque sac avait sept chats
Chaque chat avait sept chatons
Chatons, chats, sacs, femmes
Combien se rendaient à St Ives ?

Ce couplet est la plus célèbre question piège de la littérature anglaise puisque, si l'on fait bien attention, l'homme et sa ribambelle d'épouses et de félins *venaient* de St Ives. Toutefois, au-delà de la question de la destination, le nombre total de chats, de chatons, de sacs et d'épouses est $7 + 7^2 + 7^3 + 7^4$, soit 2 800.

Une autre version, moins connue, de cette devinette figure dans le *Liber Abaci* de Leonardo Fibonacci, paru au XIIIe siècle. Il s'agit cette fois de sept femmes se rendant à Rome avec un nombre croissant de mules, de sacs, de pains, de couteaux et de fourreaux. Les 7^5 et 7^6 supplémentaires portent le total à 137 256.

Quel charme particulier exercent donc les puissances de 7 pour resurgir ainsi à des époques et dans des contextes si différents ? D'abord, on y retrouve toujours l'accélération turbo propulsée de la progression géométrique. Cette comptine est une façon poétique de montrer à quelle vitesse de petits chiffres deviennent parfois de grands nombres. À la première écoute, on se dit bien que tout ça doit faire un joli nombre de chatons, de chats, de sacs et de femmes – mais pas autour de trois mille ! Les problèmes ludiques du papyrus Rhind et du *Liber Abaci* expriment le même fait mathématique. Quant au chiffre 7, bien qu'il paraisse doté d'une qualité spécifique le faisant sans cesse apparaître dans ces problèmes, il est au fond relativement anodin. Multiplié par lui-même un certain nombre de fois, n'importe quel chiffre donne rapidement des quantités insoupçonnées.

Multiplié par lui-même, le plus petit chiffre possible, le 2, atteint lui aussi des sommets vertigineux à une vitesse ébouriffante. Déposez un grain de blé sur la case du coin d'un échiquier. Déposez deux grains dans la case voisine, et continuez, case après case, en doublant chaque fois le nombre de grains. Combien de grains de blé faudra-t-il à la dernière case ? Plusieurs camions, ou un conteneur, peut-être ? L'échiquier comportant soixante-quatre cases, on aura doublé le nombre soixante-trois fois, c'est-à-dire qu'on aura multiplié le chiffre 2 à soixante-trois reprises par lui-même, soit 2^{63}. En termes de grains, ce nombre est à peu près cent fois supérieur à l'actuelle production mondiale annuelle de blé. Ou, pour le dire autrement, si l'on avait commencé à compter dès l'instant du Big Bang, il y a treize milliards d'années, à la cadence d'un grain par seconde, on n'aurait pas atteint aujourd'hui le dixième de 2^{63}.

Toutes ces énigmes, comptines et jeux mathématiques sont désormais regroupés sous l'appellation de *mathématiques récréatives*. C'est un domaine aussi vaste que vibrionnant, dont l'un des principaux attraits tient au fait que ses thèmes sont accessibles à tout individu un tant soit peu appliqué, et qu'ils lui font toucher du doigt les dimensions théoriques les plus complexes et impossibles qui soient. Parfois, il n'y est aucunement question de théorie, mais il s'agit simplement d'admirer les merveilles que recèlent les nombres – le frisson que peut procurer une collection de photos de plaques d'immatriculation, par exemple.

Un événement déterminant de l'histoire des mathématiques récréatives se serait produit en Chine, sur les rives du Huang He, le fleuve Jaune, autour de 2000 av. J.-C. Selon la légende, l'empereur Yu aurait un jour aperçu une tortue qui sortait de l'eau. C'était un animal divin, orné de points noirs et blancs sur le ventre. Ces points correspondaient aux neuf premiers chiffres, disposés sous

RÉCRÉATION (JOUONS UN PEU)   239

forme de grille, comme illustré ci-dessous (si les points avaient été inscrits en chiffres arabes) sur le tableau A :

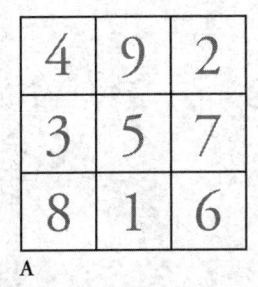

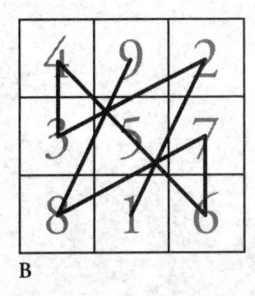

4	9	2
3	5	7
8	1	6

A

B

Ce type de carré, comportant tous les chiffres consécutifs à partir de 1 et disposés de telle sorte que le total de chaque rangée, chaque colonne et chaque diagonale de coin à coin soit toujours le même, s'appelle un *carré magique*. Les Chinois l'appellent le *lo shu*. (La somme de chaque rangée, colonne et diagonale donne toujours 15.) Pour les Chinois, le *lo shu* symbolisait les harmonies intérieures de l'univers, c'était un objet de divination et d'adoration. Si l'on part du 1, par exemple, et qu'on relie d'un trait les chiffres dans l'ordre croissant, on obtient le schéma figurant ci-dessus en B, qu'on retrouve dans le document de la page suivante, qui donne les instructions pour le déplacement des prêtres taoïstes dans un temple. Ce schéma, qui s'appelle le *yubu*, correspond aussi à certaines règles du *feng shui*, la philosophie chinoise de l'esthétique.

Ce n'est pas seulement dans la culture chinoise que le *lo shu* a présenté un aspect mystique. Les carrés magiques ont revêtu une dimension spirituelle pour les hindous, les musulmans, les juifs comme les chrétiens. La culture islamique en a fait les usages les plus créatifs. En Turquie et en Inde, on faisait broder des carrés magiques par des vierges sur les chemises des guerriers. On croyait aussi qu'en plaçant un carré magique au-dessus de l'utérus d'une femme en plein labeur, on facilitait son accouchement. Les hindous portaient des amulettes ornées de carrés magiques à des fins de protection, et les astrologues de la Renaissance les associaient aux

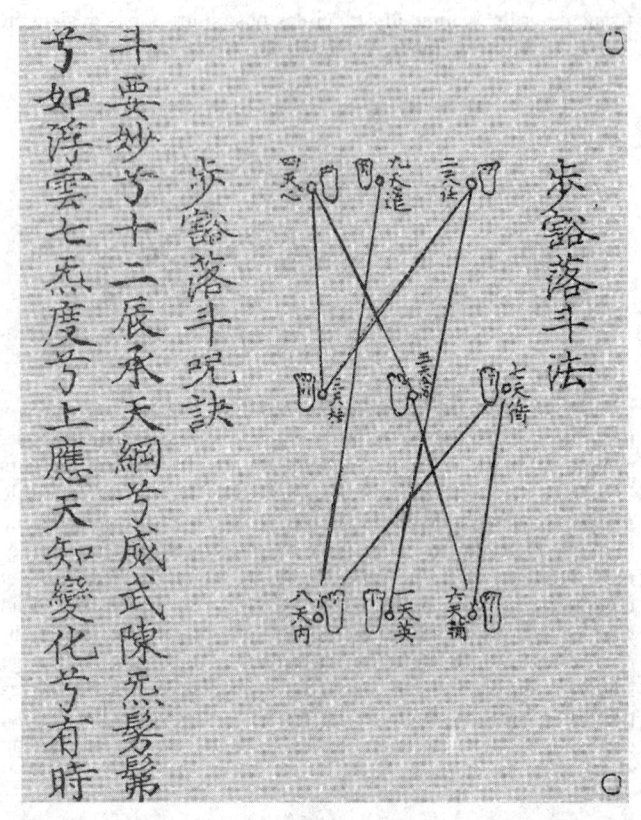

Estampe taoïste comportant le yubu.

planètes de notre système solaire. Il est facile de se moquer de l'inclination de nos ancêtres pour l'occulte, mais l'homme moderne est bien capable de comprendre la fascination qu'exerce le carré magique. À la fois simple et complexe, c'est un genre de mantra numéral, un objet de contemplation éperdue et une expression contenue d'ordre dans un monde désordonné.

RÉCRÉATION (JOUONS UN PEU)

Melencolia I : *La célèbre gravure de Dürer montre un ange plongé dans ses pensées et entouré d'objets mathématiques et scientifiques, comme le compas, la sphère, la balance, le sablier et un carré magique. Les historiens de l'art, plus particulièrement ceux qui ont un penchant pour le mysticisme, se sont longtemps interrogés sur le symbolisme de l'objet géométrique figurant dans la partie centrale de la scène, à gauche, qui a acquis le nom de « solide de Dürer » ; les mathématiciens, pour leur part, se sont passablement cassé les dents sur le mystère de sa constructibilité.*

L'une des joies du carré magique est qu'il ne se limite pas à la grille de 3 × 3. On trouve un célèbre exemple de carré 4 × 4 dans l'œuvre d'Albrecht Dürer. Dans *Melencolia I* (voir p. 241), Dürer a placé un carré 4 × 4, surtout connu pour comporter l'année où il le grava : 1 514.

En vérité, le carré de Dürer est supermagique. Non seulement la somme de ses rangées, colonnes et diagonales donne toujours 34, mais il en est de même pour les combinaisons de quatre chiffres marquées de points reliés entre eux dans les carrés ci-dessous.

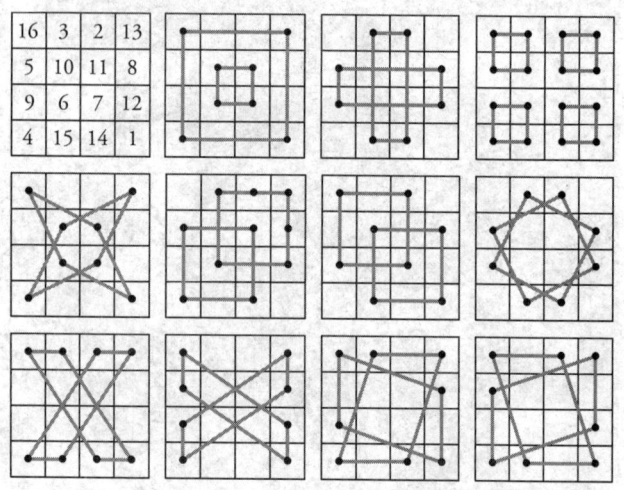

16	3	2	13
5	10	11	8
9	6	7	12
4	15	14	1

Les schémas que recèle le carré de Dürer sont impressionnants, et plus on y regarde, plus on en trouve. La somme des carrés des nombres des deux premières rangées, par exemple, donne 748. On obtient le même résultat en additionnant les carrés des nombres des rangées 3 et 4, ou ceux des rangées 1 et 3, ou encore ceux des rangées 2 et 4, voire ceux des deux diagonales. Ouaaah !

Plus épatant encore, tournez le carré de Dürer à 180 degrés, et retranchez 1 aux cases comportant les nombres 11, 12, 15 et 16. Vous obtenez ceci :

Cette image provient d'un des flancs de la Sagrada Familia, la cathédrale barcelonaise dessinée par Antonio Gaudí. Le carré de Gaudí n'est pas magique, puisque deux nombres y sont répétés, mais il présente tout de même certaines particularités. La somme de chaque colonne, chaque rangée et chaque diagonale donne 33, l'âge du Christ à sa mort.

Le carré magique offre des heures de divertissement et d'émerveillement devant les schémas et les harmonies qui s'en dégagent. En fait, nulle branche des mathématiques abstraites n'aura jamais autant passionné les amateurs sur une aussi longue période. Au XVIIIe et au XIXe siècle, on a assisté à son sujet à un foisonnement de textes littéraires. L'un des plus enthousiastes parmi les adeptes du carré magique fut Benjamin Franklin. Alors qu'il n'était encore que jeune secrétaire à l'assemblée de Pennsylvanie, ce père fondateur des États-Unis s'ennuyait si fort pendant les débats qu'il s'est mis à créer ses propres modèles pour passer le temps. Le plus connu d'entre eux est la variante 8 × 8 reproduite page suivante, qu'il aurait inventée enfant. Par ce carré, Franklin apporte l'une de ses contributions personnelles à la théorie des carrés magiques : c'est la « diagonale brisée », représentée ci-après par les cases grises et noires des figures A et B. Le carré n'est pas à proprement parler magique, parce que les diagonales pleines ne donnent pas 260, mais ses nouvelles diagonales, elles, le font. La somme des

Fig. III. *Page 351.*

52	61	4	13	20	29	36	45
14	3	62	51	46	35	30	19
53	60	5	12	21	28	37	44
11	6	59	54	43	38	27	22
55	58	7	10	23	26	39	42
9	8	57	56	41	40	25	24
50	63	2	15	18	31	34	47
16	1	64	49	48	33	32	17

Dans une lettre publiée en 1769, Benjamin Franklin évoque un cahier rempli de carrés magiques : « Dans ma jeunesse... je me suis tant amusé à fabriquer ce genre de figure que j'ai fini par devenir capable de remplir les cases de n'importe quel carré magique de taille raisonnable, aussi rapidement que le permettait le mouvement de la plume, d'une série de nombres disposés de telle sorte que la somme de chaque rangée, horizontale, perpendiculaire ou diagonale serait identique ; mais, ces carrés ne me satisfaisant plus, parce que je les trouvais communs et simples, je me suis imposé des tâches plus ardues, qui m'ont amené à créer d'autres carrés, dotés de diverses propriétés, et bien plus curieux. » Il présente ensuite le carré ci-dessus, figurant dans son Experiments and Observations on Electricity, made at Philadelphia in America, *en 1769.*

cases noires en C, D et E, et celle des cases grises en E, ainsi, évidemment, que celle de chaque rangée et de chaque colonne, donne également 260.

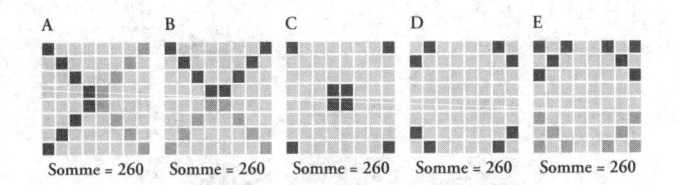

A B C D E

Somme = 260 Somme = 260 Somme = 260 Somme = 260 Somme = 260

Le carré de Franklin comporte des symétries plus charmantes encore. La somme des nombres de tous les sous-carrés de 2 × 2 est 130, ainsi que celle de tout groupe de quatre nombres disposés à égale distance du centre. On attribue aussi à Franklin, à quarante ans passés, la création d'un autre carré. Au cours d'une soirée, il aurait composé un incroyable 16 × 16, qu'il qualifia de « plus magiquement magique des carrés magiques jamais créés par un magicien ». (Voir annexe trois, p. 461.)

La longue popularité dont a joui la création de carrés magiques tient en partie au fait qu'on peut en trouver un nombre étonnant. Comptons-les, en commençant par le plus petit : il n'existe qu'un carré magique possible dans une grille de 1 × 1 : le chiffre 1. Il n'existe aucun carré magique comportant quatre nombres dans une grille de 2 × 2. Il y a huit façons de disposer les chiffres de 1 à 9 pour rendre magique le carré de 3 × 3, mais chacun de ces huit carrés étant en vérité le même que les autres, après pivotement ou en reflet, on admet qu'il n'existe qu'un carré magique de 3 × 3. La figure page suivante montre les différentes dispositions de ce carré qu'on peut obtenir à partir du *lo shu*.

Fort curieusement, à partir de 3 × 3, le nombre de carrés magiques qu'il est possible de créer augmente à une cadence extrêmement rapide. Dans une grille de 4 × 4, même si l'on exclut les rotations et les reflets, on peut encore constituer 880 carrés magiques. Dans une grille de 5 × 5, ils sont au nombre de 275 305 224, une quantité qu'il n'a été possible de calculer qu'en 1973, et seulement grâce à l'aide d'un ordinateur. Et si cela paraît astronomique, c'est en vérité minuscule à côté de toutes les dispositions possibles des nombres de 1 à 25 dans une grille de 5 × 5. Ce nombre équivaut à 25 fois 24 fois 23 et ainsi de suite jusqu'à 1, soit à peu près 1,5 suivi de vingt-cinq zéros, ou quinze septillions.

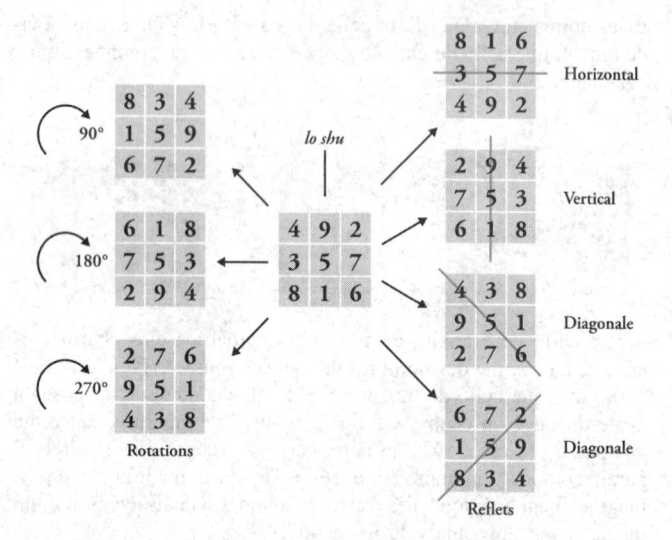

Le nombre des carrés magiques de 6 × 6 n'est même pas connu, mais il se situe probablement autour de 1 suivi de dix-neuf zéros. C'est incroyablement élevé, plus encore que le nombre total de grains de blé sur l'échiquier évoqué plus haut.

L'univers des carrés magiques n'est pas réservé aux seuls amateurs. À la fin de sa vie, le mathématicien suisse Leonhard Euler s'y est à son tour intéressé. (Il était alors presque aveugle, et cela ne fait qu'ajouter à ses réalisations dans ce qui constitue essentiellement une disposition spatiale des nombres.) Il s'est notamment attelé à l'étude d'une variante du carré magique dans laquelle chaque nombre ou symbole apparaît précisément une fois dans chaque rangée et chaque colonne de la grille. Il a appelé cette variante le carré latin.

Carrés latins

Contrairement au carré magique, le carré latin possède diverses applications pratiques. Il peut servir à la planification des tournois sportifs de type « toutes rondes », dans lesquels chaque participant est appelé à rencontrer tous les autres, et, en agriculture, il offre une grille pratique permettant au fermier de tester, par exemple, différents fertilisants sur une parcelle pour identifier le plus efficace. Mettons que notre fermier veuille ainsi comparer six produits ; il lui suffira de diviser sa parcelle sous forme de grille de 6 × 6 et d'appliquer chaque produit selon la disposition d'un carré latin pour s'assurer que toute altération de l'état du sol aura la même incidence sur chaque traitement.

Maki Kaji, le créateur de casse-tête évoqué en début de chapitre, est l'initiateur d'une nouvelle ère de fascination pour les grilles de nombres. L'idée lui est venue en feuilletant un magazine américain de jeux. Ne parlant pas l'anglais, il a sauté des pages entières de mots croisés ou fléchés parfaitement incompréhensibles avant de tomber sur une intrigante grille de nombres. Le jeu, intitulé « Number Place », était un carré latin de 9 × 9 partiellement occupé de chiffres de 1 à 9. Étant établi qu'il fallait que chaque chiffre n'apparaisse qu'une seule fois par rangée et par colonne, le lecteur devait remplir les cases vides par déduction logique. Il bénéficiait à cette fin d'un indice supplémentaire : le carré était divisé en neuf sous-carrés de 3 × 3, marqués en traits épais. Chaque chiffre de 1 à 9 ne pouvait figurer qu'une fois dans chaque sous-carré. Kaji est parvenu à résoudre le problème et s'est emballé – il avait mis le doigt sur le type de casse-tête dont il voulait garnir son nouveau journal.

« Number Place », initialement lancé en 1979, était la création d'un habitant de l'Indiana, Howard Garns, architecte à la retraite et grand amateur de casse-tête. Kaji s'était beaucoup amusé à le résoudre, mais il a décidé de le modifier en redistribuant les chiffres dévoilés de façon symétrique tout autour de la grille, selon le format employé pour les mots croisés. Il a baptisé sa version *sudoku*, qui en japonais signifie « le chiffre ne doit apparaître qu'une fois ».

	1	5		4		8		
	8		3				5	
6					5		2	
8				6		5		
		4	8		3	6		
		6		9				1
	2		1					8
	9				8		7	
		8		7		2	1	

Le sudoku a fait son apparition dans les premiers numéros du magazine de jeux de Kaji, sorti en 1980, sans toutefois se faire remarquer. C'est seulement après avoir traversé l'océan que son casse-tête s'est répandu comme une traînée de poudre.

De même qu'un Japonais ne parlant pas l'anglais avait pu comprendre « Number Place », un anglophone ne parlant pas le japonais était parfaitement capable de comprendre le sudoku. En 1997, un Néo-Zélandais nommé Wayne Gould pénétrait dans une librairie de Tokyo. D'abord déroutés par le fait que tout était écrit en japonais, ses yeux ont fini par rencontrer quelque chose de familier : en couverture d'un livre figurait ce qui ressemblait à une grille de mots croisés garnie de chiffres, et il s'agissait manifestement d'un genre de casse-tête, mais Gould n'en a pas immédiatement compris la règle. Ça ne l'a pas empêché d'acheter le livre, en se disant qu'il trouverait plus tard. Lors de vacances dans le sud de l'Italie, il a pris le problème à rebours et a fini par trouver la solution. Ancien juge à Hong Kong, Gould venait de prendre sa retraite, qu'il occupait en se formant à la programmation informatique. Il a décidé d'écrire un programme capable de générer des sudokus, tâche qu'un excellent programmateur mènerait à bien en deux ou trois jours. Gould mettrait six ans.

Mais ses efforts se verraient récompensés, puisque, en septembre 2004, il a convaincu le *Conway Daily Sun*, un quotidien du New Hampshire, de publier l'une de ses grilles. Le succès a été immédiat. Au cours du mois suivant, Gould se lançait à l'assaut de la presse nationale britannique. Il s'est dit que la meilleure façon de présenter son idée serait de fabriquer un faux exemplaire du journal, comportant le sudoku dans ses pages. À force de conduire des procès en contrefaçon à Hong Kong, il a su produire une imitation convaincante de la deuxième édition du *Times*, qu'il a apportée à la direction du journal. Après quelques heures d'attente à la réception, Gould a fini par soumettre son faux, et les membres de la direction ont semblé conquis. D'ailleurs, immédiatement après son départ, un responsable du *Times* lui demandait par courriel de ne présenter le sudoku à personne d'autre. Deux semaines plus tard, le casse-tête paraissait pour la première fois, puis, trois jours après, le *Daily Mail* en publiait sa propre version. En janvier 2005, le *Daily Telegraph* les imitait, et il n'a pas fallu longtemps pour que tous les journaux britanniques soient tenus d'en offrir à leurs lecteurs afin de ne pas se faire distancer. Cette année-là, l'*Independent* a fait état d'une hausse de 700 % des ventes de crayons à papier au Royaume-Uni, attribuée à cette nouvelle manie. À l'été, au Royaume-Uni mais aussi dans le monde entier, des rayons entiers de livres de sudokus envahissaient les librairies, les kiosques à journaux et les boutiques d'aéroport. En 2005, selon *USA Today*, six des cinquante meilleures ventes en librairie ont été à un moment donné des livres de sudoku. À la fin de l'année, le jeu avait conquis trente pays, et le magazine *Time* citait Wayne Gould parmi les cent personnalités de l'année ayant le plus influencé le monde, aux côtés de Bill Gates, Oprah Winfrey et George Clooney. À la fin 2006, on publiait des sudokus dans soixante pays ; fin 2007, dans quatre-vingt-dix. Selon Maki Kaji, le nombre de joueurs réguliers dépasse aujourd'hui cent millions d'individus.

Venir à bout de n'importe quel casse-tête est immensément gratifiant pour l'ego, mais le charme particulier du sudoku tient notamment à la beauté et à l'équilibre intérieur du parfait carré latin qui lui prête forme. Le succès du sudoku est l'héritage d'un fétichisme très ancien et commun à toutes les cultures pour les grilles de nombres. Et, à la différence de beaucoup d'autres casse-tête, son succès constitue aussi une remarquable victoire pour les mathématiques. C'est un moyen détourné de faire des mathématiques. Le sudoku ne comporte pas d'arithmétique, mais il exige de la pensée abstraite, de la reconnaissance de schémas, de la déduction logique et la production d'algorithmes. Il favorise aussi l'adoption d'une certaine opiniâtreté face à la résolution de problèmes, et stimule le sens de l'élégance mathématique.

Par exemple, aussitôt qu'on a compris les règles du sudoku, le concept de *solution unique* apparaît avec une clarté remarquable. Pour chaque configuration de chiffres dévoilés dans la grille de départ, il ne peut y avoir qu'une seule disposition de chiffres à inscrire dans les cases vides. Toutefois, cela ne signifie pas que toute grille partiellement remplie possède une solution unique. Il est parfaitement possible qu'un carré de 9 × 9 comportant certains chiffres n'ait aucune solution, ou alors de nombreuses. Lorsque la chaîne Sky TV a lancé une émission consacrée au sudoku, elle a fait construire ce qu'elle a qualifié de plus grand sudoku du monde en traçant à la craie une grille de 84 × 84 m sur le flanc d'une colline de la campagne anglaise. Mais la configuration des chiffres dans la grille offrait 1905 solutions possibles ; le prétendu sudoku géant ne possédant pas une solution et une seule, ce n'était en rien un sudoku.

La branche des mathématiques qui dénombre les combinaisons, telles les 1905 solutions du faux sudoku de Sky TV, s'appelle la *combinatoire*. C'est l'étude des permutations et combinaisons de choses, comme les grilles de nombres, mais aussi comme ce casse-tête bien connu que constitue le planning des représentants de commerce itinérants. Mettons, par exemple, que je sois un représentant et que je doive me rendre dans vingt magasins. Dans quel ordre faut-il que j'organise mes visites pour parcourir le moins de distance possible ? La solution requiert d'envisager toutes les permutations de trajets entre l'ensemble des magasins, et c'est un problème classique (et très difficile) de combinatoire. On rencontre le même genre de problème dans le monde des affaires et de l'industrie, en matière de planification des horaires de départ dans les aéroports, par exemple, ou dans l'élaboration d'un système efficace de tri postal.

De toutes les branches des mathématiques, la combinatoire est celle qui gère le plus régulièrement des nombres extrêmement élevés. Comme on l'a vu avec les carrés magiques, il existe de très nombreuses façons de disposer un petit groupe de chiffres. Bien que carrés magiques et latins partagent leur grille carrée, les seconds sont moins nombreux que les premiers, à grille égale, mais leur nombre reste colossal. Celui des carrés latins de 9 × 9, par exemple, comporte vingt-huit chiffres.

Combien de sudokus sont-ils possibles ? Si un carré latin de 9 × 9 équivaut à une grille de sudoku remplie, il faut impérativement que les neuf sous-carrés comportent tous les chiffres, ce qui réduit le nombre de combinaisons de sudoku 9 × 9 possibles à 6 670 903 752 021 072 963 960. Un grand nombre de ces grilles, toutefois, sont des versions d'un même carré qu'on a fait pivoter ou en reflet (comme on l'a vu plus haut avec le carré magique 3 × 3). Après élimination de ces rotations et de ces reflets, le nombre de différentes grilles de sudoku possibles avoisine encore 5,5 milliards.

Mais il ne s'agit toujours pas là du nombre des sudokus possibles, nettement plus élevé puisque chaque grille achevée est elle-même la solution d'une grande quantité de sudokus. Le sudoku qu'on trouve dans le journal, par exemple, n'a qu'une solution unique. Mais aussitôt qu'on en a rempli une case, on a créé une nouvelle grille comportant une nouvelle série de chiffres dévoilés, autrement dit c'est un autre sudoku dont la solution unique est la même, et ainsi de suite à chaque case remplie. Par conséquent, si un sudoku comporte, mettons, trente chiffres dévoilés, on pourra encore créer cinquante sudokus avec la même solution unique, jusqu'à ce que la grille soit totalement remplie (soit un nouveau sudoku pour chaque nouveau chiffre, jusqu'à ce qu'il y ait quatre-vingts chiffres dévoilés dans la grille de quatre-vingt-une cases). Toutefois, déterminer le nombre total de sudokus possibles ne présente pas grand intérêt puisque la plupart ne comporteront que très peu de cases vides, ce qui n'est pas dans l'esprit du casse-tête. En revanche, les mathématiciens sont nettement plus excités par le nombre de chiffres qu'il est possible de laisser dans le carré de départ. La question numéro un de la combinatoire à propos de sudoku traite du plus petit nombre de chiffres qu'il est possible de dévoiler au départ en ne laissant qu'une seule façon de remplir la grille.

Les sudokus qu'on trouve dans la presse comportent généralement autour de vingt-cinq chiffres dévoilés. Personne à ce jour n'a trouvé de sudoku possédant une seule solution avec moins de dix-sept dévoilés. En fait, dans le petit monde de la combinatoire, les sudokus dits « de poids 17 », c'est-à-dire dont dix-sept chiffres sont dévoilés, font l'objet d'une espèce de culte. Gordon Royle, de l'université d'Australie occidentale, tient une base de données de sudokus de poids 17 ; il continue de recevoir ceux que lui envoient des amateurs du monde entier, à raison de trois ou quatre par jour. Il en a aujourd'hui recueilli quelque cinquante mille. Pourtant, malgré sa qualité d'expert mondial des casse-tête de poids 17, lui-même reconnaît ne pas savoir s'il est encore loin d'avoir déterminé le nombre total de sudokus possibles. « Il y a quelque temps, j'étais tenté de dire que nous étions près du compte, mais un contributeur anonyme m'en a envoyé près de cinq mille nouveaux, dit-il. Nous n'avons jamais vraiment su comment "anon17" s'y était pris, mais il disposait forcément d'un algorithme très intelligent. »

D'après Royle, personne n'a trouvé de sudoku de poids 16 parce que, comme il le dit, « soit nous ne sommes pas assez intelligents, soit les ordinateurs ne sont pas assez puissants ». Selon toute vraisemblance, anon17 aura préféré taire sa méthode parce qu'il a utilisé le très gros ordinateur d'autrui sans y être autorisé. La résolution des problèmes de combinatoire exige souvent le recours à un ordinateur pour les calculs intensifs. « L'espace hypothétique total des casse-tête de poids 16 possibles est bien trop vaste pour que nous puissions espérer en explorer une infime proportion sans l'arrivée de nouvelles idées théoriques », affirme Royle. Mais il est intimement persuadé qu'on ne trouvera jamais de sudoku de poids 16 : « Nous possédons à présent un tel nombre de casse-tête de poids 17 qu'il serait vraiment étonnant d'apprendre qu'il en existe un de poids 16 sur lequel nous ne serions pas tombés par hasard. »

La carte de visite de Maki Kaji arbore la mention *Parrain du sudoku*. Wayne Gould, lui, se décrit comme le beau-père du sudoku. J'ai fini par rencontrer Gould autour d'une tasse de café dans un établissement du West London. Il portait un maillot de rugby de l'équipe de Nouvelle-Zélande et affichait la décontraction caractéristique propre aux gens des antipodes. L'espace qui sépare ses incisives, ses épaisses lunettes, ses cheveux courts argentés et son enthousiasme de jeune homme lui donnaient davantage l'air d'un jeune maître de conférences que d'un ancien juge. Le sudoku a bouleversé son existence. Il est plus occupé depuis qu'il a pris sa retraite qu'il ne l'a jamais été auparavant. Il fournit à titre gracieux des casse-tête à plus de sept cents journaux dans quatre-vingt-un pays et tire ses revenus de la vente de son logiciel et de ses livres, qui ne constituent selon lui que 2 % du marché mondial du sudoku. N'empêche que ça lui a rapporté une fortune à sept chiffres. Plus la célébrité. Comme je lui demandais la façon dont son épouse avait vécu cette gloire inattendue, il a marqué un temps d'arrêt. Puis il a bredouillé : « Nous nous sommes séparés l'an dernier, après trente-deux ans de mariage. C'est peut-être le fait de disposer de tant d'argent. Ça lui a peut-être donné une liberté qu'elle avait jusqu'alors ignorée. » Dans ses silences j'ai perçu un message déchirant : Gould a sans doute déclenché un vent de folie dans le monde, mais l'aventure lui a coûté un prix exorbitant.

J'ai toujours pensé que le sudoku devait une part de son succès à son nom exotique, qui évoque fortement la sagesse et la transcendance orientales, alors qu'en vérité l'idée a jailli du cerveau de l'Américain Howard Garns, un habitant de l'Indiana. En fait, il existe bel et bien une tradition orientale du casse-tête. Le premier engouement mondial pour un casse-tête remonte au début du XIXe siècle, quand à leur retour de Chine des marins européens et américains ramenèrent dans leurs bagages des ensembles constitués de sept formes géométriques, généralement de bois ou d'ivoire – deux grands triangles, deux petits triangles, un triangle moyen, un rhomboïde et un carré. Assemblées, ces pièces composaient un grand carré. Chaque lot s'accompagnait d'un livret rempli de dizaines de contours – formes géométriques, silhouettes humaines et objets divers. L'objectif du casse-tête était de recréer chacune de ces silhouettes imprimées en assemblant les sept pièces.

Ce jeu tirait son origine de la tradition chinoise consistant lors des banquets à disposer les tables de façon à composer des formes définies. Un livre chinois du XIIe siècle propose soixante-seize arrangements de banquets, dont beaucoup représentent des objets, comme un drapeau flottant dans le vent, ou encore une rangée de montagnes et des fleurs. Au tournant du XIXe siècle, un écrivain chinois portant l'amusant pseudonyme de « Reclus Obtus » eut l'idée de réduire cette chorégraphie cérémoniale sous forme de blocs géométriques à l'échelle des mains, et de rassembler ses dessins dans un livre intitulé *Images en sept pièces habiles*.

Angleterre 1817   Angleterre 1818

Chine 1858   États-Unis 1903   États-Unis 1925

Figures de tangram à travers les âges

D'abord appelé « casse-tête chinois », le jeu a finalement reçu le nom de « tangram ». Le premier livre de tangram publié hors de Chine fut imprimé en 1817 à Londres, où il suscita un engouement immédiat. Entre 1817 et 1818, les livres de tangram parurent par dizaines en France, en Allemagne, en Italie, aux Pays-Bas et en Scandinavie. Cette manie n'échappa guère aux caricaturistes des journaux qui se mirent à dépeindre des hommes peu désireux de rejoindre leurs épouses au lit, des cuisiniers incapables de faire à manger et des médecins refusant de soigner leurs patients parce qu'ils étaient trop occupés à disposer des triangles. La fièvre fut plus forte en France qu'ailleurs, peut-être parce qu'on y prétendit que c'était le passe-temps favori de Napoléon, alors en exil à Sainte-Hélène. Si l'empereur déchu fut l'un des premiers mordus, c'est sans doute parce que les navires revenant d'Asie faisaient escale sur son île de l'Atlantique sud.

J'adore le tangram. Hommes, femmes et animaux y prennent vie, comme par magie. Le moindre déplacement d'un élément suffit à transformer le personnage. Avec leurs contours anguleux et souvent grotesques, les figures sont merveilleusement évocatrices. Les Français ont porté cette personnification à l'extrême en dessinant des images à l'intérieur même des silhouettes.

On imagine mal à quel point le jeu peut devenir captivant tant qu'on ne s'y est pas essayé. En fait, malgré son apparente facilité, la résolution de problèmes de tangram peut se révéler étonnamment ardue. Les formes prêtent volontiers à confusion, deux silhouettes très ressemblantes pouvant par exemple reposer sur une structure sous-jacente très différente. Le tangram agit parfois comme un rappel contre la complaisance ; il nous dit que l'essence des choses ne correspond pas toujours à ce qu'on voit. Observez les figures ci-dessous. On dirait qu'il a suffi de retirer un petit triangle de la première forme pour constituer la seconde. En fait, l'une et l'autre emploient l'ensemble des pièces et sont arrangées de tout autre façon.

Au milieu du XIXe siècle, le tangram fit son entrée à l'école, sans pour autant être délaissé par les adultes. Le fabricant allemand Richter le renomma *Kopfzerbrecher*, littéralement « casse-tête », et rencontra un tel succès qu'il créa une douzaine de jeux similaires, à partir de formes et de figures nouvelles. Pendant la Première Guerre mondiale, les casse-tête Richter constituèrent un passe-temps très apprécié des soldats coincés dans les tranchées. La demande fut telle que dix-huit versions apparurent sur le marché. L'une d'elles, nommée *Schützengraben Geduldspiel* – le jeu de patience des tranchées – comportait des figures militaires comme le Zeppelin, un revolver et une grenade. Certaines étaient l'œuvre de soldats qui avaient envoyé leur idée depuis le front.

Avant la guerre, Richter avait accordé la licence sur ses jeux à la Lott's Brick Company, au Royaume-Uni. Les soldats allemands sur le front ne furent donc pas les seuls à passer leurs journées à résoudre des dérivés du tangram ; à quelques kilomètres, dans les tranchées alliées, les Britanniques faisaient exactement la même chose.

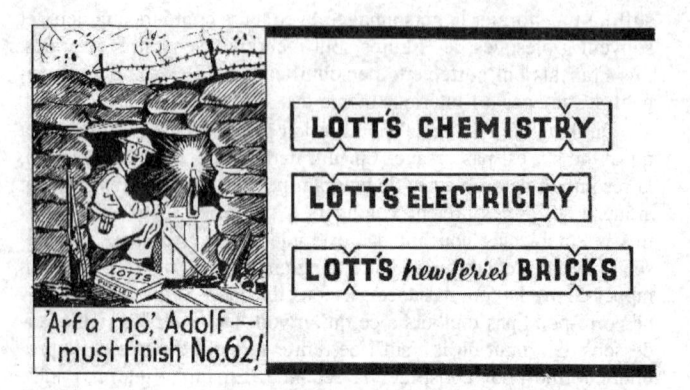

Publicité pour les casse-tête de cubes Lott's pendant la Première Guerre mondiale

Chaque nouvelle génération ayant créé ses propres figures, le tangram, après deux cents ans, n'a jamais vraiment cessé d'être à la mode. On le trouve encore dans les magasins de jouets et les librairies. Le catalogue des silhouettes publiées dépasse aujourd'hui 5 900 unités.

Bien qu'on ait systématiquement tendance à associer le tangram aux puzzles de même genre, il ne s'agit pas du premier casse-tête de disposition de l'histoire. Dans la Grèce antique, le *stomachion* était un carré divisé en quatorze morceaux. (*Stomachi* signifiant « estomac », on pense que ce nom provient du nœud que la résolution du casse-tête créait au ventre du joueur, pas l'ingestion de ses pièces.) Archimède écrivit un traité sur le *stomachion*, dont il ne nous reste qu'un fragment, à partir duquel on a déduit qu'il cherchait à calculer le nombre de dispositions différentes des pièces du *stomachion* pouvant aboutir à un carré parfait. Ce problème antique n'a été résolu que récemment, en 2003, quand l'informaticien Bill Cutler a calculé qu'il en existe 536 (en excluant les solutions identiques après rotation ou reflet).

Depuis l'époque d'Archimède, de nombreux mathématiciens se caractérisent par l'intérêt qu'ils portent aux casse-tête récréatifs. « L'homme n'est jamais aussi ingénieux que dans l'invention de

RÉCRÉATION (JOUONS UN PEU)

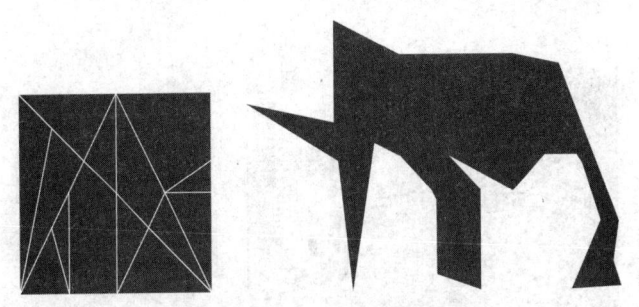

Le stomachion, *également connu sous le nom de « Loculus d'Archimède »*

jeux », a dit par exemple Gottfried Leibniz, dont l'amour pour le solitaire faisait écho à son obsession des nombres binaires : chaque trou peut comporter une bille ou pas, c'est soit un 1, soit un 0. Mais de tous les grands mathématiciens, le plus joueur aura sans doute été Leonhard Euler qui, pour venir à bout d'un casse-tête du XVIIIe siècle, inventa toute une nouvelle branche des mathématiques.

À Königsberg, l'ancienne capitale de Prusse aujourd'hui devenue la ville russe de Kaliningrad, sept ponts traversaient le fleuve Pregolia, et les autochtones se demandaient s'il serait possible de tous les franchir sans jamais emprunter deux fois le même.

Pour prouver l'impossibilité d'un tel circuit, Euler créa un graphique où chaque portion de terre ferme était représentée par un point, ou nœud, et chaque pont par une ligne, ou lien. Il en tira un théorème mettant en relation le nombre de liens touchant chaque nœud à la possibilité de créer un circuit, qui, dans ce cas précis, était nulle.

Le fossé conceptuel franchi par Euler a été de comprendre que pour résoudre ce problème, les informations sur la localisation exacte de chaque pont avaient moins d'importance que la façon dont ils étaient reliés. Le plan du métro londonien s'inspire de cette idée : s'il n'est pas fidèle à la géographie, il l'est parfaitement quant à la façon dont les lignes s'entrecroisent. Le théorème d'Euler a donné lieu à la théorie des graphes, annonçant la naissance de la topologie, une branche très riche des mathématiques qui étudie les propriétés des objets qui ne changent pas lorsqu'on les écrase, qu'on les tord ou qu'on les étire.

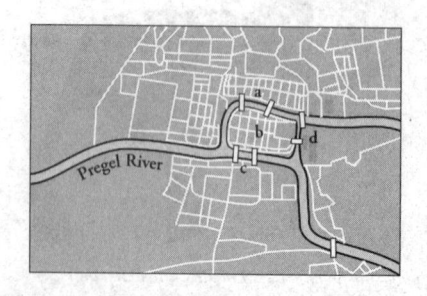

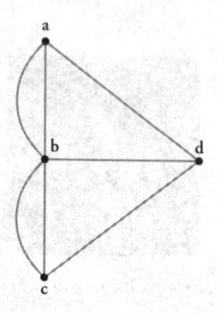

Königsberg au XVIIIe siècle : le plan et le graphe

La fascination qu'exerça en 1817 le tangram n'était rien comparée au degré extraordinaire d'excitation que suscita la deuxième vague d'hystérie qui balaya le monde à propos d'un puzzle. Dès le jour de son lancement dans un magasin de jouets de Boston, en décembre 1879, les fabricants du taquin ne furent plus en mesure de répondre à la demande. « Pas plus le front ridé de l'âge que celui, chérubin, de l'enfance, ne sont à l'épreuve de la contagion », déclara le *Boston Post*.

Le taquin consistait en quinze pièces de bois carrées, disposées dans une boîte en carton, carrée elle aussi, de façon à constituer un 4×4 moins une pièce. Chaque pièce, numérotée de 1 à 15, était placée au hasard dans la boîte. Le but du jeu consistait à faire glisser les pièces dans l'espace vacant du 4×4 pour les remettre dans l'ordre numérique. Le taquin s'est révélé si amusant, si irrésistible, que la marotte s'est vite propagée du Massachusetts à New York, d'où elle a gagné le reste des États-Unis. « Elle a balayé la terre d'est en ouest avec la violence du sirocco, desséchant les cerveaux des hommes sur son passage, les frappant manifestement de folie passagère », frémit le *Chicago Tribune*. Pour le *New York Times*, nulle pestilence « ne traversa jamais ce pays ou un autre à si effroyable vitesse ».

Le jeu traversa bientôt l'océan, et un magasin de Londres y fut paraît-il exclusivement consacré. En six mois, il avait atteint le bout du monde. « Ils ne sont pas peu nombreux, ceux qui ont déjà été emportés par la folie », affirme la lettre d'un lecteur de l'*Otago Witness*, en Nouvelle-Zélande, le 1er mai 1880.

RÉCRÉATION (JOUONS UN PEU)

Le taquin, ou Fifteen puzzle, *fut initialement connu sous le nom de* Gem puzzle, *ou « casse-tête des gemmes ».*

Le taquin avait vu le jour dans l'esprit de Noyes Chapman, un receveur des postes du nord de l'État de New York, qui près de vingt ans plus tôt avait cherché à fabriquer un modèle physique de carré magique 4 × 4. Il avait façonné des petits cubes de bois correspondant à chacun des seize nombres, qu'on pouvait aisément ranger dans une boîte carrée. S'apercevant qu'en laissant un carré à l'extérieur il obtenait un espace dans lequel on pouvait faire glisser une pièce adjacente, il perçut que le jeu consistant à remettre les nombres dans l'ordre était particulièrement amusant. Chapman fabriqua quelques exemplaires de son jeu, pour la famille et les amis, mais ne poussa jamais l'idée plus loin. Il fallut qu'un menuisier astucieux de Boston décide de le commercialiser pour que la fièvre prenne.

Si le taquin suscitait invariablement le profond tourment de ceux qui s'y essayaient, c'est parce qu'il n'offre pas toujours de solution. Une fois les carrés disposés au hasard dans leur boîte, deux dénouements sont possibles : soit on peut les remettre dans l'ordre numérique, soit on n'y parvient que dans les trois premières rangées, la dernière donnant 13-15-14. La folie naissait en grande partie de l'acharnement à vouloir transformer ce 13-15-14 en 13-14-15. En janvier 1890, peu après la mise sur le marché du jeu, un dentiste de Rochester, dans l'État de New York, plaça une annonce dans le journal local offrant cent dollars et un dentier neuf à quiconque parviendrait à prouver que c'était possible, ou que ça ne l'était pas. Lui-même pensait que non – mais manquait de compétences mathématiques pour en être sûr.

La perplexité suscitée dans les salons par le taquin a gagné les couloirs académiques, et dès que les professionnels s'en sont emparés, le casse-tête est passé de l'insolubilité qui rend fou à l'insolubilité acceptée. En avril 1890, Hermann Schubert, l'un des grands mathématiciens de son temps, publia dans un quotidien allemand la première preuve de l'insolubilité de la position 13-15-14. Peu après, le très jeune *American Journal of Mathematics* en publia une preuve à son tour, précisant en outre que, de toutes les positions de départ, une moitié était vouée à aboutir au résultat 13-14-15, et l'autre à 13-15-14. Le taquin reste à ce jour le seul casse-tête jouissant d'une popularité internationale à ne pas offrir de solution à tous les coups. On comprend qu'il ait à ce point taquiné les sens.

À l'instar du tangram, le taquin n'a pas totalement disparu. C'est l'ancêtre des puzzles à pièces coulissantes qu'on trouve encore dans les magasins de jouets, les boîtes de céréales et parmi les gadgets de la communication d'entreprise. En 1974, un Hongrois qui cherchait à améliorer le taquin eut l'idée de le reproduire en trois dimensions. Cet homme, Ernö Rubik, fabriqua un prototype, le Rubik's Cube, qui allait devenir le casse-tête le plus vendu de l'histoire.

En 2002, dans *The Puzzle Instinct*, le sémioticien Marcel Danesi a écrit que l'aptitude intuitive à la résolution de casse-tête est inhérente à la condition humaine. Devant un casse-tête, explique-t-il, notre instinct nous pousse à trouver une solution jusqu'à obtenir satisfaction. Des énigmes du sphinx de la mythologie grecque aux histoires de détectives, le casse-tête apparaît à travers les époques et les cultures. Danesi prétend qu'il constitue une forme de thérapie existentielle, qui nous montre qu'aux questions difficiles correspondent parfois des réponses précises. Selon Henry Ernest Dudeney, le plus grand compositeur britannique de casse-tête, leur résolution réside au fondement de la nature humaine. « Il est incontestable que nous passons une partie essentielle de notre existence à résoudre des casse-tête ; car, au fond, un casse-tête est-il autre chose qu'une question déconcertante ? Et de l'enfance jusqu'au bout de la vie, jamais nous ne cessons de poser des questions ou d'essayer d'y répondre. »

Le casse-tête est aussi un moyen formidable de susciter l'émerveillement pour les maths, qui exigent souvent qu'on réfléchisse hors des sentiers battus, ou qu'on se fie à des vérités heurtant l'intuition. La sensation victorieuse qu'on tire de la résolution d'un casse-tête est un plaisir addictif ; celle d'échec quand on n'y parvient pas est une frustration quasi insoutenable. Il n'a pas fallu très longtemps aux éditeurs pour s'apercevoir de l'existence d'un marché pour les mathématiques ludiques. C'est en 1612 que parut en France *Problèmes plaisans et délectables qui se font par les nombres (Très utiles pour toutes sortes de personnes curieuses qui se servent d'arithmétique)*, sous la plume de Claude Gaspard Bachet. On y parlait de carrés magiques, de tours de cartes, de questions sur les bases non décimales et de problèmes consistant à deviner un nombre. Bachet était un mathématicien sérieux, qui traduirait peu après l'*Arithmétique* de Diophante, mais on peut dire que son livre de mathématiques populaires aura eu plus d'influence que ses travaux académiques. Tous les recueils subséquents de casse-tête s'en inspireront, et il conservera sa pertinence pendant des siècles, au point de connaître encore une réédition en 1959. L'une des caractéristiques des mathématiques, fussent-elles récréatives, c'est qu'elles ne se périment jamais.

Au milieu du XIXe siècle, les quotidiens américains entreprirent de publier des problèmes d'échecs. L'un de leurs premiers auteurs, et l'un des plus précoces, fut Sam Loyd, un New-Yorkais qui n'avait que quatorze ans lorsqu'un journal local publia son premier jeu de réflexion. À dix-sept ans, c'était à la fois le plus célèbre et le plus révéré des compositeurs de problèmes d'échecs aux États-Unis.

Des échecs, Loyd en vint aux casse-tête mathématiques, dont il deviendrait, dès la fin du siècle, le premier compositeur et promoteur professionnel du monde. Il était très abondamment publié dans les médias américains, au point que ses rubriques lui valaient, selon ses dires, cent mille lettres par jour. Ce nombre, toutefois, est à prendre avec des pincettes. Loyd cultivait à l'égard de la vérité le genre d'attitude qu'on peut attendre d'un fabricant professionnel d'énigmes. Il affirmait par exemple avoir inventé le taquin, ce que l'on a cru pendant plus d'un siècle jusqu'au jour de 2006 où les historiens Jerry Slocum et Dic Sonneveld ont rendu à Noyes

Chapman ce qui lui appartenait. Loyd a aussi relancé l'intérêt pour le tangram dans *The 8th Book of Tan Part I*, prétendue adaptation d'un texte antique traitant des supposés quatre mille ans d'ancienneté du jeu. D'abord pris au sérieux par les universitaires, le texte s'est ensuite révélé faux.

Loyd avait un talent unique pour transformer les problèmes mathématiques en passe-temps, généralement illustré. La plus géniale de ses créations fut sans doute celle qui parut dans le *Brooklyn Daily Eagle* en 1896. Le casse-tête « Get Off the Earth » (quittez la Terre) acquit une popularité qui lui vaudrait d'être repris en tant qu'accroche publicitaire par différents annonceurs, parmi

RÉCRÉATION (JOUONS UN PEU)

lesquels le *Young Ladies Home Journal*, la Great Atlantic & Pacific Tea Company et la plateforme républicaine à l'élection présidentielle de 1896. (Malgré le fait que son message n'avait rien d'un plaidoyer politique.) On y voit des guerriers chinois disposés autour de la Terre, reproduite sur un disque de carton pivotant sur son axe central. Lorsque la flèche indique le nord-est (NE), on compte treize guerriers, mais dès qu'on la fait pointer vers le nord-ouest (NW), ils ne sont plus que douze. C'est particulièrement troublant. Il y a incontestablement treize guerriers et soudain – en un éclair – ils ne sont plus que douze. Lequel s'est évaporé, et pour aller où ?

Le truc qui sous-tend ce casse-tête s'appelle « disparition géométrique ». On peut l'expliquer comme suit : sur l'image ci-dessous, on voit une feuille de papier barrée de dix droites verticales. Si l'on découpe la feuille en diagonale, on peut réaligner les deux morceaux de façon à n'en laisser que neuf. Où diable est passée la dixième ? En fait, on a modifié la disposition des segments de droite de façon à constituer neuf lignes *plus longues* que celles de départ. Si la longueur des droites de la première image est de dix unités, celle des droites de la seconde est de $11\frac{1}{9}$, car l'une d'elles s'est équitablement répartie entre les autres.

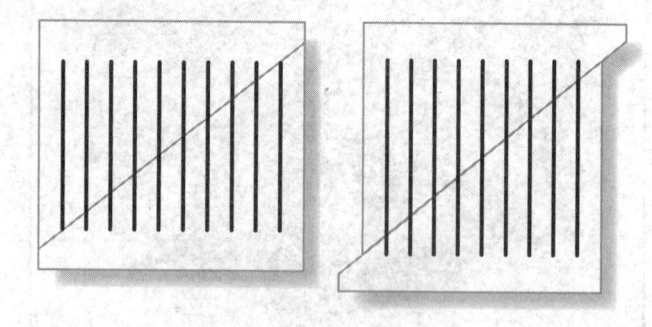

Avec « Get Off the Earth », Sam Loyd s'est contenté d'appliquer la disparition géométrique à la courbe en donnant à son dessin une forme circulaire, et en remplaçant les droites par des guerriers chinois. Ce casse-tête comporte douze positions, comparables aux dix droites de l'exemple précédent. La position du coin inférieur gauche, où se trouvent au départ deux guerriers, équivaut aux droites situées aux extrémités. Lorsqu'on déplace la flèche du NE au NW, chaque position gagne un peu de masse de guerrier, sauf celle qui en comportait deux, sensiblement diminuée, qui donne l'impression qu'un guerrier a disparu. En vérité, ce guerrier s'est équitablement réparti parmi les autres. Sam Loyd a affirmé qu'il a été fabriqué dix millions d'exemplaires de « Get Off the Earth ». Il est devenu riche et célèbre, et s'est amplement délecté de sa réputation de roi américain du casse-tête.

Au même moment, en Grande-Bretagne, Henry Ernest Dudeney se bâtissait une notoriété de même type. Autant la verve capitaliste de Loyd et son don pour l'autopromotion reflétaient la pugnacité new-yorkaise du tournant du siècle, autant Dudeney incarnait les modalités plus réservées de l'Angleterre.

Issu d'une famille d'éleveurs ovins du Sussex, Dudeney se mit à travailler dès treize ans en tant qu'employé de la fonction publique à Londres. Vite lassé de son emploi, il entreprit de soumettre des histoires courtes et des casse-tête à diverses publications, et trouva bien vite le loisir de ne plus se consacrer qu'à ça. Alice, son épouse, écrivait des romans d'amour à succès ayant pour cadre la campagne du Sussex – région où, grâce à ses droits d'auteur, le couple vécut dans le luxe. Les Dudeney, qui partageaient leur temps entre Londres et la campagne, firent partie d'un cercle littéraire et intellectuel qui comptait également pour membre Sir Arthur Conan Doyle, le créateur de Sherlock Holmes, probablement le plus emblématique résolveur de casse-tête de l'histoire de la littérature.

On suppose que Dudeney et Sam Loyd se sont rencontrés en 1894, quand Loyd a publié un problème d'échecs dont il croyait fermement que nul ne trouverait de solution en cinquante-trois coups. Dudeney, plus jeune que Loyd de dix-sept ans, l'a trouvée en cinquante coups. À partir de ce moment, les deux hommes ont travaillé ensemble, jusqu'au jour où Dudeney à découvert que Loyd était en train de plagier son travail. Le dépit qu'il en a éprouvé était si fort qu'il n'a pas hésité à le comparer au diable.

Aussi bien Loyd que Dudeney étaient autodidactes, mais le second possédait un esprit mathématique bien plus développé. Bon nombre de ses casse-tête touchaient à des questions profondes – souvent avant même que les savants s'y intéressent. En 1962, par exemple, le mathématicien Mei-Ko Kwan s'est penché sur le problème du plus court trajet par lequel un facteur parcourra toutes les rues d'une ville. Dudeney s'était posé le même problème – et l'avait résolu – dans un casse-tête impliquant un inspecteur des mines qui devait sillonner des galeries souterraines, près de cinquante ans plus tôt.

Dudeney a aussi contribué sans le savoir à la théorie des nombres, et ce à plusieurs reprises. L'un de ses casse-tête, baptisé Extraction de racine, joue sur le fait que la racine cubique des nombres suivants est égale à la somme des chiffres qui les composent :

$1 = 1 \times 1 \times 1$ $1 = 1$
$512 = 8 \times 8 \times 8$ $8 = 5 + 1 + 2$
$4\,913 = 17 \times 17 \times 17$ $17 = 4 + 9 + 1 + 3$
$5\,832 = 18 \times 18 \times 18$ $18 = 5 + 8 + 3 + 2$
$17\,576 = 26 \times 26 \times 26$ $26 = 1 + 7 + 5 + 7 + 6$
$19\,683 = 27 \times 27 \times 27$ $27 = 1 + 9 + 6 + 8 + 3$

Les nombres possédant cette caractéristique – il n'en existe que six – portent désormais le nom de nombres de Dudeney. Dudeney était aussi particulièrement doué pour les problèmes de dissection géométrique, c'est-à-dire le découpage d'une forme en morceaux qu'on assemble de façon à en produire une autre, comme dans le tangram. Dudeney a ainsi trouvé le moyen de transformer un carré en pentagone en six morceaux. Sa méthode a acquis une grande notoriété parce qu'on avait longtemps estimé que la dissection minimale d'un carré pour donner un pentagone était de sept morceaux.

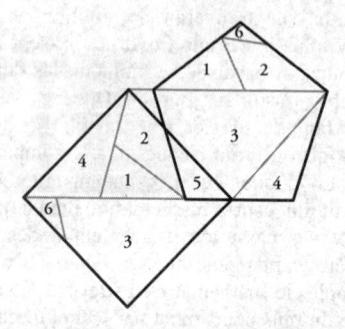

Dudeney a aussi découvert une nouvelle façon de découper un triangle en quatre morceaux pour le transformer en carré. Et il s'est aperçu que les quatre pièces de sa solution pouvaient constituer une chaîne qui, repliée dans un sens, donnait le triangle et, dans l'autre, donnait le carré. Il a appelé cela le Haberdasher's Puzzle (« le Casse-tête du couturier »), parce que les formes lui rappelaient les chutes de tissu qu'on trouve dans l'atelier d'un tailleur. Ce casse-tête introduisait la notion de « dissection à charnières », qui suscita un tel intérêt que Dudeney en vint à confectionner un modèle d'acajou aux charnières de cuivre, qu'il présenta en 1905 devant la Royal Society, à Londres. Le Haberdasher's Puzzle est le plus beau fleuron de l'héritage de Dudeney ; voilà plus d'un siècle qu'il suscite la fascination et la délectation des mathématiciens.

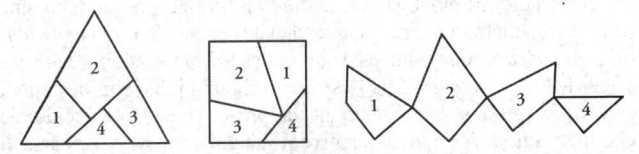

Le Haberdasher's Puzzle, ou Casse-tête du couturier

Parmi les esprits particulièrement enthousiasmés par le Cassetête du couturier, il y eut celui de l'adolescent canadien Erik Demaine. Ce prodige exceptionnel, qui à vingt ans enseignait déjà au MIT, était surtout intéressé par l'« universalité » du problème. Serait-il possible, se demandait-il, de découper *n'importe quelle* forme à côtés droits, et d'en joindre les morceaux de sorte qu'on puisse les replier sous *n'importe quelle* autre forme de même aire ? En mars 2008, à l'âge de vingt-sept ans et après dix ans de travail sur la question, il a annoncé la solution devant un auditoire particulièrement captif d'amateurs de casse-tête, dans la salle de réception d'un hôtel d'Atlanta.

Demaine est grand et maigrichon, il porte une barbe touffue et une longue queue-de-cheval châtaine. Sur un grand écran derrière lui était projetée l'image du Haberdasher's Puzzle. Il a expliqué qu'il avait décidé, avec ses étudiants en doctorat, de s'attaquer au problème. « Je n'y croyais pas moi-même », a-t-il raconté. Contrairement à ses prévisions, il a découvert avec ses élèves qu'on peut bel et bien transformer n'importe quel polygone en un autre polygone de même aire en passant par une dissection géométrique similaire au Haberdasher's Puzzle. L'assistance s'est mise à applaudir – un véritable événement dans les hautes sphères de la géométrie algorithmique. Il faut dire que dans le monde des casse-tête, il s'agissait d'une percée particulièrement excitante – l'un des plus brillants esprits de sa génération avait tordu le cou à un problème légendaire.

Pour le discours de Demaine, il ne pouvait y avoir de meilleur auditoire que celui de la réunion d'Atlanta. Le « Gathering for

Gardner » (Rassemblement pour Gardner) est le plus grand rassemblement de mathématiciens, de magiciens et d'amateurs de casse-tête du monde. C'est un hommage bisannuel rendu à l'homme responsable de la révolution que connurent les mathématiques récréatives à la seconde moitié du siècle dernier. Entre 1957 et 1981, Martin Gardner, aujourd'hui âgé de quatre-vingt-treize ans, a tenu une rubrique mathématique mensuelle dans les pages de la revue *Scientific American*. Ces années sont celles d'importantes avancées scientifiques – voyage dans l'espace, technologie de l'information, génétique – mais c'est pourtant la prose vivante et lucide de Gardner qui a réellement captivé l'imagination des lecteurs. Il abordait dans sa colonne des sujets tels que les jeux de damier ou les tours de magie, la numérologie ou les premiers jeux informatiques, et s'aventurait souvent dans des domaines voisins comme la linguistique ou le design. « Je trouve que [Gardner] affichait à l'égard des maths un respect mêlé de ludisme qui se fait rare dans les milieux mathématiques, m'a confié Demaine au sortir de son discours. On a tendance à trop se prendre au sérieux. J'essaie de faire en sorte que toutes mes activités soient amusantes. »

Demaine était encore enfant lorsque son père, souffleur de verre et sculpteur, lui fit découvrir la rubrique de Gardner dans le journal. Les Demaine, qui coécrivent fréquemment des articles sur les mathématiques, incarnent à merveille l'esprit interdisciplinaire de Gardner. Erik est un pionnier de l'origami sur ordinateur, un domaine situé à mi-chemin entre les mathématiques et l'art, et certains des modèles réalisés par le père et le fils ont été présentés au Musée d'art moderne de New York. Pour Demaine, les mathématiques et l'art sont des activités parallèles, qui ont en commun une « esthétique de la simplicité et de la beauté ».

À Atlanta, Demaine n'est pas entré dans le détail de sa démonstration de l'universalité des dissections de type Haberdasher's Puzzle, mais il a quand même dit que la dissection d'un polygone afin de l'articuler sous forme de chaîne pour former un autre polygone n'est pas toujours esthétique – elle est même souvent parfaitement impraticable. Demaine applique aujourd'hui son travail théorique sur les dissections articulées à la fabrication de robots capables de passer d'une forme à une autre par pliage – comme les héros de *Transformers*, la bande dessinée adaptée au cinéma, où les robots se métamorphosent en différentes machines.

Gathering for Gardner

Cette conférence était la huitième édition de Gathering for Gardner, ou G4G, dont le logo, créé par Scott Kim, est ce qu'on appelle une inversion, ou un ambigramme.

Quand on le retourne, on lit exactement la même chose. C'est Kim, informaticien devenu compositeur de casse-tête, qui a inventé ce genre de calligraphie symétrique dans les années 1970. Il n'est pas indispensable qu'un ambigramme, lorsqu'on le tourne à cent quatre-vingts degrés, demeure identique – toute symétrie, ou inscription cachée, fait l'affaire.

L'écrivain Isaac Asimov a un jour qualifié Kim d'« Escher de l'alphabet », évoquant l'artiste hollandais qui a joué de la perspective et de la symétrie pour créer des images se contredisant elles-mêmes, comme les célèbres marches qui paraissent monter et monter jusqu'à atteindre leur point de départ. L'autre point commun entre Escher et Kim, c'est que l'un et l'autre ont rencontré le grand public par l'intermédiaire de Martin Gardner.

L'ambigramme a aussi été inventé par le typographe et artiste John Langdon, de façon indépendante et simultanée. Les mathématiciens sont particulièrement friands de ce genre de calligraphie, car c'est un emprunt astucieux à leur propre quête de schémas et de symétrie. L'écrivain Dan Brown a découvert les ambigrammes par l'intermédiaire de son père, Richard Brown, professeur de mathématiques. Il a demandé à Langdon de dessiner les mots *Angels & Demons* (« Anges et Démons ») sous forme d'ambigramme pour son best-seller de même titre, dont le personnage principal se nomme Robert Langdon, à titre d'hommage. Langdon reparaît ultérieurement comme le protagoniste du *Da Vinci Code*, puis du *Symbole perdu*. Les ambigrammes se sont par ailleurs trouvé une nouvelle niche : l'art corporel. Les fioritures quasi gothiques, souvent ajoutées pour favoriser la symétrie, et la mystique qui entoure le fait de pouvoir lire un nom à l'endroit et à l'envers, verticalement et horizontalement, sont parfaitement en phase avec l'esthétique du tatouage.

Quand on retourne ce tatouage créé par Mark Palmer, Angel *(Ange) devient* Devil *(Diable).*

En déambulant au G4G, il était impossible de ne pas penser que les maths sont un excellent repoussoir de la sénilité. Une grande partie des invités étaient âgés de plus de soixante-dix ans, certains en avaient même quatre-vingts, voire quatre-vingt-dix. Pendant plus d'un demi-siècle, Gardner a entretenu des liens épistolaires avec des milliers de lecteurs, dont de célèbres mathématiciens, et certains sont devenus ses amis. Raymond Smullyan, quatre-vingt-huit ans, est le plus éminent spécialiste mondial des paradoxes logiques. Il a commencé son discours par ces mots : « Avant de me mettre à parler, je voudrais dire quelque chose. » Avec sa silhouette élancée et son allure délicieusement débraillée, ses cheveux blancs flottants et sa barbe duveteuse, Smullyan ne s'est pas privé de régaler les clients de l'hôtel en se mettant au piano. Il a aussi accompli des tours de magie auprès de passants qui ne s'y attendaient pas, et un soir, après le dîner, il a littéralement plié la maison en deux par un petit tour de *stand-up comedy*.

À soixante-seize ans, Solomon Golomb paraît moins énergique que Smullyan, mais il peut tenir une conversation sans systématiquement verser dans les paradoxes. Cet homme aux airs de grand-père débonnaire est l'auteur d'importantes découvertes dans le domaine des communications spatiales, des mathématiques et de l'ingénierie électrique. C'est aussi grâce au concours de Martin Gardner qu'il a apporté sa contribution à la culture populaire. Très tôt dans sa carrière universitaire, Golomb avait eu l'idée des polyominos, c'est-à-dire de dominos comportant plus de deux cases. Le triomino en possède trois, le tétromino, quatre et ainsi de suite. Très vite, une chronique de Gardner sur leurs modes d'assemblage a suscité tant d'intérêt que le livre de Golomb, *Polyominoes*, a paru en Russie, où il a rencontré un succès immense. Là, l'un de ses adeptes a créé un jeu à base de tétrominos qui tombent du ciel. Ce jeu, le Tétris, est devenu l'un des jeux informatiques les plus pérennes et les plus appréciés au monde. Golomb, lui, n'a évidemment pas joué au Tétris plus d'une demi-heure.

Un autre participant, Ivan Moscovich, avec son costume sombre de coupe impeccable, son œil pétillant, sa fine moustache et ses cheveux grisonnants lissés en arrière, était le portrait craché de l'acteur Vincent Price, en plus âgé. Pour Moscovich, l'attrait des casse-tête réside dans le fait qu'ils stimulent la pensée créative. Né dans ce qui est aujourd'hui la Serbie, il fut interné pendant la Seconde Guerre mondiale à Auschwitz et Bergen-Belsen. Il pense devoir sa survie à une créativité innée – il n'a jamais cessé d'inventer des situations qui finissaient par le sauver. Après la guerre, c'est devenu un bourreau de travail dans la composition de casse-tête. Il aime toujours réfléchir en dehors des sentiers battus, prendre la fatalité à contre-pied. Cette volonté de ne jamais se trouver à court d'idées neuves, dit-il, lui est venue à la suite du traumatisme de sa propre échappée belle.

Au fil des cinquante dernières années, Moscovich a déposé et produit quelque cent cinquante casse-tête et compilé un recueil salué comme étant la plus belle collection depuis le temps de Loyd et Dudeney. Aujourd'hui âgé de quatre-vingt-deux ans, il vient d'achever sa dernière création : un casse-tête de cubes glissants nommé You and Einstein (Einstein et vous). Le jeu consiste à faire glisser les cubes dans une grille carrée pour créer l'image d'Einstein. Le petit « plus » apporté par Moscovich tient au fait que chaque cube est doté sur le côté d'un miroir oblique qui émet le reflet de la boîte, ce qui signifie que ce qu'on prend pour le cube est en fait le reflet d'autre chose. Moscovich m'a confié qu'il espérait voir You and Einstein devenir un succès mondial.

Ce dont rêve Moscovich, comme tout le monde dans le secteur, c'est évidemment de déclencher une nouvelle fièvre du casse-tête. Seuls quatre casse-tête à composante mathématique ont à ce jour connu une vague de popularité mondiale : le tangram, le taquin, le Rubik's Cube et le sudoku. À ce jour, le cube a été le plus lucratif des quatre. Depuis qu'Ernö Rubik en a eu l'idée, en 1974, il s'en est vendu plus de trois cents millions d'exemplaires. Outre son succès commercial, ce cube aux couleurs criardes est un élément indémodable de la culture populaire. C'est le *nec plus ultra* du casse-tête et, sans surprise, sa présence n'a pas manqué de se faire sentir au G4G 2008, où une conférence sur le Rubik's Cube en quatre dimensions a soulevé d'immenses salves d'applaudissements.

Le Rubik's Cube originel est un assemblage de $3 \times 3 \times 3$ constitué de vingt-six petits cubes, ou *cubies*. Chaque « tranche » horizontale et verticale peut pivoter de façon autonome. Une fois les *cubies* mélangés, le jeu consiste à faire tourner les tranches pour aboutir à ne laisser qu'une seule couleur sur chaque face du cube. Il y a six couleurs, une pour chaque face. Selon Moscovich, l'invention d'Ernö Rubik cumule deux idées formidables. Non seulement celle du cube est en elle-même géniale, mais la façon dont les blocs se maintiennent ensemble est aussi un coup de maître d'ingénierie. Quand on démonte un Rubik's Cube, on ne trouve aucun mécanisme dissocié servant à maintenir le tout – chaque cubie est doté d'un élément de la sphère centrale d'emboîtement.

En tant qu'objet, le cube ne manque déjà pas d'attrait. C'est un solide platonicien, une forme chargée d'une connotation mystique depuis au moins la Grèce antique. Le nom de la marque est parfait, lui aussi : il est accrocheur et porteur de délicieuses assonances et consonances. Le Rubik's Cube est aussi empreint d'exotisme oriental, non pas asiatique mais plutôt d'Europe de l'Est au temps de la Guerre froide. Il évoque inévitablement *Spoutnik*, le premier fruit qu'exhibèrent les Soviétiques de leur technologie spatiale.

Parmi les ingrédients de son succès, il y a aussi le fait que, sans être simple, sa résolution n'est pas non plus de nature à rebuter les gens. Graham Parker, un entrepreneur du Hampshire, a mis vingt-six ans à réaliser son rêve. « J'ai renoncé à d'importants événements pour rester chez moi à y travailler, et j'ai consacré des nuits à cogiter dans mon lit, a-t-il déclaré après environ 27 400 heures passées sur son cube. Quand j'ai entendu le clic de la mise en place du dernier petit carré et vu que chaque face ne comportait qu'une couleur, j'ai pleuré. Je ne peux pas vous dire le soulagement que j'ai ressenti. » Ceux qui ont accédé à la solution dans un laps de temps plus raisonnable ont invariablement souhaité recommencer, mais pour y parvenir plus vite. Battre son propre record au Rubik est devenu un sport de compétition : le *speedcubing*.

C'est toutefois seulement aux environs de l'an 2000 que la compétition a vraiment décollé, en partie grâce à un sport plus excentrique encore que la course au cube. Le *speedstacking* consiste à empiler aussi vite que possible des gobelets en plastique selon des schémas déterminés. C'est parfaitement sidérant – les meilleurs empileurs sont si rapides qu'on a l'impression de les voir peindre l'air de plastique. Ce sport a été inventé en Californie dans les années 1980, avec l'objectif d'améliorer la coordination visuomotrice et la condition physique générale de l'enfant. On dit que vingt mille écoles dans le monde l'ont aujourd'hui intégré à leur programme d'éducation physique. Le *speedstacking* se pratique sur un tapis spécifiquement conçu, doté de capteurs reliés à un chronomètre. C'est ce tapis qui a offert à la communauté des sprinters du cube une méthode standard de mesure du temps, aujourd'hui en vigueur dans toutes les compétitions.

Chaque semaine, ou presque, se déroule un tournoi officiel de *speedcubing* quelque part dans le monde. Pour garantir la difficulté constante du point de départ d'un concurrent à l'autre, le règlement stipule que le cube doit avoir été mélangé selon une séquence aléatoire de mouvements générée par un programme informatique. Le record actuel, 7,08 secondes, a été établi en 2008 par Erik Akkersdijk, un étudiant hollandais de dix-neuf ans, qui détient également ceux du $2 \times 2 \times 2$ (0,96 seconde), du $4 \times 4 \times 4$ (40,05 secondes) et du $5 \times 5 \times 5$ (1 minute, 16 secondes 21 centièmes). Akkersdijk sait aussi résoudre le Rubik's Cube avec les pieds – en 51,36 secondes, quatrième temps mondial. Il lui reste toutefois à peaufiner la résolution du cube à une main (il est trente-troisième mondial) et les yeux bandés (quarante-troisième). Les règles de la compétition avec les yeux bandés sont les suivantes : le chrono démarre dès qu'on montre le cube au concurrent, qui peut ensuite l'étudier avant de se mettre le bandeau. Une fois qu'il pense l'avoir résolu, il demande au juge d'arrêter le chrono. Le record actuel, 48,05 secondes, a été établi par le Finlandais Ville Seppänen en 2008. Parmi les autres épreuves concernant le Rubik's Cube, il y a encore sa résolution sur montagnes russes, sous l'eau, avec des baguettes chinoises, à monocycle et en chute libre.

Du point de vue mathématique, la plus intéressante de ces catégories est celle qui consiste à le résoudre avec le plus petit nombre possible de mouvements. On remet au concurrent un cube mélangé selon la procédure officielle, on lui donne soixante minutes pour étudier la position avant de décrire la séquence de résolution la plus courte qu'il ait trouvée. En 2009, le record du monde est passé aux mains du Belge Jimmy Coll, avec vingt-deux coups. Mais ce n'était encore que le nombre de mouvements nécessaires à un être humain très intelligent pour résoudre un cube mélangé après soixante minutes de réflexion. Aurait-il trouvé une solution avec moins de mouvements à partir de la même configuration si on lui avait accordé soixante heures ? Car la question qui fascine vraiment les mathématiciens à propos du Rubik's Cube est la suivante : quel est le plus petit nombre n de mouvements tel que toute configuration puisse se résoudre en n mouvements ou moins ? Signe de révérence, dans ce cas précis, n a reçu le surnom de « nombre de Dieu ».

La détermination du nombre de Dieu est extrêmement complexe, parce que les ordres de grandeur impliqués sont très grands. Il y a près de 43×10^{18} (ou 43 suivi de dix-huit zéros) dispositions possibles du cube. Si l'on empilait chacune de ces dispositions l'une sur l'autre, on obtiendrait une tour de cubes faisant plus de huit millions d'allers-retours entre la Terre et le Soleil. Analyser une à une chacune de ces dispositions serait bien trop long. Les mathématiciens ont donc choisi de se pencher sur des sous-groupes de dispositions. Tomas Rokicki, qui a consacré près de vingt ans à l'étude du problème, a analysé une gamme de 19,5 milliards de dispositions apparentées et trouvé moyen de les résoudre en vingt mouvements ou moins. Il a aujourd'hui observé près d'un million de gammes de ce type, chacune comportant 19,5 milliards de dispositions, et trouvé à nouveau que vingt coups suffisaient pour atteindre l'objectif. En 2008, il a prouvé que toute autre disposition du Rubik'Cube n'est qu'à deux mouvements d'une de celles qu'il a étudiées, ce qui donne au nombre de Dieu une limite supérieure de vingt-deux.

Rokicki est convaincu que le nombre de Dieu est 20. « J'ai résolu à ce jour environ 9 % de toutes les dispositions du cube, et aucune ne m'a requis vingt et un mouvements. S'il existe des dispositions réclamant vingt et un mouvements ou plus, elles sont exceptionnellement rares. » Le défi qu'a relevé Rokicki n'est pas tant théorique que logistique. L'examen systématique de telles gammes de dispositions du cube demande une invraisemblable quantité de mémoire informatique. « Avec la technique que j'emploie actuellement, il me faudrait environ un millier d'ordinateurs modernes pendant près d'un an pour prouver que [le nombre de Dieu] est 20 », dit-il.

Voilà bien longtemps que les mathématiques du cube sont le passe-temps de Rokicki. Comme je lui demandais s'il avait envisagé de s'attaquer aux mathématiques d'autres casse-tête, comme le sudoku, il m'a répondu d'une boutade : « Ne cherchez pas à me distraire avec d'autres problèmes aguichants. Les mathématiques du cube sont assez difficiles comme ça ! »

Ernö Rubik vit encore en Hongrie, et il n'accorde que de très rares interviews. Mais j'ai rencontré l'un de ses anciens élèves, Dániel Erdély, à Atlanta. Nous nous sommes entretenus à l'hôtel qui accueillait le G4G, dans une salle consacrée aux « objets mathématiques ». Sur les tables étaient exposés des modèles d'origami, des formes géométriques et des casse-tête élaborés. Erdély présentait ses propres créations : des objets bleus et légers, de la taille d'une balle de cricket[1], au relief complexe tourbillonnant. Erdély les couvait avec l'attention d'un éleveur canin pour sa portée de chiots. Il en a saisi un, et, pointant du doigt le paysage cristallin de sa petite planète, il a lâché : « Spidrons ».

Comme Rubik, Erdély n'est pas mathématicien. Rubik est architecte, Erdély est concepteur graphique, formé au Collège d'arts appliqués de Budapest, là où enseignait Rubik – en 1979, Erdély assistait à ses cours. Dans le cadre des devoirs requis, il a inventé une nouvelle forme, consistant en l'alternance de triangles

---

1. Un peu plus grosse qu'une balle de tennis. *(NdT.)*

équilatéraux et isocèles décroissants. Il a appelé cette forme « spidron » parce qu'elle décrit une courbe qui évoque la spirale. Au moment de quitter l'université, les spidrons étaient devenus pour lui une obsession. À force de jouer avec, il s'est aperçu qu'ils s'emboîtaient comme des tuiles en constituant de nombreux motifs esthétiques, aussi bien en deux qu'en trois dimensions. Voici environ cinq ans, un ami hongrois l'a aidé à créer un programme informatique capable de générer des spidrons. Les propriétés de ces formes dans le domaine du pavage ont attiré l'attention de mathématiciens, d'ingénieurs et de sculpteurs, et Erdély s'est converti en représentant de commerce mondial. Pour ses spidrons, il imagine des applications dans la conception de panneaux solaires, par exemple. Au G4G, il a rencontré le patron d'une entreprise qui s'occupe de faire décoller des fusées. « Le spidron, m'a-t-il confié, serait peut-être sur le point de gagner l'espace. »

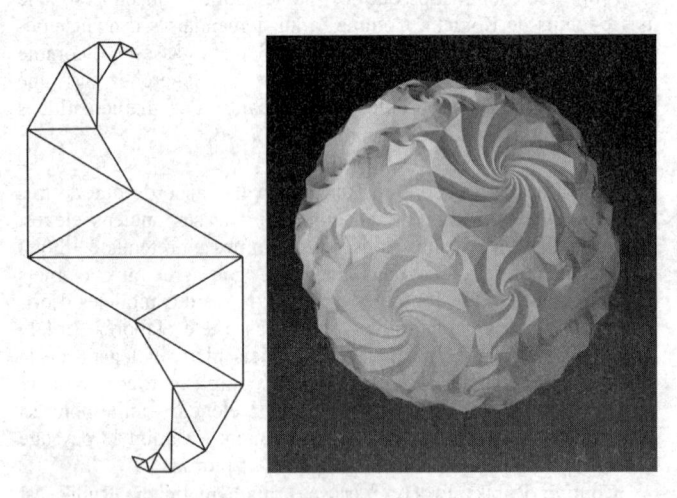

Le spidron et la balle de spidron

Un après-midi, les participants à la conférence se rendent chez Tom Rodgers, dans la banlieue d'Atlanta. Rodgers, un homme d'affaires proche de la cinquantaine, est l'organisateur du premier G4G, en 1993. Ce grand admirateur de Gardner depuis l'enfance avait d'abord projeté d'organiser un événement qui aurait fourni l'occasion à Gardner, notoirement timide, de rencontrer certains des nombreux lecteurs avec lesquels il correspondait. Il a choisi d'inviter des représentants de trois centres d'intérêt spécifiques à Gardner – les mathématiques, la magie et les casse-tête. Son initiative ayant été couronnée de succès, il a organisé une deuxième rencontre en 1996. Gardner a assisté aux deux premières, mais n'y est plus revenu depuis. Rodgers habite aujourd'hui un bungalow de style japonais, entouré d'une forêt de bambous, de pins et d'arbres fruitiers qui, ce jour-là, sont en fleurs. Dans le jardin, certains invités regroupés en équipes bâtissent des sculptures géométriques de bois et de métal. D'autres s'emploient à une chasse au casse-tête grandeur nature dont les indices sont placardés sur les murs, à l'extérieur de la maison.

Soudain, les cris de John Horton Conway, professeur de mathématiques à l'université de Princeton, attirent l'attention générale. Conway, barbe en bataille et abondante chevelure argentée, porte un tee-shirt arborant une équation. C'est l'un des plus brillants mathématiciens de ces cinquante dernières années. Il demande à chacun de lui apporter dix pommes de pin, afin qu'il puisse en compter les spirales. La classification des pommes de pin est l'un de ses derniers passe-temps ; après quelques années, il en a examiné environ cinq mille.

À l'intérieur, je rencontre Colin Wright, un Australien qui vit à Port Sunlight, sur la péninsule du Wirral, en Angleterre. Sa chevelure rousse et ses lunettes d'écolier lui donnent ce qu'on appelle une vraie tête de mathématicien. Wright est jongleur. « J'y ai vu une activité naturelle puisque j'avais appris à rouler en monocycle », dit-il. Il a aussi participé au développement d'une notation mathématique pour la jonglerie, ce qui n'a pas l'air extraordinaire, mais n'a pas manqué de mettre la communauté internationale des jongleurs en émoi. Car grâce à l'apparition d'un langage propre, ils ont découvert des tours qui leur avaient échappé pendant des millénaires. « Une fois qu'on maîtrise un langage permettant de parler des problèmes, ça favorise le processus de pensée », explique Wright en s'emparant de balles pour me faire la démonstration d'une jonglerie à trois balles récemment inventée. « Les maths ne sont pas des sommes, des calculs et des formules. C'est une façon de démonter les choses pour en comprendre le fonctionnement. »

Je lui demande s'il n'y a pas de la complaisance, de la vanité, voire un certain gâchis à ce que les plus brillants esprits mathématiques consacrent leur temps à étudier des passe-temps futiles comme la jonglerie, le comptage de pommes de pin ou même la résolution de casse-tête. « Il faut laisser faire les mathématiciens, répond-il. On ne sait vraiment pas à l'avance ce qui va finir par s'avérer utile. » Il me cite le cas de G. H. Hardy, un professeur de Cambridge devenu célèbre pour avoir (fièrement) déclaré en 1940 que la théorie des nombres n'avait aucune application pratique ; en fait, c'est aujourd'hui le fondement de nombreux programmes de sécurité sur Internet. Selon Wright, les mathématiciens ont toujours eu « la chance insolente » de trouver des applications à leurs théorèmes apparemment inutiles, souvent des années après la découverte de ces derniers.

L'un des aspects les plus sympathiques du G4G, c'est que chaque invité est prié d'apporter un cadeau – « quelque chose que vous auriez envie d'offrir à Martin ». Ce qui vous est demandé, en vérité, c'est d'apporter trois cents exemplaires de votre cadeau, car chaque invité reçoit à son départ un sac garni des présents de chacun. Cette année-là, il y a dans le sac des casse-tête, des tours de magie, des livres, des CD, des gadgets de plastique capables de faire parler une boîte de Coca. L'un de ces sacs est destiné à Martin Gardner, alors je décide de le lui porter moi-même.

Gardner vit à Norman, dans l'Oklahoma. Le jour de mon arrivée, des orages balayent l'État. Une fois sorti de l'autoroute, après quelques détours, je finis par trouver sa maison, un centre d'aide à la vie autonome, à côté d'un fast-food de type texan. Sa chambre n'est qu'à quelques mètres de l'entrée, juste après une pièce commune où quelques personnes âgées bavardaient assises. À la porte de Gardner se trouve une boîte de correspondance. Il ne manie guère le courrier électronique et envoie à lui seul plus de lettres que tous les autres pensionnaires réunis.

Gardner ouvre la porte et m'invite à l'intérieur. Il y a au mur un portrait de lui tout en dominos, une grande photo d'Einstein et un original d'Escher. Gardner est en tenue décontractée, chemise verte et pantalon ordinaire. Sa physionomie douce et avenante, avec des mèches blanches, de grandes lunettes en écaille et des yeux alertes, a quelque chose d'éthéré. Il est svelte et se tient impeccablement droit, sans doute parce qu'il travaille chaque jour debout à son bureau.

En rendant visite à Gardner, j'ai l'impression d'être en plein *Magicien d'Oz*. Je me suis trouvé pris dans les ouragans, au cœur du Midwest, en venant à la rencontre d'un vieux mage. Il s'avère que Dorothy et ses amis sont une référence particulièrement pertinente. Je l'ignorais jusqu'alors, mais Gardner est un spécialiste de l'œuvre de L. Frank Baum, l'auteur du *Magicien d'Oz*. Il me confie que dix ans plus tôt, il a même écrit une suite dans laquelle le personnage principal et sa petite troupe se rendent à Manhattan. La presse sérieuse n'a pas été très favorable. « C'est écrit avant tout pour les fans d'*Oz* », m'explique-t-il.

En lui remettant le sac de cadeaux du G4G, je lui demande ce que ça lui fait de se voir consacrer ce genre d'événement. « Je suis plutôt honoré, et surpris. Ce qui m'épate, c'est la façon dont ça s'est développé », répond-il. Je perçois tout de suite que la question de sa réputation parmi les mathématiciens ne le met pas à l'aise. « Je ne suis pas mathématicien, je suis à la base un journaliste. Dès qu'on sort du calcul, je suis perdu. C'est là le secret du succès de ma chronique. Je mettais tellement de temps à comprendre ce dont je parlais que je savais comment le rédiger sous forme compréhensible pour la majorité des lecteurs. » En découvrant que Gardner n'est pas à proprement parler mathématicien, je suis d'abord un peu déçu, comme si le Magicien avait levé le voile.

Le domaine de prédilection de Gardner est la magie. Il en parle comme de son passe-temps principal. Il est abonné à des revues spécialisées et – pour autant que le lui permet son arthrite – pratique lui-même quelques tours. Il me propose de me montrer ce qu'il qualifie de seul tour de passe-passe avec des cartes qu'il ait jamais inventé, intitulé « clin d'œil », dans lequel la carte change de couleur « en un clin d'œil ». Il prend un paquet de cartes et place une carte noire entre la paume de sa main et le tas. D'un seul coup, la carte noire devient rouge. Gardner est arrivé aux mathématiques par l'intermédiaire des tours de magie « mathématiques » et, dans sa jeunesse, ce sont des magiciens, pas des mathématiciens, qui composaient l'essentiel de ses fréquentations. Il me dit aimer la magie parce qu'elle suscite une espèce d'émerveillement devant le monde. « Vous voyez une femme en lévitation et ça vous rappelle qu'il serait tout aussi miraculeux qu'elle tombe par terre à cause de la gravitation… On ne se rend pas compte que la gravitation est aussi mystérieuse qu'une femme en train de léviter. » Je lui demande si les maths lui inspirent le même émerveillement. « Absolument, oui », répond-t-il.

Gardner est peut-être plus connu pour ses écrits sur les mathématiques que pour tout autre sujet, mais ceux-ci ne constituent qu'une partie de sa production. Son premier livre, intitulé *Les Magiciens démasqués*, a été le premier ouvrage démystificateur des pseudosciences à connaître le succès populaire. Il a aussi écrit sur la philosophie et publié un roman sérieux sur la religion. Le plus vendu de ses ouvrages est *The Annotated Alice*, un recueil intemporel de notes sur *Alice au pays des merveilles* et *De l'autre côté du miroir*. À quatre-vingt-treize ans, sa production ne montre aucun signe de fléchissement. Il doit prochainement publier un recueil d'essais sur G. K. Chesterton, et, parmi d'innombrables projets, il prépare un livre-choc sur les jeux de mots.

Grâce à Gardner, les mathématiques récréatives se portent à merveille. C'est un domaine excitant et varié qui continue de procurer du plaisir à des individus de tous âges et de toutes nationalités, et d'inspirer des recherches sérieuses sur des questions sérieuses. J'ai été légèrement déçu d'apprendre que Gardner n'était pas mathématicien, mais en quittant le centre d'aide à la vie autonome, je perçois qu'après tout il est bien dans l'esprit des maths récréatives d'avoir pour représentant un type qui, au fond, n'a jamais été qu'un amateur enthousiaste[1].

---

1. En mai 2010, un mois après la première édition de ce livre, Martin Gardner s'est éteint. Il avait quatre-vingt-quinze ans et travaillait encore. Deux mois plus tard, Tom Rokicki et ses collaborateurs ont fini par prouver que le nombre de Dieu est le 20, grâce à trente-cinq années de temps d'ordinateur offertes par Google.

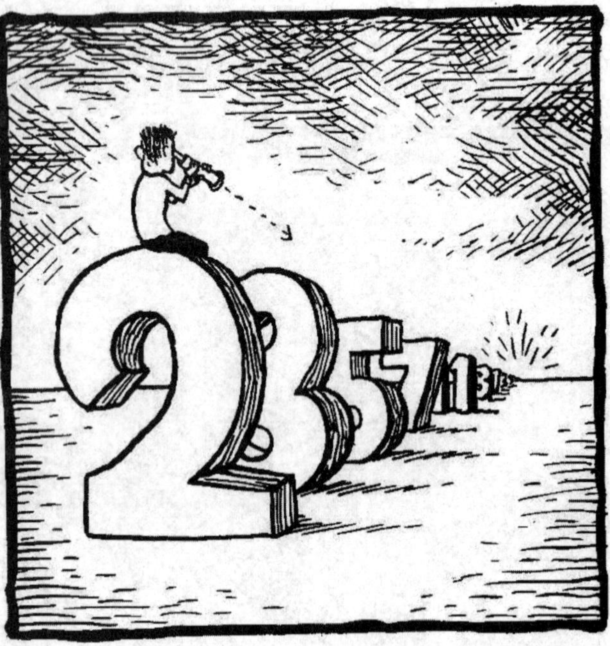

7

Secrets de succession

À Atlanta, j'ai fait la connaissance d'un homme qui cultive un passe-temps peu ordinaire. Neil Sloane collectionne les nombres. Non pas les nombres individuels, ce serait idiot, mais des familles de nombres sous forme de listes ordonnées qu'on appelle suites. Les entiers naturels, par exemple, sont une suite que l'on peut définir en disant que son $n$ième terme est n :

1, 2, 3, 4, 5, 6, 7 …

Sloane a commencé sa collection en 1963, alors qu'il était jeune diplômé de Cornell, en inscrivant ses suites sur des fiches cartonnées. Pour un amoureux des listes ordonnées, il était parfaitement logique d'en dresser la liste ordonnée. En 1973, il avait recueilli 2 400 suites, qu'il publiait dans un ouvrage intitulé *A Handbook of Integer Sequences (Manuel de suites d'entiers)*. Au milieu des années 1990, il en était à 5 500. Mais c'est seulement avec l'apparition d'Internet que sa collection a trouvé son média idéal. La liste de Sloane est devenue l'*Encyclopédie en ligne des suites de nombres entiers*, une collection qui comporte aujourd'hui plus de 160 000 entrées, et s'accroît au rythme de dix mille par an environ.

Au premier abord, Sloane offre l'apparence caractéristique du type qui ne sort jamais de chez lui. Il est mince, chauve et porte d'épaisses lunettes carrées. Mais, à bien y regarder, c'est aussi un solide gaillard, un dur, qui affiche partout une attitude zen – cela lui vient de son autre passion, l'escalade. Sloane apprécie autant l'ascension de formations minérales que de numérales. Pour lui, le point commun entre l'étude des suites et l'escalade est que toutes deux réclament de réelles compétences dans la résolution de casse-tête. J'en ajouterai pour ma part un autre : comme l'escalade, les suites invitent le grimpeur à aller un peu plus haut – aussitôt atteint le point n, on a naturellement tendance à chercher $n + 1$. Le désir d'atteindre le terme suivant est semblable à celui d'atteindre des sommets toujours plus élevés ; sauf que le montagnard se heurte évidemment tôt ou tard aux limites du relief géographique, alors que les suites, elles, ne s'arrêtent pas toujours.

Comme un collectionneur de vieux vinyles qui cherche aussi bien les grands classiques que les pièces rares, Sloane, pour son *Encyclopédie*, traque le commun comme l'insolite. On trouve par exemple dans sa collection la suite ci-dessous, la « suite zéro », uniquement composée de 0. (À chaque suite de l'*Encyclopédie* est attribuée une référence ayant pour préfixe la lettre A. La suite zéro est la quatrième qu'ait jamais recueillie Sloane, elle porte donc la référence A4.)

(A4) 0, 0, 0, 0, 0 …

S'agissant de la plus simple des suites infinies, c'est aussi la moins dynamique de la collection, bien qu'elle ne soit pas totalement dépourvue d'un certain charme nihiliste.

Pour Sloane, la gestion de l'*Encyclopédie en ligne des suites de nombres entiers* est une occupation à plein temps, qu'il accomplit en marge de son vrai travail, celui de mathématicien des laboratoires d'AT&T dans le New Jersey. Mais il n'a plus aujourd'hui à passer ses journées à la pêche aux nouvelles suites. Grâce au succès de son *Encyclopédie*, les suggestions ne cessent d'affluer, provenant non seulement de mathématiciens professionnels mais aussi, très souvent, de gens ordinaires que les nombres obsèdent. Pour l'admission d'une nouvelle suite dans le club, Sloane n'applique que deux critères : elle doit être « bien définie et intéressante ». Le premier signifie simplement que chaque terme de la suite doit pouvoir se décrire, sous forme algébrique ou rhétorique. Le second relève de son jugement arbitraire, mais en cas de doute il a tendance à systématiquement accepter. Qu'une suite soit bien définie et intéressante ne signifie pas qu'elle doive forcément présenter quelque caractère mathématique. L'histoire, le folklore et l'excentricité valent tout autant.

On trouve dans l'*Encyclopédie* la suite très ancienne :

(A100000) 3, 6, 4, 8, 10, 5, 5, 7

Cette séquence de nombres est la transcription chiffrée des encoches qui recouvrent l'un des plus anciens objets mathématiques qui soient : le bâton d'Ishango, un artefact vieux de vingt-deux mille ans trouvé dans l'actuelle république démocratique du Congo. On a d'abord cru que cet os de singe était un bâton de comptage, mais certains ont suggéré depuis que le schéma composé de 3, suivi par son double, puis de 4 suivi par son double, puis du 10, suivi par sa moitié témoigne d'un raisonnement arithmétique plus poussé. La collection de Sloane comporte aussi une suite haïssable :

(A51003) 666, 1666, 2666, 3666, 4666, 5666, 6660, 6661 …

Cette suite est également celle des nombres dits abominables, puisque ce sont ceux qui comportent la séquence 666 dans leur développement décimal.

Sur une note plus légère, voici une suite de jardin d'enfants :

(A38674) 2, 2, 4, 4, 2, 6, 6, 2, 8, 8, 16

Ce sont les nombres tirés de la comptine latino-américaine « La Farolera » : « *Dos y dos son cuatro, cuatro y dos son seis. Seis y dos son ocho, y ocho dieciseis.* »

Mais de toutes ces suites, le grand classique demeure celle des nombres premiers :

(A40) 2, 3, 5, 7, 11, 13, 17, 19, 23, 29, 31, 37 …

Les nombres premiers sont les entiers naturels supérieurs à 1 seulement divisibles par eux-mêmes et par 1. Leur description est simple, mais la suite qu'ils constituent recèle des qualités assez extraordinaires et parfois même mystérieuses. D'abord, comme l'a prouvé Euclide, ils existent en quantité infinie. Prenez un nombre au hasard, n'importe lequel, et il y aura toujours un nombre premier supérieur à celui-là. Ensuite, n'importe quel entier naturel supérieur à 1 peut s'écrire sous forme de produit de nombres premiers.

Autrement dit, chaque nombre est égal à une série unique de nombres premiers multipliés entre eux. 221, par exemple, est 13 × 17. Le suivant, 222, est 2 × 3 × 37. Celui d'après, 223, est lui-même premier, ce qui signifie qu'il n'est produit que de 223 × 1, quant à 224, c'est 2 × 2 × 2 × 2 × 2 × 7. On pourrait ne jamais s'arrêter, décomposant chaque nombre en un produit de nombres premiers sans autre forme possible. Un milliard, par exemple, est égal à 2 × 2 × 2 × 2 × 2 ×2 × 2 × 2 × 2 × 5 × 5 × 5 × 5 × 5 × 5 × 5 × 5 × 5. Cette caractéristique des nombres, qui s'appelle le *théorème fondamental de l'arithmétique*, vaut aux nombres premiers d'être considérés comme les briques de construction indivisibles du système des entiers naturels.

Les nombres premiers se comportent aussi comme des briques de construction quand on les additionne. Tout nombre pair supérieur à 2 est la somme de deux nombres premiers :

4 = 2 + 2
6 = 3 + 3
8 = 5 + 3
10 = 5 + 5
12 = 5 + 7
...
222 = 199 + 23
224 = 211 + 13
...

Cette proposition – tout nombre pair est la somme de deux nombres premiers – s'appelle la conjecture de Goldbach, d'après le mathématicien prussien Christian Goldbach, qui en fit mention dans une lettre à Leonhard Euler. Euler se déclara « totalement convaincu » de la véracité de la conjecture. Après trois cents ans de recherche et d'effort, nul n'a encore trouvé de nombre pair qui *ne soit pas* la somme de deux nombres premiers, mais nul n'a pu prouver non plus que la conjecture dise vrai. En l'an 2000, persuadés que cette preuve se situait encore bien au-delà des limites du savoir mathématique, les éditeurs d'*Oncle Petros et la conjecture de Godbach*, un roman de détective à base mathématique, ont offert une prime d'un million de dollars à quiconque l'établirait. Personne n'y est parvenu.

La conjecture de Goldbach n'est pas la seule question relative aux nombres premiers à rester sans réponse. On s'intéresse aussi de près au fait qu'ils apparaissent éparpillés de façon totalement imprévisible sur l'échelle des nombres, sans que leur séquence présente jamais de schéma évident. En fait, la quête d'harmonies sous-jacentes dans la distribution des nombres premiers est l'un des champs d'enquête les plus richement dotés de la recherche sur la théorie des nombres ; elle a produit quantité de conclusions et d'hypothèses fondamentales.

Malgré leur prééminence, toutefois, les nombres premiers ne sont pas les seuls à receler des petits secrets concernant l'ordre (ou le désordre) mathématique. Toutes les suites contribuent d'une certaine façon à donner une meilleure appréciation du comportement des nombres. On peut voir dans l'*Encyclopédie en ligne des suites de nombres entiers* de Sloane un recueil de schémas, un registre d'ADN mathématique, un répertoire de l'ordre numérique qui sous-tend le monde. Jailli de l'obsession personnelle de Sloane, le projet est devenu une référence scientifique de premier plan.

Sloane décrit son *Encyclopédie* comme un équivalent mathématique du fichier numérique d'empreintes digitales du FBI. « La police se rend sur les lieux du crime et y prélève une empreinte, puis elle la croise avec le fichier pour identifier le suspect, explique-t-il. C'est pareil avec l'*Encyclopédie*. Le mathématicien se présente à nous avec une suite de nombres apparue naturellement dans son travail, et il la compare à notre base de données – et c'est vraiment agréable pour lui de la retrouver là. » La base de données n'est pas utile qu'aux mathématiciens. Ingénieurs, chimistes, physiciens et astronomes sont ainsi venus chercher, et trouver, des suites qui leur ont révélé des connexions insoupçonnées, apportant un éclairage mathématique à leur propre domaine. Pour quiconque travaille dans un secteur débitant des suites interminables de nombres dont il faut parvenir à extraire du sens, cette base de données est une mine d'or.

En s'occupant de son *Encyclopédie*, Sloane est amené à voir passer quantité de nouvelles idées mathématiques, et il consacre d'ailleurs du temps à en chercher lui-même. Dès 1973, il a présenté la notion de « persistance » d'un entier. C'est le nombre d'étapes à franchir avant d'aboutir à une valeur à un chiffre quand on multiplie entre eux tous les chiffres du nombre précédent pour obtenir un nouveau nombre, dont on multiplie ensuite tous les chiffres pour en obtenir un troisième, et ainsi de suite jusqu'à obtenir un seul chiffre. Par exemple :

$$88 \to 8 \times 8 = 64 \to 6 \times 4 = 24 \to 2 \times 4 = 8$$

Ainsi, selon le système de Sloane, la persistance de 88 est 3, puisqu'on aboutit à un chiffre unique en trois étapes. Il semble probable que plus un nombre est élevé, plus grande est sa persistance. Celle de 679, par exemple, est 5 :

$$679 \to 378 \to 168 \to 48 \to 32 \to 6$$

De même, si l'on faisait ici le calcul, on trouverait que la persistance de 277777788888899 est 11. Seulement voilà : Sloane n'a jamais trouvé de nombre dont la persistance soit supérieure à 11, et il a vérifié tous les nombres jusqu'à 10^{233}, soit un 1 suivi de 233 zéros. Autrement dit, quel que soit le nombre à 233 chiffres que vous choisissiez, si vous prenez la peine de multiplier tous les chiffres selon les règles de la persistance, vous aboutirez à un chiffre unique en onze coups ou moins.

C'est un merveilleux défi au bon sens. On aurait trouvé logique que pour un nombre à deux cents chiffres comportant beaucoup de valeurs élevées, notamment des 8 et des 9, le produit de ces chiffres soit si grand qu'il faille bien plus de onze coups pour le réduire à un seul. Mais les grands nombres s'écroulent sous leur propre poids. Cela est dû au fait que dès qu'il apparaît un 0, le produit de tous les chiffres donne 0. Or, s'il n'y a pas de 0 dans le nombre de départ, il en apparaîtra *toujours* avant le onzième coup, à moins que le nombre n'ait déjà été réduit à un seul chiffre. Avec la persistance, Sloane a trouvé un redoutable tueur de géants.

Refusant de s'arrêter là, Sloane a composé la suite dont le *n*ième terme est le plus petit nombre de persistance *n*. (Nous ne considérons ici que les nombres à deux chiffres ou plus.) Ce premier terme est 10, étant donné que :

$10 \to 0$ et 10 est le plus petit nombre à deux chiffres qui se réduise en un coup.

Le deuxième terme est 25, puisque :

$25 \to 10 \to 0$ et 25 est le plus petit nombre à se réduire en deux coups.

Le troisième terme est 39, puisque :

$39 \to 27 \to 14 \to 4$ et 39 est le plus petit nombre à se réduire en trois coups.

Voici ce que donne la liste complète :

(A3001) 10, 25, 39, 77, 679, 6 788, 68 889, 2 677 889, 26 888 999, 3 778 888 999, 277 777 788 888 899

Cette suite de nombres exerce sur moi une fascination étrange. Il s'en dégage distinctement un ordre, mais c'est aussi d'une certaine façon un méli-mélo asymétrique. La persistance est un peu une machine à saucisses ne produisant que onze types de saucisses, aux formes très curieuses.

Un ami de Sloane, John Horton Conway, professeur à Princeton, s'amuse lui aussi à dénicher des concepts mathématiques saugrenus. En 2007, il a inventé la notion de train de puissances. Pour tout nombre $abcd$, le train de puissances est $a^b c^d$... Dans le cas d'un nombre comportant un nombre impair de chiffres, le dernier ne porte pas d'exposant, de sorte qu'$abcde$ donnera $a^b c^d e$. Prenons 3 462. Il se réduit à $3^4 6^2 = 81 \times 36 = 2\,916$. Appliquons encore le train de puissances jusqu'à ne conserver qu'un chiffre :

$$3\,462 \to 2\,916 \to 2^9 1^6 = 512 \times 1 = 512 \to 5^1 2 = 10 \to 1^0 = 1$$

Conway a voulu savoir si certains nombres étaient indestructibles – c'est-à-dire qu'ils ne se réduisaient *pas* à un seul chiffre sous l'effet du train de puissances. Il n'en a trouvé qu'un :

$$2\,592 \to 2^5 9^2 = 32 \times 81 = 2\,592$$

N'étant pas du genre à se croiser les bras, Neil Sloane a repris le dossier, pour en découvrir un second[1] :

24 547 284 284 866 560 000 000 000

---

1. Avec la convention que $0^0 = 1$, car si $0^0 = 0$, le nombre s'effondrerait immédiatement.

Sloane se dit aujourd'hui persuadé qu'il n'existe pas d'autre nombre indestructible.

Attardons-nous un instant sur la considération suivante : le train de Conway est une machine mortelle capable d'annihiler tous les nombres de l'univers à l'exception de 2 592 et 24 547 284 284 866 560 000 000 000 – deux points apparemment sans rapport, fixés dans l'expansion infinie des nombres. « C'est un résultat spectaculaire », dit Sloane. Si les grands nombres meurent relativement vite sous l'effet du train, ils le font pour la même raison sous celui de la persistance – il suffit qu'apparaisse un zéro pour que l'ensemble se réduise à rien. J'ai demandé à Sloane si la résistance de ces deux nombres au train de puissances pourrait trouver une application dans le monde réel. Il ne le croit pas. « C'est amusant, voilà tout. Il n'y a rien de mal à cela. Il faut bien s'amuser aussi. »

Et c'est incontestable, Sloane s'amuse. Il a étudié tant de suites qu'il en a tiré sa propre esthétique des nombres. L'une de ses préférées revient au mathématicien colombien Bernardo Recamán Santos ; c'est la suite Recamán :

(A5132) 0, 1, 3, 6, 2, 7, 13, 20, 12, 21, 11, 22, 10, 23, 9, 24, 8, 25, 43, 62, 42, 63, 41, 18, 42, 17, 43, 16, 44, 15, 45 …

Observez les nombres et tentez d'y déceler un schéma. Suivez-les attentivement. Ils sautent frénétiquement dans tous les sens. C'est un vrai fatras : il y en a un là-haut, un autre en bas, un encore là-bas.

En fait, ces nombres sont générés par le recours à une règle simple : « soustraire quand c'est possible, sinon additionner ». Pour obtenir le $n$ième terme, on prend le terme *précédent* et soit on y ajoute n, soit on l'y soustrait. La règle dit qu'il faut systématiquement recourir à la soustraction *sauf* si le résultat donne un nombre négatif ou un nombre déjà présent dans la suite. Voici le cheminement qui mène aux huit premiers termes :

On part de 0

| Le premier terme est le 0 plus 1 | = 1 | *On est tenu d'additionner, puisque soustraire 1 de 0 donne – 1, qui n'est pas autorisé.* |

Le deuxième terme est le premier terme *plus* 2	= 3	*Là encore, on est tenu d'additionner, puisque soustraire 2 de 1 donne – 1, qui n'est pas autorisé.*
Le troisième terme est le deuxième terme *plus* 3	= 6	*Il faut additionner, car soustraire 3 de 3 donne 0, qui est déjà dans la suite.*
Le quatrième terme est le troisième terme *moins* 4	= 2	*Il faut soustraire, car 6 – 4 est positif et ne figure pas dans la suite.*
Le cinquième terme est le quatrième terme *plus* 5	= 7	*Il faut additionner, car soustraire 5 de 2 donne – 3, qui n'est pas autorisé.*
Le sixième terme est le cinquième terme *plus* 6	= 13	*Il faut additionner, car soustraire 6 de 7 donne 1, déjà dans la suite.*
Le septième terme est le sixième terme *plus* 7	= 20	*Il faut additionner, car soustraire 7 de 13 donne 6, qui est déjà dans la suite.*
Le huitième terme est le septième terme *moins* 8	= 12	*Il faut soustraire, car 20 moins 8 est positif, et ne figure pas dans la suite.*

Et ainsi de suite.

Ce processus plutôt laborieux s'empare des nombres entiers et calcule des réponses qui paraissent totalement issues du hasard. Mais on peut voir émerger la suite en la reproduisant sous forme de graphe, comme p. 292. L'axe horizontal est celui de la position des termes, si bien que le *n*ième terme se situe sur le *n*, et l'axe vertical correspond à leur valeur. Le graphe des mille premiers termes de la suite Recamán ne ressemble probablement à aucun des graphiques que vous avez déjà vus. On dirait le jet d'un dispositif d'arrosage des pelouses, ou le dessin d'un enfant reliant des points. (Les traits plus épais sont en fait des grappes de points, parce qu'on est à une échelle très élevée.) « Il est intéressant de voir l'ordre qu'on peut extraire du chaos, remarque Sloane. La suite Recamán se situe à la limite du chaos et de la beauté mathématique, c'est ce qui la rend fascinante. »

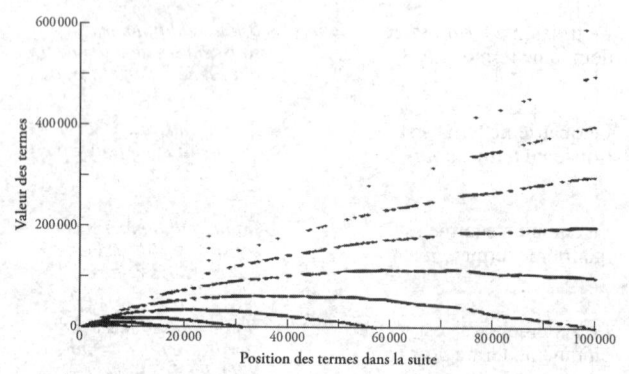

La suite Recamán

Le conflit entre l'ordre et le désordre que recèle la suite Recamán peut aussi s'apprécier sous forme musicale. L'*Encyclopédie* est pourvue d'une fonction qui donne à entendre n'importe quelle suite sous forme de notes de musique. Imaginez un clavier de piano à quatre-vingt-huit touches, soit un peu moins de huit octaves. Le chiffre 1 ordonne au piano de jouer sa note la plus grave, le 2 appelle celle d'après et ainsi de suite jusqu'à 88, qui commande la plus aiguë. Puis, à court de notes, on reprend au début, si bien que le 89 nous ramène à la première touche. La suite des entiers naturels, 1, 2, 3, 4, 5... produit une gamme montante sous forme de boucle sans fin. La musique que génère la suite de Recamán, en revanche, donne froid dans le dos. Ça ressemble à la bande sonore d'un film d'horreur, dissonante mais sans avoir l'air totalement née du hasard. On y distingue des schémas reconnaissables, comme si derrière la cacophonie se cachait une main humaine mystérieuse.

La question qui intéresse les mathématiciens à propos de la suite Recamán est celle de savoir si elle comporte tous les nombres. Après 10^{25} termes, le plus petit nombre manquant est 852 655. Sloane pense que tous les nombres finiront par y apparaître, y compris 852 655, mais cela n'a pas encore été prouvé. On comprend bien ce qui, aux yeux de Sloane, fait l'attrait de la suite Recamán.

Parmi les suites préférées de Sloane, il y a aussi celle de Gijswijt[1], qui, contrairement à d'autres, de croissance extrêmement rapide, ne progresse qu'à une lenteur déconcertante. C'est une très belle métaphore de la persévérance :

(A90822) 1, 1, 2, 1, 1, 2, 2, 2, 3, 1, 1, 2, 1, 1, 2, 2, 2, 3, 2, 1, 1, 2...

La première apparition du 3 survient en neuvième position. Le 4, lui, n'arrive qu'à la 221e. On pourra chercher le premier 5 jusqu'à la fin des temps, puisqu'il ne survient qu'aux alentours de la position $10^{10000000000000000000000}$.

Ce dernier nombre est extrêmement élevé. Rappelez-vous, l'univers ne contient que 10^{80} particules élémentaires. Le 6 finit lui aussi par montrer le bout de son nez, mais si loin que sa position ne peut se décrire que sous forme de puissance de puissance de puissance de puissance :

$$2^{2^{3^{4^5}}}$$

Tous les autres nombres apparaîtront à leur tour, mais – soulignons-le – sans la moindre précipitation. « La Terre se meurt, même les océans se meurent, dit Sloane dans un élan poétique, mais on pourra toujours trouver refuge dans la beauté abstraite des suites comme l'A090822, celle de Dion Gijswijt. »

Si les Grecs s'intéressaient de près aux nombres premiers, ils étaient plus captivés encore par ceux qu'ils nommaient *parfaits*. Considérons le 6 : les chiffres qui le divisent – ses *facteurs* – sont 1, 2 et 3. Si l'on additionne 1, 2 et 3, hop ! on obtient encore 6. Un nombre est dit parfait si, comme le 6, il est égal à la somme de ses facteurs. (À strictement parler, le 6 est aussi un facteur de 6, mais quand on parle de perfection, cela ne peut avoir de sens que si l'on inclut les facteurs d'un nombre *moins* le nombre lui-même.) Après

---

1. Voir l'annexe quatre, p. 462.

6, le nombre parfait suivant est 28, dont les facteurs sont 1, 2, 4, 7 et 14, dont la somme donne 28. Outre les Grecs, les Juifs et les Chrétiens accordèrent aussi une signification cosmologique à cette perfection des nombres. Le théologien bénédictin du IXe siècle Raban Maur écrivit : « Six n'est pas devenu parfait parce que Dieu a créé le monde en six jours ; c'est plutôt Dieu qui a achevé le monde en six jours parce que c'était un nombre parfait. »

La pratique consistant à additionner les facteurs d'un nombre mène aux notions mathématiques les plus incongrues. Deux nombres sont *amicaux* si la somme des facteurs du premier est égale au second, et si la somme des facteurs du second est égale au premier. Les facteurs de 220, par exemple, sont 1, 2, 4, 5, 10, 11, 20, 22, 44, 55 et 110. Additionnés, ils donnent 284. Les facteurs de 284 sont 1, 2, 4, 71 et 142. Additionnés, ceux-là donnent 220. Saperlipopette ! Pour les pythagoriciens, le 220 et le 284 symbolisaient l'amitié. Au Moyen Âge, on les gravait sur des talismans censés favoriser le sentiment amoureux. Un Arabe écrivit qu'il avait testé l'effet aphrodisiaque d'un mets marqué du numéro 284, pendant que sa partenaire mangeait un morceau marqué du 220. Ce n'est qu'en 1636 que Pierre de Fermat découvrit un deuxième couple de nombres amicaux : 17 296 et 18 416. Grâce à l'avènement de l'informatique, on connaît aujourd'hui plus de onze millions de paires amicales. La plus grande comporte vingt-quatre mille chiffres (chacun), ce qui les rend difficilement inscriptibles sur une tranche de baklava.

En 1918, le mathématicien belge Paul Poulet a trouvé le terme *sociable* pour décrire un autre type d'amitié entre nombres. Les cinq nombres ci-dessous sont sociables parce que si l'on additionne les facteurs du premier, on obtient le deuxième. Si l'on additionne les facteurs du deuxième, on obtient le troisième. Si l'on additionne les facteurs du troisième, on obtient le quatrième, les facteurs du quatrième donnent le cinquième et ceux du cinquième nous ramènent au premier :

12 496
14 288
15 472
14 536
14 264

Poulet n'a découvert que deux chaînes de nombres sociables – celle des cinq qui précèdent et un groupe moins sélectif de vingt-huit membres, dont le premier est 14 316. Ce fut ensuite au tour d'Henri Cohen, mais pas avant 1969, de trouver neuf chaînes sociables de quatre nombres chacune, la plus petite étant 1 264 460, 1 547 860, 1 727 636 et 1 305 184. On connaît aujourd'hui cent soixante-quinze chaînes de nombres sociables, presque toutes ne comportant que quatre nombres. Il n'y a pas de chaînes de trois (ce qui est particulièrement savoureux quand on sait qu'en matière de sociabilité, trois c'est trop, et qu'à quatre c'est bien mieux !). La plus longue demeure la chaîne de vingt-huit nombres de Poulet, ce qui ne manque pas non plus de piquant, puisque 28 est aussi un nombre parfait.

Ce sont les Grecs qui ont découvert un lien inattendu entre nombres parfaits et nombres premiers, ouvrant la voie à une foule de nouvelles aventures numérales. Considérons la séquence de doubles commençant par 1 :

(A79) 1, 2, 4, 8, 16 ...

Dans *Les Éléments*, Euclide a montré qu'à chaque fois que la somme de doubles donne un nombre premier, on peut créer un nombre parfait en multipliant cette somme par le plus élevé des doubles qu'on a ajouté. Dit comme ça, ça ressemble à du chinois, alors mettons-nous à additionner des doubles pour voir ce qu'il a voulu dire :

$1 + 2 = 3$. 3 étant un nombre premier, on multiplie 3 par le plus grand double, qui est 2. $3 \times 2 = 6$, et 6 est un nombre parfait.

$1 + 2 + 4 = 7$. Là encore, 7 est un nombre premier. Alors on multiplie 7 par 4 pour obtenir un autre nombre parfait : 28.

$1 + 2 + 4 + 8 = 15$. 15 n'est pas un nombre premier. Il n'y a donc pas de nombre parfait ici.

$1 + 2 + 4 + 8 + 16 = 31$. 31 est un nombre premier, et $31 \times 16 = 496$, qui est parfait.

$1 + 2 + 4 + 8 + 16 + 32 = 63$, qui n'est pas un nombre premier.

$1 + 2 + 4 + 8 + 16 + 32 + 64 = 127$, qui est un nombre premier. $127 \times 64 = 8\,128$, qui est parfait.

$1 + 2 + 4 + 8 + 16 + 32 + 64 + 128 = 255$, qui n'est pas un nombre premier.

La démonstration d'Euclide était, évidemment, géométrique. Il ne l'a pas écrite en termes de nombres, mais de segments de droite. S'il avait disposé du luxe de la notation algébrique moderne, il aurait remarqué qu'il pouvait exprimer la somme de doubles $1 + 2 + 4 + \ldots$ sous forme de puissances de deux, $2^0 + 2^1 + 2^2 + \ldots$ (Tout nombre porté à la puissance 0 donne toujours 1, par convention, et tout nombre porté à la puissance 1 donne lui-même.) Il apparaît alors clairement que toute somme de doubles est égale au double suivant moins 1. Par exemple :

$1 + 2 = 3 = 4 - 1$
ou
$2^0 + 2^1 = 2^2 - 1$

$1 + 2 + 4 = 7 = 8 - 1$
ou
$2^0 + 2^1 + 2^2 = 2^3 - 1$

Cela peut se généraliser par la formule : $2^0 + 2^1 + 2^2 + \ldots + 2^{n-1} = 2^n - 1$, autrement dit, la somme des n premiers termes de la suite de doubles commençant par 1 est égale à $2^n - 1$.

Par conséquent, en reprenant l'assertion originelle d'Euclide, « à chaque fois que la somme de doubles donne un nombre premier, le produit de la somme multiplié par le plus grand double est un nombre parfait » et en y apportant la notation algébrique moderne, on arrive à une formulation nettement plus concise :

À chaque fois que $2^n - 1$ est un nombre premier, $(2^n - 1) \times 2^{n-1}$ est un nombre parfait.

Pour les civilisations qui accordaient beaucoup de valeur aux nombres parfaits, la démonstration d'Euclide constituait une grande nouvelle. S'il était possible de générer des nombres parfaits chaque fois que $2^n - 1$ était un nombre premier, il suffisait, pour rencontrer de nouveaux nombres parfaits, de trouver de nouveaux nombres premiers s'écrivant $2^n - 1$. La chasse aux nombres parfaits se réduisait à la chasse à un certain type de nombres premiers.

L'intérêt qu'ont porté les mathématiciens aux nombres premiers s'écrivant $2^n - 1$ est peut-être né de leur passion des nombres parfaits, mais au XVIIe siècle les nombres premiers étaient eux-mêmes objets de fascination. De même que certains mathématiciens ont été obsédés par la découverte de pi à un nombre toujours croissant de décimales, d'autres se sont préoccupés de trouver des nombres premiers de plus en plus grands. Ce sont là des démarches similaires, mais opposées : la quête de décimales de pi consiste à déceler des objets de plus en plus petits, celle des nombres premiers tend vers l'immensité. Ce sont des missions qu'on entreprenait pour l'aspect romantique du voyage autant que pour les possibles usages des nombres trouvés en route.

Dans la quête des nombres premiers, la méthode « $2^n - 1$ » a suivi son propre chemin. Il était clair qu'elle ne produirait pas de nombre premier pour toutes les valeurs de n, mais son taux de réussite était plutôt bon pour les petits nombres. On l'a vu quand $n = 2$, 3, 5 et 7, $2^n - 1$ est un nombre premier.

Le mathématicien le plus déterminé à employer $2^n - 1$ pour générer des nombres premiers fut le moine français Marin Mersenne. En 1644, il affirma carrément qu'il connaissait toutes les valeurs de n jusqu'à 257 telles que $2^n - 1$ soit un nombre premier. Il les énonça :

(A109461) 2, 3, 5, 7, 13, 17, 19, 31, 67, 127, 257

Mersenne était un mathématicien certes compétent, mais sa liste reposait en grande partie sur la conjecture. Le nombre $2^{257} - 1$ comporte soixante-dix-huit chiffres, ce qui est beaucoup trop pour que l'esprit humain puisse vérifier son éventuelle condition de premier. Mersenne était conscient que ses nombres étaient autant de coups d'épée donnés dans le noir. De sa liste, il vint à dire : « Le temps tout entier ne suffirait pas à déterminer s'ils sont premiers. »

Le temps a suffi, en fait, comme souvent en mathématiques. En 1876, deux siècles et demi après Mersenne, le théoricien français des nombres Édouard Lucas inventait une méthode permettant de vérifier si les nombres s'écrivant $2^n - 1$ sont premiers, et découvrait que Mersenne s'était trompé à propos de 67, et qu'il avait omis 61, 89 et 107.

De façon assez remarquable, toutefois, Mersenne avait vu juste à propos de 127. À l'aide de sa méthode, Lucas démontra que $2^{127} - 1$, ou 170 141 183 460 469 231 731 687 303 715 884 105 727, est un nombre premier. C'est resté le plus grand nombre premier connu jusqu'à l'avènement de l'ordinateur. En revanche, Lucas n'a pas pu se prononcer à propos de $2^{257} - 1$; le nombre est bien trop grand pour qu'on puisse le travailler avec un crayon et une feuille de papier.

Malgré les erreurs qu'elle contient, la liste de Mersenne lui a valu l'immortalité ; aujourd'hui, les nombres premiers qui peuvent s'écrire sous la forme $2^n - 1$ s'appellent les *nombres premiers de Mersenne*.

Il faudra attendre 1952 pour que la vérification soit faite du caractère premier de $2^{257} - 1$, par la méthode de Lucas, mais avec beaucoup d'assistance informatique. Une équipe de scientifiques s'est un jour réunie à l'Institute of Numerical Analysis de Los Angeles pour insérer plus de sept mètres de bande dans un ancien ordinateur numérique nommé SWAC. À lui seul, le chargement de la bande a pris plusieurs minutes. L'opérateur a ensuite entré le nombre à étudier : 257. En une fraction de seconde, le résultat est sorti. L'ordinateur a répondu par la négative : $2^{257} - 1$ n'est pas un nombre premier.

Ce même soir de 1952, on a ensuite inséré dans la machine d'autres nombres soupçonnés d'appartenir à ceux de Mersenne. Le SWAC en a d'abord rejeté quarante-deux comme n'étant pas des nombres premiers. Puis, à 22 heures, un résultat est tombé. L'ordinateur répondait oui ! Il annonçait que $2^{521} - 1$ est un nombre premier. C'était le plus grand nombre de Mersenne jamais identifié depuis soixante-quinze ans, et il faisait du nombre parfait correspondant, $2^{520}(2^{521} - 1)$, le treizième jamais découvert en à peu près deux fois autant de siècles. Mais le nombre $2^{521} - 1$ n'allait jouir que deux heures du statut de plus élevé de la liste. Peu avant minuit, le SWAC confirmait que $2^{607} - 1$ était, lui aussi, un nombre premier. Pendant les quelques mois qui ont suivi, le SWAC a travaillé jusqu'à la limite de sa capacité, pour trouver trois autres nombres premiers. Entre 1957 et 1996, on a encore découvert dix-sept nombres premiers de Mersenne.

Depuis 1952, le plus grand nombre premier connu a toujours été un nombre premier de Mersenne (excepté pendant trois années, de 1989 à 1992, quand il s'est agi de $(391\,581 \times 2^{216193}) - 1$, qui relève d'un type voisin de nombre premier). De tous les nombres premiers qui existent, et l'on sait qu'il y en a une infinité, ceux de Mersenne prédominent au sommet du palmarès des plus grands parce qu'ils constituent une cible de choix. Pour les chasseurs de nombres premiers, la meilleure technique consiste à rechercher ceux de Mersenne, c'est-à-dire à entrer la formule $2^n - 1$ dans un ordinateur avec des valeurs toujours croissantes de n et d'appliquer le test Lucas-Lehmer, une version améliorée de la méthode d'Édouard Lucas évoquée plus haut, pour s'assurer qu'il s'agit d'un nombre premier.

Les nombres de Mersenne possèdent aussi leur charme esthétique. En notation binaire, par exemple, n'importe quel nombre 2^n s'écrit sous forme de 1 suivi de n zéros, comme $2^2 = 4$, qui en binaire s'écrit 100, et $2^5 = 32$, qui s'écrit 100 000. Étant donné que tous les nombres premiers de Mersenne valent 1 retranché à 2^n, tous les développements binaires des nombres de Mersenne sont des suites de nombres ne comportant que des 1.

Le plus éminent chasseur de nombres premiers des Temps modernes s'est investi de sa mission à cause d'un tampon aperçu sur une enveloppe. Dans les années 1960, George Woltman n'était encore qu'un enfant lorsque son père lui a montré le cachet où l'on pouvait lire « $2^{11213} - 1$ », qui était alors le dernier en date des nombres premiers découverts. « J'ai été frappé par le fait qu'on puisse démontrer qu'un aussi grand nombre était premier », se souvient-il.

Woltman est devenu le créateur de programmes qui ont immensément contribué à la quête des nombres premiers. Tous les projets impliquant d'importants calculs intensifs ont longtemps eu recours à des « superordinateurs » d'accès extrêmement limité. Mais depuis les années 1990, les tâches très lourdes ont été morcelées de façon à répartir le travail entre des milliers de plus petites machines reliées entre elles par Internet. En 1996, Woltman a écrit un logiciel gratuit téléchargeable par l'usager qui, une fois installé, confie une petite portion inexplorée de la suite numérale à son ordinateur pour que celui-ci y recherche les nombres premiers. Ce logiciel n'utilise le processeur qu'aux périodes où l'ordinateur est inactif. Pendant que vous dormez à poings fermés, votre machine fouille parmi les nombres, aux confins de la science. La Great Internet Mersenne Prime Search (Grande recherche de nombres entiers de Mersenne sur Internet), ou GIMPS, rassemble aujourd'hui quelque soixante-quinze mille ordinateurs. Certains se trouvent dans des locaux universitaires, d'autres dans des entreprises et d'autres encore sont des portables individuels. La GIMPS a été l'un des premiers programmes de « calcul distribué », et l'un des plus aboutis. (Seti@home, un projet de même type, quoique plus étendu, s'emploie à déchiffrer le bruit cosmique en quête de signes de vie extraterrestre. Il revendique trois millions de participants mais n'a rien découvert à ce jour.) Quelques mois après la mise en ligne de la GIMPS, un programmateur français de vingt-neuf ans capturait le trente-cinquième nombre premier de Mersenne : $2^{1398269} - 1$. Depuis, la GIMPS en a révélé onze autres, à la cadence d'un par an environ. Nous vivons l'âge d'or des grands nombres premiers.

Le titre de plus grand nombre premier est actuellement détenu par le quarante-cinquième nombre de Mersenne : $2^{43112609} - 1$, qui est un nombre de près de treize millions de chiffres, trouvé en 2008 par un ordinateur de l'université de Californie, à Los Angeles, relié à la GIMPS. Le quarante-sixième et quarante-septième nombres premiers de Mersenne jamais trouvés sont en fait *inférieurs* au quarante-cinquième. Les ordinateurs travaillant en même temps, à des rythmes différents, sur différentes sections du fil numéral, il est fort possible qu'on découvre un nombre premier dans une section de nombres élevés avant un autre dans une section inférieure.

Avec son message appelant à la participation massive du volontariat à la science, la GIMPS est devenue une icône de l'Internet libéral. Sans le vouloir, Woltman a placé la quête des nombres premiers sur un terrain quasi politique. Pour souligner la portée symbolique du projet, la fondation Electronic Frontier, une organisation de défense des droits numériques, offre depuis 1999 une récompense en argent chaque fois qu'on découvre un nombre premier dont les chiffres atteignent un nouvel ordre de grandeur. Le quarante-cinquième nombre premier de Mersenne a été le premier à atteindre dix millions de chiffres, et le prix attribué a été de cent mille dollars. L'EFF offrira cent cinquante mille dollars pour le premier qui atteindra cent millions de chiffres, et deux cent cinquante mille dollars pour celui qui en atteindra un milliard. Si l'on réalise un graphique des découvertes d'un grand nombre premier depuis 1952, selon l'échelle logarithmique et le moment de la découverte, on s'aperçoit qu'elles tracent presque une ligne droite. Ce fait témoigne de la croissance de la puissance du traitement informatique au fil des ans, mais il nous permet aussi de projeter une date pour la découverte du premier nombre premier à un milliard de chiffres. Je fiche mon billet que ce sera vers 2025. Écrit en chiffres d'un millimètre, ce nombre relierait Paris à Los Angeles, voire au-delà.

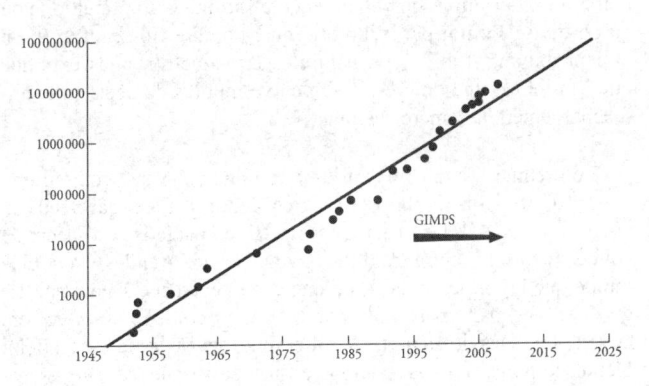

Nombre de chiffres du plus grand nombre premier par année de découverte

Les nombres premiers existant en quantité infinie (pour ce qui est des nombres de Mersenne, on ne le sait pas encore), la recherche de valeurs de plus en plus élevées est une quête sans fin.

Quel que soit le nombre premier atteint, si grand soit-il, il y en aura toujours un autre, plus grand encore, pour nous narguer.

L'infini est peut-être la plus profonde et la plus difficile des notions de mathématiques basiques. L'esprit a du mal à embrasser l'idée que quelque chose puisse ne jamais finir. Qu'adviendrait-il, par exemple, si je me mettais à compter 1, 2, 3, 4, 5... pour ne plus jamais m'arrêter ? Je me souviens encore d'avoir posé à l'enfance cette question apparemment simple et de ne pas avoir reçu de réponse tranchée. Parents comme professeurs ont botté en touche en m'expliquant qu'on atteignait l'« infini », mais ce n'était qu'une façon de reformuler la question. L'infini, c'est tout simplement le nombre qu'on atteint quand on se met à compter et qu'on ne s'arrête plus jamais.

Néanmoins, il nous est demandé relativement tôt de traiter l'infini comme un nombre, curieux, certes, mais un nombre quand même. On nous montre le symbole de l'infini, la boucle sans fin ∞ (on appelle ça un « lemniscate »), et on nous enseigne son arithmétique particulière. Quand on ajoute n'importe quel nombre fini à l'infini, on obtient l'infini. Lorsqu'on soustrait n'importe quel nombre fini à l'infini, on obtient encore l'infini. Qu'on multiplie ou qu'on divise l'infini par n'importe quel nombre fini, sauf le 0, on obtient toujours l'infini. Le naturel avec lequel on nous explique que l'infini est un nombre occulte en vérité plus de deux mille ans d'acharnement à vaincre ses mystères.

Le premier à avoir mis en lumière l'anomalie que comporte la notion d'infini fut le philosophe grec Zénon d'Élée, qui vécut au Ve siècle av. J.-C. Dans l'un de ses célèbres paradoxes, il décrit la course théorique entre Achille et une tortue. Achille étant plus rapide que la tortue, on accorde une certaine avance à l'animal. Le guerrier légendaire partira du point A et, au point B, la tortue sera devant lui. Dès le départ, Achille fond sur le reptile et atteint bientôt le point B, mais le temps qu'il y parvienne, sa concurrente est déjà au point C. Achille file alors jusqu'au point C, mais, une fois encore, la tortue s'est avancée jusqu'au point D. Achille doit donc atteindre le point D, bien sûr, mais quand il le fait, la tortue est en E. Zénon affirmait que ce petit jeu étant perpétuel, le véloce Achille ne rattraperait jamais sa quadrupède rivale pourtant plus lente. L'athlète, bien plus rapide que la tortue, ne peut la vaincre à la course.

À l'instar de celui-là, tous les paradoxes de Zénon tirent des conclusions apparemment absurdes, en disséquant un mouvement continu sous forme d'événements distincts. Avant qu'Achille atteigne la tortue, il doit accomplir une infinité de ces courses individuelles. Le paradoxe provient du présupposé qu'il est impossible d'accomplir une infinité de courses en un temps fini.

Achille et la tortue

Les Grecs, cependant, ne disposaient pas de la profondeur de notre connaissance mathématique de l'infini ; ils ne percevaient donc pas que cette supposition est fausse. Il *est* possible d'accomplir une infinité de courses en un temps fini. Il faut toutefois pour cela que les distances soient de plus en plus courtes, qu'elles requièrent de moins en moins de temps, et que la distance et le temps approchent de 0. Cette condition est nécessaire, mais pas suffisante ; il faut aussi que les courses raccourcissent à une cadence suffisante.

Voyons un peu ce qu'il se passe entre Achille et la tortue. Mettons, par exemple, qu'Achille coure deux fois plus vite que la tortue et que B se trouve à un mètre devant A. Quand Achille atteint B, la tortue a avancé d'$\frac{1}{2}$ m pour atteindre C. Quand Achille atteindra C, la tortue aura encore progressé d'$\frac{1}{4}$ m jusqu'en D. Et ainsi de suite. La distance totale, en mètres, qu'Achille aura à parcourir avant d'atteindre la tortue est :

$$1 + \frac{1}{2} + \frac{1}{4} + \frac{1}{8} + \frac{1}{16} + ...$$

Si Achille mettait une seconde à franchir chacun de ces intervalles, il ne comblerait jamais sa distance. Mais ce n'est pas le cas. Si l'on envisage une vitesse constante, il lui faut une seconde pour faire un mètre, une demi-seconde pour faire un demi-mètre, un quart de seconde pour couvrir un quart de mètre, et ainsi de suite. Par conséquent, le temps qu'il mettra en secondes à atteindre la tortue se décrit selon la même addition :

$$1 + \frac{1}{2} + \frac{1}{4} + \frac{1}{8} + \frac{1}{16} + ...$$

Quand on décrit le temps et la distance sous forme de séquence de division par 2, ils convergent simultanément vers une valeur fixe, finie. Dans le cas présent, c'est à deux secondes et à deux mètres. Il semble donc finalement qu'Achille pouvait vaincre la tortue.

Cependant, tous les paradoxes de Zénon ne trouvent pas forcément de solution dans les mathématiques des séries infinies. Dans le « paradoxe de la dichotomie », un coureur se rend de A en B. Pour atteindre B, il doit nécessairement passer par un point intermédiaire entre A et B, que nous nommerons C. Mais pour atteindre C, il doit d'abord franchir le point intermédiaire entre A et C. Il s'ensuit qu'il ne peut y avoir de « premier point » que franchisse le coureur puisqu'il y aura toujours un point intermédiaire à franchir auparavant. Si le coureur ne passe jamais par un premier point, argumente Zénon, c'est qu'il ne peut quitter A.

On raconte que, cherchant à réfuter ce paradoxe, Diogène le Cynique se serait levé sans un mot et aurait parcouru la distance séparant A et B, démontrant que ce déplacement était possible. Mais le paradoxe de la dichotomie de Zénon mérite mieux que cela. Voilà deux mille cinq cents ans que les esprits érudits se grattent la tête, mais nul n'est parvenu à vraiment résoudre le problème. Une partie de la confusion naît du fait qu'une ligne continue n'est pas parfaitement représentée par un nombre infini de points ou de petits intervalles. De même, le passage ininterrompu du temps n'est pas fidèlement représenté par une infinité d'instants distincts. Les notions de continuité et de morcellement ne sont pas entièrement conciliables.

Le système décimal nous fournit un excellent exemple de paradoxe à la Zénon. Quel est le plus grand nombre inférieur à 1 ? Ce n'est pas 0,9, puisque 0,99 est plus grand et toujours inférieur à 1. Ce n'est pas non plus 0,99 puisque 0,999 est plus grand et toujours inférieur à 1 également. Le seul candidat possible, c'est la décimale récurrente 0,9999..., où le « ... » signifie que les 9 ne s'arrêtent jamais. C'est pourtant là que survient le paradoxe. Ce ne peut être 0,9999... étant donné que 0,9999... est égal à un !

Songez-y : si 0,9999... est différent de 1, c'est qu'il y a forcément un espace entre eux sur le fil des nombres. Il est donc possible d'insérer dans cet espace un nombre supérieur à 0,9999... et inférieur à 1. Mais quel nombre cela peut-il être ? Impossible de faire plus proche de 1 que 0,9999... Alors, si 0,9999... et 1 ne peuvent pas être différents, ils sont forcément égaux. Aussi impossible que cela paraisse, 0,9999... = 1.

Quel est alors le plus grand nombre inférieur à 1 ? La seule réponse satisfaisante, c'est que le plus grand nombre inférieur à 1 *n'existe pas*. (Pas plus que le plus grand nombre inférieur à 2, ou inférieur à 3, ou en vérité inférieur à n'importe quel nombre.)

Nous avons résolu le paradoxe de la course d'Achille contre la tortue en notant les durées de ses courses sous forme de somme infinie de termes, qu'on connaît aussi sous le nom de série infinie. Aussitôt qu'on additionne les termes d'une suite, on obtient une série. Il y a des séries finies et des séries infinies. Si l'on additionne la suite des cinq premiers entiers naturels, par exemple, on obtient la série finie :

$1 + 2 + 3 + 4 + 5 = 15$

On peut évidemment faire le calcul mentalement, mais quand une série comporte beaucoup plus de termes, l'astuce consiste à trouver un raccourci. Le mathématicien allemand Carl Friedrich Gauss en a livré un célèbre exemple alors qu'il n'était qu'un enfant. On raconte que la maîtresse lui avait demandé de calculer la somme de la suite des cent premiers entiers naturels :

$1 + 2 + 3 + \ldots + 98 + 99 + 100$

À la grande stupéfaction de la maîtresse, Gauss a répondu quasi instantanément : « 5 050 ». Le jeune prodige avait trouvé la formule suivante. En appariant judicieusement les nombres, le premier avec le dernier, le deuxième avec l'avant-dernier, et ainsi de suite, la série se réécrit comme ceci :

$(1 + 100) + (2 + 99) + (3 + 98) + \ldots + (50 + 51)$
ce qui équivaut à :
$101 + 101 + 101 + 101 + \ldots + 101$

Il y a ainsi cinquante termes, chacun valant 101, la somme est donc égale à $50 \times 101 = 5\,050$. Ce calcul peut se généraliser : pour tout nombre n, la somme des premiers n nombres est $n + 1$ ajouté $\frac{n}{2}$ fois de suite, soit $\frac{n(n+1)}{2}$. Dans le cas ci-dessus, n est égal à 100, si bien que la somme est $\frac{100(100+1)}{2} = 5\,050$.

Quand on additionne les termes d'une série finie, on obtient toujours un nombre fini, c'est évident. Mais quand on additionne les termes d'une série infinie, deux scénarios sont possibles. La *limite*, qui est le nombre duquel approche la série à mesure qu'on additionne de plus en plus de termes, peut être un nombre fini, ou alors infini. Si la limite est finie, on parle de série *convergente*. Sinon, de série *divergente*.

Nous avons déjà vu, par exemple, que la série

$$1 + \frac{1}{2} + \frac{1}{4} + \frac{1}{8} + \frac{1}{16} + \ldots$$

est convergente ; elle converge en 2. Nous avons aussi rencontré de nombreuses séries infinies convergeant en pi.

En revanche, la série

$$1 + 2 + 3 + 4 + 5 + \ldots$$

est divergente, elle met le cap sur l'infini.

Les Grecs se montraient peut-être circonspects envers l'infini, mais autour du XVIIe siècle les mathématiciens se sont fait une joie de rouvrir le débat. Il était indispensable de connaître les séries infinies pour qu'Isaac Newton invente le calcul infinitésimal, qui fut l'une des grandes avancées de l'histoire des mathématiques.

Au temps où j'étais étudiant en mathématiques, l'un de mes exercices préférés consistait à déterminer si une série infinie était convergente ou divergente. Je trouvais toujours incroyable que la différence entre convergence et divergence soit aussi abrupte – la différence entre un nombre fini et l'infini est l'infini – alors que les éléments déterminant l'orientation de la série apparaissent souvent insignifiants.

Observons la série dite harmonique :

$$1 + \frac{1}{2} + \frac{1}{3} + \frac{1}{4} + \frac{1}{5} + \ldots$$

Le numérateur de chacun des termes est 1, et les dénominateurs sont les entiers naturels. À première vue, on croirait la série harmonique convergente. Ses termes devenant de plus en plus petits, on imagine facilement que leur somme se limitera à une valeur donnée. Or, curieusement, la série harmonique est divergente, c'est un escargot qui ralentit sans cesse mais jamais ne s'arrête. Après cent termes, le total est à peine supérieur à 5. À 15 092 688 622 113 788 323 693 563 264 538 101 449 859 497 termes, ce total franchit tout juste la centaine. Mais cet escargot persévérant ne cessera jamais sa quête de liberté ; tôt ou tard il aura couvert n'importe quelle distance imaginable. La série atteindra le million, puis le milliard, et ainsi de suite, éternellement, vers l'infini. (Vous en trouverez la démonstration en annexe, p. 463.)

La série harmonique apparaît avec toute sa splendeur dans les principes mathématiques qui sous-tendent le jeu d'empilement de blocs rectangulaires de Jenga. Mettons qu'on se propose de disposer deux blocs l'un sur l'autre de façon à ce que celui du dessus dépasse au maximum de l'autre, en surplomb, sans basculer. Pour cela, il faut décaler le bloc supérieur jusqu'à la moitié précisément, comme on le voit dans la figure ci-après (A). Le centre de gravité du bloc supérieur repose alors exactement sur le bord du bloc inférieur.

Et avec trois blocs, comment construire le plus ample surplomb combiné des deux supérieurs sans qu'ils s'écroulent ? Il faut que le bloc du dessus soit positionné à la moitié de celui du milieu, et que ce dernier soit décalé au quart de l'inférieur, comme dans le diagramme ci-après (B).

À mesure qu'on empile des blocs de bois, selon le principe général garantissant le plus important surplomb cumulé, celui du dessus doit empiéter à la moitié du suivant, qui doit dépasser d'un quart du troisième, lui-même dépassant d'un sixième du suivant, qui doit dépasser d'un huitième du cinquième et ainsi de suite. On obtient alors une tour penchée comme illustré en C.

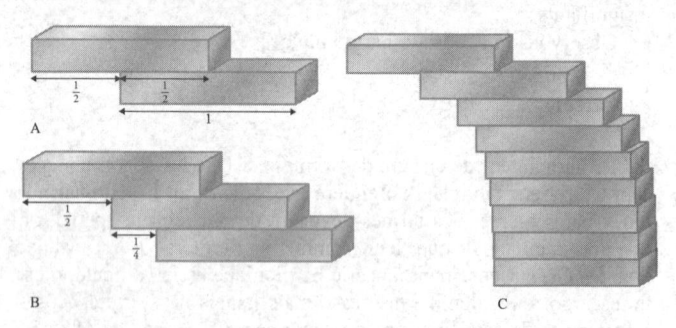

Comment empiler les blocs de Jenga avec le plus grand surplomb possible sans qu'ils s'écroulent

SECRETS DE SUCCESSION

Le surplomb total de cette tour, soit la somme de tous les surplombs individuels, donne la série suivante :

$$\frac{1}{2} + \frac{1}{4} + \frac{1}{6} + \frac{1}{8} + \ldots$$

que l'on peut réécrire :

$$\frac{1}{2}\left(1 + \frac{1}{2} + \frac{1}{3} + \frac{1}{4} + \ldots\right.$$

soit, si l'on poursuit jusqu'à un nombre infini de termes, la moitié de la série harmonique.

Or, ayant connaissance que la série harmonique tend vers l'infini, on sait que la série harmonique divisée par 2 tend aussi vers l'infini, puisque l'infini divisé par 2 donne l'infini. Resitué dans le contexte des blocs de Jenga, cela signifie qu'il est théoriquement possible de créer un surplomb autoportant de n'importe quelle longueur. Si la série harmonique divisée par 2 finit par atteindre n'importe quel nombre, à condition qu'on y inclue suffisamment de termes, le surplomb de notre tour penchée de blocs peut atteindre n'importe quelle longueur, du moment qu'on empile le nombre suffisant de blocs. C'est théoriquement possible, mais, en pratique, édifier une tour avec un grand surplomb constitue une entreprise décourageante. Pour obtenir un surplomb de cinquante blocs, il faudrait une tour de 15×10^{42} blocs – dépassant les confins de l'univers observable.

La série harmonique ne manque pas de facettes extraordinaires, alors amusons-nous encore un peu en sa compagnie. Considérons la série harmonique dont on aurait *extrait* tous les termes comportant le chiffre 9, qui est aussi une série infinie. Autrement dit, retirons-lui les termes suivants :

$$\frac{1}{9}, \frac{1}{19}, \frac{1}{29}, \frac{1}{39}, \frac{1}{49}, \frac{1}{59}, \frac{1}{69}, \frac{1}{79}, \frac{1}{89}, \frac{1}{90}, \frac{1}{91}, \frac{1}{92} \ldots$$

Une fois cette extraction accomplie, la série ressemble à ceci :

$$1 + \frac{1}{2} + \frac{1}{3} + \frac{1}{4} + \frac{1}{5} + \ldots + \frac{1}{8} + \frac{1}{10} + \ldots + \frac{1}{18} + \frac{1}{20} + \ldots$$

Sachant que la série harmonique aboutit à l'infini, on aurait tendance à penser que la série harmonique privée de 9 aboutit forcément à un nombre assez élevé. Faux. Elle n'atteint pas 23.

En filtrant les 9, nous avons apprivoisé l'infini : nous avons vaincu le monstre de l'éternité, dont seule demeure la carcasse desséchée : à peine 23.

Ce résultat paraît insolite, mais il suffit d'y regarder d'un peu plus près pour qu'il devienne limpide. La suppression du 9 ne nous débarrasse que d'un des dix premiers termes de la série harmonique, mais elle supprime aussi dix-neuf des cent premiers, et 271 des mille premiers. Lorsque les nombres deviennent très longs, qu'ils en arrivent par exemple à se constituer de cent chiffres, une large majorité d'entre eux comporte un 9. En fin de compte, priver la série harmonique du 9 revient à pratiquement tout lui retirer.

En jouant avec la série harmonique, on tombe sur d'autres surprises. Supprimer les 9 relevait d'un choix arbitraire. Si j'avais privé la série harmonique de tous les termes comportant le chiffre 8, les autres auraient aussi convergé vers un nombre fini. De même que si j'avais supprimé les termes comportant un 7, ou n'importe quel chiffre. En fait, rien ne nous oblige à nous limiter aux chiffres individuels. Il suffit de supprimer tous les termes comportant *n'importe quel* nombre pour que la série harmonique ainsi réduite devienne convergente. Ça vaut pour le 9 comme le 42, le 666 ou le 314 159, car le même raisonnement s'applique.

Prenons l'exemple du 666. Entre 1 et 1 000, il ne survient qu'une fois. Entre 1 et 10 000, il revient vingt fois, et entre 1 et 100 000, on le retrouve à trois cents reprises. Autrement dit, le taux d'occurrence de 666 est de 0,1 % dans les mille premiers nombres, de 0,2 % dans les dix mille premiers et de 0,3 % dans les cent mille premiers. Plus les nombres augmentent, plus la série 666 devient commune. Au bout d'un moment, presque tous les nombres comporteront la série 666, présente dans la quasi-totalité des termes de la série harmonique. Quand on les supprime de la série harmonique, ce qui reste devient convergent.

En 2008, Thomas Schmelzer et Robert Baillie ont calculé que la série harmonique privée de tout terme comportant la séquence 314 159 dépasse de peu 2,3 millions. C'est certes élevé, mais on est loin, très loin de l'infini.

Corollaire à ce résultat : la série harmonique dont tous les termes comportent la séquence 314 159 tend forcément vers l'infini. C'est-à-dire que la somme de la série

$$\frac{1}{314\,159} + \frac{1}{1\,314\,159} + \frac{1}{2\,314\,159} + \frac{1}{3\,314\,159} + \frac{1}{4\,314\,159} + \ldots$$

est l'infini. Cette série commence par un nombre minuscule et ses termes ne font jamais que diminuer, mais la somme de ses termes finira par dépasser n'importe quel nombre. Ici encore, cela tient au fait qu'aussitôt devenus très grands, presque tous les nombres comportent la séquence 314 159. On la trouve dans la quasi-totalité des fractions.

Jetons un rapide coup d'œil à une autre série infinie, qui nous renvoie aux nombres premiers et à leurs mystères. La série harmonique des nombres premiers est celle dont le dénominateur de chaque fraction unitaire est un nombre premier :

$$\frac{1}{2} + \frac{1}{3} + \frac{1}{5} + \frac{1}{7} + \frac{1}{11} + \frac{1}{13} + \frac{1}{17} + \ldots$$

Les nombres premiers se font plus rares à mesure que les valeurs augmentent, alors on pourrait s'attendre à ce que cette série n'ait pas le souffle nécessaire pour atteindre l'infini. Pourtant, aussi incroyable que cela paraisse, elle y parvient. Ce résultat aussi spectaculaire qu'inattendu nous rappelle toute la force et l'importance des nombres premiers. Ce ne sont pas seulement les briques de construction des nombres naturels, mais aussi celles de l'infini.

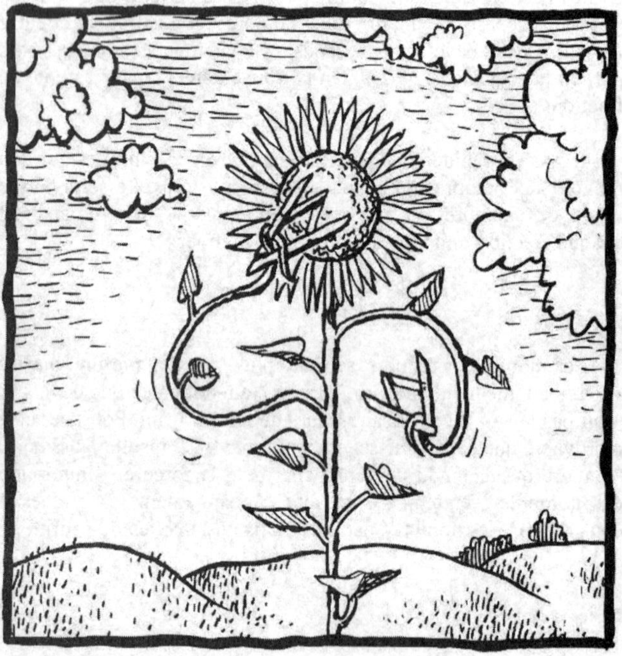

8
Histoire d'or

Tandis que nous sommes assis dans son salon, Eddy Levin me tend une feuille blanche et me prie d'y inscrire mon nom en majuscules. Levin, qui à soixante-quinze ans arbore un visage d'érudit, une barbe naissante grise et un large front, a été dentiste. Il vit aujourd'hui à East Finchley, au nord de Londres, dans l'archétype de la rue prospère et conservatrice des banlieues aisées britanniques. Les belles voitures y dorment sagement dans les allées menant aux maisons de brique de l'entre-deux-guerres, avec leurs haies fraîchement taillées et leurs pelouses vert clair. J'attrape le papier et j'écris : ALEX BELLOS.

Levin s'empare alors d'un instrument d'acier inoxydable ressemblant à une petite pince, mais doté de trois mâchoires. D'une main parfaitement assurée, il le brandit devant la feuille et entreprend d'examiner mon écriture. Avec la concentration d'un rabbin s'apprêtant à circoncire, il aligne son instrument sur le E de mon prénom.

« Pas mal », fait-il.

La pince est une invention de Levin. Les trois mâchoires sont articulées de telle sorte qu'à l'ouverture de la pince, les pointes restent toujours alignées et l'écart qui les sépare conserve les mêmes proportions. L'instrument est conçu pour que la distance séparant la mâchoire centrale de celle du dessus vaille toujours 1,618 fois celle qui la sépare de la mâchoire du dessous. Ce nombre, plus connu sous le nom de nombre d'or, l'a incité à baptiser son instrument calibreur du nombre d'or. (Parmi les autres appellations de 1,618, il y a la proportion d'or, la divine proportion et φ, ou phi.) Levin a placé son calibreur de façon à faire coïncider une pointe avec l'extrémité de la barre supérieure de mon E, celle du milieu avec la barre centrale et la troisième avec la barre inférieure. Au moment où j'écrivais, j'ai cru placer la barre centrale à égale distance des deux autres, mais l'instrument de Levin me démontre que j'ai inconsciemment tendance à la situer un peu au-dessus – si bien que ma lettre est divisée dans sa hauteur en deux parties, selon la proportion de 1 pour 1,618. J'ai eu beau griffonner mon nom avec tout l'abandon du monde, j'ai adhéré au nombre d'or avec une précision troublante.

Levin m'adresse un sourire, avant de passer au S. Il rajuste son instrument pour mettre en contact les pointes extérieures avec les extrémités de ma lettre et, à ma grande surprise, la pointe du milieu vient très exactement s'aligner sur la courbe centrale du S.

« Pile-poil, dit Levin sans s'étonner. Quand nous écrivons, nous appliquons tous la proportion d'or. »

Le nombre d'or est le nombre qui décrit la proportion précise d'une longueur divisée en deux segments quand le rapport entre la longueur entière et le plus grand segment est identique à celui du grand segment avec le petit. Autrement dit, quand le rapport entre A + B et A est égal au rapport entre A et B :

```
               A                B
————————————————————————————————————
                        |
```

Une longueur divisée selon la proportion d'or est dite section d'or, et phi, qui est la proportion entre le grand et le petit segment, peut se calculer $\frac{(1 + \sqrt{5})}{2}$. C'est un nombre irrationnel, dont le développement décimal commence par :

1,61803 39887 49894 84820...

Les Grecs éprouvaient une réelle fascination pour phi, qu'ils avaient découvert dans l'étoile à cinq branches, un pentagramme, symbole révéré de la Fraternité pythagoricienne. Euclide, qui parlait de proportion d'« extrême et moyenne raison », livra une méthode pour le construire au compas et à la règle plate. Depuis la Renaissance, peut-être avant, ce nombre a excité la curiosité des artistes

HISTOIRE D'OR

autant que des mathématiciens. Un grand ouvrage, *La Divine Proportion*, lui fut consacré en 1509 par Luca Pacioli, avec des illustrations de Léonard de Vinci. On y trouve l'inventaire des occurrences de phi dans de nombreuses constructions géométriques. Pacioli y conclut que cette proportion est un message divin, une source secrète de connaissance à propos de la beauté intrinsèque des choses.

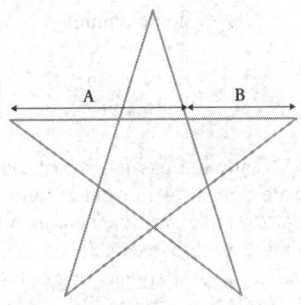

L'étoile à cinq branches, symbole mystique depuis l'Antiquité, comporte la proportion d'or.

L'intérêt mathématique de phi provient de sa relation avec la plus célèbre des suites mathématiques : la suite de Fibonacci – celle qui commence par 0, 1 et dont chaque terme subséquent est la somme des deux qui le précèdent :

0, 1, 1, 2, 3, 5, 8, 13, 21, 34, 55, 89, 144, 233, 377...

Voici comment ces nombres sont déterminés :

$$0 + 1 = 1$$
$$1 + 1 = 2$$
$$1 + 2 = 3$$
$$2 + 3 = 5$$
$$3 + 5 = 8$$
$$5 + 8 = 13$$
$$...$$

Avant de vous montrer ce qui relie phi à Fibonacci, penchons-nous sur les nombres constituant cette suite. Il se trouve que la nature a une prédilection pour les nombres de Fibonacci. Dans un jardin, vous constaterez que chez la plupart des fleurs, le nombre de pétales est égal à un nombre de Fibonacci :

3 pétales	le lys et l'iris
5 pétales	l'œillet et le bouton-d'or
8 pétales	le delphinium
13 pétales	le souci
21 pétales	le séneçon
55 pétales/89 pétales	la marguerite

Chacune de ces fleurs n'a pas forcément toujours précisément ce nombre de pétales, mais la moyenne donnera un nombre de Fibonacci. Il y a par exemple généralement trois feuilles sur la tige d'un trèfle, un nombre de Fibonacci. Il est très rare qu'un trèfle possède quatre feuilles, c'est d'ailleurs ce qui lui donne son caractère particulier. Le trèfle à quatre feuilles est rare parce que le 4 n'est pas un nombre de Fibonacci.

On retrouve aussi les nombres de Fibonacci dans les motifs en spirale qu'on voit sur les pommes de pin, les ananas, les choux-fleurs et les tournesols. C'est très net sur la photo page suivante : on peut compter les spirales dans le sens des aiguilles d'une montre et en sens inverse. Dans un sens comme dans l'autre, leur nombre correspond encore à la suite de Fibonacci. En ce qui concerne l'ananas, ce sont généralement cinq et huit spirales, ou huit et treize. Pour les pommes de pin, habituellement huit et treize. Le tournesol comporte vingt et une et trente-quatre, ou trente-quatre et cinquante-cinq spirales – bien qu'on en ait trouvé certains qui en présentaient pas moins de cent quarante-quatre et deux cent trente-trois. Plus il y a de graines, plus la séquence de spirales sera élevée.

La suite de Fibonacci doit son nom au fait que ses termes apparaissent dans *Liber Abaci*, le chef-d'œuvre du mathématicien toscan, au cœur d'un problème concernant des lapins. Mais elle n'a acquis ce nom que plus de six cents ans après la parution du livre, en 1877, quand le théoricien des nombres Édouard Lucas, qui

Un tournesol avec trente-quatre spirales en sens inverse des aiguilles d'une montre et vingt et une dans l'autre sens

l'étudiait, a souhaité rendre hommage à Fibonacci en lui donnant son nom.

Dans le *Liber Abaci*, la séquence apparaît comme suit : mettons qu'on possède un couple de lapins, qui donne naissance à un autre couple de lapins au bout d'un mois. Si chaque couple de lapins adultes produit un couple de lapereaux chaque mois, et qu'il faut un mois à un lapin pour devenir adulte, combien de lapins aura-t-on après un an ?

Pour répondre, il faut compter les lapins mois après mois. Le premier mois, il n'y a qu'un couple. Le deuxième, il y en a deux, puisque le couple originel a donné naissance à un autre. Le troisième mois, il y en a trois, puisque le premier couple s'est de nouveau reproduit, mais que le deuxième atteint à peine l'âge adulte. Au quatrième mois, les deux couples adultes se reproduisent, ce qui ajoute deux couples aux trois déjà existants. La suite de Fibonacci équivaut au total des couples, mois après mois :

	Total des couples
Premier mois : 1 couple adulte	1
Deuxième mois : 1 couple adulte et 1 couple de petits	2
Troisième mois : 2 couples adultes et 1 couple de petits	3
Quatrième mois : 3 couples adultes et 2 couples de petits	5
Cinquième mois : 5 couples d'adultes et 3 couples de petits	8
Sixième mois : 8 couples d'adultes et 5 couples de petits	13
...	...

L'une des caractéristiques essentielles de la suite de Fibonacci, c'est qu'elle est *récurrente*, c'est-à-dire que chacun de ses termes est engendré par la valeur de ceux qui précèdent. Cela explique la grande prévalence des nombres de Fibonacci dans la nature. De nombreuses formes de vie se développent selon le processus de récurrence.

La nature nous offre une multitude d'exemples de nombres de Fibonacci, et l'un de mes préférés concerne le schéma reproductif des abeilles. L'abeille mâle, le bourdon, n'a qu'un parent : sa mère. La femelle, elle, en a deux : le père et la mère. Le bourdon possède donc seulement deux grands-parents, trois arrière-grands-parents, cinq arrière-arrière-grands-parents, huit arrière-arrière-arrière-grands-parents et ainsi de suite. Présenté sous forme de graphique (comme ci-dessous), on s'aperçoit que le nombre de parents de chaque génération est toujours un nombre de Fibonacci.

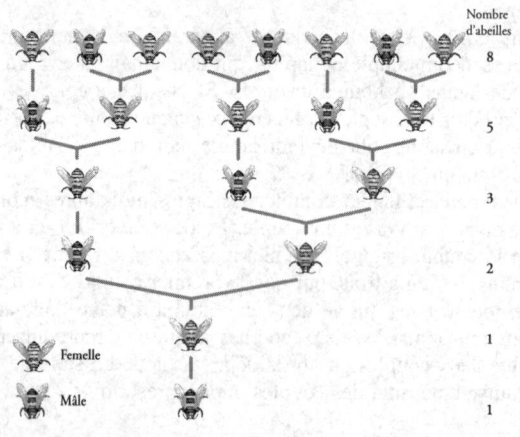

Arborescence retraçant l'ascendance d'un bourdon (représenté tout en bas)

Outre ses associations avec les fruits, les rongeurs proliférants et les insectes bourdonnants, la suite de Fibonacci possède aussi des propriétés mathématiques captivantes. La liste de ses vingt premiers termes nous offre un meilleur aperçu des schémas qu'elle recèle. Par tradition, on note les nombres de Fibonacci d'un F accompagné d'un indice indiquant leur position dans la suite :

(F_0	0)		
F_1	1	F_{11}	89
F_2	1	F_{12}	144
F_3	2	F_{13}	233
F_4	3	F_{14}	377
F_5	5	F_{15}	610
F_6	8	F_{16}	987
F_7	13	F_{17}	1 597
F_8	21	F_{18}	2 584
F_9	34	F_{19}	4 181
F_{10}	55	F_{20}	6 765

À bien y regarder, on constate que la séquence possède une façon fort surprenante de se régénérer, et cela à bien des égards. Prenons F_3, F_6, F_9, ..., soit les F de trois en trois. Tous sont divisibles par 2. Comparons avec F_4, F_8, F_{12}, ..., soit les F de quatre en quatre – tous sont divisibles par 3. De cinq en cinq, ils sont divisibles par 5 ; de six en six, par 8, et de sept en sept, par 13. Les diviseurs sont précisément les nombres F, dans l'ordre.

On trouve une autre caractéristique frappante dans $\frac{1}{F_{11}}$, ou $\frac{1}{89}$. Ce nombre est égal à la somme de :

0,0
0,01
0,001
0,0002
0,00003
0,000005
0,0000008
0,00000013
0,000000021
0,0000000034

0,00000000055
0,000000000089
0,0000000000144

On voit donc la suite de Fibonacci montrer de nouveau le bout de son nez.

Voici encore une propriété intéressante de la série. Prenez n'importe quels trois nombres F consécutifs. La multiplication du premier par le troisième donne toujours le deuxième au carré plus ou moins 1 :

Pour F_4, F_5, F_6 :
$F_4 \times F_6 = F_5 \times F_5 - 1$ ... *car 24 = 25 − 1*

Pour F_5, F_6, F_7 :
$F_5 \times F_7 = F_6 \times F_6 + 1$ ... *car 65 = 64 + 1*

Pour F_{18}, F_{19}, F_{20} :
$F_{18} \times F_{20} = F_{19} \times F_{19} - 1$ ... *car 17 480 760 = 17 480 761 − 1*

Cette propriété est le fondement d'un tour de magie vieux comme le monde, qui consiste à découper un carré de soixante-quatre cases en quatre morceaux, qu'on rassemble différemment pour obtenir un rectangle de soixante-cinq cases. Voici comment procéder : tracez un carré de soixante-quatre cases, qui fait donc huit cases de côté. Dans la suite de Fibonacci, les deux nombres F précédant 8 sont 5 et 3. Découpez le carré selon les longueurs 5 et 3, comme dans la première illustration ci-après. Rassemblez ensuite les morceaux de façon à composer un rectangle de 5 par 13, et vous avez une surface de 65.

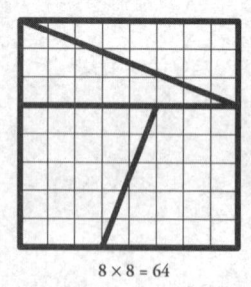

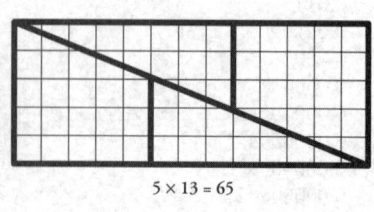

$8 \times 8 = 64$

$5 \times 13 = 65$

L'astuce tient au fait que les morceaux ne sont pas parfaitement adaptés. Ça n'apparaît pas vraiment à l'œil nu, mais le long de la diagonale centrale court un léger interstice dont l'aire totale vaut une case.

Il s'ensuit qu'on peut aussi « transformer » un carré de cent soixante-neuf cases (13 × 13) en rectangle de cent soixante-huit cases (8 × 21). Dans ce cas, les segments se chevauchent légèrement le long de la diagonale centrale.

Au début du XVIIe siècle, l'astronome allemand Johannes Kepler écrivait : « 5 est à 8 ce que 8 est à 13, approximativement, et ce que 8 est à 13, 13 l'est à 21, approximativement. » Autrement dit, il avait remarqué que le rapport entre les nombres F consécutifs est similaire. Un siècle plus tard, le mathématicien écossais Robert Simson constatait un fait encore plus incroyable. Si l'on prend les rapports des nombres F et qu'on les aligne dans la suite :

$$\frac{F_2}{F_1}, \frac{F_3}{F_2}, \frac{F_4}{F_3}, \frac{F_5}{F_4}, \frac{F_6}{F_5}, \frac{F_7}{F_6}, \frac{F_8}{F_7}, \frac{F_9}{F_8}, \frac{F_{10}}{F_9} \ldots$$

qui vaut :

$$\frac{1}{1}, \frac{2}{1}, \frac{3}{2}, \frac{5}{3}, \frac{8}{5}, \frac{13}{8}, \frac{21}{13}, \frac{34}{21}, \frac{55}{34} \ldots$$

ou (à trois décimales) :

1 ; 2 ; 1,5 ; 1,667 ; 1,6 ; 1,625 ; 1,615 ; 1,619 ; 1,618 …

les valeurs de ces termes se rapprochent ensuite de plus en plus de phi, le nombre d'or.

Autrement dit, à travers les rapports consécutifs des nombres de Fibonacci on atteint le nombre d'or par approximation, une approximation qui se fait plus précise au fil de la suite.

Dans le même ordre d'idée, considérons à présent une suite similaire à celle de Fibonacci, en commençant par deux chiffres au hasard, puis en la prolongeant par addition des termes consécutifs. Commençons par 4 et 10, par exemple, le terme suivant sera 14, et celui d'après 24. Cela donne :

4, 10, 14, 24, 38, 62, 100, 162, 262, 424…

Voyons les rapports de termes consécutifs :

$$\frac{10}{4}, \frac{14}{10}, \frac{24}{14}, \frac{38}{24}, \frac{62}{38}, \frac{100}{62}, \frac{162}{100}, \frac{262}{162}, \frac{424}{262}…$$

ou :

2,5 ; 1,4 ; 1,714 ; 1,583 ; 1,632 ; 1,612 ; 1,620 ; 1,617 ; 1,618 …

L'algorithme de récurrence de Fibonacci, qui consiste à additionner deux termes consécutifs dans une suite pour fabriquer le suivant, est si puissant que *quels que soient* les nombres de départ, la suite des rapports de ses termes convergera toujours vers phi. C'est à mes yeux un phénomène mathématique fascinant.

L'omniprésence des nombres de Fibonacci dans la nature implique qu'on rencontre aussi phi partout dans le monde. Ce qui nous ramène à notre dentiste à la retraite, Eddy Levin. Tôt dans sa carrière, il a été amené à consacrer beaucoup de temps à la fabrication de prothèses dentaires, un exercice qu'il trouvait particulièrement frustrant car quelle que soit la forme qu'il leur donnait, il n'y avait pas moyen de restituer un sourire naturel à qui que ce soit. « J'en ai bavé, raconte-t-il. Quoi que je fasse, on voyait toujours que c'étaient des dents artificielles. » À cette époque, il a suivi un cours sur « Mathématiques et spiritualité », qui lui a révélé l'existence de phi. Il a alors découvert *La Divine Proportion* de Pacioli, qui n'a pas manqué de l'inspirer. Et si phi, dont Pacioli disait qu'il révélait la vraie beauté, recelait aussi le secret des dentures divines ? « C'est mon "euréka" à moi, » raconte-t-il. À 2 heures du matin, il a couru à son étude. « J'ai passé le reste de la nuit à mesurer des dents. »

Parcourant des photos, Levin s'est aperçu que dans les plus belles dentures, les grandes dents du devant (incisives centrales) sont plus larges que leurs voisines (les incisives latérales) selon le facteur phi. Les incisives latérales aussi sont plus larges que leurs voisines (les canines) selon le facteur phi. Et les canines sont plus larges que leurs voisines (les premières prémolaires) selon le facteur phi. Levin ne mesurait pas de vraies dents, mais leur taille sur des photos prises de face. Il a eu le sentiment de faire une découverte historique : la beauté d'un sourire parfait était prescrite par phi.

« J'étais surexcité », se souvient Levin. Il a fait part de sa découverte à ses collègues, qui l'ont doucement envoyé promener en le traitant d'hurluberlu. Pas découragé pour autant, il a fini par exposer ses idées dans un article publié en 1978 par le *Journal of Prosthetic Dentistry*. « C'est là que les gens ont commencé à s'y intéresser, dit-il. Aujourd'hui, on ne donne plus une conférence sur la chirurgie (dentaire) esthétique sans un passage traitant du nombre d'or. » L'usage de phi s'est fait si courant dans les travaux de Levin qu'au début des années 1980, il a demandé à un ingénieur de concevoir un instrument susceptible de vérifier que deux dents sont liées par la proportion d'or. Ainsi est né le calibreur à trois mâchoires, qu'il continue de vendre aux dentistes du monde entier.

Je ne saurais dire si les dents de Levin respectent la proportion d'or, mais elles contiennent incontestablement leur part de métal jaune. Levin m'explique que son calibreur est devenu davantage qu'un outil de travail, parce qu'il s'est mis à mesurer tout un tas d'autres choses que les dents. Il a ainsi retrouvé phi dans la trame des fleurs, dans la répartition des branches sur les tiges, et dans celle des feuilles le long des branches. Il a emmené son instrument en vacances, et décelé phi dans la proportion des bâtiments. Il a encore trouvé phi dans tout le corps humain, que ce soit dans la longueur des phalanges et des doigts, ou la position relative du nez, des dents et du menton. Et puis il a constaté que la plupart des gens utilisent phi dans leur calligraphie, comme il vient de me le montrer à mon sujet.

Plus Levin cherchait phi, plus il le trouvait. « J'ai relevé tant de coïncidences que j'ai commencé à me demander ce que tout cela signifiait. » Il ouvre son ordinateur portable pour me montrer un diaporama où, image après image, les trois pointes du calibreur révèlent l'emplacement précis d'une proportion d'or. Je vois ainsi défiler des photos d'ailes de papillon, de plumes de paon, de robes d'animaux, l'électrocardiogramme d'un humain bien portant, des tableaux de Mondrian et une voiture.

Quand on construit un rectangle dont les proportions de la longueur et la largeur correspondent à phi, on obtient un « rectangle d'or ». Lorsqu'on coupe ce rectangle verticalement de façon à obtenir un carré, il apparaît que le côté restant est à son tour un rectangle d'or, une propriété riche d'applications pratiques. Le rectangle a fait un bébé.

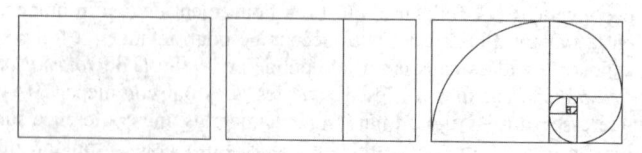

Rectangle d'or et spirale logarithmique

On peut renouveler ce procédé pour obtenir des petits-enfants, des arrière-petits-enfants, et ainsi de suite, à l'infini. Traçons à présent un quart de cercle au compas dans le plus grand carré, en plaçant la pointe sur le coin inférieur droit, et en reliant d'un trait les deux coins adjacents. Reproduisons ensuite l'opération sur le plus grand carré suivant, la pointe du compas au coin inférieur gauche, le crayon prolongeant la courbe précédente d'un nouveau quart de cercle, puis avec les autres carrés, dans l'ordre. La courbe ainsi obtenue est une approximation de la *spirale logarithmique*.

La véritable spirale logarithmique passe par les mêmes coins des mêmes carrés, mais elle s'enroule avec fluidité, contrairement à celle que nous traçons ici, qui comporte forcément de légères irrégularités, dans les coins, aux points de jonction. Dans la spirale logarithmique, toute ligne droite émanant du centre de la spirale – le « pôle » – coupera la courbe de la spirale selon le même angle en tous points ; cette caractéristique a conduit Descartes à la nommer « spirale équiangulaire ».

La spirale logarithmique est l'une des courbes les plus captivantes des mathématiques. Au XVIIe siècle, Jacques Bernoulli fut le premier mathématicien à sérieusement se pencher sur ses propriétés. Il l'appela *spira mirabilis*, la spirale admirable, et demanda à ce qu'elle soit gravée sur sa pierre tombale, mais le sculpteur, par erreur, y mit une spirale d'Archimède.

La propriété fondamentale de la spirale logarithmique, c'est qu'elle ne change jamais de forme à mesure qu'elle grandit. C'est ce qu'a exprimé Bernoulli sur sa tombe, par l'épitaphe *Eadem Mutata Resurgo*, « bien que déplacée, je reparais à l'identique ». Avant d'atteindre le pôle, la spirale décrit un nombre infini de rotations. Si l'on regardait au microscope le centre d'une spirale logarithmique, on verrait exactement la même forme que si la spirale se poursuivait pour constituer, mettons, une galaxie qu'on observerait depuis un autre système solaire. D'ailleurs, de nombreuses galaxies présentent la forme d'une spirale logarithmique. Comme la fractale, la spirale logarithmique est autosemblable, c'est-à-dire que n'importe quelle partie d'une spirale possède une forme identique à la plus grande portion.

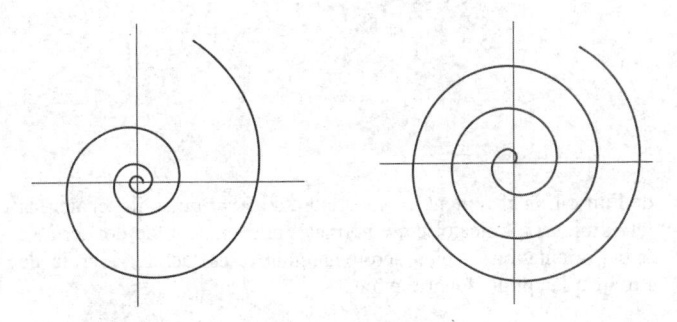

Spirale logarithmique – admirable   *Spirale d'Archimède – pas si admirable*

L'exemple le plus frappant de spirale logarithmique rencontrée dans la nature est la coquille du nautile. À mesure que cette coquille croît, chaque nouvelle loge est plus grande, mais de forme identique à la précédente. La seule spirale susceptible d'accommoder des loges de tailles différentes, mais dont les dimensions relatives sont les mêmes, est la *spira mirabilis* de Bernoulli.

Comme l'a noté Descartes, une droite émergeant du pôle d'une spirale logarithmique coupe toujours la courbe selon le même angle, et cela explique par exemple que le faucon pèlerin ait recours à cette spirale pour attaquer sa proie. En effet, le rapace ne fond pas sur le lièvre en ligne droite ; il procède par une approche en spirale. En 2000, Vance Tucker, de la Duke University, a expliqué pourquoi. Le faucon est doté d'yeux latéraux, c'est-à-dire que pour regarder droit devant lui, il doit faire pivoter sa tête de quarante degrés. Après avoir testé des faucons en soufflerie, Vance est arrivé à la conclusion que, en maintenant cet angle, la résistance

Nautile

de l'air qu'ils affrontent est supérieure de 50 % que s'ils tenaient la tête droite. La trajectoire qui permet à notre faucon de donner à sa tête l'orientation la plus aérodynamique sans lâcher sa proie de l'œil est la spirale logarithmique.

Le faucon pèlerin fond sur sa proie en décrivant une spirale logarithmique.

Les plantes, comme les oiseaux de proie, évoluent au son de la musique de phi. Au fil de sa croissance, pour maximiser la quantité de soleil que recevra chacune de ses feuilles, une plante doit savamment répartir ces dernières autour de sa tige. Les feuilles des plantes ne poussent jamais directement l'une au-dessus de l'autre ; si tel était le cas, les feuilles du bas ne recevraient pas de soleil du tout.

À mesure que pousse la tige, chaque nouvelle feuille émerge autour selon un angle déterminé par la position de la feuille précédente. L'emplacement qu'accorde la tige à sa nouvelle feuille est fixé détermine selon une rotation prédéterminée, comme le montre le schéma ci-après.

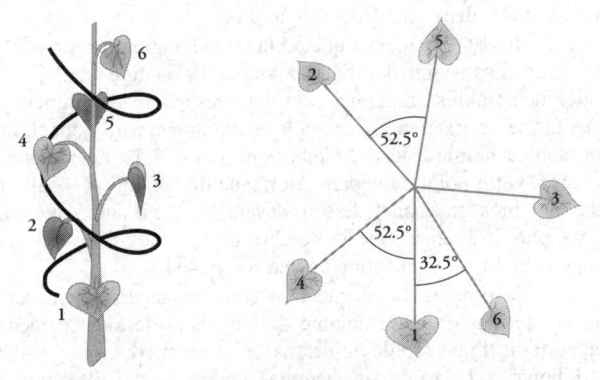

Les feuilles poussent en spirale autour de la tige.

Quel est donc l'angle qui offrira le plus de soleil aux feuilles, celui qui les répartira autour de la tige avec le moins de chevauchement ? Ce n'est pas cent quatre-vingts degrés, un demi-tour, parce que la troisième feuille serait directement au-dessus de la première. Ce n'est pas non plus quatre-vingt-dix degrés, un quart de tour, parce que, alors, c'est la cinquième feuille qui serait au-dessus de la première – et puis les trois premières feuilles n'exploiteraient qu'un côté de la tige, ce qui serait gâcher la lumière frappant l'autre. L'angle assurant la meilleure disposition est de 137,5 degrés, et le schéma ci-dessus à droite montre la disposition des feuilles systématiquement séparées par cet angle. Les trois premières sont assez distantes les unes des autres. Les deux suivantes, la 4 et la 5, sont séparées par plus de cinquante degrés de la feuille la plus proche, ce qui leur offre encore une place assez confortable. La sixième est à 32,5 degrés de la première. Il s'agit de la plus grande proximité depuis le début, ce qui est inévitable, puisque les feuilles continuent de pousser, mais cela reste quand même un écart appréciable.

L'angle de 137,5 degrés s'appelle l'angle d'or. Il s'obtient en divisant le tour complet du cercle selon le nombre d'or. Autrement dit, quand on divise trois cent soixante degrés en deux angles de sorte que le rapport du grand au petit soit phi, ou 1,618. Ces deux angles sont, à la décimale près, 222,5 degrés et 137,5 degrés. Le plus petit des deux s'appelle l'angle d'or.

L'explication mathématique du fait que l'angle d'or produise la meilleure disposition des feuilles autour de la tige est liée à la notion de nombres irrationnels, ces nombres qui ne s'expriment pas sous forme de fraction. Si un angle est un nombre irrationnel, quel que soit le nombre de tours que vous ferez, vous ne reviendrez jamais à votre point de départ. Au risque de paraître abscons, certains nombres irrationnels le sont davantage que d'autres. Et il n'y a pas plus irrationnel que le nombre d'or. (Vous trouverez à ce propos une brève explication en annexe, p. 464.)

L'angle d'or explique que l'on constate généralement sur la tige d'une plante que le nombre de feuilles et de tours précédant l'apparition d'une feuille au-dessus de la première est un nombre de Fibonacci. La rose, par exemple, produit cinq feuilles tous les deux tours, l'aster, huit feuilles tous les trois tours, et l'amandier, treize feuilles tous les cinq tours. Ces nombres de Fibonacci sont là parce qu'ils correspondent à la meilleure approximation entière des

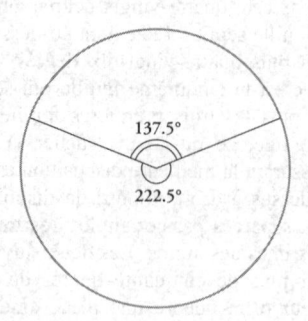

L'angle d'or

proportions de l'angle d'or. Si une plante donne huit feuilles tous les trois tours, chaque feuille survient tous les $\frac{3}{8}$ tour, soit tous les cent trente-cinq degrés, ce qui est une excellente approximation de l'angle d'or.

Les propriétés uniques de l'angle d'or apparaissent de façon particulièrement frappante dans la disposition des graines. Imaginons un capitule produisant ses graines à partir du centre selon un angle de rotation fixe. L'émergence de nouvelles graines repousse les anciennes en les éloignant du centre. Les trois schémas suivants montrent les motifs qui apparaissent dans la disposition des graines, lorsque ces dernières émergent selon trois angles différents : légèrement inférieur à l'angle d'or, l'angle d'or lui-même, et légèrement supérieur à l'angle d'or.

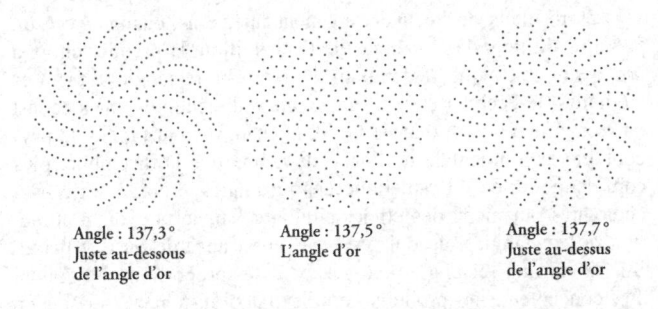

Angle : 137,3°
Juste au-dessous
de l'angle d'or

Angle : 137,5°
L'angle d'or

Angle : 137,7°
Juste au-dessus
de l'angle d'or

Ce qui surprend ici, c'est que la moindre modification de l'angle puisse donner une telle différence dans la disposition des graines. Avec l'angle d'or, le capitule montre un saisissant entrelacs de spirales logarithmiques. Il s'agit de la plus compacte des répartitions possibles. C'est ce qui a incité la nature à choisir l'angle d'or – la densité des graines confère de la robustesse à l'organisme.

À la fin du XIXe siècle, l'Allemand Adolf Zeising a vigoureusement soutenu l'idée que la proportion d'or incarnait la beauté, telle une loi universelle « qui imprègne, comme un idéal spirituel suprême, toutes les structures, les formes et les proportions, cosmiques ou individuelles, organiques ou inorganiques, acoustiques ou optiques ; mais qui trouve sa pleine réalisation, toutefois, dans la morphologie humaine ». Zeising fut le premier à relever que le frontispice du Parthénon possède la forme d'un rectangle d'or. En vérité, rien n'indique que les responsables du projet architectural, parmi lesquels se trouvait le sculpteur Phidias, employèrent le nombre d'or. D'ailleurs, à bien y regarder, le rectangle d'or n'y correspond pas tout à fait. Il faudrait en exclure les extrémités du piédestal. C'est malgré tout ce lien entre Phidias et le Parthénon qui, vers 1909, donna l'idée au mathématicien américain Mark Barr de nommer cette proportion phi.

En dépit de leur apparente excentricité, les travaux de Zeising furent pris au sérieux par Gustav Fechner, l'un des pères fondateurs de la psychologie expérimentale. Cherchant les signes empiriques d'une préférence chez l'être humain pour le rectangle d'or au détriment de tous les autres, Fechner conçut un test consistant à montrer différents rectangles au sujet, qui devait désigner son préféré.

Les résultats de Fechner rendaient justice à Zeising. Avec un peu plus du tiers des suffrages de l'échantillon, le premier choix a porté sur celui qui ressemblait le plus au rectangle d'or. Les méthodes de Fechner étaient sans doute rudimentaires, mais ce test du rectangle a ouvert tout un nouveau champ scientifique – la psychologie expérimentale de l'art – de même que la discipline, plus confidentielle, de « l'esthétique des rectangles ». Nombre de psychologues ont mené des études similaires sur le pouvoir d'attraction des rectangles, ce qui n'est pas aussi absurde qu'il y paraît. S'il existait un rectangle plus « sexy », ses proportions serviraient aux concepteurs de produits commerciaux. Justement, aussi bien les cartes de crédit, les paquets de cigarettes que les livres présentent souvent des proportions voisines du rectangle d'or. Mais, au grand dépit des phi-philes, la plus récente de ces études, la plus détaillée aussi, menée par l'équipe de Chris McManus, à l'University College of London, laisse entendre que Fechner se serait trompé. Selon cet article, paru en 2008, « plus d'un siècle de recherche expérimentale laisse entendre que la proportion d'or ne joue en fait qu'un faible rôle normatif dans la préférence des sujets envers certains rectangles ». Mais les auteurs n'en concluent pas que l'analyse de la préférence des rectangles soit une perte de temps. Loin de là. Ils soutiennent que si aucun rectangle ne semble susciter l'adhésion universelle, on remarque dans l'appréciation esthétique des rectangles d'importantes divergences individuelles qui méritent d'être étudiées plus avant.

D'autres scientifiques, moins éminents que Fechner, ont aussi été inspirés par les théories de Zeising. Frank A. Lonc, de New York, a mesuré la taille de soixante-cinq femmes et l'a comparée à la hauteur de leur nombril, pour constater que la proportion était de 1,618. Et quand ce n'était pas le cas, il y avait toujours une bonne raison : « Les sujets dont la mesure ne correspondait pas à cette proportion ont fait état de blessures à la hanche ou d'autres accidents mutilants survenus à l'enfance. » Afin d'employer de bonnes proportions en architecture et en design, l'architecte français Le Corbusier a créé le « Modulor ». Cette silhouette humaine standardisée présente un rapport entre la taille de l'homme et la hauteur de son nombril de 1 829/1 130, soit 1,619, et un rapport entre la distance séparant son nombril de sa main droite levée en l'air et celle séparant son nombril de sa tête de 1 130/698, soit encore 1,619.

Gary Meisner est un consultant en entreprises de cinquante-trois ans qui habite le Tennessee. Il se surnomme lui-même le Phi Guy, le « Type phi », et l'on peut acheter sur son site Internet des tee-shirts ou des tasses estampillés phi. Toutefois, ce qu'il vend le plus, c'est PhiMatrix, un logiciel qui appose une grille sur votre écran d'ordinateur pour débusquer la proportion d'or dans des images. La plupart de ses acquéreurs s'en servent pour créer des couverts, des meubles ou des maisons. Certains l'emploient à des fins de spéculation financière, en superposant la grille sur les courbes d'indices pour prédire les tendances, grâce à phi. « Un type des Caraïbes s'en servait pour vendre du pétrole, et un gars en Chine pour changer des devises », raconte Meisner. Bien qu'il soit venu au nombre d'or à travers la spiritualité et la conviction qu'il permet une meilleure compréhension de l'univers, même le Phi Guy estime que ses compagnons de route vont parfois trop loin. Les spéculateurs, par exemple, ne le convainquent pas. « Quand on regarde le marché, il est assez facile de trouver des relations avec phi, dit-il. Le problème, c'est qu'il y a une grande différence entre regarder le passé et regarder devant soi. » Grâce à son site, Meisner est devenu la référence incontournable pour tout type d'amateurs de phi. Il me raconte qu'un mois plus tôt, il a reçu un courriel d'un chômeur persuadé que la seule façon d'obtenir un entretien d'embauche serait d'appliquer les proportions du nombre d'or à la mise en page de son CV. Estimant que cet homme se faisait des illusions, Meisner l'a pris en pitié. Il lui a bien donné quelques conseils d'utilisation de phi, mais lui a surtout fait savoir qu'il serait plus judicieux d'investir davantage dans les méthodes traditionnelles de recherche d'emploi, comme la multiplication des contacts. « J'ai reçu une lettre de lui ce matin, s'écrie Meisner. Il dit qu'il a obtenu un entretien. Il est persuadé que c'est grâce à la nouvelle mise en page de son CV ! »

De retour à Londres, pour illustrer le style d'extrémité auquel les gens peuvent arriver, je parle à Eddy Levin de ce CV d'or. Mais Levin ne trouve pas ça drôle. En fait, lui aussi estime qu'un CV aux proportions de phi est préférable à un autre. « Il est plus beau, et fera meilleure impression sur celui qui le lira. »

Après trente ans passés à étudier la proportion d'or, Levin est persuadé que, partout où réside de la beauté, se trouve phi. « Dans toute œuvre d'art qui ressemble à quelque chose, les proportions dominantes obéissent au nombre d'or », affirme-t-il. Conscient que ce point de vue n'est pas très prisé, parce que cela revient à définir une formule de la beauté, il assure néanmoins pouvoir trouver phi dans n'importe quelle œuvre d'art.

Devant l'obsession de Levin, ma réaction instinctive est fortement teintée de scepticisme. D'abord, je doute du fait que son calibreur soit capable de mesurer 1,618 avec la précision requise. Il n'y a rien d'étonnant à rencontrer une proportion « proche de phi » dans un tableau ou un bâtiment, surtout quand on peut choisir l'élément qu'on mesure. En outre, le rapport des nombres consécutifs de Fibonacci donnant une bonne approximation de 1,618, chaque fois qu'on rencontrera un cadre de 5 × 3, de 8 × 5 ou de 13 × 8 et ainsi de suite, on verra un rectangle d'or. Sauf que la proportion, évidemment, sera une proportion ordinaire.

Il y a malgré tout quelque chose de frappant dans les exemples de Levin. Chaque nouvelle image qu'il me montre me procure un frisson d'émerveillement. On trouve vraiment phi partout. Oui, la proportion d'or a toujours attiré les tordus, mais cela en soi ne signifie pas que toutes ces théories soient tordues. De très respectables savants ont affirmé que phi engendre la beauté, notamment dans la structure de compositions musicales. L'argument qui voudrait que les humains soient attirés par une proportion exprimant au mieux la croissance et la régénération naturelle n'est pas si échevelé que cela.

C'est une journée d'été ensoleillée, alors Levin m'entraîne dans son jardin. Assis sur nos chaises longues, nous buvons du thé. Levin prétend que le limerick, en tant que forme poétique, doit son succès au fait que les syllabes de ses vers (8, 8, 5, 5, 8) sont des nombres de Fibonacci. Une idée me vient. Je demande à Levin s'il sait ce qu'est un iPod. Il l'ignore. Je sors celui que j'ai dans ma poche, en disant que c'est un très bel objet, ce qui, selon son raisonnement, doit signifier qu'on va y trouver la proportion d'or.

Levin s'empare de mon iPod blanc luisant et le met dans la paume de sa main. Oui, me répond-t-il, il est très beau, et il a de bonnes raisons de l'être. Soucieux de parer à une éventuelle déception, il m'avertit qu'il est fréquent que les objets d'usine ne correspondent pas parfaitement à la proportion d'or. « La forme subit de légères modifications par commodité de fabrication », dit-il.

Levin ouvre son calibreur pour mesurer la distance séparant les points significatifs.

« Oooh, oui », lâche-t-il dans un sourire.

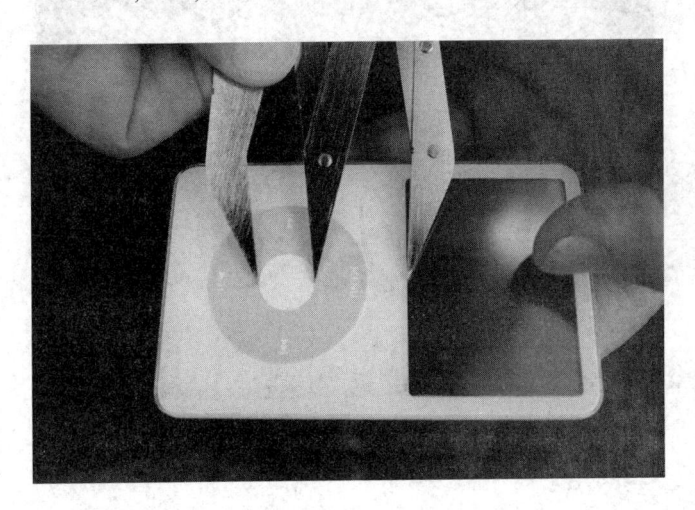

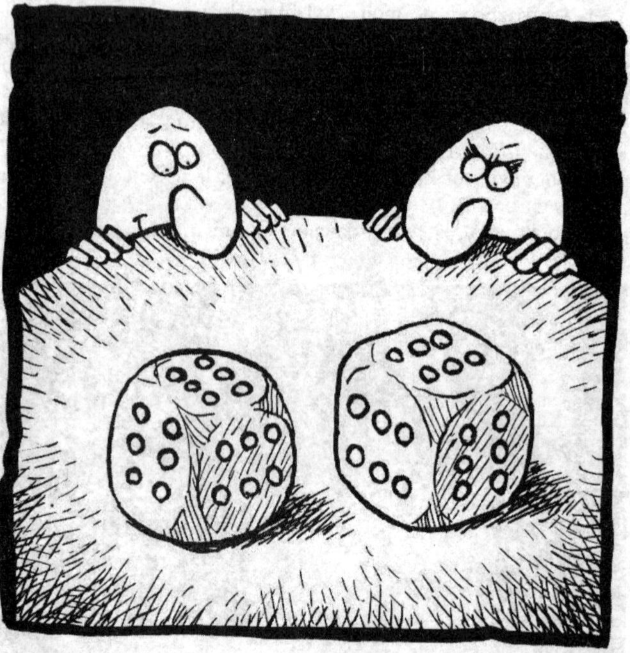

9

Le hasard fait bien les choses

La plaisanterie disait qu'on allait d'abord à Las Vegas pour se marier puis à Reno pour divorcer. En vérité, quand on visite aujourd'hui l'une comme l'autre, c'est surtout pour leurs machines à sous. Malgré ses mille neuf cents appareils, le casino Peppermill de Reno n'est pas le plus grand de la ville. Alors que je traverse la grande salle, les tables de roulette et de black-jack paraissent bien ternes et désertes à côté des régiments de machines à sous clignotantes, tournoyantes et bruyantes. L'évolution technologique a privé la plupart des bandits manchots de leur membre articulé et du mécanisme qu'il actionnait à l'intérieur. Le parieur appuie désormais sur des touches lumineuses ou sur un écran tactile. Il arrive parfois que le tintement exaltant d'une cascade de pièces se fasse entendre, mais c'est un échantillon préenregistré, car la monnaie a laissé place au crédit électronique.

Les machines à sous sont le fer de lance de l'industrie du casino ; elles en constituent à la fois la ligne de front et le fondement. Ces engins produisent vingt-cinq milliards de dollars par an aux États-Unis (*après* paiement de toutes les récompenses aux gagnants), soit à peu près deux fois et demie les recettes totales annuelles des places de cinéma dans le pays. Au Nevada, centre mondial de la culture casino, les bandits manchots représentent désormais environ 70 % des bénéfices du jeu – et les chiffres continuent de grimper chaque année.

Les probabilités sont l'étude du hasard. Quand on lance une pièce, ou qu'on joue à la machine à sous, on ne sait pas de quel côté tombera la pièce, ni sur quelle position s'arrêteront les rouleaux. Les probabilités nous offrent un langage pour décrire les chances de voir la pièce tomber côté face, ou celles de décrocher le jackpot. Avec une approche mathématique, l'imprévisibilité devient très prévisible. On a beau constamment l'admettre au quotidien – c'est implicite, par exemple, chaque fois qu'on lit un bulletin météo –, la notion que les maths puissent nous livrer certaines indications à propos de l'avenir est une idée très répandue mais relativement récente dans l'histoire de la pensée humaine.

Je suis venu à Reno pour rencontrer le mathématicien qui détermine le hasard pour plus de la moitié des machines à sous du monde. Le métier possède ses lettres de noblesse – la théorie des probabilités est née au XVIe siècle dans l'esprit du grand joueur Girolamo Cardano, notre ami italien déjà évoqué à propos des équations cubiques. Il n'est pas arrivé souvent dans l'Histoire qu'une avancée mathématique naisse du mépris de soi. « Aussi sûr que j'étais démesurément assujetti à l'échiquier et à la table de dés, je sais devoir être considéré comme méritant la plus sévère des censures », écrivit-il. Sa manie a donné naissance à un bref traité intitulé *Livre du jeu de hasard*, qui constitue la première analyse scientifique de la probabilité. Le texte était tellement en avance sur son temps qu'il n'a paru qu'un siècle après la mort de son auteur.

L'idée de Cardano est que si un événement fortuit possède plusieurs dénouements de même probabilité, la chance que survienne chaque dénouement individuel est égale à la proportion de ce dénouement par rapport à tous les dénouements possibles. Autrement dit, si quelque chose a une chance sur six de se produire, sa probabilité est d'un sixième. Par conséquent, quand on lance un dé, les chances d'obtenir un 6 sont de $\frac{1}{6}$. Celles d'obtenir un chiffre pair sont de $\frac{3}{6}$, ce qui équivaut à $\frac{1}{2}$. C'est la probabilité exprimée sous forme de fraction. L'impossible a une probabilité de 0 ; la certitude, une probabilité de 1. Tout le reste se situe quelque part entre les deux.

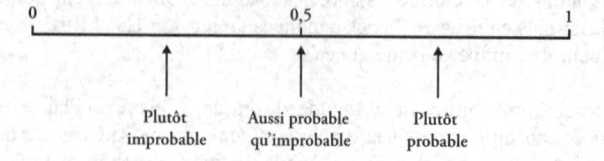

```
0                    0,5                    1
|--------------------|--------------------|
         ↑            ↑            ↑
      Plutôt     Aussi probable   Plutôt
    improbable   qu'improbable   probable
```

Cela paraît évident, mais ça ne l'est pas. Aussi bien les Grecs, les Romains que les Indiens de l'Antiquité étaient des joueurs obsessionnels, mais pas plus les uns que les autres n'ont jamais cherché à comprendre les lois mathématiques qui régissent le hasard. À Rome, par exemple, on réglait les différends à pile ou face. Si le visage de Jules César apparaissait, cela signifiait qu'il approuvait la décision. Le hasard n'était pas perçu comme tel, mais comme l'expression de la volonté divine. L'homme à travers l'Histoire a toujours fait preuve d'une imagination remarquable dans la façon d'interpréter les événements fortuits. La rhapsodomancie, par exemple, consistait à déterminer la conduite à suivre en choisissant au hasard un passage d'une œuvre littéraire. De même, selon la Bible, la courte paille était une manière impartiale de s'en remettre à la volonté divine : « On jette le sort dans le pan de la robe, Mais toute décision vient de l'Éternel. » (Proverbes 16:33.)

Les superstitions ont constitué un puissant obstacle à l'approche scientifique de la probabilité, mais après quelques millénaires de lancer de dés, le mysticisme a cédé devant une soif humaine plus forte, peut-être – celle du gain financier. Girolamo Cardano est le premier homme à avoir jamais pris la Fortune en otage. On pourrait même se demander, en fait, si l'invention de la probabilité ne serait pas à la racine du déclin qui, au cours des derniers siècles, a frappé la superstition et la religion. Si les événements imprévisibles obéissent à des lois mathématiques, il n'y a plus à les expliquer par l'intervention divine. On attribue volontiers la laïcisation du monde à des penseurs comme Charles Darwin ou Friedrich Nietzsche, mais c'est peut-être bien Girolamo Cardano qui a mis le processus en route.

De tous les jeux de hasard, les plus courants ont toujours été ceux qui supposaient l'utilisation de dés. L'*astragale* du mouton ou de la chèvre – un os de la cheville doté de quatre faces distinctes – a connu beaucoup de succès pendant l'Antiquité. Les Indiens employaient des dés à forme de bâton de Toblerone, dont ils marquaient les différentes faces en y gravant des points, sans doute parce que le premier système formel de notation des chiffres n'était pas encore né, et la tradition a survécu. Les dés les plus impartiaux sont ceux qui présentent des faces identiques, et si l'on impose comme condition supplémentaire que chacune doit être un polygone régulier, seules cinq formes s'y prêtent : les solides platoniciens. Tous les solides platoniciens ont un jour ou l'autre servi de dés. Le jeu royal d'Ur, peut-être le plus ancien jeu connu puisqu'il remonte au moins au IIIe siècle av. J.-C., se jouait avec un tétraèdre, le plus mauvais candidat des cinq parce qu'il roule mal et ne comporte que quatre faces. L'octaèdre (huit faces) a servi en Égypte, le dodécaèdre (douze) et l'icosaèdre (vingt) font encore partie aujourd'hui du bric-à-brac des diseurs de bonne aventure.

La forme de dé qui revient le plus souvent, loin devant toutes les autres, est le cube. C'est le plus facile à fabriquer, ses nombres ne sont ni trop élevés ni pas assez, il roule bien, mais pas trop non plus, et le dénouement ne prête à aucune ambiguïté. Dans toutes les cultures, le dé cubique marqué de points symbolise la chance et le hasard ; on le trouve aussi naturellement qui carambole sur les tables de salons de mah-jong en Chine que se balançant au rétroviseur de voitures britanniques.

On l'a vu précédemment, quand on lance un dé, les chances de voir apparaître un 6 sont d'$\frac{1}{6}$. Lançons-en un autre, et les chances d'obtenir 6 sont d'$\frac{1}{6}$ pour lui aussi. Quelles sont alors les chances si l'on lance deux dés, de voir sortir un double-six ? La règle de base des probabilités, c'est que les chances de voir se produire deux événements indépendants sont égales à celles de voir survenir l'un *multipliées* par celles de voir survenir l'autre. Quand on lance deux dés, le dénouement du premier est indépendant de celui du second, et vice versa. Les chances d'obtenir deux 6 sont donc de $\frac{1}{6} \times \frac{1}{6}$, soit $\frac{1}{36}$. Vous en trouverez la confirmation visuelle en recensant toutes les combinaisons possibles avec deux dés : il y en a trente-six, également probables, et seulement l'une est un double-six.

Inversement, des trente-six dénouements possibles, trente-cinq ne sont pas le double-six. La probabilité de *ne pas* tomber sur le double-six est donc de $\frac{35}{36}$. Au lieu de dresser le catalogue des trente-cinq cas, on peut aussi partir de la gamme complète et en soustraire les cas de double-six. Dans notre exemple, $1 - \frac{1}{36} = \frac{35}{36}$. Par conséquent, la probabilité qu'une chose ne se produise pas est égale à 1 moins la probabilité qu'elle se produise.

La table de dés était à l'Antiquité l'équivalent de notre machine à sous, les joueurs plaçant des paris sur le dénouement des lancers. Un jeu classique consistait à lancer quatre dés en misant sur les chances de voir apparaître au moins un 6. Pour quiconque voulait bien y placer son argent, c'était un joli petit gain assuré, et nous possédons déjà suffisamment de notions mathématiques pour l'expliquer :

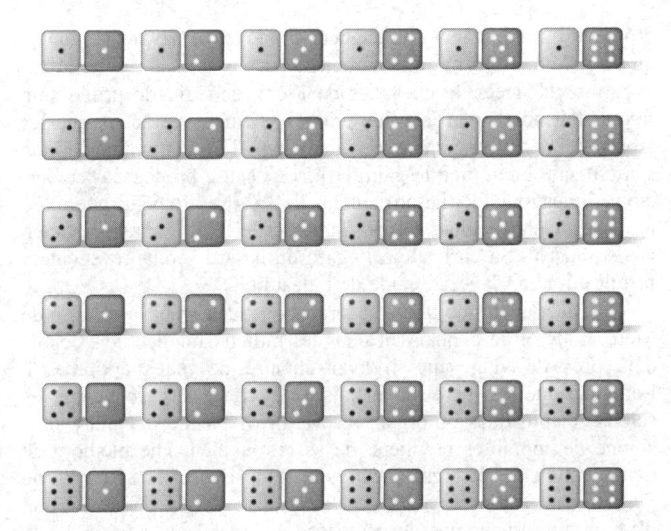

Première étape : La probabilité d'obtenir un 6 en quatre lancers est la même que 1 moins la probabilité de ne pas obtenir de 6 sur les quatre.

Deuxième étape : La probabilité de ne pas obtenir de 6 sur un dé est de $\frac{5}{6}$, par conséquent, s'il y a quatre dés, cette probabilité est de $\frac{5}{6} \times \frac{5}{6} \times \frac{5}{6} \times \frac{5}{6} = \frac{625}{1296}$, soit 0,482.

Troisième étape : Par conséquent, la probabilité d'obtenir un 6 est de $1 - 0,482 = 0,518$.

Une probabilité de 0,518 signifie qu'en lançant quatre dés mille fois, on peut s'attendre à obtenir au moins un 6 environ 518 fois, et n'en obtenir aucun environ 482 fois. En misant sur les chances d'obtenir au moins un 6, on gagnera en moyenne davantage que ce qu'on perdra, et on finira donc bénéficiaire.

Au XVIIe siècle, le chevalier de Méré, écrivain de profession, fréquentait aussi bien les plus prisés des salons parisiens que les tables de dés. Concernant ces dernières, l'aspect mathématique l'intéressait autant que le gain, et il se posait à propos du jeu certaines questions de hasard auxquelles il ne trouvait guère de réponses. Cela l'incita en 1654 à aborder le célèbre mathématicien Blaise Pascal. Sa curiosité à l'égard du hasard serait l'événement fortuit qui allait lancer l'étude de l'aléatoire.

Pascal n'avait que trente et un ans quand il reçut la requête de Méré, mais on le connaissait dans les milieux intellectuels depuis déjà près de vingt ans. Il avait montré de telles aptitudes à l'enfance que son père l'avait laissé dès treize ans fréquenter les salons scientifiques qu'organisait Marin Mersenne, le prêtre passionné des nombres premiers, où se retrouvaient une pléthore de mathématiciens célèbres, notamment René Descartes et Pierre de Fermat. À l'adolescence, Pascal avait déjà fait la démonstration d'importants théorèmes de géométrie et inventé un ancêtre de la machine à calcul mécanique : la Pascaline.

La première question de Méré à Pascal concernait le double-six. On l'a vu, il y a $\frac{1}{36}$ chance d'obtenir un double-six en lançant deux dés. Les chances totales d'obtenir un double-six croissent avec le nombre de lancers. Le chevalier voulait savoir à partir de combien de lancers le pari sur l'apparition d'un double-six devient intéressant.

Sa seconde question était plus complexe. Mettons que Jean et Jacques se livrent à une partie de dés en plusieurs manches au cours desquelles chacun lance un dé pour obtenir le plus grand nombre. Le vainqueur est celui qui l'emporte trois fois. Les deux joueurs possédant trente-deux euros, le pot est de soixante-quatre euros. Si le jeu était interrompu après trois manches, et que Jean en avait alors remporté deux et Jacques seulement une, comment conviendrait-il de partager le pot ?

Sa réflexion le poussant à consulter l'un de ses géniaux confrères, Pascal écrivit à son vieux complice des salons de Mersenne, Pierre de Fermat, qui vivait loin de Paris, à Toulouse – une ville au nom prédestiné pour quelqu'un qui s'intéresse à la question du jeu[1]. Plus

---

1. Le lecteur l'aura compris, *to lose*, en anglais, signifie « perdre ». (*NdT.*)

LE HASARD FAIT BIEN LES CHOSES 341

âgé que Pascal de vingt-deux ans, Fermat était juge à la chambre criminelle et ne se mêlait de mathématiques qu'à titre de récréation intellectuelle. Il n'empêche que ses cogitations d'amateur ont fait de lui l'un des mathématiciens les plus respectés de la première moitié du XVIIe siècle.

La brève correspondance entre Pascal et Fermat à propos du hasard est un tournant de l'histoire des sciences. Ensemble, les deux hommes allaient tordre le cou aux problèmes de notre joyeux chevalier et, ce faisant, poser les fondations de la théorie moderne des probabilités.

Venons-en maintenant à la réponse aux questions du chevalier de Méré. Combien de fois faut-il lancer une paire de dés pour que l'apparition d'un double-six devienne plus probable que le contraire ? Sur un lancer de deux dés, les chances d'obtenir un double-six sont de $\frac{1}{36}$, ou 0,028. La probabilité de voir apparaître un double-six en deux lancers de deux dés est de 1 moins la probabilité de n'en voir apparaître aucun, soit $1-(\frac{35}{36} \times \frac{35}{36})$. Cela fait $\frac{71}{1296}$, ou 0,055. (Note : la probabilité d'un double-six en deux lancers n'est pas $\frac{1}{36} \times \frac{1}{36}$, qui concerne les chances d'obtenir un double-six à chaque lancer. Ce qui nous intéresse ici concerne la probabilité d'obtenir *au moins* un double-six, qui inclut celles d'obtenir un double-six au premier lancer, au second lancer ou aux deux. Il ne faut au joueur qu'un seul double-six, pas un double-six à chaque fois.)

Les chances de voir apparaître un double-six en trois lancers de deux dés sont de 1 moins la probabilité d'aucun double, soit cette fois-ci : $1-(\frac{35}{36} \times \frac{35}{36} \times \frac{35}{36}) = \frac{3781}{46656}$, ou 0,081. On le voit, plus on lance les dés, plus la probabilité d'obtenir un double-six augmente : 0,028 en un lancer, 0,055 en deux et 0,081 en trois. La question de départ peut donc se reformuler « après combien de lancers cette fraction dépasse-t-elle 0,5 ? », car une probabilité supérieure à un demi signifie que l'événement est plus probable qu'improbable. Pascal a correctement calculé que c'était à partir du vingt-cinquième lancer. Si le chevalier misait sur l'apparition d'un double-six en vingt-quatre lancers, il pouvait s'attendre à perdre de l'argent mais, dès le vingt-cinquième, les probabilités tournaient en sa faveur et il pouvait espérer gagner.

La seconde question du chevalier de Méré, sur le partage du pot, souvent appelée *problème de Méré*, s'était déjà posée bien avant que Pascal et Fermat s'en emparent, sans avoir jamais été correctement résolue. Reformulons-la sous forme de jeu de pile ou face. Jean gagne à chaque fois que le tirage donne face, et Jacques à chaque fois qu'il donne pile. Le premier à gagner trois manches emporte le pot de soixante-quatre euros. Jean mène deux manches à une devant Jacques quand la partie est interrompue. Quelle est la façon la plus équitable de partager le pot ? Certains diront que Jean doit emporter le tout, puisqu'il mène à la marque, mais c'est négliger le fait que Jacques avait encore une chance de gagner. D'autres estimeront que Jean doit gagner deux fois plus que Jacques, mais, là encore, ce n'est pas juste, parce que la marque de 2-1 ne reflète que les événements passés. Elle n'est aucunement une indication de ce qui allait survenir ensuite. Jean n'est pas plus devin que Jacques, si bien qu'à chaque lancer les chances sont de 50/50. La meilleure analyse, la plus équitable, doit tenir compte de ce qui aurait pu se produire ensuite. S'ils avaient encore lancé la pièce deux fois, les dénouements possibles auraient été :

face, face
face, pile
pile, face
pile, pile

Au terme de ces deux lancers, il y aurait eu un vainqueur. Dans nos trois premiers cas, c'était Jean, dans le quatrième, c'était Jacques. Le partage le plus équitable du pot est donc de $\frac{3}{4}$ pour Jean et $\frac{1}{4}$ pour Jacques, soit quarante-huit euros contre seize. Cela peut sembler assez évident aujourd'hui, mais, au XVIIe siècle, l'idée que des événements aléatoires n'ayant pas encore eu lieu puissent se traiter par les mathématiques était en soi une considérable percée conceptuelle. Cette notion sous-tend désormais notre compréhension scientifique d'une bonne partie du monde moderne, de la physique aux finances, en passant par la médecine et les études de marché.

Quelques mois après sa première lettre à Fermat à propos des questions du chevalier, Pascal connut un épisode mystique intense dont il griffonna le récit sur un papier qu'il transporterait cousu dans la doublure de son manteau jusqu'à son dernier souffle. Peut-être était-ce à la suite de l'accident lors duquel il frôla la mort, son coche demeurant dangereusement suspendu sur un pont après que ses chevaux eurent plongé par-dessus le parapet, ou bien faut-il y voir une réaction morale à l'essor des tables de dés dans une France redoutant un retour de la Fronde, perçu comme un signe de décadence – toujours est-il que cela revivifia son engagement janséniste, et qu'il abandonna les mathématiques pour ne plus se consacrer qu'à la théologie et à la philosophie.

Mais Pascal ne pouvait s'empêcher de raisonner de façon mathématique. Sa contribution majeure à la philosophie – une argumentation sur l'opportunité ou non de croire en Dieu – s'inscrit dans le droit-fil de la nouvelle méthode d'analyse du hasard dont il débattit avec Fermat.

En termes simples, l'*espérance mathématique* est ce qu'on peut espérer tirer d'un pari. Que pouvait espérer gagner le chevalier de Méré, par exemple, en misant dix euros sur l'apparition d'un 6 lors du lancer de quatre dés ? Mettons qu'il remporte dix euros si le 6 apparaît, et qu'il perde tout dans le cas contraire. On sait que les chances de remporter son pari sont de 0,518. Par conséquent, il gagnera dix euros un peu plus d'une fois sur deux et perdra dix euros un peu moins d'une fois sur deux. L'espérance mathématique s'obtient en multipliant la probabilité de chaque dénouement par la valeur de chaque dénouement, et en les additionnant. Dans ce cas, il peut s'attendre à gagner :

(chances de gagner 10 €) × 10 € + (chances de perdre 10 €) × – 10 €
ou
(0,518 × 10 €) + (0,482 × – 10 €) = 5,18 € – 4,82 € = 0,36 €

(Dans cette équation, l'argent gagné est un nombre positif et l'argent perdu un nombre négatif.) Évidemment, de Méré ne gagnera 0,36 euro à aucun lancer – soit il remporte dix euros, soit il perd dix euros. La valeur de 0,36 euro est théorique, mais, en moyenne, à force de jouer, ses gains avoisineront trente-six centimes par pari.

Pascal fut l'un des premiers penseurs à exploiter l'idée d'espérance mathématique. Son esprit, toutefois, était à des questions bien plus élevées que celle du profit à tirer d'une table de dés. Ce qu'il cherchait à savoir, c'est s'il vaut la peine de placer sa mise sur l'existence de Dieu.

Imaginons, écrit Pascal, qu'on parie sur l'existence de Dieu. Pour lui, l'espérance mathématique d'un tel pari peut se calculer selon l'équation suivante :

(chances que Dieu existe) × (ce qu'on gagne s'Il existe)
+ (chances qu'Il n'existe pas) × (ce qu'on gagne s'Il n'existe pas)

Disons que les chances de l'existence de Dieu sont de 50/50, c'est-à-dire que la probabilité de l'existence de Dieu est d'$\frac{1}{2}$. Si vous êtes croyant, que pouvez-vous attendre d'un tel pari ? La formule devient :

$(\frac{1}{2} \times$ bonheur éternel$) + (\frac{1}{2} \times$ rien$) =$ bonheur éternel

Autrement dit, le pari sur l'existence de Dieu est un très bon pari, parce que la récompense est fantastique. Sur le plan arithmétique, cela tient au fait que la moitié de rien est égale à rien, mais que la moitié d'une chose infinie est infinie *aussi*. De même, si les chances de l'existence de Dieu ne sont que d'une sur cent, la formule devient :

$(\frac{1}{100} \times$ bonheur éternel$) + (\frac{99}{100} \times$ rien$) =$ bonheur éternel

Là encore, la récompense tirée de la croyance demeure phénoménale, puisque le centième de l'infini est encore l'infini. Il s'ensuit que, si minces soient les chances de l'existence de Dieu, du moment qu'elles ne sont pas nulles, si vous croyez en Dieu, miser sur son existence vous vaut un retour infini. Nous avons suivi un cheminement très complexe pour aboutir à une conclusion très évidente. Le fait que les chrétiens parieront sur l'existence de Dieu va de soi.

Pascal se préoccupait davantage de ce qu'il en est pour celui qui ne croit pas en Dieu. Dans un tel cas, vaut-il mieux parier sur l'existence de Dieu ou sur son inexistence ? Si l'on part du principe que les chances de l'inexistence de Dieu sont de 50/50, l'équation est :

$(\frac{1}{2} \times$ damnation éternelle$) + (\frac{1}{2} \times$ rien$) =$ damnation éternelle

Le dénouement attendu est une éternité en enfer, ce qui n'apparaît pas comme un bon pari. Une fois encore, si les chances de l'existence de Dieu ne sont que d'une sur cent, l'équation demeure tout aussi sinistre pour les non-croyants. S'il y a la moindre chance que Dieu existe, l'espérance mathématique du parieur non croyant est toujours infiniment mauvaise.

L'argument qui précède est connu sous le nom de *pari de Pascal*. On peut le résumer comme suit : s'il y a la moindre chance que Dieu existe, on a immensément intérêt à croire en Lui. Cela est dû au fait que s'Il n'existe pas, le non-croyant n'a rien à perdre, mais que s'Il existe, le non-croyant a *tout* à perdre. Le choix est donc clair. Soyons chrétiens, il n'y a pas à hésiter.

À bien y regarder, évidemment, l'argumentation de Pascal ne tient pas. Pour commencer, il n'envisage que la possibilité de croire au Dieu chrétien. Qu'en est-il des dieux des autres religions, ou même de religions fantaisistes ? Il est permis d'imaginer qu'après la mort, c'est un gros chat constitué de fromage vert qui décide si l'on va au Ciel ou en Enfer. Ce n'est peut-être pas très probable, mais ça reste une possibilité. Si l'on s'en tient à l'argumentation de Pascal, il y a grand intérêt à croire à l'existence de ce chat de fromage vert, ce qui, évidemment, est absurde.

Mais le pari de Pascal comporte d'autres failles, plus instructives en termes de probabilités mathématiques. Quand on dit qu'il y a une chance sur six de voir un dé atterrir sur le 6, c'est parce qu'on sait qu'un 6 figure bien sur le dé. Pour que nous puissions traduire en termes mathématiques l'affirmation qu'il y a une chance sur quoi que ce soit que Dieu existe, il faut qu'il y ait un monde possible où Dieu existe pour de bon. Autrement dit, dans ses prémisses, le raisonnement présuppose que, quelque part, Dieu existe. Non seulement ces prémisses seront forcément rejetées par un non-croyant, mais elles montrent en fait que la pensée de Pascal présente une circularité qui fait son affaire.

Malgré les pieuses intentions de Pascal, son legs tient finalement moins du sacré que du profane. L'espérance mathématique est la notion fondamentale sur laquelle repose l'immensément prospère industrie du jeu. Certains historiens vont même jusqu'à attribuer à Pascal l'invention de la roulette. Qu'ils aient raison ou non, la roulette est incontestablement une invention française qui, à la fin du XVIIIe siècle, connut à Paris une popularité immense. Les règles en sont les suivantes : une bille tourne un laps de temps le long d'une bordure extérieure puis, à mesure qu'elle perd de l'élan, tombe vers une roue intérieure, en rotation elle aussi, mais en sens inverse. Cette roue intérieure comporte trente-huit cases, rouges et noires en alternance et marquées des nombres 1 à 36, plus deux spéciales 0 et 00 (vertes). La bille gagne la roue intérieure et rebondit un moment avant de se loger dans l'une des niches individuelles. Le joueur place ses paris sur le dénouement. Le plus simple consiste à miser sur le nombre où l'on pense que la bille va s'arrêter. Si vous avez vu juste, la banque vous payera 35 pour 1. Une mise de dix euros, par conséquent, vous rapportera trois cent cinquante euros (plus la restitution de votre mise).

Pour son exploitant, la roulette est une machine à produire de l'argent particulièrement efficace parce que tout pari possède une espérance mathématique négative. Autrement dit, on peut s'attendre à perdre de l'argent à chaque pari. Il arrive qu'on gagne, il arrive qu'on perde, mais à la longue on finira avec moins d'argent qu'au commencement. La vraie question est donc de savoir combien faut-il s'attendre à perdre ? Quand on parie sur un seul nombre, la probabilité de gagner est de $\frac{1}{38}$, puisqu'il y a trente-huit dénouements possibles. Pour chaque mise unique de dix euros, un joueur peut donc s'attendre à gagner :

(chances d'atterrir sur un nombre) (ce qu'on gagne) + (chances de ne pas atterrir sur un nombre) (ce qu'on gagne)
ou
$(\frac{1}{38} \times 350\ \text{€}) + (\frac{37}{38} \times -10\ \text{€}) = -52{,}6$ centimes

Autrement dit, on perd 52,6 centimes à chaque fois qu'on mise dix euros. Les autres paris possibles à la roulette – sur deux nombres ou plus, sur des sections, des couleurs ou des colonnes – donnent tous une espérance mathématique de – 52,6 centimes –, excepté le « cinq numéros », un pari sur le 0, 00, 1, 2 ou 3, dont les chances sont encore plus minces, avec une perte attendue de 78,9 centimes.

Malgré ses probabilités défavorables, la roulette a été – et demeure – un jeu très apprécié. Beaucoup considèrent que 52,6 centimes est un prix honnête pour le frisson de l'espoir de gagner trois cent cinquante euros. Au XIXe siècle, les casinos ont proliféré et, pour pimenter encore un peu, on a fabriqué des roulettes privées du 00, portant les chances d'un pari simple à 1/37 et réduisant les pertes attendues à vingt-sept centimes par mise de dix euros. Cette modification avait pour effet de vous faire perdre votre argent à peu près deux fois moins vite. Les roulettes des casinos européens ne possèdent généralement que le 0, alors qu'on préfère en Amérique le modèle traditionnel, avec 0 et 00.

Tous les jeux de casino supposent des paris à espérance négative ; c'est-à-dire que les joueurs doivent s'attendre à y perdre de l'argent. N'importe quel autre fonctionnement conduirait immanquablement le casino à la banqueroute. Des erreurs ont toutefois été commises. Un casino flottant de l'Illinois a un jour lancé une promotion modifiant la récompense d'un type de main de blackjack sans s'apercevoir que cela faisait basculer l'espérance mathématique d'une valeur négative à une valeur positive. Au lieu de devoir s'attendre à perdre, le joueur pouvait s'attendre à gagner vingt cents par mise de dix dollars. Le casino a reconnu une perte de deux cent mille dollars dans la journée.

La meilleure affaire qu'on puisse trouver dans un casino, c'est le craps, qui provient d'une variante française d'un jeu de dés anglais. Les joueurs lancent deux dés et le résultat dépend des chiffres qui apparaissent et de leur somme. Au craps, vous avez 244 chances de gagner sur 495 dénouements possibles, soit 49,2929 %, ce qui donne une perte attendue de 14,1 centimes par mise de dix euros.

Le craps mérite aussi d'être signalé pour la possibilité qu'il offre de réaliser un curieux pari latéral aux côtés de la banque, c'est-à-dire contre le joueur qui lance les dés. Le parieur latéral gagne quand le parieur principal perd, et il perd quand le parieur principal gagne. Le parieur principal perdant, en moyenne, 14,1 centimes par mise de dix euros, le parieur latéral gagne, en moyenne, 14,1 centimes par mise de dix euros. Mais une règle additionnelle contrevient à ce dénouement si favorable au parieur latéral. Si le lanceur obtient un double-six au premier lancer (ce qui signifie qu'il perd), le parieur latéral ne gagne pas non plus : il ne récupère que sa mise. Le changement paraît insignifiant, puisqu'il n'y a qu'une chance sur trente-six de voir apparaître ce double-six. Pourtant, cette réduction d'$\frac{1}{36}$ des chances de gagner ramène l'espérance mathématique à 27,8 centimes pour dix euros, plaçant cette dernière dans le champ négatif. Au lieu de gagner 14,1 centimes par dix euros, comme la banque, le parieur latéral remportera

14,1 centimes moins 27,8 centimes par pari, ce qui fait − 13,7 centimes, ou une perte de 13,7 centimes. Le pari latéral est sans doute un meilleur placement, mais seulement de façon anecdotique, à hauteur de 0,4 centime par pari de dix euros.

Les pertes attendues peuvent aussi être considérées sous l'angle du *taux de redistribution*. En pariant dix euros au craps, vous pouvez vous attendre à en recevoir 9,86 en retour. Autrement dit, le taux de redistribution du craps est de 98,6 %. Celui de la roulette européenne est de 97,3 %, et celui de la roulette américaine, 94,7 %. Cela a l'air d'un mauvais rapport pour le joueur, mais reste néanmoins préférable au bandit manchot.

En 1893, le *San Francisco Chronicle* informa ses lecteurs que la ville abritait désormais mille cinq cents « machines à sous qui rapportent d'immenses profits… Elles poussent comme des champignons, et sont apparues en l'espace d'à peine quelques mois ». On en trouvait de différentes sortes, et il fallut attendre le tournant du siècle pour que vienne l'idée à Charles Fey, un immigrant allemand, de trois rouleaux rotatifs et qu'il donne naissance au bandit manchot des temps modernes. Les rouleaux de la Liberty Bell étaient marqués d'un fer à cheval, une étoile, un cœur, un carreau, un pique et une image de la Cloche de la Liberté, avec sa célèbre fêlure. Diverses combinaisons de ces symboles valaient diverses récompenses, le jackpot étant fixé sur celle des trois cloches. La machine à rouleaux avait sur ses concurrentes l'avantage de ménager un temps de suspense puisque les rouleaux ne s'immobilisaient que l'un après l'autre. Des imitations sont apparues, les machines ont débordé de la zone de San Francisco et, dans les années 1930, les bandits manchots à trois rouleaux étaient devenus partie intégrante du paysage social américain. L'une des premières machines en circulation distribuait ses récompenses sous forme de chewing-gums aux fruits, afin de contourner les lois sur les jeux d'argent. Cela a donné lieu aux symboles désormais classiques du melon et des cerises, et à leur nom anglais de *fruit machines*.

Le taux de redistribution moyen de la Liberty Bell était de 75 %, mais les machines sont aujourd'hui plus généreuses qu'alors. « La règle générale, s'il s'agit d'[une machine prenant les mises d'] un dollar, c'est qu'on placera le plus souvent [le taux de redistribution] à 95 % », dit Anthony Baerlocher, directeur de la conception de jeux d'International Game Technology (IGT), un fabricant de machines à sous à qui l'on doit 60 % du gros million de machines actuellement en service dans le monde. « Pour une machine à pièces de cinq cents, ça sera plutôt 90 %, à pièces de vingt-cinq cents, 92 %, et si elle fonctionne avec des centimes, ça peut descendre jusqu'à 88 %. » L'informatique permet aux machines d'accepter de nombreux types de mises, ce qui signifie qu'un même appareil applique différents taux de redistribution selon leur montant. Je lui demande s'il y avait un seuil au-dessous duquel les joueurs cesseraient de jouer parce qu'ils y perdraient trop. « Mon sentiment, c'est que dès qu'on arrive aux alentours de 85 %, il devient très difficile d'inventer un jeu amusant. Ça exige vraiment que le joueur ait beaucoup de chance. Ça ne laisse tout simplement pas assez d'argent à redistribuer pour exciter le joueur. On fait encore de bonnes choses à 87,5 %, 88 %. Et sitôt qu'on arrive aux alentours de 95 ou 97 %, ça peut devenir franchement excitant. »

De la taille d'une caisse d'épicier, la Liberty Bell de Charles Fey connut le succès dès son apparition, à la fin du XIXe siècle.

Je suis venu rencontrer Baerlocher au siège d'IGT, dans un quartier d'affaires de Reno, à vingt minutes en voiture du casino Peppermill. Il me fait visiter l'atelier de fabrication, qui produit chaque année des dizaines de milliers de machines à sous, et nous passons devant un magasin où plusieurs centaines d'exemplaires sont entreposés en rang d'oignons. Baerlocher est rasé de près et bien mis, les cheveux noirs coupés court ; il a une fossette au menton. Originaire de Carson City, à une demi-heure de route d'ici, il est entré à IGT après avoir obtenu une maîtrise de mathématiques à l'université Notre-Dame, dans l'Indiana. Pour celui qui avait passé son enfance à s'inventer tout type de jeux avant de se découvrir, une fois étudiant, un talent pour les probabilités, l'emploi était taillé sur mesure.

En écrivant plus haut que la notion fondamentale sur laquelle repose le jeu est l'espérance mathématique, je n'ai dit les choses qu'à moitié. L'autre moitié, c'est ce que les mathématiciens appellent la *loi des grands nombres*. Si l'on ne joue que quelques parties à la roulette ou aux machines à sous, on peut encore s'en tirer à bon compte. Mais plus on joue, plus on sera perdant à l'arrivée. Le taux de redistribution ne se réalise vraiment qu'à la longue.

La loi des grands nombres nous dit que si on lance une pièce trois fois, il est très possible de ne jamais obtenir face, mais que si on la lance trois milliards de fois, on est à peu près sûr de l'obtenir précisément 50 % des fois. Pendant la Seconde Guerre mondiale, le mathématicien John Kerrich séjournait au Danemark lorsqu'il fut arrêté et enfermé par les Allemands. Pour passer le temps dans sa cellule, il entreprit de tester la loi des grands nombres en lançant une pièce dix mille fois. Résultat : ce fut face à 5 067 reprises, soit 50,67 % du total. Vers 1900, le statisticien Karl Pearson fit de même, avec vingt-quatre mille lancers. Il serait logique que l'augmentation significative du nombre de lancers rapproche encore ce pourcentage de la parité – ce fut le cas. Il obtint 12 012 fois face, soit 50,05 %.

Ces résultats semblent confirmer ce que nous tenons pour acquis – qu'en lançant une pièce, il est aussi probable d'obtenir pile que face. Pourtant, voici peu, une équipe de l'université Stanford, emmenée par le statisticien Persi Diaconis, s'est demandé si pile a vraiment autant de chances que face. Ils ont bâti une machine à lancer les pièces et filmé ces dernières au ralenti pendant qu'elles tournoyaient en l'air. Au fil de pages et de pages d'analyse, où l'on apprend notamment qu'une pièce de cinq cents tombera sur la tranche environ une fois sur six mille, les résultats de Diaconis ont révélé que la pièce, contre toute attente, atterrira en fait quelque 51 % des fois du côté d'où elle a été lancée. C'est-à-dire que si on lance la pièce côté face, elle atterrira un peu plus souvent côté face que côté pile. Diaconis n'en a pas moins conclu que ce qui ressortait réellement de son travail, c'est la grande difficulté qu'il y a à étudier les phénomènes aléatoires et que, « concernant le lancer de pièces, la présomption classique d'indépendance avec une probabilité de $\frac{1}{2}$ est assez solide ».

Tout l'édifice des casinos repose sur les grands nombres. Comme l'explique Baerlocher, « au lieu de ne posséder qu'une machine, [les casinos] en exploitent des milliers, parce qu'ils savent qu'avec le volume nécessaire, même si une machine est "à l'envers", comme nous disons, c'est-à-dire qu'elle perd, l'ensemble possède collectivement une très forte probabilité de s'avérer positif ». Les machines à sous d'IGT sont conçues pour atteindre le taux de redistribution, à 0,5 % près, après dix millions de parties. Au Peppermill, où je loge lors de mon séjour à Reno, chaque machine livre environ deux mille parties par jour. Avec deux mille machines, cela donne pour le casino une moyenne quotidienne de quatre millions de parties. Si bien qu'après deux jours et demi, le Peppermill est quasiment assuré d'atteindre son taux de redistribution, au 1/2 % près. Avec une mise moyenne d'un dollar et un pourcentage établi à 95 %, cela représente cinq cent mille dollars de bénéfice, à cinquante mille dollars près, toutes les soixante heures. On ne s'étonnera donc pas de voir les casinos allouer de plus en plus d'espace à ces machines.

Les règles de la roulette ou du craps n'ont pas changé depuis leur invention voici des siècles. En revanche, le métier de Baerlocher a ceci d'amusant qu'il consiste à déterminer de nouvelles gammes de probabilités pour chaque nouvelle machine à sous que place IGT sur le marché. D'abord, il choisit les symboles qui figureront sur les rouleaux. Traditionnellement, ce sont des cerises et des « BAR », mais on trouve aussi désormais des personnages de dessins animés, des peintres de la Renaissance ou des animaux. Puis il détermine le nombre de ces symboles qui figurera sur les rouleaux, les combinaisons gagnantes et le montant que verse la machine pour chacune.

Baerlocher me décrit un jeu tout simple, le jeu A p. 353, qui comporte trois rouleaux et quatre-vingt-deux positions par rouleau – des cerises, des BAR, des 7 rouges, un jackpot et des blancs. Sur les tableaux, on peut lire qu'il y a $\frac{9}{82}$, ou 10,976 % de chances qu'une cerise apparaisse sur le premier rouleau, et lorsque cela arrive, un dollar en rapporte quatre. La probabilité d'une combinaison gagnante multipliée par la récompense s'appelle la *redistribution attendue*. La redistribution attendue de la combinaison cerise/n'importe quoi/n'importe quoi est de $4 \times 10,967 = 43,902$ %. Autrement dit, pour chaque dollar inséré dans la machine, 43,902 cents seront payés pour cerise/n'importe quoi/n'importe quoi. En concevant ses jeux, Baerlocher doit bien veiller à ce que la somme des redistributions attendues de tous les coups gagnants soit égale au taux de redistribution souhaité pour la machine dans son ensemble.

Pour le concepteur de machines à sous, la marge de manœuvre réside dans la diversité des symboles, des combinaisons gagnantes et des récompenses, qui permet de réaliser des jeux très différents. Le jeu A s'appelle « cherry dribbler » – la machine paye souvent mais en petites quantités. Près de la moitié de la somme allouée à la redistribution part sous forme de lots de quatre dollars. En revanche, dans le jeu B, seul un tiers de cette somme part sous cette forme, ce qui laisse bien plus d'argent pour les gros lots. Le jeu A est ce qu'on appelle un jeu à faible volatilité, le B est dit à forte volatilité – on tombe moins souvent sur une combinaison gagnante, mais il y a plus de chances de gagner gros. Plus forte est la volatilité, plus élevé est le risque à court terme pour l'exploitant.

Certains joueurs préfèrent la faible volatilité, d'autres préfèrent la forte. Le rôle du concepteur consiste essentiellement à s'assurer que la machine paye juste assez pour donner envie au joueur de continuer – parce que plus quelqu'un joue, en moyenne, plus il perd. La forte volatilité suscite davantage d'excitation – surtout dans un casino, où les machines qui atteignent le jackpot attirent l'attention par un son et lumière à vous donner des frissons dans l'échine. Concevoir un bon jeu, toutefois, n'est pas qu'une affaire de graphisme sophistiqué, de sons retentissants et de vidéos narratives amusantes – il faut aussi finement manier les probabilités qui

LE HASARD FAIT BIEN LES CHOSES

Jeu A – Faible volatilité

Symbole	Rouleau 1	Rouleau 2	Rouleau 3
Blanc	23	27	25
Cerise (C)	9	0	0
1 Bar (1B)	19	27	25
2 Bar (2B)	12	15	16
3 Bar (3B)	12	7	10
Sept rouge (7R)	5	4	4
Jackpot (JP)	2	2	1
Total	**82**	**82**	**82**

Tableau de récompenses

Combinaison			$ payés pour 1 $ misé	Probabilité (%)	Redistribution (%)
CH	Indifférent	Indifférent	4	10,976	43,902
1B	1B	1B	10	2,326	23,260
2B	2B	2B	25	0,522	13,058
3B	3B	3B	50	0,152	7,617
7R	7R	7R	100	0,015	1,451
JP	JP	JP	1000	0,001	0,725
Fréquence totale des coups gagnants					**13,992 %**
Redistribution totale au joueur					**90,015 %**

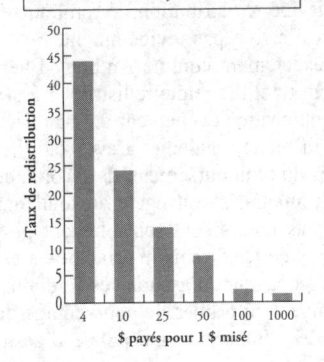

Jeu B – Forte volatilité

Symbole	Rouleau 1	Rouleau 2	Rouleau 3
Blanc	20	22	23
Cerise (C)	6	0	0
1 Bar (1B)	18	25	19
2 Bar (2B)	13	15	14
3 Bar (3B)	12	9	13
Sept rouge (7R)	9	7	10
Jackpot (JP)	4	4	3
Total	**82**	**82**	**82**

Tableau de récompenses

Combinaison			$ payés pour 1 $ misé	Probabilité (%)	Redistribution (%)
CH	Indifférent	Indifférent	4	7,317	29,268
1B	1B	1B	10	1,551	15,507
2B	2B	2B	25	0,495	12,378
3B	3B	3B	50	0,255	12,932
7R	7R	7R	100	0,114	11,426
JP	JP	JP	1000	0,009	8,706
Fréquence totale des coups gagnants					**9,740 %**
Redistribution totale au joueur					**90,015 %**

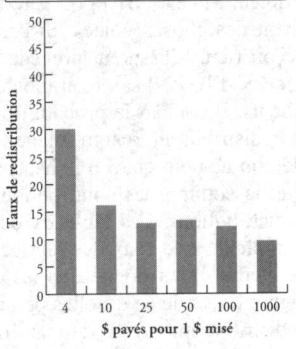

le sous-tendent. Je demande à Baerlocher s'il serait possible, en jouant sur le degré de volatilité, de concevoir une machine peu payante mais qui soit plus attrayante pour le joueur qu'une autre, payant davantage. « Mon collègue et moi avons consacré plus d'une année à dresser la cartographie des choses et à coucher des formules sur le papier, et nous avons trouvé une méthode pour occulter le taux de redistribution réel, me répond-il. Nous recevons à présent les appels de casinos qui nous disent qu'ils font tourner des machines à plus faible redistribution et que les joueurs ne s'en sont pas vraiment rendu compte. Ce n'était pas gagné d'avance. »

Je lui demande si ça ne frôle pas le manquement à l'éthique.

« Il faut bien, me répond-il. Nous voulons que les joueurs continuent de s'amuser, mais il faut être sûr que notre client gagne de l'argent. »

Les tableaux de récompenses de Baerlocher n'ont pas pour seule vertu de nous faire comprendre le mécanisme interne des bandits manchots ; ils illustrent aussi à merveille le fonctionnement de l'industrie de l'assurance. Les assurances, c'est exactement comme les machines à sous. Dans un cas comme dans l'autre, le système, fondé sur la théorie des probabilités, veut que les pertes d'à peu près tout le monde payent les gains d'un petit nombre. Et tant les unes que les autres peuvent se révéler prodigieusement rentables pour celui qui contrôle les taux de redistribution.

Une prime d'assurance n'est guère différente d'un pari. On mise sur la probabilité que, par exemple, notre maison sera cambriolée. Si cela arrive, on perçoit une redistribution, le remboursement des choses volées. Si cela n'arrive pas, évidemment, on ne reçoit rien. L'assureur procède exactement comme Anthony Baerlocher, d'IGT. Il sait quel montant total il compte redistribuer à ses clients. Il connaît la probabilité de chaque événement donnant lieu à redistribution (cambriolage, incendie, maladie grave, etc.) et détermine pour chacun la hauteur du remboursement, de façon à ce que la somme des contributions attendues soit égale au total des redistributions. Les tableaux des assureurs sont sensiblement plus complexes que ceux des fabricants de jeux, mais le principe en est le même. Étant donné que les compagnies d'assurances remboursent moins que ce qu'elles perçoivent en primes, le pourcentage de redistribution est inférieur à 100 %. Souscrire une police d'assurance est un pari d'attentes négatives et, à ce titre, c'est un mauvais pari.

Alors, si l'affaire est tellement mauvaise, pourquoi s'assurer ? La différence entre les assurances et le casino, c'est qu'au casino on joue de l'argent qu'on peut (supposément) se permettre de perdre. À travers l'assurance, on joue pour protéger ce qu'on ne peut se permettre de perdre. On y laissera inévitablement de petites sommes (la prime), mais on sera à l'abri d'une perte catastrophique (la valeur du contenu de sa maison, par exemple). L'assurance offre la tranquillité d'esprit à bon prix.

Il s'ensuit, toutefois, que s'assurer contre une perte non catastrophique n'a aucun sens. Contre le vol d'un téléphone mobile, par exemple. Un téléphone mobile est un produit relativement peu onéreux (mettons cent euros), mais l'assurance, elle, ne l'est pas (mettons sept euros par mois). Il y a tout intérêt à ne pas s'assurer, quitte à racheter un appareil neuf s'il venait à se perdre. C'est une façon de devenir son propre assureur, et de conserver pour soi les marges de profit de la compagnie d'assurances.

Parmi les causes du récent essor du marché des machines à sous, il y a eu l'introduction de machines dites « progressives », qui n'ont pas grand-chose à voir avec une conception sociale éclairée mais bien plus avec le rêve de fortune instantanée. Le jackpot des machines progressives est plus élevé que celui des autres parce qu'elles sont mises en réseau, chacune contribuant à un pourcentage du jackpot commun, dont la valeur croît progressivement. Au Peppermill, j'avais été frappé par ces rangées de machines interconnectées offrant des récompenses par dizaines de milliers de dollars.

Ces machines progressives sont à forte volatilité, ce qui implique qu'à court terme le casino risque de perdre des sommes significatives. « Quand nous lançons un jeu à jackpot progressif, environ un [propriétaire de casino] sur vingt nous écrit pour dénoncer un dysfonctionnement. Parce que ce système donne deux ou trois jackpots dans la première semaine et que les machines sont déficitaires de dix mille dollars », dit Baerlocher, qui trouve assez cocasse que des gens qui prétendent gagner leur vie grâce aux probabilités puissent encore avoir du mal à en comprendre les mécanismes élémentaires. « À l'analyse, nous constatons que la probabilité que cela survienne est, mettons, de 200 contre 1. Les résultats qu'ils dénoncent ne se produisent qu'une demi-fois sur cent – il faut bien que ça tombe sur quelqu'un. Nous leur disons de continuer, que c'est normal. »

Le jeu progressif le plus populaire d'IGT, Megabucks, relie des centaines de machines à travers le Nevada. Lors de sa mise en service, voici dix ans, le jackpot minimal était à un million de dollars. Au départ, les casinos refusant de courir le risque d'avoir à débourser une telle somme, il a fallu qu'IGT assure l'ensemble du réseau en prélevant un pourcentage sur chacune de ses machines et en payant lui-même le jackpot. Mais malgré les centaines de millions de dollars versés à ce jour en lots, IGT n'a jamais été déficitaire sur Megabucks. La loi des grands nombres est remarquablement fiable : plus on grossit, mieux ça fonctionne.

Le jackpot Megabucks démarre aujourd'hui à dix millions de dollars. Lorsque la cagnotte atteint la vingtaine de millions parce que personne ne l'a remportée, les casinos voient des files se constituer devant les machines Megabucks, et IGT reçoit de nouvelles commandes. « Les gens se disent que ça aurait déjà dû tomber, que ça ne va pas tarder », explique Baerlocher.

Pourtant, leur raisonnement est faux. Chaque partie jouée sur une machine à sous est un événement aléatoire. Que le jackpot soit à dix, vingt ou cent millions de dollars, les chances de l'emporter sont les mêmes, mais on est naturellement porté à penser qu'après une longue période de retenue, les machines seront plus enclines à lâcher le paquet. La croyance qu'un jackpot « doit » tomber s'appelle le *sophisme du joueur*.

Le sophisme du joueur répond à un désir humain d'une incroyable puissance. Les machines à sous l'exploitent de façon particulièrement virulente, ce qui en fait, peut-être, le plus assujettissant de tous les jeux du casino. Quand on joue de nombreuses parties rapprochées, il est naturel, au terme d'une série de pertes, de penser : « La prochaine, c'est la bonne. » Les joueurs parlent volontiers de machine « chaude » ou « froide » – pour dire qu'elle paye beaucoup ou peu. Là encore, cela n'a aucun sens, puisque les chances sont toujours les mêmes. On perçoit bien, malgré tout, ce qui peut inciter quelqu'un à prêter de la personnalité à un assemblage de plastique et de métal à taille humaine souvent qualifié de « bandit manchot ». Jouer à la machine à sous est une expérience intense et intime – on se colle à la machine, on pianote dessus du bout des doigts, on se coupe du reste du monde.

Notre cerveau n'étant pas très à l'aise avec l'aléatoire, les probabilités sont la branche des mathématiques qui recèle le plus de paradoxes et de surprises. D'instinct, nous décelons des schémas dans certaines situations, tout en sachant parfaitement qu'il n'y en a pas. Il est un peu facile de se moquer du joueur qui pense qu'une machine a plus de chances de lâcher le pactole après une mauvaise série ; la psychologie qui sous-tend le sophisme du joueur habite aussi ceux qui ne jouent pas.

Voici un petit tour, pour égayer vos soirées. Choisissez deux personnes. Expliquez-leur que l'une va lancer une pièce trente fois et noter l'ordre d'apparition de pile et de face, et que l'autre va s'imaginer qu'elle lance la pièce trente fois et noter l'ordre d'apparition de pile et de face qu'elle visualise. Les deux joueurs se répartissent ensuite les rôles sans vous le dire, puis, après avoir procédé, ils vous remettent leur liste. J'ai prié ma mère et mon beau-père de se prêter à l'expérience, et voici ce qu'ils m'ont remis :

Liste 1
F P P F P F P P P F F P F F P F F F F P F P P F P F P P F F

Liste 2
P P F F P P P P P F F P P P F P P F P F F F F P F F P F P F

Mon propos est ici de montrer combien il est facile de repérer quelle liste correspond aux vrais lancers et laquelle provient de l'imagination d'un joueur. Dans notre exemple, il m'est clairement apparu que la seconde liste était l'authentique, ce qui se vérifiait. J'ai d'abord observé les plus longues suites de face ou de pile. La seconde série comportait une séquence de cinq fois pile de suite. Dans la première, la plus longue suite répétitive était de quatre fois face. La probabilité d'une série de cinq en trente lancers est de près des deux tiers, il y a donc nettement plus de chances de voir apparaître une série de cinq que le contraire. Cela faisait déjà de la seconde liste une bonne candidate. Je savais que la plupart des gens ne conçoivent pas la présence d'une série de cinq en trente lancers parce que ça leur paraît trop intentionnel pour être aléatoire. Mais pour sceller ma conviction que la seconde liste était la bonne, j'ai observé dans chacune le nombre d'alternances entre pile et face. Étant donné qu'à chaque lancer les chances d'obtenir pile ou face sont les mêmes, on s'attend à ce que chaque dénouement soit suivi par un dénouement différent à peu près une fois sur deux, et qu'il soit suivi du même dénouement le reste du temps. La seconde liste comporte quinze alternances. La première, dix-neuf – signe d'intervention humaine. Quand on joue à pile ou face dans sa tête, le cerveau tend à alterner bien plus fréquemment les dénouements que cela ne se produit dans une séquence vraiment aléatoire – après deux fois face, l'instinct nous pousse à compenser et on imagine un dénouement par pile, alors que les chances de voir apparaître face sont exactement identiques. C'est là qu'apparaît le sophisme du joueur. Le vrai aléatoire n'a aucun souvenir de ce qui précède.

Pour le cerveau humain, il est extraordinairement difficile, voire impossible, de simuler l'aléatoire. Mis en présence d'aléatoire, il l'interprète souvent comme non aléatoire. La fonction *shuffle* de l'iPod, par exemple, fait défiler les morceaux en ordre aléatoire. Mais à son lancement par Apple, des clients se sont plaints de favoritisme envers certains artistes dont les morceaux revenaient souvent à la suite. Ces mélomanes versaient eux aussi dans le sophisme du joueur. Si cette fonction de l'iPod était vraiment aléatoire, le choix de chaque morceau se faisait indépendamment de celui qui précédait. Comme nous l'avons vu à travers le truc de pile ou face, les longues suites de répétitions, bien que totalement contraires à l'intuition, sont la règle. Si les chansons sont sélectionnées de façon vraiment aléatoire, il est très possible, voire probable, que se constitueront des rafales de chansons du même artiste. C'est donc avec le plus grand sérieux que Steve Jobs, le PDG d'Apple, a répondu aux plaignants : « Nous allons rendre [cette fonction] moins aléatoire pour qu'elle paraisse plus aléatoire. »

Pourquoi le sophisme du joueur est-il une impulsion humaine si forte ? Tout cela est une affaire de maîtrise. Nous aimons nous sentir maîtres de notre environnement. Quand les événements se déroulent de façon aléatoire, nous sentons que leur contrôle nous échappe. Inversement, quand nous avons la maîtrise des événements, ils cessent d'être aléatoires. C'est ce qui nous conduit à déceler des schémas là où il n'y en a pas. Nous cherchons à préserver le sentiment de maîtriser les choses. Ce besoin correspond à un instinct de survie profondément enraciné. Dans les années 1970, on a mené une expérience fascinante (bien que brutale) sur l'importance du sentiment de maîtrise chez les pensionnaires âgés d'une maison de retraite. Certains ont eu le loisir de choisir la décoration de leur chambre ainsi qu'une plante dont ils s'occuperaient. Pour les autres, la décoration et la plante ont été imposées, et l'on s'occupait de cette dernière à leur place. Après dix-huit mois, le résultat était saisissant. Parmi les pensionnaires qui avaient la maîtrise de leur chambre, le taux de mortalité était de 15 %, alors que chez les autres, il était de 30 %. Le sentiment de maîtrise nous maintient en vie.

L'aléatoire n'est pas harmonieux. Il crée des zones de vide et d'autres de chevauchement.

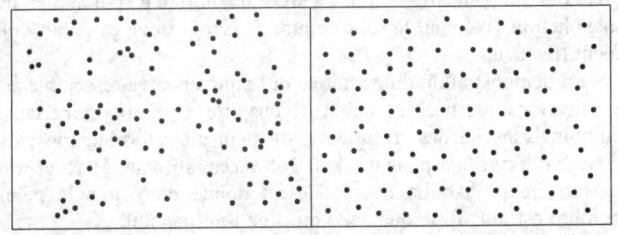

Points aléatoires ; points non aléatoires

L'aléatoire explique que certains villages présentent un taux élevé d'anomalies à la naissance, que certaines routes connaissent davantage d'accidents, et que dans certains matches un basketteur réussisse chacun de ses lancers francs. Il explique aussi que lors de sept des dix dernières finales de la Coupe du monde de football, au moins deux joueurs partageaient la même date d'anniversaire :

2006 : Patrick Vieira, Zinedine Zidane (France), 23 juin
2002 : Aucun
1998 : Emmanuel Petit (France), Ronaldo (Brésil), 22 septembre
1994 : Franco Baresi (Italie), Claudio Taffarel (Brésil), 8 mai
1990 : Aucun
1986 : Sergio Batista (Argentine), Andreas Brehme (RFA), 9 novembre

1982 : Aucun
1978 : René et Willy Van de Kerkhof (Pays-Bas), 16 septembre
Johnny Rep, Jan Jongbloed (Pays-Bas), 25 novembre
1974 : Johnny Rep, Jan Jongbloed (Pays-Bas), 25 novembre
1970 : Piazza (Brésil), Pierluigi Cera (Italie), 25 février

De prime abord, on dirait une jolie série de coïncidences, mais sur le plan mathématique, la liste n'a rien d'étonnant, parce qu'il suffit d'être en présence d'un groupe de vingt-trois personnes choisies de façon aléatoire (comme deux équipes de football et un arbitre) pour que la probabilité d'y trouver deux membres partageant la même date d'anniversaire soit plus forte que celle de ne pas en trouver. C'est le phénomène connu sous le nom de « paradoxe des anniversaires », qui n'a absolument rien de contradictoire, mais heurte vivement le sens commun – vingt-trois, ça paraît vraiment très peu.

La démonstration du paradoxe des anniversaires ressemble aux explications abordées en début de chapitre à propos de certaines combinaisons de dés. D'ailleurs, on pourrait reformuler le paradoxe en disant que pour un dé à 365 faces, au bout de vingt-trois lancers, la probabilité que le dé ait donné deux fois le même nombre est plus forte que celle qu'il ne l'ait pas fait.

Étape 1 : La probabilité que deux personnes d'un groupe soient nées le même jour est de 1 moins la probabilité que personne dans le groupe ne soit né le même jour.

Étape 2 : La probabilité que personne ne soit né le même jour dans un groupe de deux est de $\frac{365}{365} \times \frac{364}{365}$, parce que la première personne peut être née n'importe quel jour (365 choix sur 365) et que la seconde peut être née n'importe quel jour sauf celui de la première (364 choix sur 365). Par souci de commodité, nous ignorerons le 366e jour des années bissextiles.

Étape 3 : La probabilité que personne ne partage la même date d'anniversaire dans un groupe de trois est de $\frac{365}{365} \times \frac{364}{365} \times \frac{363}{365}$. Avec quatre personnes, elle devient de $\frac{365}{365} \times \frac{364}{365} \times \frac{363}{365} \times \frac{362}{365}$, et ainsi de suite. À chaque multiplication, le résultat devient de plus en plus petit. Quand le groupe comporte vingt-trois personnes, il finit par passer sous le seuil de 0,5 (0,493, pour être précis).

Étape 4 : Si la probabilité que personne n'ait la même date d'anniversaire dans un groupe est inférieure à 0,5, celle qu'au moins deux personnes soient nées le même jour est supérieure à 0,5 (voir étape 1). Il y a donc davantage de chances dans un groupe de vingt-trois personnes que deux personnes soient nées le même jour que le contraire.

Les rencontres de football nous fournissent un échantillon idéal pour vérifier si la théorie correspond à la pratique, parce qu'il y a toujours vingt-trois personnes sur le terrain. Si l'on s'en tient aux finales de la Coupe du monde, toutefois, le paradoxe des anniversaires fonctionne un peu trop bien. La probabilité que deux personnes partagent la même date d'anniversaire dans un groupe de vingt-trois est de 0,507, soit juste au-dessus de 50 %. Mais avec sept cas sur dix positifs (même si l'on exclut les jumeaux Van de Kerkhof), on atteint 70 %.

Cela s'explique en partie par la loi des grands nombres. Si j'analysais tous les matches de toutes les Coupes du monde, je serais à peu près certain d'obtenir un résultat plus proche de 50,7 %. Mais une autre variable intervient. Les anniversaires des footballeurs sont-ils équitablement répartis sur toute l'année ? Probablement pas. Les études menées sur la question montrent que les footballeurs ont plus de chances d'être nés à certaines périodes de l'année – notamment juste après la coupure de l'année scolaire, puisque ce seront les plus âgés et les plus grands de leur classe, ce qui leur donnera de l'ascendant dans les disciplines sportives. S'il y a un biais dans la répartition des anniversaires, on peut s'attendre à des chances plus élevées d'anniversaire partagé. Or, il y a souvent un biais. Une part importante des bébés naît aujourd'hui par césarienne ou par accouchement provoqué. Cela se produit généralement en semaine (le personnel des maternités préférant ne pas travailler le week-end), ce qui a pour résultat de fausser la répartition aléatoire des naissances pendant toute l'année. Si l'on prend un échantillon de vingt-trois individus nés pendant la même période de douze mois – disons, les enfants d'une classe de primaire –, la probabilité que deux élèves soient nés le même jour sera sensiblement supérieure à 50,7 %.

En l'absence de groupe immédiatement disponible de vingt-trois individus pour le vérifier, observez votre famille. Sur quatre personnes, il y a 70 % de chances que deux soient nées le même mois. Il suffit de sept individus pour rendre probable que deux d'entre eux soient nés la même semaine, et de quatorze pour que les chances d'avoir deux personnes nées à un jour d'écart soient égales à celles du contraire. À mesure que le groupe s'élargit, la probabilité croît à une rapidité étonnante. Sur un groupe de trente-cinq personnes, les chances d'un anniversaire partagé sont de 85 %, et sur un groupe de soixante, elles sont supérieures à 99 %.

Voici une autre question relative aux anniversaires dont la réponse est aussi inattendue que le paradoxe des anniversaires : combien faut-il de personnes dans un groupe pour qu'il y ait plus de 50 % de chances que l'une soit née le même jour que *vous* ? La différence avec le paradoxe des anniversaires, c'est que la date, cette fois, est spécifiée. Dans le paradoxe des anniversaires, peu importe qui est né à la même date que qui, on veut juste une date d'anniversaire partagée. On pourrait reformuler notre nouvelle question comme ceci : combien de fois faut-il lancer notre dé à 365 faces pour tomber sur une date prédéterminée ? La réponse est 253 ! Autrement dit, il faut réunir 253 individus pour que les chances de trouver quelqu'un qui partage votre anniversaire dépassent celles du contraire. Cela paraît absurdement énorme – c'est largement au-dessus du mi-chemin entre 1 et 365. C'est encore la marque de l'aléatoire, qui remet ça avec ses regroupements par rafales – il faut un groupe de cette taille parce que les anniversaires de ses membres ne tombent pas de façon ordonnée. Parmi ces 253 personnes, beaucoup partageront une date d'anniversaire qui n'est pas la vôtre, et il faut les prendre en considération.

L'une des leçons à tirer du paradoxe des anniversaires, c'est que les coïncidences sont plus fréquentes qu'on le croit. Au loto allemand, comme à la loterie nationale britannique, chaque combinaison possède une chance sur quatorze millions de gagner. Pourtant, la même combinaison l'a emporté en 1995 et en 1986 : 15-25-27-30-42-48. Faut-il y voir une coïncidence ahurissante ? Pas vraiment, en fait. Entre les deux occurrences, il y a eu 3 016 tirages. Déterminer combien de fois sortira la même combinaison équivaut à calculer les chances que deux personnes dans un groupe de 3 016 aient la même date d'anniversaire s'il y avait quatorze millions de dates possibles. À l'arrivée, cette probabilité est de 0,28. C'est-à-dire qu'il y avait plus de 25 % de chances de voir tirées deux combinaisons identiques sur cette période ; la prétendue coïncidence n'est finalement pas si extraordinaire que cela.

Plus embêtant, la méconnaissance des principes de la coïncidence a donné lieu à plusieurs erreurs judiciaires. Dans une célèbre affaire californienne de 1964, les témoins d'une agression ont déclaré avoir vu une femme blonde avec une queue-de-cheval et un homme noir barbu prendre la fuite dans une voiture jaune. Un couple correspondant à cette description a été arrêté et jugé. Le procureur a calculé les chances qu'un tel couple existe en multipliant entre elles les probabilités d'occurrence de chaque détail. $\frac{1}{10}$ pour une voiture jaune, $\frac{1}{3}$ pour une blonde, et ainsi de suite. Il est arrivé à la conclusion qu'il y avait une chance sur douze millions qu'un tel couple existe. Autrement dit, dans chaque population de douze millions de personnes, seul un couple en moyenne aurait correspondu à cette description. Les chances que le couple arrêté soit coupable, a-t-il expliqué, étaient écrasantes. Ils ont été condamnés.

Mais le procureur ne faisait pas le bon calcul. Ce qu'il avait trouvé, c'étaient les chances de tirer au hasard un couple correspondant à la description des témoins. La question pertinente aurait été : étant donné qu'un couple correspond à la description, quelles sont les chances que le couple interpellé soit le bon ? Cette probabilité était d'environ 40 %. Il était donc plus probable qu'improbable que la ressemblance du couple interpellé avec la description relève d'une coïncidence. En 1968, la Cour suprême de Californie a cassé le jugement.

Pour en revenir au monde du jeu, dans un autre cas concernant la loterie, une femme a touché deux fois le gros lot du New Jersey en l'espace de quatre mois, entre 1985 et 1986. On a beaucoup dit qu'il y avait une chance sur dix-sept billions que cela se produise. En vérité, ce qui avait une chance sur dix-sept billions de se produire, c'est qu'une personne achète un seul billet à ces deux tirages, et qu'elle décroche chaque fois le gros lot, mais cela ne signifiait aucunement que les chances de quelqu'un, quelque part, de gagner deux fois à la loterie, soient aussi minces. En fait, c'est même relativement probable. Stephen Samuels et George McCabe, de l'université Purdue, ont calculé que, sur une période de sept ans, le fait d'avoir un double gagnant à la loterie est plus probable qu'improbable. Même sur quatre mois, il y a encore plus d'une chance sur trente de voir quelqu'un gagner deux fois dans le pays. Persi Diaconis et Frederick Mosteller appellent cela la *loi des très grands nombres* : « Pour peu que l'échantillon soit assez grand, le plus invraisemblable est susceptible de se produire. »

Sur le plan mathématique, la loterie est de loin le plus mauvais des paris légaux. Même le plus misérable des bandits manchots pratique un taux de redistribution d'environ 85 %. Le loto du Royaume-Uni, lui, pratique un taux d'environ 50 %. Le loto ne comporte aucun risque pour son organisateur, puisque les récompenses proviennent directement des mises. Ou, dans le cas du loto britannique, de la moitié de celles-ci.

Dans certains cas rares, toutefois, la loterie peut devenir le meilleur des paris. Par exemple quand, à force de grossir, le jackpot dépasse le coût d'achat de l'ensemble des combinaisons possibles. Ayant couvert tous les dénouements concevables, on est assuré de détenir la combinaison gagnante. Le seul risque est alors que d'autres l'aient aussi trouvée – auquel cas il faudra partager le gros lot. La méthode consistant à acheter toutes les combinaisons requiert toutefois qu'on soit capable de l'appliquer – ce qui est en soi un défi théorique et logistique considérable.

Le loto britannique est de type 6/49, c'est-à-dire que sur chaque billet, le joueur doit cocher six numéros parmi quarante-neuf. Il y a près de quatorze millions de combinaisons possibles. Comment en faire l'inventaire en s'assurant que chacune n'apparaisse exactement qu'une fois, pour éviter les doublons ? Au début des années 1960, l'économiste roumain Stefan Mandel s'est posé la question à propos du loto de son pays. La réponse n'est pas simple. Après s'être penché plusieurs années sur le problème, Mandel a fini par trouver la réponse et remporté le gros lot en 1964. (En fait, il n'a pas acheté toutes les combinaisons, ce qui aurait été au-dessus de ses moyens. Il a appliqué une technique dite de « condensation », qui garantissait qu'au moins cinq des six nombres soient corrects. D'ordinaire, cinq numéros ne valent que le deuxième prix, mais il a eu la chance cette fois-là de toucher le gros lot du premier coup.) L'algorithme conçu par Mandel pour choisir les combinaisons à acheter remplit huit mille feuillets ordinaires. Peu après son coup, il émigrait en Israël, puis en Australie.

À Melbourne, Mandel a fondé une association internationale de parieurs, levant parmi les membres des fonds suffisants pour pouvoir s'acheter à tout moment toutes les combinaisons possibles d'un loto. Il a ensuite sélectionné l'ensemble des loteries du monde dont le jackpot, à force d'accumulation, était supérieur à trois fois le coût de toutes les combinaisons. En 1992, il a repéré la loterie de l'État de Virginie – comportant sept millions de combinaisons, à un dollar le billet – dont le jackpot avoisinait vingt-huit millions de dollars. Mandel est passé à l'action. Il a imprimé des bulletins en Australie, qu'il a remplis par ordinateur pour être sûr de n'oublier aucune combinaison, et envoyé ses coupons aux États-Unis. Il a gagné le gros lot, ainsi que 135 000 lots secondaires.

La loterie de Virginie aura été le plus gros jackpot de Mandel, le treizième au total depuis son départ de Roumanie. Les impôts américains, le FBI et la CIA se sont tour à tour penchés sur la victoire de l'association de parieurs à la loterie virginienne, mais aucun méfait n'a été relevé. Bien que ça ressemble à une escroquerie, rien n'interdit d'acheter toutes les combinaisons du loto. Mandel se tient aujourd'hui à l'écart des jeux ; il vit dans une île tropicale du Pacifique sud.

* * *

On doit à John Venn une représentation graphique particulièrement ingénieuse de l'aléatoire, qu'il créa en 1888. Venn est peut-être le plus discret des mathématiciens à avoir jamais donné son nom à un bâtiment universitaire. Ce professeur de Cambridge, prêtre anglican, consacra une bonne part de la fin de sa vie à établir le registre biographique de 136 000 élèves de l'université avant 1900. S'il ne poussa pas plus loin sa démarche, il élabora néanmoins une charmante méthode d'illustration des arguments logiques par des cercles et leurs intersections. Leibniz et Euler avaient tous deux produit quelque chose de très similaire depuis fort longtemps, mais ces diagrammes ont quand même conservé le nom de Venn. Ce que l'on sait moins, c'est que Venn conçut une façon tout aussi attrayante d'illustrer l'aléatoire.

Imaginez un point au milieu d'une page blanche. Partant de ce point, on peut prendre huit directions – nord, nord-est, est, sud-est, sud, sud-ouest, ouest et nord-ouest –, auxquelles sont assignés les chiffres 0 à 7. Choisissez au hasard un chiffre de 0 à 7. Tracez un trait dans la direction qui correspond. Répétez plusieurs fois l'opération, de manière à dessiner un itinéraire, tirage après tirage. C'est ce qu'a fait Venn, en se laissant guider par la plus imprévisible des suites de nombres qu'il connaissait : le développement décimal de pi (en excluant le 8 et le 9 et en commençant par 1 415). Il en a résulté « une indication graphique très juste de l'aléatoire », écrirait-il.

Le diagramme de Venn est considéré comme le premier tracé jamais réalisé d'une « promenade aléatoire ». On l'appelle souvent le « parcours de l'ivrogne », parce que l'image devient plus éloquente si l'on se dit que le point est un lampadaire et que le trajet correspond aux titubations d'un soûlot. On en vient très vite à se demander jusqu'à quelle distance du point d'origine va errer notre homme avant de s'effondrer. En moyenne, plus il marchera, plus il s'en éloignera. Il se trouve que cette distance croît à la racine carrée du temps passé à marcher. Par conséquent, si, en moyenne, il s'éloigne de cent mètres du lampadaire en une heure de marche, il lui en faudra quatre pour s'en éloigner de deux cents mètres, et neuf pour trois cents mètres.

Dans ses titubations aléatoires, il arrivera que l'ivrogne tourne en rond et revienne sur ses pas. Quelles sont les chances de le voir revenir au lampadaire ? Étonnamment, elles sont de 100 %. Il errera peut-être des années dans les endroits les plus reculés, mais une chose est sûre : avec le temps, il finira un jour par revenir au point de départ.

Imaginons un parcours de l'ivrogne en trois dimensions. Appelons-le le vol de l'abeille déboussolée. Elle part d'un point suspendu dans l'espace et vole en ligne droite dans une direction au hasard, sur une distance établie. Puis elle s'arrête, et, après une petite pause, file dans une autre direction aléatoire, sur la même distance. Et ainsi de suite. Quelles sont les chances de voir notre abeille revenir au point de départ ? La réponse est 0,34, soit à peu près une sur trois. S'il est étonnant de découvrir qu'en deux dimensions on est absolument certain de voir l'ivrogne retrouver son lampadaire, il l'est peut-être plus encore de se dire que l'abeille pourrait voler l'éternité durant qu'elle n'aurait que très peu de chances de rentrer chez elle un jour.

Dans *L'Homme-dé*, le roman de Luke Rhinehart, le personnage principal prend toutes ses décisions importantes à coups de dés.

LE HASARD FAIT BIEN LES CHOSES 367

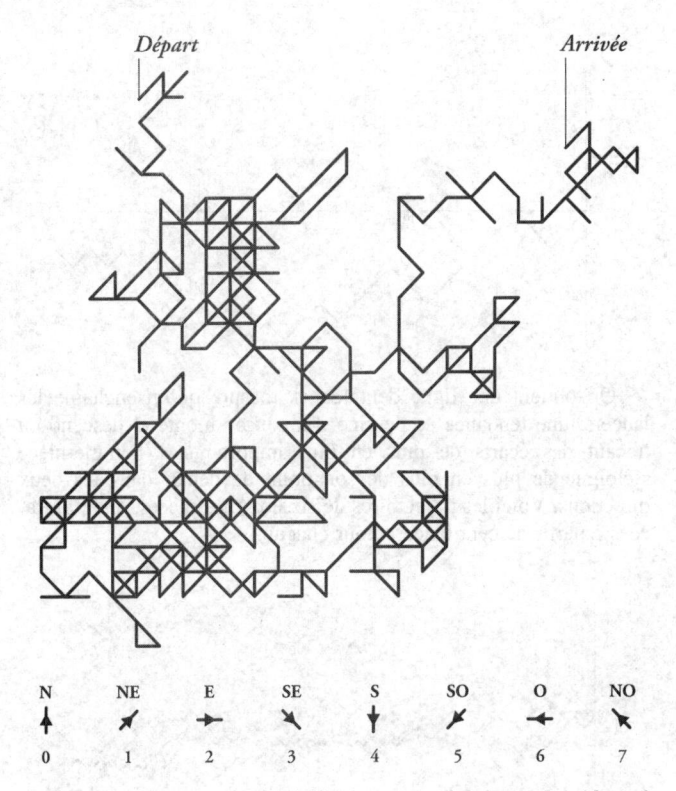

Départ *Arrivée*

N	NE	E	SE	S	SO	O	NO
↑	↗	→	↘	↓	↙	←	↖
0	1	2	3	4	5	6	7

La première promenade aléatoire de l'histoire a paru dans la troisième édition de Logic of Chance *(1888). La règle déterminant la direction à suivre (ajout personnel) repose sur les chiffres de 0 à 7 qui apparaissent dans pi après la virgule.*

Imaginons l'homme-pièce, qui prendrait les siennes à pile ou face. Si c'est face, il monte d'un cran sur la page, si c'est pile, il descend d'un cran. Le cheminement de l'homme-pièce est un parcours de l'ivrogne en une dimension – il ne peut que monter et descendre sur la même ligne. Si l'on trace ce parcours à partir de la seconde liste de lancers de pièce de monnaie de la p. 357, on obtient le graphique suivant :

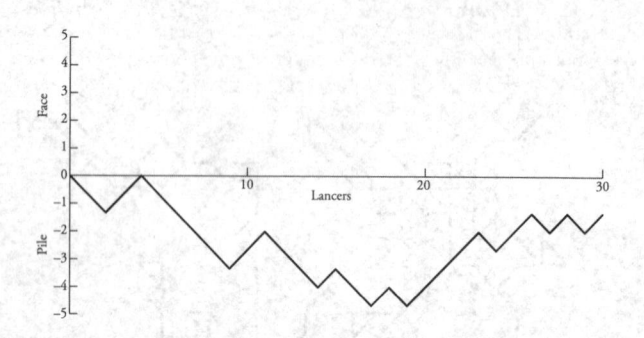

On obtient une ligne dentelée. À mesure qu'on enchaîne les lancers, une tendance se dessine. La courbe monte et descend en traçant des écarts de plus en plus importants. L'homme-pièce s'éloigne de plus en plus de son point de départ dans les deux directions. Voici les trajectoires de six hommes-pièces, que j'ai tracées à partir de cent lancers pour chacun.

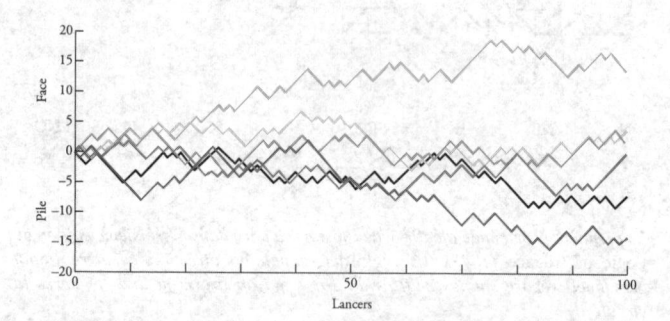

Si l'on imagine qu'à une certaine distance du point de départ, dans une direction, se situe une barrière, il y a 100 % de chances que l'homme-pièce finisse par l'atteindre. Le caractère inévitable de cette collision est, quand on analyse les schémas de comportement des parieurs, extrêmement instructif.

Abandonnons l'idée de parcours de notre homme-pièce, et supposons que le graphique représente son compte bancaire. Et disons que le lancer de la pièce correspond à un pari. Face, il gagne cent euros, pile il perd cent euros. Le solde de son compte oscillera de haut en bas en décrivant des vagues de plus en plus hautes. Disons que l'homme-pièce n'arrêtera de jouer qu'une fois son compte à 0. On sait que cela arrivera inévitablement. Autrement dit, notre homme atteindra forcément la ruine. Ce phénomène – le caractère certain de la banqueroute – porte le nom évocateur de *ruine du joueur*.

Évidemment, il n'y a pas au casino de pari aussi généreux que pile ou face (dont le taux de redistribution est de 100). Si les probabilités de perdre sont supérieures à celles de gagner, la carte de notre cheminement aléatoire dérive vers le bas, et s'éloigne de l'axe horizontal. Autrement dit, la banqueroute survient plus vite.

Ces parcours aléatoires expliquent aussi que le jeu sourie aux très riches. Non seulement il leur faudra plus de temps pour atteindre la ruine, mais ils auront aussi plus de chances de voir occasionnellement leur parcours aléatoire grimper. Pour les riches comme les pauvres, toutefois, le secret consiste à savoir s'arrêter.

Bien entendu, la logique mathématique des promenades aléatoires ne manque pas de paradoxes susceptibles de vous faire tourner en bourrique. Sur les graphiques p. 368, où l'homme-pièce monte ou descend à pile ou face, on s'attendrait à ce que la courbe du cheminement aléatoire franchisse assez régulièrement l'axe horizontal. Puisqu'il y a 50/50 de chances que la pièce tombe sur pile ou sur face, on aurait tendance à penser que notre homme devrait passer à peu près autant de temps de chaque côté par rapport à son point de départ. C'est pourtant le contraire qui est vrai. Si on lance la pièce un nombre infini de fois, le nombre le plus probable de changements de côté est zéro. Le nombre suivant en termes de probabilité est un, puis deux, trois et ainsi de suite.

Lorsque le nombre de lancers est fini, on constate aussi certains faits plutôt inattendus. William Feller a calculé qu'en lançant une pièce à chaque seconde pendant un an, il y a une chance sur vingt que l'homme-pièce reste du même côté du graphe pendant plus de 364 jours et dix heures. « Peu de gens s'imaginent que la pièce parfaitement aléatoire produira des séquences absurdes dans lesquelles aucun changement de côté ne surviendra pendant des millions d'essais successifs, mais c'est précisément ce que fait assez régulièrement la bonne pièce », écrivait-il dans *An Introduction to Probability Theory and Its Applications*. « Si un éducateur ou un psychologue modernes avaient à se prononcer sur le cas des pièces de monnaie qui ont servi à tous les jeux de pile ou face jamais survenus dans l'Histoire, ils jugeraient à n'en pas douter qu'elles étaient pour la plupart inadaptées. »

Les merveilleux pieds de nez à l'intuition dont est capable l'aléatoire se révèlent particulièrement grisants pour le pur mathématicien, mais ils exercent aussi leur fascination sur les coquins. La méconnaissance des règles élémentaires de la probabilité peut faire de vous la cible facile des escroqueries. Si jamais vous vous laissez tenter par une entreprise qui prétend par exemple pouvoir prédire le sexe de votre bébé, vous êtes sur le point de tomber dans l'une des plus vieilles arnaques du monde. Mettons que je monte une entreprise, que je nomme BabyPredictor, et que j'annonce détenir une formule scientifique permettant de déterminer à coup sûr si un bébé à naître sera un garçon ou une fille. BabyPredictor perçoit pour sa prédiction un prix établi, que lui paient les mères. Grâce à une confiance extraordinaire en sa formule, et à la générosité de son philanthrope de PDG – moi-même –, l'entreprise garantit en outre le remboursement intégral de la cliente en cas de prévision erronée. L'achat d'une telle prédiction ressemble à une bonne affaire – soit BabyPredictor voit juste, soit il se trompe et vous récupérez votre argent. Sauf que, malheureusement, la formule secrète de BabyPredictor se résume à un lancer de pièce. Pile, j'annonce une fille, face, un garçon. Les probabilités me disent que j'aurai raison environ une fois sur deux, puisque la proportion entre garçons et filles est d'environ 50/50. Évidemment, une fois sur deux, il faudra rendre l'argent, mais qu'importe, je conserve l'autre moitié.

L'escroquerie fonctionne parce que la mère n'a pas la vision d'ensemble. Elle se perçoit comme un échantillon constitué d'une personne, pas comme un élément d'un ensemble plus vaste. Et les entreprises de prédiction du sexe des bébés se portent bien. À chaque minute naît un bébé, et une bonne poire.

Dans une version plus élaborée, ciblant cette fois les hommes avides plutôt que les femmes enceintes, une entreprise que nous nommerons BoursoPredictor met en ligne un splendide site Internet. Elle envoie alors trente-deux mille e-mails à une liste d'actionnaires, annonçant l'arrivée d'un nouveau service qui, grâce à un logiciel très sophistiqué, prédit si un indice boursier va monter ou descendre. Dans la moitié de ses courriers, il présage une hausse pour la semaine suivante ; dans l'autre, une baisse. Quoi qu'il advienne de l'indice en question, seize mille investisseurs auront reçu la bonne prédiction. BoursoPredictor envoie ensuite à ces seize mille adresses un nouvel e-mail comportant la prédiction de la semaine suivante. Là encore, elle sera exacte pour huit mille des correspondants. Après encore quatre semaines de ce petit jeu, il y aura mille correspondants pour lesquels les six prédictions consécutives se seront vérifiées. BoursoPredictor leur annonce alors que pour recevoir de nouvelles prédictions, il va falloir payer – on aurait tort de s'en priver, puisqu'elles ont été si bonnes jusqu'ici.

L'escroquerie des prévisions boursières peut s'adapter aux courses hippiques, aux matches de football et même à la météo. Il suffit que tous les dénouements soient couverts pour être sûr qu'au moins une personne recevra la bonne prédiction pour tous les matches, toutes les courses ou toutes les journées ensoleillées. Cette personne sera sans doute amenée à se dire « Ouah ! il n'y avait qu'une chance sur un million qu'une telle combinaison se vérifie », mais si un million d'e-mails ont été envoyés, et qu'ils couvraient toutes les possibilités, il faut bien que quelqu'un, quelque part, ait reçu les bonnes prédictions.

Escroquer les gens est immoral et généralement illégal. Pourtant, on considère souvent qu'il y a quelque chose de méritoire à essayer de piéger un casino. Pour le mathématicien, la perspective de vaincre les probabilités est comme le chiffon rouge pour le taureau – et la liste de ceux qui y sont parvenus constitue un genre de tableau d'honneur.

Le premier angle d'attaque consiste à partir du principe que le monde est imparfait. Joseph Jagger était mécanicien dans une usine de coton du Lancashire, et il en savait assez long sur l'ingénierie victorienne pour comprendre que la roulette ne tournait peut-être pas de façon totalement fluide. Son intuition lui disait que si la roue n'était pas parfaitement alignée, certains nombres seraient favorisés. En 1873, à quarante-trois ans, il s'est rendu à Monte-Carlo pour éprouver sa théorie. Il a embauché six assistants, qu'il a fait installer aux six tables de roulette d'un casino en leur demandant de noter tous les numéros qui sortaient sur une semaine. Après analyse des données recueillies, il a constaté que l'une des roues était effectivement imparfaite – neuf nombres y sortaient plus souvent que les autres. Cette prévalence était si légère qu'on ne la remarquait qu'après avoir observé des centaines de parties.

Jagger s'est alors mis à parier, et il a gagné en un jour l'équivalent de quatre-vingt mille euros. Les gérants du casino ont vite compris qu'il jouait invariablement à la même table. Pour contrer l'offensive de Jagger, ils ont permuté les roulettes. Jagger s'est alors mis à perdre, jusqu'au moment où il s'est aperçu de la parade. Il s'est alors réinstallé à la table imparfaite, qu'il a reconnue parce qu'elle présentait une éraflure caractéristique. Il s'est remis à gagner, et n'a renoncé qu'au moment où le casino a de nouveau réagi en décalant les cases autour de la roue au terme de chaque journée, de façon à favoriser de nouveaux nombres. Jagger avait alors déjà empoché 385 000 dollars – ce qui, aujourd'hui, équivaudrait à devenir multimillionnaire. De retour chez lui, Jagger a quitté son emploi à l'usine et investi dans l'immobilier. Entre 1949 et 1950, la méthode de Jagger a été reprise au Nevada par Al Hibbs et Roy Walford, deux diplômés en sciences. À partir des deux cents dollars qu'ils avaient empruntés ils en ont gagné quarante-deux mille, qui leur ont permis d'acheter un yacht de douze mètres sur lequel ils ont passé dix-huit mois à sillonner les Caraïbes avant de retourner à leurs études. Aujourd'hui, les casinos changent leurs roulettes bien plus fréquemment qu'autrefois.

La deuxième façon de manipuler le hasard en sa faveur consiste à s'interroger sur ce qu'est vraiment en fin de compte l'aléatoire. Des événements apparaissant aléatoires au regard d'un éventail donné d'informations peuvent fort bien cesser de l'être au regard d'un éventail plus grand. Cela revient à transformer un problème de mathématiques en un problème de physique. Le lancer d'une pièce est aléatoire parce qu'on ignore de quel côté elle va tomber, mais les pièces obéissent quand même aux lois newtoniennes du mouvement. Si l'on connaissait exactement la vitesse et l'angle du lancer, la densité de l'air et toute autre donnée physique pertinente, on pourrait déterminer avec exactitude le côté sur lequel elle tomberait. Au milieu des années 1950, un jeune mathématicien nommé Ed Thorp s'est demandé quelles informations permettraient de prédire le point de chute d'une bille de roulette.

Dans son entreprise, Thorp a reçu le concours de Claude Shannon, son collègue au Massachusetts Institute of Technology. Il ne pouvait rêver meilleur coconspirateur. Shannon était un inventeur prolifique, dont le garage débordait de gadgets électroniques et mécaniques. C'était aussi l'un des plus grands mathématiciens du monde, notamment le père de la théorie de l'information, une avancée déterminante qui permettrait l'avènement de l'ordinateur. Les deux hommes ont fait l'acquisition d'une roulette qu'ils ont installée dans le sous-sol de Shannon pour y mener leurs expériences. Ils ont découvert qu'en connaissant la vitesse de la bille qui file autour de la bordure et celle de la roue intérieure (qui tourne en sens inverse), ils pouvaient produire d'assez bonnes estimations du segment dans lequel s'immobiliserait la bille. Le joueur étant libre de placer sa mise une fois la bille lancée, il suffisait à Thorp et Shannon de trouver un moyen de mesurer les vitesses et de faire les calculs nécessaires pendant les quelques secondes précédant la clôture des paris par le croupier.

Une fois encore, l'amour du jeu aura été source de progrès scientifique. Pour deviner le dénouement des parties de roulette, nos mathématiciens ont bâti le premier ordinateur portable de l'histoire. L'appareil, qui tenait dans la poche, était doté d'un fil courant jusqu'à la chaussure où logeait un interrupteur, et d'un second fil raccordé à une oreillette de la taille d'un petit pois. Le joueur devait presser l'interrupteur à quatre reprises – lorsqu'un point donné de la roulette passait devant un repère, lorsqu'il avait accompli un tour complet, lorsque la bille franchissait le même repère, et lorsqu'elle aussi avait accompli un tour. Ces informations suffisaient à déterminer la vitesse de la roulette et celle de la bille.

Thorp et Shannon ont subdivisé la roulette en huit segments de cinq nombres (avec certains chevauchements, puisqu'il y a trente-huit cases). L'ordinateur de poche émettait une gamme de huit notes – une octave –, et la note sur laquelle il s'arrêtait désignait le segment sur lequel la bille était censée s'immobiliser. L'ordinateur ne pouvait désigner ce segment avec une certitude absolue, mais ce n'était pas indispensable. Ce que souhaitaient Thorp et Shannon, c'était une prédiction plus fine que la pure devinette aléatoire. À l'écoute des notes, le joueur plaçait des jetons sur les cinq nombres du segment (qui, bien que voisins sur la roue, n'étaient pas adjacents sur le tapis). La méthode s'est révélée étonnamment juste – pour les paris simples, ils ont estimé qu'ils pouvaient s'attendre à gagner 4,40 dollars à chaque mise de dix dollars.

Quand Thorp et Shannon sont allés réaliser leur coup d'essai à Las Vegas, l'ordinateur a connu quelques accrocs, mais il a fonctionné. Il fallait absolument ne rien laisser paraître, mais l'oreillette avait tendance à tomber, et les fils étaient si fragiles qu'ils se cassaient régulièrement. N'empêche, le système a fonctionné, et ils ont transformé une petite pile de pièces de dix cents en plusieurs piles de pièces de dix cents. Thorp se satisfaisait amplement d'avoir vaincu la roulette sur le terrain théorique, pas pratique, notamment parce qu'il portait dans le même temps un assaut à un autre jeu de hasard, bien plus efficace celui-là.

Le black-jack, ou vingt-et-un, est un jeu de cartes dans lequel il s'agit d'obtenir une main dont la valeur totale se rapproche le plus possible de 21. Le donneur se sert aussi des cartes à lui-même. Pour gagner, il faut avoir une main supérieure à la sienne, sans dépasser 21.

Comme tous les classiques du casino, le black-jack offre un léger avantage à la banque. À la longue, vous êtes forcément perdant. En 1956, l'auteur d'un article paru dans une obscure revue de statistiques a prétendu avoir trouvé une stratégie de jeu ne laissant à la banque qu'un avantage de 0,62 %. L'ayant lu, Thorp a appris cette stratégie, qu'il a testée lors d'un voyage touristique à Las Vegas, où il s'est aperçu qu'il perdait beaucoup moins vite que les autres joueurs. Il s'est alors proposé de se pencher sérieusement sur le cas du black-jack, et cette décision allait changer le cours de sa vie.

Ed Thorp est aujourd'hui âgé de soixante-quinze ans, mais je le soupçonne de n'avoir pas changé d'allure depuis un demi-siècle. Élancé, doté d'un long cou et de traits ramassés, il arbore une coiffure bien nette d'écolier, des lunettes sans prétention et une posture droite et sereine. À son retour de Las Vegas, il a relu l'article. « J'ai immédiatement vu, en deux minutes à peine, qu'on pouvait presque imparablement l'emporter à ce jeu en tenant le compte des cartes jouées », se souvient-il. Au black-jack, contrairement à la roulette, par exemple, les probabilités changent aussitôt qu'une carte est donnée. Les chances d'obtenir un 7 à la roulette demeurent d'une sur trente-huit à chaque fois qu'on lance la roue. Au black-jack, il y a $\frac{1}{13}$ chance que la première carte donnée soit un as. Si c'est un as, les chances que la deuxième le soit aussi cessent d'être de $\frac{1}{13}$ – elles sont de $\frac{3}{51}$, puisque le paquet comporte à présent cinquante et une cartes et qu'il ne reste plus que trois as. Thorp s'est dit qu'il devait bien y avoir une façon de faire basculer les probabilités du côté du joueur. Restait à la trouver.

Dans un jeu de cinquante-deux cartes, il y a $52 \times 51 \times 50 \times 49 \times \ldots \times 3 \times 2 \times 1$ ordres possibles des cartes, ce qui équivaut à peu près à 8×10^{67}, ou 8 suivi de soixante-sept zéros. Ce nombre est si élevé qu'il est très improbable que deux jeux mélangés au hasard aient jamais présenté un ordre identique dans l'histoire du monde – même si la population mondiale s'était mise à jouer aux cartes dès le Big Bang. Thorp a compris que le nombre immense des combinaisons possibles plaçait tout système de mémorisation hors de portée du cerveau humain. Il a donc décidé de s'intéresser à la façon dont s'infléchissait l'avantage de la banque selon les cartes déjà distribuées. À l'aide d'un des tout premiers ordinateurs, il a découvert qu'en tenant simplement le compte des 5 de chaque couleur – le 5 de cœur, de pique, de carreau et de trèfle –, le joueur pouvait juger si le talon était favorable. Par la méthode de Thorp, le black-jack est devenu battable, avec un retour espéré atteignant jusqu'à 5 % selon les cartes restées dans le paquet. Thorp avait inventé le « comptage de cartes ».

Une fois sa théorie rédigée, il l'a soumise à l'American Mathematical Society (AMS). « À la parution du résumé, tout le monde a trouvé ça ridicule, se souvient-il. Dans la communauté scientifique, l'invincibilité des principaux jeux de hasard était parole d'évangile, largement étayée par les recherches et les travaux accomplis sur deux siècles. » Les démonstrations de la possibilité de battre le hasard au casino sont un peu comme celles de la quadrature du cercle – elles auraient surtout tendance à prouver qu'on a affaire à un cinglé. Par bonheur, il y avait dans le comité de lecture de l'AMS un ancien camarade de classe de Thorp, et son résumé a été accepté.

En janvier 1961, Thorp présentait son article à la session hivernale de l'American Mathematical Society, à Washington. Tout le pays en a parlé, et il a même fait la une du journal de sa région, le *Boston Globe*. Thorp a reçu des centaines de lettres et d'appels, en grande partie des invitations à une virée au casino, avec partage des gains. Parmi ces sollicitations, il y avait une association de New York qui lui offrait cent mille dollars. Il a appelé le numéro de téléphone figurant sur l'en-tête de la lettre et, le mois suivant, une Cadillac se rangeait devant chez lui, d'où sont sortis un tout petit homme assez âgé flanqué de deux blondes spectaculaires en vison.

C'était Manny Kimmel, un gangster new-yorkais doué d'un vrai sens mathématique, amateur invétéré de parties à enjeux élevés. Kimmel en savait assez sur les probabilités pour connaître le paradoxe des anniversaires – l'un de ses paris préférés portait sur la présence dans un groupe de deux personnes partageant la même date d'anniversaire. Kimmel s'est présenté comme étant le propriétaire de soixante-quatre parcs de stationnement à New York, ce qui était vrai. Il a présenté les filles comme ses nièces, ce qu'elles n'étaient probablement pas. Je demande à Thorp s'il a soupçonné les liens de Kimmel avec le milieu. « À l'époque, je ne connaissais pas grand-chose au monde du jeu ; en fait, je n'en savais rien d'autre que les aspects théoriques, et je ne m'étais jamais penché sur l'univers du banditisme. Il s'est présenté à moi comme un riche homme d'affaires, ce dont il affichait tous les signes. » Kimmel a invité Thorp à venir la semaine suivante jouer au black-jack dans son somptueux appartement de Manhattan. Après quelques parties, Kimmel était persuadé que le comptage de cartes fonctionnait. Les deux hommes se sont envolés pour Reno afin de le mettre à l'épreuve. Ils ont commencé avec dix mille dollars, qui, à la fin de leur séjour, étaient devenus vingt et un mille dollars.

*　*　*

Quand on joue au casino, deux facteurs sont à considérer pour déterminer ce qu'on va gagner ou perdre. La *stratégie de jeu* traite de la façon de gagner à un jeu. La *stratégie de mise* traite de la gestion de l'argent – combien parier et quand. Vaut-il la peine, par exemple, de tout miser sur un pari ? Ou est-il préférable de répartir son tapis sous la forme des plus petites mises possibles ? D'une stratégie à l'autre, l'effet sur les sommes qu'on peut s'attendre à gagner est pour le moins surprenant.

La plus connue des stratégies de mise s'appelle la martingale, qui fut très prisée parmi les joueurs français du XVIIIe siècle. Son principe consiste à doubler la mise en cas de perte. Mettons que vous misiez sur le jeu de pile ou face. Face, vous gagnez un euro, pile, vous perdez un euro. Mettons que le premier lancer donne pile. Vous perdez un euro. Au pari suivant, vous devez miser deux euros. Si cette fois vous gagnez, ça vous rapporte deux euros, ce qui rattrape votre perte du premier tour et vous laisse bénéficiaire d'un euro. Mettons que vous perdiez les cinq premiers lancers :

Vous perdez votre mise d'un euro,
alors vous misez deux euros au coup suivant
Vous perdez votre mise de deux euros,
alors vous misez quatre euros au coup suivant
Vous perdez votre mise de quatre euros,
alors vous misez huit euros au coup suivant
Vous perdez votre mise de huit euros,
alors vous misez seize euros au coup suivant
Vous perdez votre mise de seize euros

Vous serez donc perdant de $1 + 2 + 4 + 8 + 16 = 31$ € ; la mise suivante doit donc être de trente-deux euros. Si vous gagnez, vous couvrez vos pertes, et serez même bénéficiaire. Cela dit, vous avez quand même risqué beaucoup d'argent pour ne gagner au total qu'un euro, soit votre mise initiale.

La martingale ne manque certes pas d'attrait. Dans un jeu dont les chances sont proches de 50/50 – comme miser sur le rouge à la roulette, par exemple, qui a une probabilité de 47 % –, on a de très bonnes chances de remporter un pourcentage honorable des paris, et donc de rester bénéficiaire. Mais le système de la martingale n'est pas sans défaut. D'abord, on n'y gagne que de petites sommes. Ensuite nous savons à présent que sur une série de trente lancers d'une pièce, une séquence de cinq fois face, ou de cinq fois pile, est plus probable qu'improbable. Si vous démarrez en misant quarante dollars et que vous perdez cinq fois de suite, la sixième mise est de 1 280 dollars. Mais au casino Peppermill, vous n'en auriez pas le droit – les paris y sont limités à mille dollars. Le plafonnement des paris en vigueur dans les casinos sert en partie à se prémunir contre les systèmes de type martingale. La croissance exponentielle des mises qu'induit la martingale lors d'une série de défaites a souvent l'effet de précipiter la banqueroute au lieu de l'empêcher. Le plus célèbre champion de ce système, Giacomo Casanova, le séducteur vénitien du XVIIIe siècle, l'apprit à ses dépens. « Je continuais de jouer la martingale, avoua-t-il un jour, mais avec tant de malchance que je me trouvai bientôt sans le moindre sequin. »

Il demeure que si vous vous installiez à la roulette du Peppermill pour y jouer la martingale avec une mise de départ de dix dollars sur le rouge, vous seriez très malchanceux de ne pas finir par gagner dix dollars. Le système ne s'effondre que si vous perdez six fois de suite, ce qui n'a qu'une chance sur quarante-sept de se produire. Une fois ce succès acquis, il serait toutefois judicieux d'encaisser vos gains et de vous retirer. En continuant à jouer, le risque d'aborder une mauvaise série finit par devenir plus probable qu'improbable.

Considérons un autre système de mise. Imaginons qu'on vous donne vingt mille dollars en vous disant qu'il faut les placer sur le rouge à la roulette. Quelle est la meilleure stratégie pour doubler la somme ? Faut-il y aller carrément, en plaçant le tout sur une mise, ou faire au contraire preuve de prudence, en ne misant que les plus petites sommes, à coups de un dollar. Bien que cela paraisse un peu téméraire, vous avez de meilleures chances de l'emporter en misant tout d'un coup. En termes de mathématiques, cette option téméraire est dite *optimale*. Si l'on y réfléchit un peu, c'est parfaitement logique : la loi des grands nombres nous dit qu'à long terme vous allez perdre. Votre meilleure option est donc de rendre la partie aussi courte que possible.

C'est précisément ce qu'a fait Ashley Revell, trente-deux ans, habitant du Kent, en 2004 : il a vendu l'ensemble de ses biens, vêtements compris, et misé le tout – 135 300 dollars – sur le rouge, dans un casino de Las Vegas. Même s'il perdait, il était au moins assuré de devenir une célébrité de troisième catégorie, puisqu'on le filmait pour une émission de télé-réalité. Mais la bille a atterri sur le 7, et il est rentré chez lui avec 270 600 dollars.

Avec le black-jack, Ed Thorp était confronté à une autre problématique. Son système de comptage des cartes lui permettait de savoir à certains moments de la partie s'il avait l'avantage sur le donneur. La question était donc la suivante : quelle est la meilleure stratégie de mise quand les chances sont du côté du parieur ?

Imaginons un pari à 55 % de chances de gagner contre 45 de perdre. Par souci de simplicité, le jeu paie à parité, et on y joue cinq cents fois. L'avantage – l'*avance* – est de 10 %. À la longue, nos paris finiront par produire en moyenne dix dollars de bénéfice pour cent dollars investis. Afin de maximiser notre profit total, il faut évidemment maximiser la somme de tous les paris. La façon de procéder ne saute pas aux yeux, car pour maximiser le profit il faut minimiser le risque de tout perdre. Voici quatre stratégies de mise :

Stratégie 1 : tout miser. Comme Ashley Revell, placez tout votre tapis sur le premier pari. En cas de victoire, vous aurez doublé votre pécule. En cas de défaite, vous serez ruiné. Si vous gagnez, remettez le tout en jeu au pari suivant. La seule façon de ne pas tout perdre, c'est de gagner les cinq cents parties. Si la probabilité de gagner chaque partie est d'environ 0,55, il y a une chance sur 10^{130}, ou 1 suivi de cent trente zéros, que cela se produise. Autrement dit, il est à peu près certain que la banqueroute vous aura frappé avant la cinq centième partie. De toute évidence, ce n'est *pas* une bonne stratégie à long terme.

Stratégie 2 : la mise fixe. Pariez chaque fois un montant fixe. Si vous gagnez, votre tapis s'enrichit du montant en question. Si vous perdez, il s'amincit d'autant. Étant donné que vous gagnez plus souvent que vous ne perdez, votre fortune, dans l'ensemble, grandira, mais seulement par petits bonds du même montant fixe. Comme le montre le graphique page suivante, vous ne vous enrichissez pas très vite.

Stratégie 3 : la martingale. Elle offre une cadence plus rapide que le pari fixe, puisque les pertes sont compensées en doublant la mise après chaque échec, mais elle comporte une part de risque nettement supérieure. Il suffit de quelques paris perdants pour atteindre la banqueroute. Là encore, *ce n'est pas* une bonne stratégie à long terme.

Stratégie 4 : le pari proportionnel. Ici, il s'agit de parier une fraction du tapis déterminée en fonction de l'avance dont on dispose. Il existe plusieurs variantes du pari proportionnel, mais le système à croissance la plus rapide s'appelle la formule de Kelly. Il consiste à miser une proportion de sa cagnotte déterminée par $\frac{\text{avance}}{\text{chances}}$. Ici, l'avance est de 10 % et les chances sont à parité (ou 1 pour 1), ce qui rend la fraction $\frac{\text{avance}}{\text{chances}}$ égale à 10 %. Il faut donc miser 10 % de son argent à chaque pari. En cas de victoire, la cagnotte croîtra de 10 %, si bien que le prochain pari sera supérieur de 10 % au précédent. En cas de perte, la cagnotte aura réduit de 10 %, et le deuxième pari sera inférieur de 10 % au précédent.

Cette stratégie est particulièrement sûre, car en cas de mauvaise série, la valeur absolue du pari diminue – ce qui entraîne une limitation des pertes. Elle offre aussi potentiellement de fortes récompenses puisque – comme les intérêts composés –, en cas de série gagnante, on s'enrichit de façon exponentielle. C'est le meilleur des deux mondes : faible risque et fort rendement. Et regardez donc la façon dont ça évolue : après un départ timide, finalement, après environ quatre cents paris, ça grimpe largement plus haut que les autres.

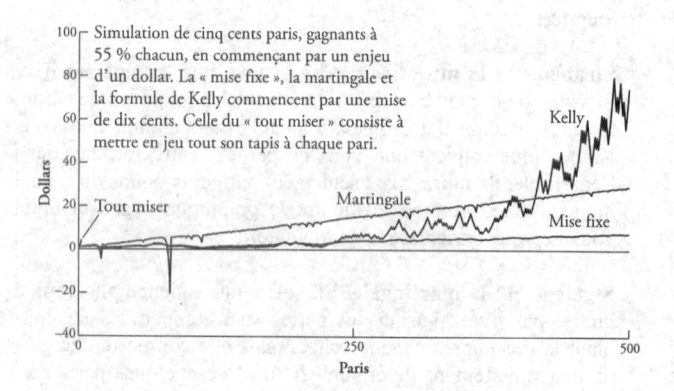

Simulation de cinq cents paris, gagnants à 55 % chacun, en commençant par un enjeu d'un dollar. La « mise fixe », la martingale et la formule de Kelly commencent par une mise de dix cents. Celle du « tout miser » consiste à mettre en jeu tout son tapis à chaque pari.

John Kelly Jr est un mathématicien texan qui, en 1956, a décrit sa fameuse formule dans un article. Dès qu'Ed Thorp l'a mise en pratique à la table de black-jack, le résultat a été saisissant. Comme l'a dit un général célèbre, on y arrive « le premier, et le plus nombreux[1] ». Avec une petite avance et une gestion judicieuse de son argent, on peut obtenir d'immenses retours. Je demande à Thorp ce qui est le plus important pour gagner au black-jack – le comptage de cartes ou la formule de Kelly. « Je crois bien qu'après plusieurs

---

1. On raconte que le général Nathan Bedford Forrest aurait dit que la meilleure des stratégies est d'arriver sur les lieux *« the firstest and the mostest »*, trahissant une expression particulièrement pauvre. L'anecdote s'est révélée fausse. *(NdT.)*

décennies d'étude de la question, répond-il, on admet généralement que les stratégies de mise interviennent aux deux tiers ou aux trois quarts dans ce qu'on va en tirer, contre un tiers ou un quart pour la stratégie de jeu. La stratégie de mise est donc beaucoup plus importante. » La formule de Kelly aura permis à Thorp de gagner plus de quatre-vingts milliards de dollars sur les marchés financiers.

C'est en 1962 qu'Ed Thorp a fait connaître son système de comptage des cartes, dans son livre *Beat the Dealer* (« Vaincre le donneur »). En 1966, pour la deuxième édition, il a affiné sa méthode en y ajoutant le comptage des cartes valant 10 (valets, dames, rois et 10). Si le comptage des cartes valant 10 provoque un basculement moins important des chances que celui des cartes valant 5, elles sont en plus grand nombre, ce qui rend l'avantage plus facilement identifiable. *Beat the Dealer* s'est vendu à plus d'un million d'exemplaires ; il a inspiré – et continue de le faire – des légions entières de joueurs.

Pour se prémunir de la menace du comptage des cartes, les casinos ont adopté différentes tactiques. La plus répandue a été l'introduction de plusieurs jeux, car plus il y a de cartes, plus le comptage se fait difficile et moins il devient rentable. Et si le sabot capable de mélanger plusieurs paquets à la fois porte le nom de « *professor stopper* » (« anti-professeur »), c'est en grande partie en hommage à Thorp. Par ailleurs, les casinos ont été contraints d'ajouter à la liste des infractions l'usage d'un ordinateur à des fins de prédiction à la roulette.

C'est en 1974 que Thorp a cessé de jouer au black-jack. « Nous étions partis en famille à l'Exposition mondiale de Spokane, et sur le chemin du retour nous avons fait une halte au [casino] Harra's, où j'ai dit aux enfants de m'attendre une heure ou deux parce que je voulais me rembourser du voyage – ce que j'ai fait. »

Beat the Dealer n'est pas qu'un classique dans le monde du jeu. Son écho s'est fait entendre dans celui de l'économie et de la finance. Une génération entière de mathématiciens inspirés par le livre de Thorp s'est mise à modéliser les marchés financiers et à y appliquer des stratégies de paris. Deux d'entre eux, Fischer Black et Myron Scholes, ont créé le modèle Black-Scholes, qui sert à déterminer le prix des dérivés financiers – la plus connue (et infâme) des équations de Wall Street. Thorp a ouvert la voie à l'ère où l'analyste quantitatif, le « *quant* ». Ainsi a-t-on nommé les mathématiciens auxquels s'en remettaient les banquiers en quête d'investissements éclairés – était roi. « *Beat the Dealer* a été d'une certaine façon le premier livre de *quant*, et il a déclenché une vraie petite révolution », dit Thorp, qui peut revendiquer – non sans justification – le titre de pionnier des *quants*. Son opus suivant, *Beat the Market* (« Vaincre le marché »), a joué un rôle dans l'évolution du marché des actions et obligations. Au début des années 1970, c'est lui qui, avec un partenaire, a lancé les premiers fonds alternatifs dérivés dits « neutres au marché », ce qui signifie qu'ils évitaient tout risque lié au marché. Depuis lors, Thorp a créé une foule de produits financiers d'une grande sophistication mathématique, qui l'ont rendu extrêmement riche (pour un prof de maths, en tout cas). Il a dirigé un fonds alternatif réputé, mais tient aujourd'hui une officine familiale qui n'engage que son propre argent.

Je rencontre Thorp en septembre 2008, à son bureau, dans une haute tour de Newport Beach dominant l'océan Pacifique. C'est une splendide journée californienne, le ciel est d'azur. Thorp apparaît érudit, mais sans solennité ; il est prudent et mesuré, bien qu'il sache aussi se montrer vif et joueur. Une semaine auparavant, la banque Lehman Brothers a déposé son bilan. Je lui demande s'il se sent coupable d'avoir pris part à la création de certains des mécanismes ayant contribué à la plus grave crise financière depuis des décennies. « Le problème ne résidait pas tant dans les dérivés proprement dits que dans l'absence de régulation des dérivés », répond-il, comme j'aurais peut-être pu m'y attendre.

Ce qui m'amène à me demander, puisque les mathématiques qui sous-tendent la finance mondiale sont désormais si complexes, si le gouvernement a cherché à obtenir son appui. « Pas que je sache, non ! répond-il en souriant. Si jamais ils se présentent, j'ai tout ce qu'il faut ici ! Mais une bonne partie de tout cela est hautement politique, et aussi très tribal. » Il m'explique que si l'on veut se faire entendre, il faut être sur la côte Est, jouer au golf et déjeuner avec banquiers et politiciens. « Moi, je suis en Californie, avec une vue magnifique... à faire mes petits jeux mathématiques. Je ne croise pas ces gens-là, sauf une fois de temps en temps. » Cependant Thorp se délecte de sa position d'outsider. Il ne se considère même pas comme appartenant au monde de la finance, bien que cela ait été le cas pendant quarante ans. « Je me considère comme un scientifique qui a appliqué son savoir aux marchés financiers. » En fait, s'il est un thème récurrent dans sa vie, c'est bien le fait de bousculer les idées reçues, ce qu'il a fait et refait avec succès. Et il estime qu'il y aura toujours des mathématiciens malins capables de déjouer les probabilités.

Je me demande aussi si le fait de posséder une connaissance si fine des probabilités lui permet d'éviter les pièges liés aux innombrables données contraires à l'intuition que comporte le domaine. Lui arrive-t-il jamais, par exemple, de verser dans le sophisme du joueur ? « Je me crois très capable de dire non – mais ça m'a pris du temps. J'ai payé cher pour apprendre, il a d'abord fallu savoir ce qu'était une action. Je prenais mes décisions selon des critères très peu rationnels. »

Je lui demande s'il lui arrive de jouer à la loterie.

« Vous voulez savoir si je fais des mauvais paris ? »

Je dis que je me doute bien que non.

« Je n'y peux rien. Vous savez, on est bien obligé de temps en temps. Mettons que vous ne possédiez en tout et pour tout que votre maison. Assurer sa maison est un mauvais pari au sens de l'espérance mathématique, mais c'est sans doute prudent au sens de la survie à long terme. »

Alors, vous l'avez assurée votre maison ?

Après un silence, il répond. « Oui ».

Pendant cette interruption, il s'est livré à l'évaluation précise de sa fortune. « Si vous êtes assez riche, vous n'avez pas besoin d'assurer les petits biens, explique-t-il. Si vous êtes milliardaire et que vous possédez une maison à un million, peu importe que vous l'assuriez ou non, du moins selon la formule de Kelly. Il est inutile de payer pour se protéger de ce qui ne serait qu'une perte relativement mineure. Il est préférable de récupérer cet argent et de mieux l'investir.

« Est-ce que j'ai vraiment assuré mes maisons ? Oui, il me semble bien l'avoir fait. »

J'ai lu dans un article qu'à sa mort Thorp compte faire congeler son corps. Je lui dis que ça m'a tout l'air d'un pari – typiquement californien, en plus.

« Eh bien, comme le dit l'un de mes camarades de science-fiction : "Il n'y a pas d'autre jeu en ville." »

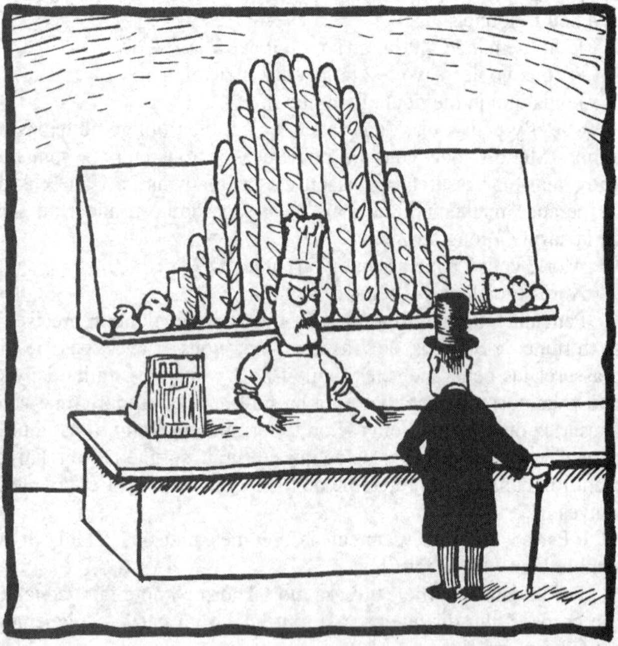

10

Situation normale

J'ai récemment fait l'acquisition d'une balance de cuisine électronique. Elle est dotée d'un plateau de verre et d'un ABRLF (Affichage bleu rétroéclairé de lecture facile). Cet achat n'était nullement motivé par un quelconque désir de me mettre à mitonner des desserts élaborés. Je ne cherchais pas non plus à faire de mon appartement le dépôt des gangs de dealers locaux. Je voulais tout simplement peser des choses. La balance à peine sortie de sa boîte, je me suis rendu chez le boulanger Greggs, où j'ai acheté une baguette. Elle pesait 391 grammes. Le lendemain, je suis retourné chez Greggs prendre une nouvelle baguette. Celle-là, avec 398 grammes, était un peu plus grosse. Greggs est une chaîne comptant plus de mille points de vente en Grande-Bretagne. Elle est spécialisée dans le thé, les friands à la saucisse et les brioches nappées de sucre glace, mais je n'avais d'yeux que pour les baguettes. Le troisième jour, la baguette pesait 399 grammes. Consommer une baguette par jour est devenu lassant, mais je n'en ai pas moins poursuivi ma pesée quotidienne. La quatrième baguette a allègrement atteint 403 grammes. J'ai songé à l'accrocher au mur, comme un trophée de pêche. Je me suis dit que le poids des baguettes n'allait pas continuer à grimper comme ça éternellement, et j'avais raison. Avec 384 grammes, la cinquième était une prise minable.

Au XVIe et au XVIIe siècle, l'Europe s'est passionnée pour la récolte de données. Les instruments de mesure, comme le thermomètre, le baromètre et l'odomètre – une roue qui prend la mesure des distances sur une route – sont des inventions de ce temps, et leur usage apparaissait alors comme une aguichante nouveauté. Le fait que les chiffres arabes, permettant la notation efficace des résultats, se soient enfin répandus parmi les classes instruites n'a pas été sans influence. La récolte de nombres représentait le comble de la modernité, et ce n'était pas une marotte passagère ; cette folie a marqué le début de la science moderne. La possibilité de décrire le monde en termes quantitatifs plutôt que qualitatifs a transformé notre relation à ce qui nous entoure. Les nombres nous offraient un langage pour l'exploration scientifique, accompagné d'une assurance nouvelle qu'il était possible d'accéder à une meilleure connaissance de la réalité des choses.

Contre toute attente, j'ai commencé à prendre goût à mon rituel matinal d'achat et de pesage de pain. Je rentrais de chez Greggs d'un pas sautillant, impatient de voir combien de grammes exactement pèserait ma baguette. Le frisson de l'attente était similaire à celui qui vous prend quand vous lisez les résultats du football ou des marchés financiers – découvrir le score de l'équipe qu'on soutient ou le comportement des actions qu'on possède est authentiquement excitant. Ainsi en était-il pour mes baguettes.

Mon passage quotidien chez le boulanger avait pour objectif de dessiner le graphique de la répartition des poids et, après dix baguettes, j'ai constaté que le plus faible était de 380 grammes, le plus élevé de 410 grammes et que celui de 403 grammes revenait plus d'une fois. Cet écart m'a paru assez important. Toutes les baguettes provenaient du même magasin, coûtaient le même prix, et pourtant, la plus lourde rendait près de 8 % à la plus légère.

J'ai poursuivi mon expérience. Le pain sec commençait à s'empiler dans ma cuisine. Après environ un mois, j'étais devenu l'ami d'Ahmed, le gérant somalien de Greggs. Pour me remercier de stimuler ainsi ses ventes, il m'a offert un pain au chocolat.

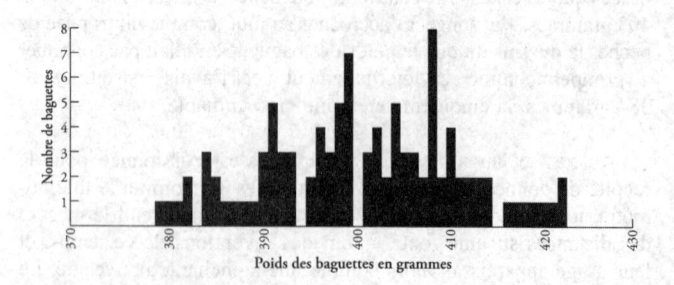

J'étais fasciné par la façon dont se répartissaient les poids sur mon graphique. Je n'étais certes pas en mesure de prédire celui de la baguette à venir mais, dans l'ensemble, un schéma se dégageait incontestablement. Après cent baguettes, j'ai mis un terme à l'expérience ; toutes les valeurs comprises entre 379 grammes et 422 grammes avaient alors été atteintes au moins une fois, à l'exception de quatre :

Je m'étais lancé dans le projet du pain par intérêt pour les mathématiques, mais ça ne m'a pas empêché de remarquer d'intéressants effets secondaires sur le plan psychologique. Juste avant chaque pesée, je passais un moment à contempler le pain, évaluant sa couleur, sa longueur, son épaisseur et sa texture – très variables selon les jours. J'ai commencé à me prendre pour un expert en baguettes, et c'est avec toute l'assurance d'un maître boulanger que je me disais « en voilà une bien lourde », ou « à coup sûr, celle-là est dans la moyenne ». Je me trompais aussi souvent que je mettais dans le mille, mais la grande irrégularité de mes prévisions n'entamait aucunement ma certitude d'être un expert en évaluation de baguettes. Je cherchais parfois à me raisonner, en me disant que je subissais le même type d'illusion que les grands pontifes du sport et de la finance, tout aussi incapables que moi de prédire les événements aléatoires, mais que cela n'avait guère empêché de faire carrière.

La plus troublante des réactions émotionnelles qu'induisaient en moi les baguettes de Greggs survenait quand se présentaient des poids extrêmement élevés ou extrêmement faibles. Les rares occasions où j'ai constaté un record de lourdeur ou de légèreté m'ont littéralement donné des frissons. C'était une valeur très spéciale, qui conférait une tonalité très spéciale à ma journée, comme si le caractère exceptionnel d'une baguette de pain déteignait sur les autres facettes de ma vie. Rationnellement, je savais inévitable le fait que certaines baguettes soient surdimensionnées et d'autres sous-dimensionnées, mais l'apparition d'un poids hors normes me faisait systématiquement planer. L'influence qu'exerçait à son gré un morceau de pain sur mon humeur avait quelque chose d'alarmant. Je me tiens pour rétif aux superstitions, et pourtant je ne pouvais m'empêcher de déceler du sens dans des schémas aléatoires. C'était un rappel efficace de notre grande susceptibilité aux croyances sans fondement.

Malgré les promesses de certitude que les scientifiques des Lumières avaient décelées dans les nombres, ces derniers n'étaient pas si assurés que cela. Il arrivait que deux mesures de la même chose donnent deux résultats différents ; un fâcheux inconvénient pour tous ceux qui cherchaient des explications claires et directes aux phénomènes naturels. Galilée, par exemple, remarqua que ses calculs au télescope de la distance des étoiles étaient sujets à fluctuation, et que cette fluctuation n'était pas due à des erreurs d'arithmétique. La confusion résidait plutôt dans le mesurage proprement dit, et les nombres obtenus n'étaient finalement pas aussi précis qu'on l'avait espéré.

C'est exactement ce qui m'arrivait avec mes baguettes. La variation des poids dépendait probablement de nombreux facteurs – la quantité et la consistance de la farine employée, le temps de cuisson, le trajet séparant l'usine du dépôt local, l'humidité de l'air et ainsi de suite. De la même façon, de nombreuses variables affectaient le télescope de Galilée – conditions atmosphériques, température du matériel et paramètres personnels, comme l'état de fatigue du grand homme au moment de l'enregistrement des données.

Toutefois, il n'a pas échappé à Galilée que la variabilité de ses résultats obéissait à certaines règles. Malgré les fluctuations, les chiffres de chaque mesure tendaient à s'agglutiner autour d'une valeur centrale, et les petits écarts par rapport à cette valeur étaient plus courants que les grands. Il a aussi remarqué que leur répartition était symétrique – chaque mesure avait autant de chances de donner un résultat inférieur que supérieur à cette valeur centrale.

De même, on voyait dans mes données sur les baguettes que les poids s'agglutinaient autour d'une valeur d'environ quatre cents grammes, à plus ou moins vingt grammes de chaque côté. Aucune de mes baguettes ne pesait précisément quatre cents grammes, mais elles étaient bien plus nombreuses autour de quatre cents grammes qu'autour de 380 ou 420 grammes. En outre, leur répartition paraissait assez symétrique.

Le premier à avoir identifié le schéma que dessinent les mesures erronées de ce genre est le mathématicien allemand Carl Friedrich Gauss. C'est ce que représente la courbe suivante, dite « courbe en cloche » :

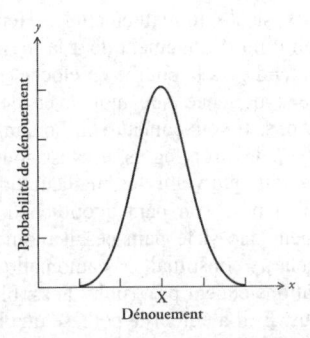

Le graphique de Gauss requiert quelques explications. L'axe horizontal décrit un éventail de dénouements, comme le poids des baguettes ou la distance des étoiles. L'axe vertical représente la probabilité de ces dénouements. La courbe qui se dessine selon ces paramètres est la *distribution*. Elle montre la répartition des dénouements et la probabilité de chacun.

Il existe de nombreux types de distribution, mais le plus élémentaire est celui que décrit la courbe ci-dessus. La courbe en cloche est aussi connue sous le nom de *distribution normale* ou *gaussienne*. On l'appelait à l'origine *courbe d'erreur*, mais sa forme distinctive a fini par imposer le nom de *courbe en cloche*. Cette courbe possède une valeur moyenne, que j'ai marquée d'un X, et qui s'appelle, précisément, la *moyenne*. C'est le dénouement le plus probable. Plus on s'écarte de la moyenne, moins le dénouement est probable.

Quand on prend deux mesures de la même chose et que le procédé comporte une erreur aléatoire, on n'obtient généralement pas le même résultat. Mais plus on prend de mesures, plus la distribution des dénouements se met à ressembler à la courbe en cloche. Les dénouements s'agglutinent de façon symétrique autour d'une valeur moyenne. Évidemment, le graphique de vos mesures ne donnera pas une courbe lisse – il vous donnera (on l'a vu avec mes baguettes) un relief accidenté de quantités fixes. La courbe en cloche est l'idéal théorique du schéma que produisent les erreurs aléatoires. Plus on détient de données, plus le paysage accidenté se rapproche de la courbe.

À la fin du XIXe siècle, le mathématicien Henri Poincaré savait que la distribution d'un dénouement dont la mesure est sujette aux erreurs aléatoires tend vers la courbe en cloche. En fait, Poincaré a conduit la même expérience que moi, avec des baguettes, mais pour d'autres raisons. Il soupçonnait son boulanger de l'escroquer en lui vendant des pains trop légers, et c'est donc dans l'intérêt de la justice qu'il a fait intervenir les mathématiques. Chaque jour pendant un an, il a pesé son pain quotidien d'un kilo. Poincaré savait pertinemment que si le pain pesait moins d'un kilo à plusieurs reprises, cela ne constituait pas automatiquement un méfait, puisque des variations étaient prévisibles aussi bien au-dessus d'un kilo qu'au-dessous. Et il a émis l'hypothèse que la courbe de poids des pains devrait présenter l'aspect de la distribution normale – puisque les erreurs intervenant dans la préparation du pain, comme la quantité de farine employée ou le temps de cuisson, étaient aléatoires.

Au bout d'un an, il a analysé les données recueillies. Incontestablement, la courbe avait des airs de cloche. Mais le sommet de la cloche se situait à 950 grammes. Autrement dit, le poids moyen du pain n'était pas d'un kilo, comme annoncé, mais de 0,95 kilo. Les soupçons de Poincaré avaient trouvé confirmation. L'illustre savant se faisait carotter d'environ cinquante grammes par pain. La légende veut que Poincaré ait alors alerté les autorités et que le boulanger ait reçu une admonestation sévère.

Mais Poincaré ne s'en est pas tenu à cette petite victoire au nom du consommateur. Il a continué de peser son pain quotidien pour s'apercevoir au terme de la deuxième année que la courbe n'avait plus la forme d'une cloche, mais qu'elle penchait à droite. Sachant que des erreurs totalement aléatoires auraient invariablement produit la courbe en cloche, il s'est dit que les pains qu'on lui vendait devaient être soumis à quelque événement non aléatoire. Poincaré en a conclu que le boulanger n'avait pas cessé ses agissements, mais qu'il lui donnait systématiquement le plus gros pain disponible, provoquant ainsi un biais dans la distribution. Manque de chance pour le boulanger, son client était l'homme le plus intelligent de France. De nouveau, Poincaré a alerté la police.

La méthode de Poincaré pour attraper les boulangers était visionnaire ; c'est aujourd'hui le fondement théorique des dispositifs de défense du consommateur. Lorsqu'un magasin vend ses produits à des poids spécifiés, la loi n'exige pas que ce poids soit exact – cela serait impossible puisque le processus de fabrication donnera immanquablement lieu à des pièces un peu plus lourdes et d'autres un peu plus légères. L'une des tâches des agents de la protection du consommateur consiste à prélever des échantillons des produits à la vente et de tracer la courbe de leur poids. Pour tout ce qu'ils mesurent, la distribution des poids doit dessiner une courbe en cloche centrée sur la moyenne annoncée.

Un demi-siècle avant que Poincaré rencontre la courbe en cloche, un autre mathématicien la voyait partout. Adolphe Quételet peut prétendre au titre de plus influent des Belges. (Le fait qu'il ne s'agisse pas d'une catégorie à forte concurrence ne retire rien à son mérite.) Géomètre et astronome de formation, il est vite tombé sous la fascination pour les données – plus spécifiquement en décelant des schémas dans les chiffres. L'un de ses premiers projets a conduit Quételet à passer en revue les statistiques criminelles nationales françaises, rendues publiques dès 1825. Quételet a remarqué que, année après année, le nombre de meurtres y demeurait plutôt constant. Même la proportion des différentes armes du crime – selon qu'il ait été perpétré au pistolet, à l'épée, au couteau, au poing, etc. – demeurait à peu près inchangée. Cette observation paraît aujourd'hui assez banale – d'ailleurs, la pratique de nos institutions publiques repose sur une appréciation des taux de criminalité, par exemple, ou de réussite aux examens ou encore des accidents, que nous nous attendons à voir demeurer stables d'une année sur l'autre. Mais Quételet a été le premier à constater la régularité somme toute remarquable des phénomènes sociaux lorsqu'on prend les populations dans leur ensemble. Il était impossible de prédire pour une année donnée qui risquait de devenir un meurtrier. Mais pour n'importe quelle année, on pouvait avancer avec une certaine exactitude combien de meurtres seraient commis. Quételet a été troublé par les questions profondes que ce schéma soulevait à propos de la responsabilité personnelle et, par extension, de l'éthique du châtiment. Si la société était une espèce de machine produisant un nombre régulier de meurtriers, cela n'indiquait-il pas que la société, pas l'individu, portait la responsabilité du meurtre ?

Les idées de Quételet ont transformé le sens du terme *statistiques*, qui n'avait à l'origine pas grand rapport avec les nombres. On l'employait d'ordinaire pour désigner les faits généraux relatifs à l'État ; c'était le type d'informations dont s'alimentaient les fonctionnaires. Quételet a considérablement élargi le champ des statistiques, qui ont dès lors moins concerné la conduite des affaires que l'évaluation mathématique du comportement collectif. Jamais il n'aurait pu le faire sans les progrès accomplis par la théorie des probabilités, qui ont fourni les techniques permettant l'analyse de l'aléatoire dans les données. En 1853 à Bruxelles, Quételet accueillait la première Conférence internationale de statistique.

Les idées de Quételet sur le comportement collectif ont résonné dans d'autres sciences. S'il était possible de déceler des schémas fiables dans les données concernant des populations humaines, il n'y avait pas très loin à penser que des populations d'atomes, par exemple, suivaient des comportements réguliers et prévisibles. James Clerk Maxwell et Ludwig Boltzmann devaient beaucoup à la pensée statistique de Quételet quand ils ont présenté leur théorie cinétique des gaz, qui explique que la pression d'un gaz est déterminée par la collision de ses molécules suivant des trajectoires aléatoires à différentes vélocités. S'il est impossible de connaître la vélocité d'une molécule individuelle, prises ensemble, les molécules suivent un comportement prévisible. L'origine de la théorie cinétique des gaz est une exception intéressante à la règle générale qui veut que les avancées des sciences sociales proviennent de celles survenant dans les sciences naturelles. Dans ce cas, le savoir s'est écoulé en sens inverse.

Dans les travaux de Quételet, le schéma le plus récurrent était la courbe en cloche, omniprésente dans les études sur les populations humaines. Les recueils de données étant alors moins disponibles qu'aujourd'hui, Quételet n'a guère eu d'autre choix que de courir le monde avec l'entêtement d'un collectionneur. Il est ainsi tombé sur une étude parue en 1814 dans l'*Edinburgh Medical Journal* à propos du tour de poitrine de 5 738 soldats écossais. Il en a tiré un graphique qui montrait que la distribution des tours de poitrine dessinait une courbe en cloche dont la moyenne avoisinait un mètre. D'autres séries de données lui ont révélé que les tailles des hommes et des femmes dessinent aussi une courbe en cloche, et l'industrie du vêtement utilise encore aujourd'hui les projections de Quételet. Si les rayons des boutiques comportent davantage de tailles moyennes que de grandes ou de petites, par exemple, c'est parce que la distribution de la taille chez l'homme correspond à peu près à la courbe en cloche. Les plus récentes données sur la pointure des adultes britanniques en matière de chaussures, par exemple, dessinent une forme très familière :

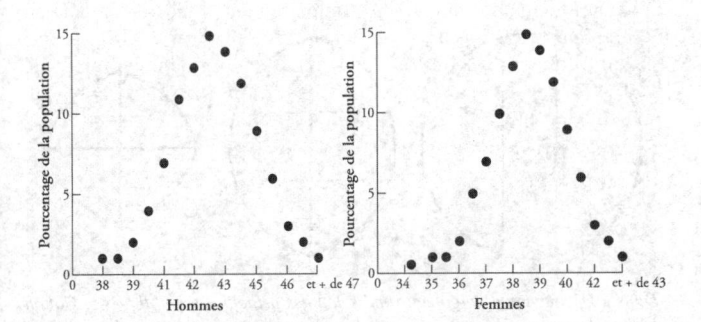

Pointures britanniques

Quételet est mort en 1874. Dix ans plus tard, de l'autre côté de la Manche, on a beaucoup vu un sexagénaire au crâne dégarni et aux ravissants favoris victoriens parcourir les rues britanniques et s'ébahir devant les femmes tout en trafiquant quelque chose dans sa poche. C'était Francis Galton, l'éminent scientifique, qui conduisait ses investigations de terrain. Ce qu'il mesurait, c'est l'attraction exercée par les femmes. Pour procéder en toute discrétion à l'enregistrement de ce que lui inspiraient les passantes, il poinçonnait une feuille de papier en forme de croix dans sa poche, indiquant ainsi s'il trouvait chacune « attirante », « indifférente » ou « repoussante ». Au terme de son étude, il a tracé une carte du pays fondée sur l'apparence physique. La ville la mieux classée était Londres, la plus mal classée était Aberdeen.

Galton est sans doute le seul Européen du XIXe siècle à s'être montré plus obsessionnel que Quételet à l'égard de la récolte de données. Jeune scientifique, il prenait chaque jour la température de son thé, qu'il accompagnait d'observations sur le volume d'eau bouillante utilisée et sur sa saveur, afin d'établir une fois pour toutes la préparation de la tasse de thé idéale. (Il n'a jamais atteint de conclusion.) D'ailleurs, cet intérêt pour l'aspect mathématique du *tea time* l'aura accompagné toute sa vie. Parvenu à un âge avancé, il adressait encore à la revue *Nature* le diagramme page suivante, qui représente ses suggestions pour le découpage idéal d'un gâteau, celui qui en préservera au mieux la fraîcheur.

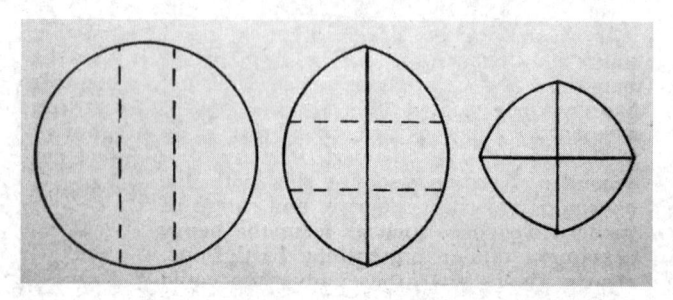

Dans « Découpage d'un gâteau rond selon des principes scientifiques », Galton indique les coupes à venir en pointillé et celles déjà accomplies en traits pleins. Sa méthode réduit au minimum l'exposition de l'intérieur du gâteau, qui s'assèche, et qui ne manque pas de se gâcher lorsqu'on coupe une tranche selon la méthode traditionnelle (« très fautive », conclut-il). Aux étapes 2 et 3, le gâteau doit être maintenu à l'aide d'un élastique.

Ah, et puisque ce livre traite des nombres, il serait incorrect de ma part de ne pas évoquer ici les « formes numériques » de Galton – bien qu'elles n'aient pas grand rapport avec le présent chapitre. Galton était fasciné par le fait qu'une part importante de la population – qu'il estimait à 5 % – visualisent automatiquement et involontairement les nombres sous forme de cartographie mentale. De ces cartes, qu'il a baptisées *formes numériques*, il a écrit que les nombres y occupent une « position précisément définie et constante », et que l'individu qui les produit est incapable de penser à un nombre « sans se référer à sa position particulière dans son champ de vision mental ». Les formes numériques présentent l'intérêt de généralement composer des schémas très spécifiques. Ce ne sont pas des droites, comme on aurait pu s'y attendre, mais des lignes qui présentent des courbures et des changements de cap assez insolites.

Il se dégage des formes numériques de Galton un parfum d'étrangeté toute victorienne – peut-être faut-il y voir le signe d'un grand refoulement émotionnel ou d'une inclination excessive pour les opiacés. Pourtant, un siècle plus tard, les voilà sous la loupe de la recherche, reconnues comme un type déterminé de synesthésie –

SITUATION NORMALE

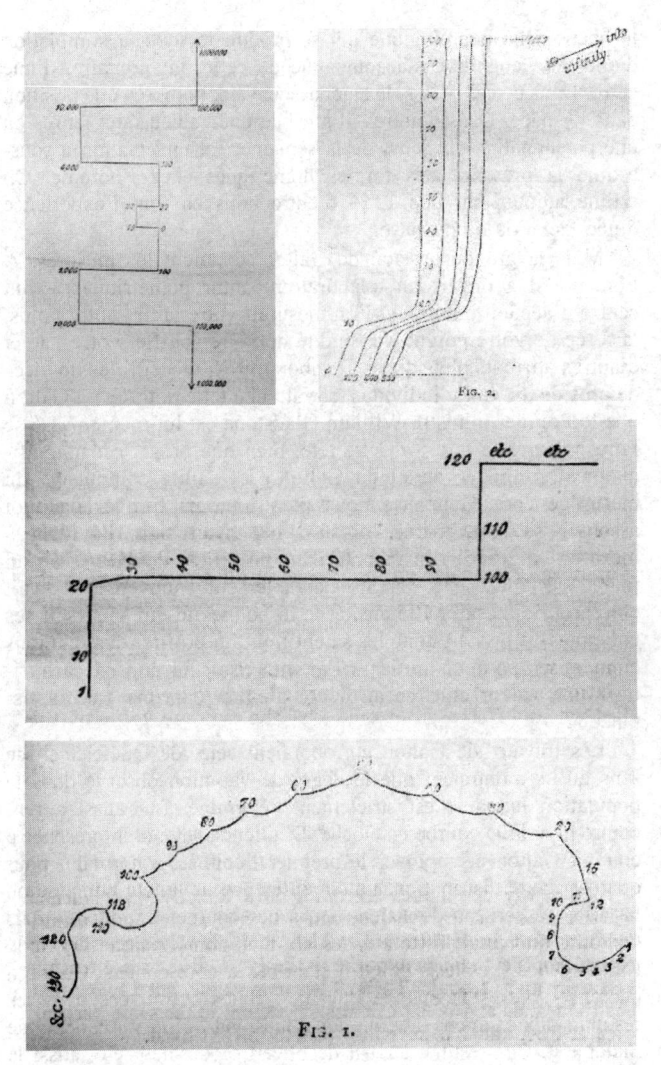

Quatre exemples de « formes numériques » de Galton : de bien curieuses représentations de la position des nombres dans l'espace.

le phénomène neurologique qui se produit lorsque la stimulation d'une voie cognitive s'accompagne de celle, involontaire, d'une autre. Dans ce cas précis, le sujet associe aux nombres une position dans l'espace. Dans d'autres, il attribue une couleur aux lettres ou une personnalité aux jours de la semaine. En fait, Galton a sous-estimé la présence des formes numériques chez l'homme. On estime aujourd'hui que 12 % d'entre nous en font l'expérience d'une façon ou d'une autre.

Mais la grande passion de Galton, c'étaient les mesures. À Londres, il a ouvert un « laboratoire anthropométrique » – un centre d'accueil public, où l'on mesurait votre taille, votre poids, la force de votre poigne, la fluidité de votre souffle, votre vue et d'autres attributs physiques. Ce laboratoire a recueilli les données de plus de dix mille individus, et valu une telle notoriété à Galton que le Premier ministre William Gladstone est lui-même passé se faire mesurer la tête. (« Cette tête, bien que basse, est magnifiquement formée », aurait dit Galton.) La nature compulsive du mesurage chez Galton le poussait à toujours trouver de quoi assouvir sa soif, même lorsqu'il n'y avait rien d'évident à mesurer. En 1885, il a raconté dans un article de *Nature* qu'un jour, assistant à une réunion passablement ennuyeuse, il avait entrepris de mesurer l'intensité de la bougeotte qui saisissait ses collègues. Il invitait donc les scientifiques à profiter des réunions ennuyeuses pour « s'initier à l'art nouveau qui consiste à attribuer une valeur chiffrée au degré d'ennui exprimé par l'assistance ».

Les travaux de Galton corroboraient ceux de Quételet en ce sens qu'ils montraient que le degré de variation observé dans la population humaine est strictement déterminé. Lui aussi a rencontré partout la courbe en cloche. D'ailleurs, cette omniprésence a conduit Galton à employer le premier l'épithète « normal » pour qualifier cette distribution. La circonférence de la tête humaine ou la taille du cerveau donnaient lieu à des courbes en cloche, mais Galton s'intéressait surtout à des attributs non physiques, comme l'intelligence. Les tests de QI n'étant pas encore connus, Galton a cherché d'autres façons de l'évaluer. Il les a trouvées dans les résultats aux examens d'admission à la Royal Military Academy de Sandhurst. Ces résultats, a-t-il découvert, épousaient eux aussi la courbe en cloche, ce qui l'a profondément impressionné. « Je ne connais rien d'aussi frappant pour l'esprit que la forme mer-

SITUATION NORMALE

veilleuse de l'ordre cosmique qu'exprime la [courbe en cloche], a-t-il écrit. Si les Grecs avaient connu cette loi, ils l'auraient personnifiée, déifiée. Elle règne, sereinement et en toute humilité, parmi la plus sauvage des confusions. Plus gigantesque est la foule, plus grande est l'anarchie apparente, plus absolue est son influence. C'est la loi suprême de la déraison. »

Galton a inventé le « quinconce », une machine merveilleuse de simplicité qui offre une explication mathématique à sa courbe chérie. La figure désignée à l'origine par ce nom est celle que composent les points du 5 sur un dé, mais son appareil ressemble à une planche dotée des rangées horizontales de clous, dont chacune est décalée d'un demi-cran par rapport à celle qui précède. On lâche une bille au sommet, qui rebondit de clou en clou jusqu'à atteindre la base, où l'attend une rangée de colonnes. Après avoir lâché un certain nombre de billes, la forme que celles-ci dessinent dans les colonnes où elles ont naturellement échoué ressemble à une courbe en cloche.

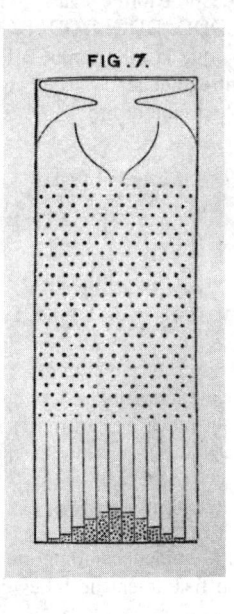

Le quinconce

Les probabilités nous permettent de bien comprendre ce qui se produit ici. Commençons par imaginer un quinconce doté d'un seul clou et supposons que lorsque la bille atteint ce clou, le dénouement soit aléatoire, avec cinquante chances sur cent qu'elle rebondisse à gauche et cinquante qu'elle rebondisse à droite. Autrement dit, cette bille a une chance sur deux ($\frac{1}{2}$) de finir quelque part à gauche et une chance sur deux ($\frac{1}{2}$) de finir quelque part à droite.

Ajoutons à présent une deuxième rangée de clous. Soit la bille tombera à gauche puis à gauche, cheminement que nous appellerons GG, soit ce sera GD, ou encore DG, ou DD. Étant donné que passer à gauche puis à droite équivaut à demeurer sur sa position, G et D s'annulent lorsqu'ils se suivent (ainsi que D et G), il y a donc à présent une chance sur quatre que la balle finisse quelque part à gauche, deux chances sur quatre que ce soit au milieu et une sur quatre que ce soit à droite.

Si l'on reproduit le processus avec une troisième rangée de clous, les options, de probabilité égale, sont pour la bille GGG, GGD, GDG, GDD, DDD, DDG, DGD, DGG. Ce qui nous donne une probabilité de $\frac{3}{8}$ que la bille tombe à l'extrême gauche, de $\frac{1}{8}$ qu'elle tombe au centre gauche, de $\frac{3}{8}$ que ce soit au centre droit et de $\frac{1}{8}$ que ce soit à l'extrême droite.

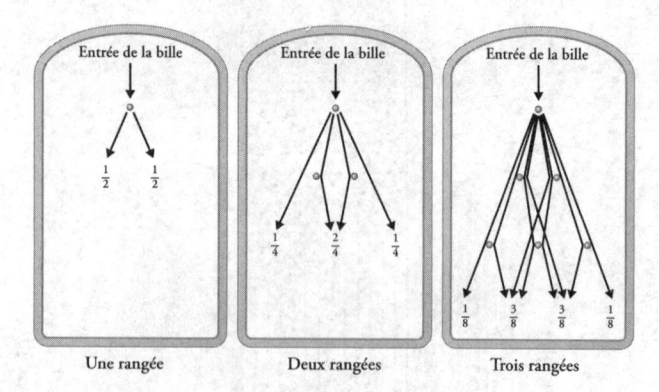

Une rangée — Deux rangées — Trois rangées

Autrement dit, si le quinconce comporte deux rangées de clous et si l'on introduit suffisamment de billes dans la machine, la loi des grands nombres nous dit qu'elles garniront les colonnes du bas selon la proportion approximative de 1:2:1.

À trois rangées, ce sera selon la proportion 1:3:3:1.

À quatre rangées, ce sera selon la proportion 1:4:6:4:1.

En poussant plus loin le calcul de ces probabilités, on trouverait qu'à dix rangées de clous le quinconce ferait tomber les billes selon la proportion 1:10:45:120:210:252:210:120:45:10:1.

Si l'on trace un diagramme à partir de ces valeurs, on obtient le premier des schémas ci-dessous. Plus on ajoute de rangées, plus la courbe prend une apparence familière. Les deux schémas suivants présentent les résultats obtenus avec cent et mille rangées, toujours sous forme de diagramme. (Notez bien que seule apparaît la partie centrale de ces deux graphiques, étant donné que les valeurs à gauche comme à droite sont trop faibles pour être visibles.)

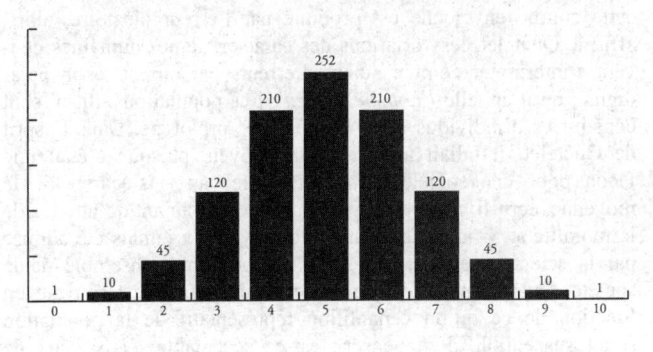

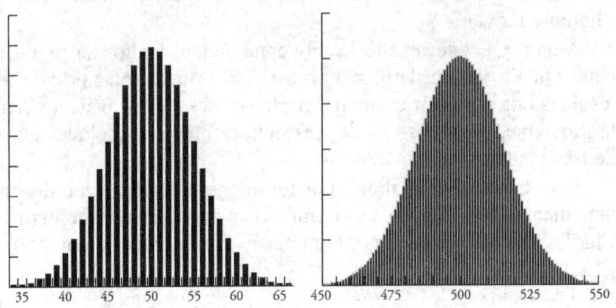

Alors, quel rapport entre notre planche à clous et le monde réel ? Imaginons que chaque rangée de clous du quinconce soit une variable aléatoire qui fausse la prise de mesures, en augmentant ou en diminuant un peu les valeurs réelles. Dans le cas de Galilée et de son télescope, l'une des rangées de clous pourrait correspondre à la température du matériel, une autre au passage d'un front thermique, et une troisième à la pollution de l'air. Chaque variable contribue à l'erreur dans un sens ou dans l'autre, de la même façon que la bille du quinconce rebondira à droite ou à gauche. N'importe quel mesurage peut subir des millions d'erreurs aléatoires imperceptibles – mais les valeurs obtenues à travers ces erreurs combinées produiront une courbe en cloche.

Si les caractéristiques d'une population sont normalement distribuées, autrement dit si elles se présentent agglutinées autour d'une valeur moyenne selon la forme d'une courbe en cloche, et si cette courbe en cloche est produite par l'erreur aléatoire, alors, affirme Quételet, les variations des caractéristiques humaines peuvent s'interpréter comme autant d'erreurs par rapport à un paradigme, qu'il appelle *l'homme moyen*[1]. Les populations, dit-il, sont constituées d'individus ayant dévié de ce prototype. Dans l'esprit de Quételet, il fallait aspirer à être moyen, puisque c'était une façon pour une société de maintenir le cap – s'écarter de la moyenne, écrit-il, mène « à la laideur du corps autant qu'au vice de la moralité ». Si la notion d'homme moyen n'a jamais été admise par la science, son usage a filtré jusque dans l'ensemble de la société. Quand on parle de morale ou de goût, c'est souvent en fonction de ce qu'un échantillon représentatif de la population serait susceptible d'en penser : est-ce acceptable « aux yeux de l'homme moyen » ?

Autant Quételet exalte la moyenne, autant Galton la prend de haut. On l'a vu, ce dernier a constaté la distribution normale des résultats obtenus à un examen. La plupart des élèves avaient obtenu la moyenne, quelques-uns de très bonnes notes et quelques autres de très mauvaises.

Il se trouve que Galton était lui-même issu d'une famille très nettement au-dessus de la norme. Il avait pour cousin germain Charles Darwin, et les deux hommes avaient entretenu une corres-

---

1. En français dans le texte. *(NdT.)*

pondance régulière autour de leurs idées scientifiques. Dix ans après la publication par Darwin de *L'Origine des espèces*, qui exposait pour la première fois la théorie de la sélection naturelle, Galton s'est mis à réfléchir à l'idée de maîtriser l'évolution de l'espèce humaine. Pris d'intérêt pour la transmission héréditaire de l'intelligence, il s'est demandé par quels procédés on pourrait améliorer l'intelligence générale d'une population. Il voulait en quelque sorte déplacer la courbe en cloche vers la droite. Dans cette optique, il a suggéré la création d'un nouveau champ d'étude autour de la « culture de la race », ou l'amélioration du niveau intellectuel d'une population par croisements. Après avoir un temps songé à donner à cette nouvelle science le nom de *viticulture*, du latin *vita*, la vie, il a fini par opter pour *eugénisme*, du grec *eu*, bon, et *genos*, naissance. (L'acception courante de « viticulture », la culture du raisin, provient du latin *vitis*, le vin, et remonte aux mêmes dates.) Si de nombreux intellectuels progressistes de la fin du XIXe siècle et du début du XXe ont vu dans l'eugénisme une possibilité d'améliorer la société, l'idée d' « élever » des humains plus intelligents a vite été déformée et discréditée. Dans les années 1930, l'eugénisme est devenu synonyme de politique assassine nazie visant à la création d'une race supérieure.

Avec le recul, on voit bien de quelle façon la classification des traits telles l'intelligence ou la pureté raciale peuvent conduire à la discrimination et à l'intolérance. La courbe en cloche apparaissant aussitôt qu'on mesure des humains, elle a été assimilée au désir de catégoriser certains individus comme intrinsèquement supérieurs à d'autres. Cela s'est notoirement produit en 1994, à la parution de *The Bell Curve*, de Richard J. Herrnstein et Charles Murray, l'un des ouvrages les plus vivement polémiques de ces dernières années. Le livre, dont le titre désigne la distribution des résultats au test de QI, soutient que les différences constatées entre groupes ethniques sont le signe de différences biologiques. Galton avait écrit que la courbe en cloche régnait « sereinement et en toute humilité ». Son héritage est loin d'en avoir fait autant.

On peut aussi apprécier les séries de nombres que produit le quinconce en les disposant sous forme de pyramide. Ainsi présentés, ces résultats sont plus connus sous le nom de triangle de Pascal.

```
                1
              1   1
            1   2   1
          1   3   3   1
        1   4   6   4   1
      1   5  10  10   5   1
      ⋮   ⋮   ⋮   ⋮   ⋮   ⋮   ⋮
```

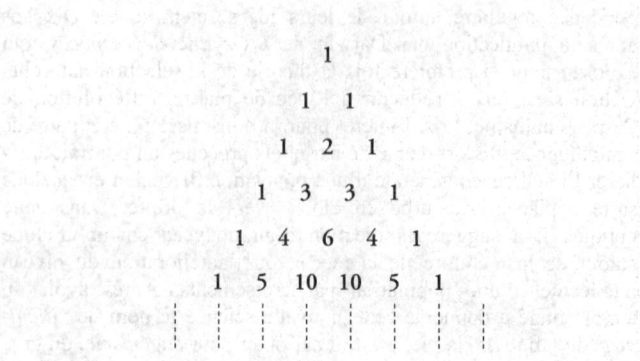

Pour construire un triangle de Pascal, il y a plus simple que lâcher des billes de façon aléatoire dans un dispositif victorien à clous puis constater leur distribution à l'arrivée. Inscrivez le chiffre 1 à la première rangée, puis deux autres 1 au-dessous, de façon à constituer un triangle. Continuez par rangée successive, en plaçant toujours 1 au début et à la fin de chaque rangée. La valeur de toutes les autres positions est la *somme* des deux nombres qui les surplombent.

Ce triangle doit son nom à Blaise Pascal, bien que ce dernier n'ait été qu'un adepte tardif de ses charmes, connus depuis des siècles par les mathématiciens indiens, chinois et persans. Mais, à la différence de ses prédécesseurs, Pascal a consacré un livre à ce qu'il appelait le *triangle arithmétique*, dont la richesse mathématique le fascinait. « C'est une chose étrange de constater combien il est fertile en propriétés », écrit-il, précisant que, dans son ouvrage, il « en laisse bien plus [qu'il] n'en donne ».

De toutes les caractéristiques du triangle de Pascal, celle que je préfère est la suivante. Donnons à chaque nombre une case et noircissons celles de tous les nombres impairs. L'ensemble des cases paires restent blanches. On obtient la splendide mosaïque de la page suivante. Minute ! vous entends-je dire. Ce schéma-là a un petit air de déjà-vu. Vous avez raison. Il vous rappelle le tapis de Sierpiñski, cette composition mathématique de la p. 116 où l'on divisait un carré en neuf sous-carrés, desquels on supprimait celui du centre, avant de répéter le procédé pour chaque sous-carré à l'infini. La version

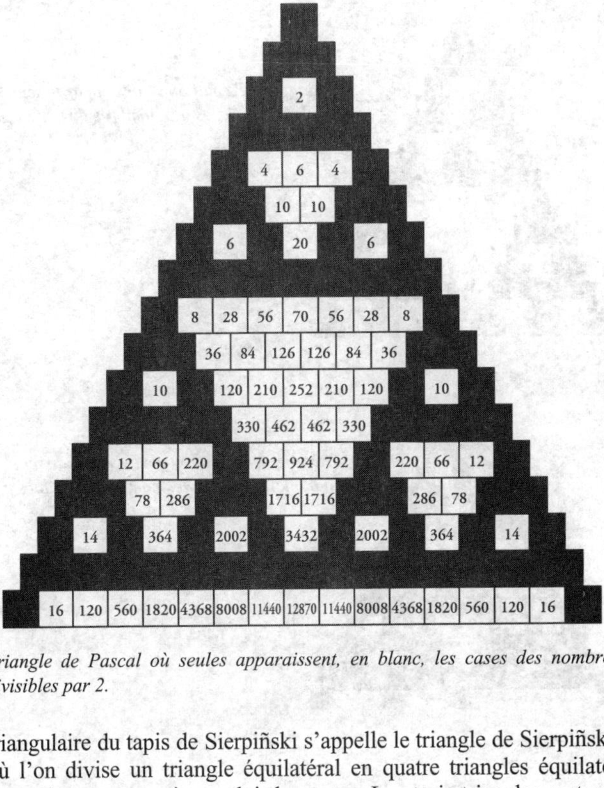

SITUATION NORMALE 403

								2								
							4	6	4							
								10	10							
						6			20		6					
				8	28	56	70	56	28	8						
					36	84	126	126	84	36						
			10		120	210	252	210	120		10					
					330	462	462	330								
		12	66	220		792	924	792		220	66	12				
			78	286			1716	1716			286	78				
	14		364		2002		3432		2002		364		14			
16	120	560	1820	4368	8008	11440	12870	11440	8008	4368	1820	560	120	16

Triangle de Pascal où seules apparaissent, en blanc, les cases des nombres divisibles par 2.

triangulaire du tapis de Sierpiñski s'appelle le triangle de Sierpiñski, où l'on divise un triangle équilatéral en quatre triangles équilatéraux, dont on supprime celui du centre. Les trois triangles restants subissent alors la même intervention – division en 4 et suppression du centre. En voici les trois premières itérations :

Triangle de Pascal où seules apparaissent, en blanc, les cases des nombres divisibles par 3

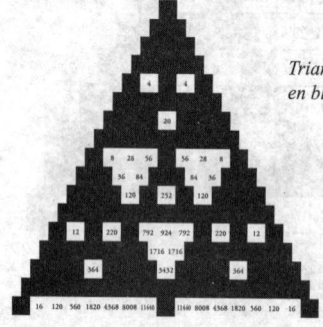

Triangle de Pascal où seules apparaissent, en blanc, les cases des nombres divisibles par 4

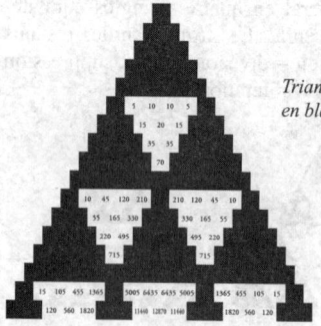

Triangle de Pascal où seules apparaissent, en blanc, les cases des nombres divisibles par 5

SITUATION NORMALE

À mesure que l'on étend la méthode de noircissement du triangle de Pascal à un nombre croissant de lignes, le schéma ressemble de plus en plus au triangle de Sierpiński. En fait, à force de tendre vers l'infini, le triangle de Pascal *devient* celui de Sierpiński.

Sierpiński n'est pas le seul de nos amis qu'on retrouve dans ces cases blanches et noires. Observons ci-dessus les zones blanches centrales du triangle de Pascal. De haut en bas, la première se compose d'une case, la deuxième de six cases, la troisième de vingt-huit cases, et les suivantes en comportent cent vingt et 496. Ces nombres ne vous rappellent rien ? Trois d'entre eux – 6, 28 et 496 – sont des nombres parfaits, que nous avons vus p. 293. C'est la remarquable représentation visuelle d'une idée abstraite apparemment sans rapport.

Poursuivons notre noircissement organisé du triangle de Pascal. Conservons d'abord l'ensemble des nombres divisibles par 3, en noircissant tous les autres. Renouvelons le procédé en ne conservant que les nombres divisibles par 4. Recommençons encore avec ceux divisibles par 5. Le résultat, qu'on peut voir sur la page précédente, donne chaque fois un schéma symétrique de triangles pointant à l'opposé de l'ensemble.

Au XIXe siècle, on a découvert dans le triangle de Pascal un autre visage familier : la suite de Fibonacci. Peut-être était-ce inévitable, car la méthode de construction du triangle est récursive – elle consiste à appliquer la même règle de façon répétée, additionnant deux nombres sur une ligne pour en produire un nouveau sur la ligne suivante. L'addition récursive de deux nombres est précisément la méthode qui donne la suite de Fibonacci, où la somme de deux nombres consécutifs est égale au nombre suivant.

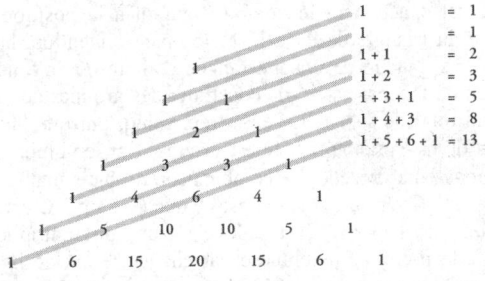

La somme des diagonales « douces » du triangle de Pascal donne les nombres de la suite de Fibonacci.

Les nombres de Fibonacci apparaissent dans la somme de ce qu'on appelle les diagonales « douces » du triangle. Ces diagonales sont celles qui partent de n'importe quel nombre en direction de celui au-dessous à gauche plus une case vers la gauche, ou de celui au-dessus à droite plus une case vers la droite. La première et la deuxième de ces diagonales ne comportent que 1. La troisième, 1 et 1, ce qui fait 2. La quatrième, 1 et 2, qui font 3. La cinquième diagonale douce donne $1 + 3 + 1 = 5$. La sixième, $1 + 4 + 3 = 8$. Jusqu'ici, nous avons obtenu 1, 1, 2, 3, 5, 8, et les nombres subséquents sont ceux de la suite de Fibonacci, dans l'ordre.

L'intérêt porté au triangle de Pascal dans l'Inde antique était lié à la combinaison d'objets. Imaginons par exemple que nous possédions trois fruits : une mangue, un lychee et une banane. Il n'y a qu'une seule combinaison possible de trois éléments : mangue, lychee et banane. Avec deux éléments, il y a trois possibilités : mangue et lychee, mangue et banane, lychee et banane. Il y a aussi trois façons de ne choisir qu'un élément, qui correspondent à chacun de ces fruits. La dernière option consiste à ne choisir aucun fruit, ce qui ne peut se faire que d'une façon. Autrement dit, le nombre de combinaisons possibles avec trois fruits différents produit la suite 1, 3, 3, 1 – la troisième ligne du triangle de Pascal.

Avec quatre objets, le nombre de combinaisons, selon qu'on n'en sélectionne aucun, deux, trois ou quatre à la fois, est 1, 4, 6, 4, 1 – la quatrième ligne du triangle de Pascal. On pourrait continuer à ajouter des objets, pour constater que le triangle de Pascal offre en fait un tableau de référence pour les combinaisons de choses. Si nous possédons n articles et que nous voulons savoir combien de combinaisons de m d'entre eux sont possibles, la réponse est exactement le nombre figurant à la position m de la rangée n du triangle de Pascal. (Note : par convention, la position à l'extrême gauche de chaque rangée compte comme numéro 0.) Combien de façons y a-t-il de constituer des groupes de trois fruits parmi un total de sept ? Il y en a trente-cinq, puisque la troisième position de la septième rangée est occupée par le nombre 35.

Venons-en à présent à la combinaison d'objets mathématiques. Considérons le terme $x + y$. Qu'est-ce que $(x + y)^2$? C'est la même chose que $(x + y)(x + y)$. En développant, on multiplie chaque terme de la première parenthèse par chaque terme de la seconde. On obtient donc $xx + xy + yx + yy$, ou $x^2 + 2xy + y^2$. Vous ne remarquez rien ? En poussant plus loin, on voit se dégager un schéma.

SITUATION NORMALE

Les coefficients des termes individuels sont les rangées du triangle de Pascal.

$$(x + y)^2 = x^2 + 2xy + y^2$$
$$(x + y)^3 = x^3 + 3x^2y + 3xy^2 + y^3$$
$$(x + y)^4 = x^4 + 4x^3y + 6x^2y^2 + 4xy^3 + y^4$$

Le mathématicien Abraham de Moivre, un huguenot réfugié à Londres au début du XVIIIe siècle, a été le premier à comprendre qu'à mesure qu'augmente le nombre de multiplications de $(x + y)$ par lui-même, les coefficients de ces équations tendent à dessiner une courbe. Il n'a pas parlé de courbe en cloche, ni de courbe d'erreur, de distribution normale ou gaussienne, comme on l'appellerait plus tard, mais la première apparition de notre courbe dans les textes mathématiques remonte incontestablement à l'ouvrage qu'en 1718 il a consacré au jeu, *The Doctrine of Chances* (Théorie du hasard). C'est le premier manuel de théorie des probabilités, qui nous offre au passage un nouveau cas de progrès scientifique apporté par le jeu.

Je parle depuis le début de courbe en cloche comme s'il s'agissait d'une seule courbe, alors qu'il s'agit en réalité d'une famille de courbes. Toutes ont l'aspect d'une cloche, mais certaines sont plus larges que d'autres (voir diagramme ci-après).

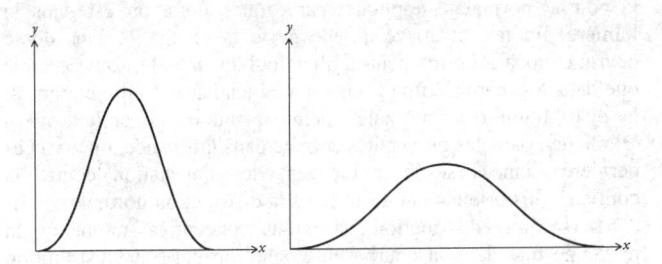

Courbes en cloche à déviations différentes

Voici la raison de ces écarts. Si Galilée, par exemple, avait mesuré les orbites des planètes à l'aide d'un télescope du XXIe siècle, sa marge d'erreur aurait été moindre qu'avec ses instruments du

XVIᵉ. L'appareil moderne aurait produit une courbe en cloche nettement plus étroite que l'ancien. Les erreurs auraient été moins importantes, mais toujours normalement distribuées.

La valeur centrale d'une courbe en cloche s'appelle la moyenne. Sa largeur s'appelle la *déviation*. À partir du moment où l'on connaît la moyenne et la déviation, on connaît la forme de la courbe. Cette possibilité de décrire la courbe normale à l'aide de seulement deux paramètres est particulièrement pratique. Peut-être trop, d'ailleurs. Les statisticiens espèrent souvent ardemment rencontrer la courbe en cloche dans leurs données. Bill Robinson, l'économiste qui dirige la division de comptabilité juridique de la société d'audit KPMG, le reconnaît volontiers. « Nous adorons travailler sur des distributions normales parce que leurs propriétés mathématiques ont été très bien explorées. Dès qu'on sait qu'il s'agit d'une distribution normale, on peut émettre tous types d'observations intéressantes. »

Le travail de Robinson, pour simplifier, consiste à rechercher des schémas cachés dans les masses de données afin de vérifier si quelqu'un a trafiqué les comptes. Il applique la même stratégie que Poincaré quand il pesait chaque jour son pain, sauf que Robinson scrute parmi des gigaoctets de données financières, et qu'il dispose d'outils statistiques considérablement plus sophistiqués.

Robinson reconnaît que son département tend à présupposer que pour n'importe quel jeu de données, la distribution par défaut, c'est la distribution normale. « Nous aimons partir du principe que la courbe normale s'applique, parce que, alors, on est dans la lumière. En fait, il arrive qu'elle ne le fasse pas, et sans doute devrions-nous à ce moment-là aller fouiller dans le noir. Je crois que dans les marchés financiers on a eu tendance à faire comme si la distribution était normale, même quand ça ne collait pas. » D'ailleurs, dans les universités comme dans la finance, on a vu ces dernières années se lever un vent de contestation contre la confiance historiquement accordée à la distribution normale.

Lorsqu'une distribution est moins concentrée autour de la moyenne que dans la courbe en cloche, on parle de distribution *platikurtique*, du grec *platus*, « plat » et *kurtos*, « bosse ». Inversement, on dit d'une distribution plus regroupée autour de la moyenne qu'elle est *leptokurtique*, du grec *leptos*, « mince ». En 1908, William Sealy Gosset, statisticien à Dublin pour le compte du brasseur Guinness, a esquissé le dessin ci-dessous à titre d'aide-mémoire, afin qu'on ne confonde plus l'une et l'autre : un ornithorynque (*platypus* en anglais) et un couple de kangourous qui se frottent le nez parce qu'ils sont « réputés avancer par "lepping[1]", mais peut-être aurait-il mieux valu alors que ce soient des lapins ! » Ce dessin de Gosset est à l'origine de l'utilisation du terme *queue* pour désigner les extrémités gauche et droite d'une courbe de distribution.

Distribution platikurtique et leptokurtique

Quand un économiste parle de distribution à *queue épaisse* ou *lourde*, il évoque une courbe plus élevée que la normale aux extrémités, comme si les animaux de Gosset possédaient une queue plus épaisse que la moyenne. Ce type de courbe décrit des distributions où les événements extrêmes sont plus probables que dans une distribution normale. Si la fluctuation du cours d'une action boursière est à queue épaisse, par exemple, cela signifie qu'il y a plus de chances de voir une chute, ou une montée, brutale que s'il s'agissait d'une fluctuation normalement distribuée. C'est la raison pour laquelle il est parfois bien imprudent de présupposer qu'une courbe est en cloche alors qu'elle est à queue épaisse. Dans son best-seller *Le Cygne noir*, l'économiste Nassim Nicholas Taleb soutient qu'on a eu tendance à sous-estimer la taille et l'importance de la queue dans les courbes de distribution. La courbe en cloche lui apparaît comme un modèle historiquement défectueux parce qu'elle est incapable d'anticiper la survenue, ou de prédire l'impact, d'événements extrêmes, très rares – comme une avancée scientifique majeure telle l'invention d'Internet, ou un attentat terroriste tel celui du 11 Septembre. « L'omniprésence de la [distribution normale]

---

1. Néologisme quelque peu tiré par les cheveux à la sonorité voisine de « leaping », qui signifie « sautillement, bonds ». *(NdT.)*

n'est pas une propriété du monde, écrit-il, mais elle est ancrée dans nos esprits, à cause du regard que nous lui portons. »

Peut-être le désir de voir la courbe en cloche apparaître dans les données n'est-il nulle part aussi fort que dans l'éducation. L'attribution d'une note de 0 à 20 à un examen scolaire se fonde sur le niveau auquel se situe la performance de l'élève par rapport à une courbe en cloche dont la distribution des notes est censée approcher. Cette courbe est divisée en segments, dont les notes 16 à 20 représentent la tranche supérieure, puis de 12 à 16 la tranche au-dessous, et ainsi de suite. Pour qu'un système éducatif fonctionne avec fluidité, il est important que le pourcentage d'élèves d'une tranche donnée demeure comparable d'une année à l'autre. Si l'on obtenait un jour trop de 18 ou trop de 4, les conséquences – trop ou pas assez d'élèves dans certaines classes – mettraient le système scolaire à rude épreuve. Les examens sont spécifiquement profilés dans l'espoir d'obtenir une distribution des résultats aussi proche que possible de la courbe en cloche – sans considération pour le fait que cela reflète ou non le niveau réel (peut-être le reflète-t-il globalement, mais probablement pas pour tous les cas).

Il a même été dit que la grande révérence de certains scientifiques envers la courbe en cloche favorise en vérité un certain laisser-aller. On a vu grâce au quinconce que les erreurs aléatoires connaissent une distribution aléatoire. Par conséquent, plus on introduit d'erreurs aléatoires parmi les mesures relevées, plus on a de chances d'obtenir une courbe en cloche des données – même si le phénomène mesuré ne présente pas une distribution normale. Lorsqu'on rencontre une distribution normale dans un jeu de données, c'est peut-être parce que les mesures ont été récoltées de façon un peu confuse.

Ce qui nous ramène à mes baguettes. Leur poids était-il normalement distribué ? La queue était-elle mince ou épaisse ? Commençons par récapituler. J'ai pesé cent baguettes, dont la distribution des poids se trouve p. 387. On voit sur le graphique des tendances prometteuses – la moyenne se situe autour de quatre cents grammes, avec des déviations plus ou moins symétriques entre 380 et 420 grammes. Eussé-je été aussi infatigable qu'Henri Poincaré, j'aurais poursuivi l'expérience pendant un an et disposé de 365 poids à comparer (ou un peu moins si l'on compte les jours de fermeture). Avec davantage de données, la distribution aurait été plus nette. N'empêche, si petit qu'il soit, mon échantillon suffisait à nous donner une idée du schéma qui se dessinait. J'ai alors eu recours à l'astuce consistant à comprimer mes résultats en regroupant les poids des baguettes par tranches de huit grammes plutôt qu'un gramme. Ce qui a produit le graphique suivant :

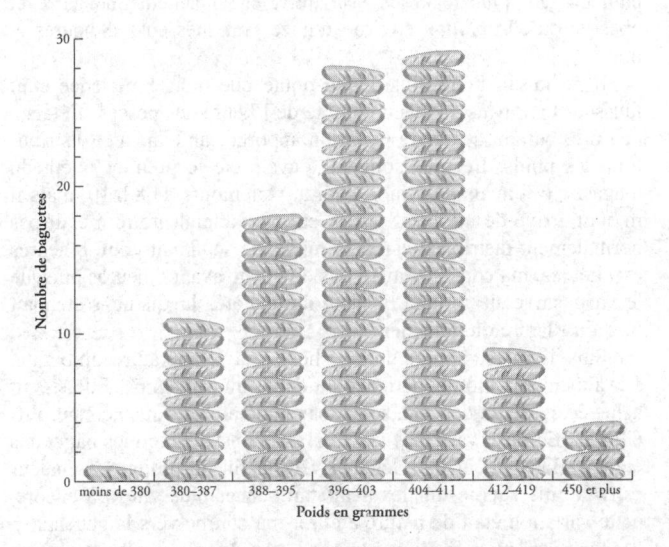

[Graphique : Nombre de baguettes en fonction du Poids en grammes — tranches : moins de 380, 380–387, 388–395, 396–403, 404–411, 412–419, 450 et plus]

Dans un premier temps, ce nouveau diagramme m'a rassuré, parce qu'il donnait vraiment l'impression que mon expérience allait produire une courbe en cloche. Les faits récoltés semblaient coller à la théorie. La science appliquée triomphait ! Mais, à bien y regarder, j'ai constaté que mon diagramme n'avait pas du tout l'aspect d'une courbe en cloche. Oui, les poids s'agglutinaient bien autour d'une moyenne, mais la courbe n'était à l'évidence pas symétrique. Le versant gauche n'était pas aussi raide que le droit. On aurait dit qu'un aimant invisible étirait légèrement ma courbe vers la gauche.

Deux conclusions s'offraient donc à moi. Soit le poids des baguettes de Gregg n'était pas normalement distribué, soit il l'était, mais un biais s'était immiscé dans la procédure de mon expérience. J'avais une petite idée concernant ce biais. Les baguettes que je n'avais pas mangées étaient entreposées dans ma cuisine, alors j'en ai pesé une, vieille de plusieurs jours. J'ai constaté à ma grande surprise qu'elle ne pesait plus que 321 grammes – bien moins que le plus bas de tous les poids relevés jusque-là. Il m'est soudain apparu que le poids d'une baguette n'est pas constant, parce que le pain devient plus léger en séchant. J'en ai acheté une autre et observé qu'elle perdait environ quinze grammes entre 8 heures et midi.

Il ne faisait donc plus aucun doute que mon expérience était faussée. Je n'avais pas tenu compte de l'heure des pesées. J'étais à peu près certain que cette variation apportait un biais à la distribution des poids. Le plus souvent, j'avais été le premier client du magasin, et j'avais pesé mon pain aux alentours de 8 h 10, mais il m'était arrivé de me lever tard. Cette variable aléatoire n'était pas normalement distribuée car si la moyenne se situait entre 8 heures et 9 heures, ma courbe n'avait pas de queue avant 8 heures puisque le magasin était fermé. Et de l'autre côté, la queue s'étendait jusqu'à l'heure du déjeuner.

Puis il m'est apparu autre chose. La température ambiante. J'avais entamé mon expérience au début du printemps. Elle s'était achevée au début de l'été, sous des températures sensiblement plus élevées. En observant mes chiffres, j'ai constaté que mes baguettes étaient globalement plus légères vers la fin du projet. La chaleur estivale, me suis-je dit, les avait fait sécher plus vite. Là encore, cette variation était de nature à étirer ma courbe vers la gauche.

Peut-être mon expérience aura-t-elle montré que le poids des baguettes dessine approximativement une courbe en cloche légèrement distordue, mais ce que j'y ai vraiment appris, c'est que la prise de mesures n'est jamais simple. La distribution normale est une idée théorique, et l'on ne peut pas présupposer que tous les résultats s'y conformeront. J'ai pensé à Henri Poincaré. En pesant son pain, avait-il tenu compte du biais relatif au climat parisien, ou de l'heure à laquelle il avait pris ses mesures ? Peut-être finalement n'a-t-il pas démontré que son boulanger lui vendait un pain de 950 grammes au lieu d'un kilo, mais plutôt qu'entre la cuisson et la pesée, un pain d'un kilo perd environ cinquante grammes ?

L'histoire de la courbe en cloche, à vrai dire, est une superbe parabole de l'étrange rapport entre sciences théoriques et sciences appliquées. Poincaré a reçu un jour une lettre du physicien français Gabriel Lippmann, qui résumait avec brio les raisons d'une telle exaltation de la courbe en cloche : « Tout le monde y croit [à la courbe en cloche] : l'expérimentateur parce qu'il la croit démontrable par les mathématiques ; et le mathématicien parce qu'il la croit établie par l'observation. » En science, comme dans bien d'autres domaines, on choisit souvent de voir ce qui nous arrange.

Francis Galton s'est dévoué à la science et à l'exploration comme seul peut se le permettre le possesseur d'une grosse fortune. Il était à peine entré dans l'âge adulte qu'il conduisait déjà des expéditions jusque dans les plus obscurs recoins d'Afrique, ce qui lui a valu une réputation considérable. Sa grande dextérité avec les instruments scientifiques lui a permis un jour de prendre les mensurations d'une pulpeuse femme hottentote, de loin, sans jamais la toucher, à l'aide de son seul sextant. L'épisode semble témoigner d'une volonté de maintenir le sexe faible à distance respectable. Plus tard, quand le chef d'une tribu lui a présenté une jeune femme enduite de beurre et d'ocre rouge en guise de préparation aux ébats, Galton, soucieux de préserver la blancheur de son costume de lin, a décliné son offrande.

L'eugénisme est le plus tristement célèbre des legs de Galton, mais ce n'est pas la plus durable de ses innovations. C'est lui qui, le premier, a utilisé le questionnaire comme méthode de test psychologique. Il a aussi inventé une méthode de classement des empreintes digitales, encore en usage aujourd'hui, qui a abouti à leur adoption par la police. Et il a imaginé une façon de dessiner la météo dont l'apparition en 1875 dans le *Times* a constitué la première carte météo jamais publiée.

Cette année-là, Galton a recruté sept de ses amis pour mener une expérience avec des pois de senteur, dont il leur a distribué des graines en leur demandant de les planter puis de lui en rendre la descendance. Galton, qui avait mesuré les graines, a comparé leur diamètre à celui des graines filles ainsi obtenues. Il a constaté un phénomène qui, au premier abord, frappe l'entendement : les plus grosses graines avaient tendance à produire de plus petites graines, et les petites, de plus grosses. Dix ans plus tard, procédant à l'analyse de données recueillies par son laboratoire anthropométrique, il a retrouvé le même schéma dans la transmission de la taille chez l'homme. Dans les mensurations de deux cent cinq couples de parents et leurs 928 enfants arrivés à l'âge adulte, il a constaté que les parents exceptionnellement grands font des enfants généralement plus petits qu'eux, et les parents exceptionnellement petits en font de plus grands.

À bien y réfléchir, il ne pourrait en être autrement. Si de très grands parents faisaient des enfants plus grands encore, et si les très petits parents donnaient des enfants plus petits, notre espèce serait aujourd'hui composée de géants et de nains. Or, il n'en est rien. Les populations humaines ont sans doute globalement tendance à grandir – grâce à une meilleure nutrition et à une meilleure politique de santé publique – mais la distribution des tailles dans la population demeure contenue.

Galton a appelé ce phénomène « régression vers la médiocrité dans la stature héréditaire ». On parle plus volontiers aujourd'hui de *régression vers la moyenne*. Dans un contexte mathématique, la régression vers la moyenne affirme qu'un événement extrême a de grandes chances d'être suivi d'un événement moins extrême. Quand, parmi les baguettes de Greggs, j'en pesais une de 380 grammes, poids très faible, le plus probable était que la suivante pèserait davantage que 380 grammes. De même, après une baguette de 420 grammes, il y avait de grandes chances que je tombe sur une baguette plus légère. Le quinconce nous offre une représentation visuelle du mécanisme de cette régression. Si une bille lâchée au sommet aboutit à être positionnée à l'extrême gauche, il est très probable que la suivante tombera plus près du centre – parce que la plupart des billes échouent dans les positions moyennes.

La variation de la taille humaine au fil des générations, toutefois, ne présente pas les mêmes caractéristiques que celle du poids de la baguette de pain au fil de la semaine, ou que celle du point de chute des billes dans le quinconce. L'expérience nous dit que les familles de parents plus grands que la moyenne tendent aussi à compter des enfants plus grands que la moyenne. On sait en outre que le plus petit de nos camarades de classe est probablement issu d'une famille de petits. Autrement dit, la taille d'un enfant n'est pas totalement aléatoire par rapport à celle de ses parents. En revanche, le poids de la baguette du mardi est probablement aléatoire par rapport à celui de la baguette du lundi. La position d'une bille dans le quinconce est (à toutes fins pratiques) aléatoire par rapport à celle des autres billes qu'on lâche.

Le désir de mieux comprendre le lien entre la taille parentale et celle des enfants a inspiré une autre idée à Galton. Il a tracé un graphique comportant sur un axe la taille des parents et sur l'autre celle de l'enfant, puis il a tracé une droite reliant les points qui reflétaient le mieux leur répartition. (Chaque couple de parents était représenté par la taille moyenne mère/père – qu'il a appelée « mi-parent ».) La droite présentait une inclinaison de $\frac{2}{3}$. Autrement dit, pour chaque centimètre au-dessus de la moyenne chez le mi-parent, l'enfant ne ferait que $\frac{2}{3}$ de centimètre au-dessus de la moyenne. Pour chaque centimètre au-dessous de la moyenne chez le mi-parent, l'enfant ne mesurerait que $\frac{2}{3}$ de centimètre de moins que la moyenne. Galton a nommé cette inclinaison *coefficient de corrélation*. Le coefficient est un nombre qui détermine à quel point deux jeux de variables sont liés. La corrélation a été développée plus en profondeur par le protégé de Galton, Karl Pearson, qui, en 1911, a ouvert le premier département universitaire de statistique, à l'University College de Londres.

La régression et la corrélation ont constitué de grosses avancées dans la pensée scientifique. Pour Isaac Newton et ses pairs, l'univers obéissait à la loi déterministe de la cause et de l'effet. Tout ce qui survenait avait une raison de le faire. Mais toute la science n'est pas si réductrice. En biologie, par exemple, certains dénouements – comme un cancer du poumon qui se déclare – possèdent de multiples causes aux intrications complexes. La corrélation a permis d'analyser les relations troubles entre des jeux de données liés. Tous les fumeurs n'auront pas le cancer du poumon, par exemple, mais en observant l'incidence des fumeurs et celle du cancer du poumon, le mathématicien est capable de déterminer vos chances d'avoir le cancer du poumon si vous fumez. Pareillement, tous les enfants d'une classe nombreuse à l'école n'auront pas de résultats inférieurs à ceux d'une classe moins nombreuse, mais on sait que le surpeuplement des classes a un effet sur le résultat aux examens. L'analyse statistique a ouvert toute une gamme de nouveaux champs d'étude – de la médecine à la sociologie, de la psychologie à l'économie. Elle nous a permis d'utiliser des informations sans en connaître les causes précises. Les idées originales de Galton ont hissé les statistiques au rang de discipline respectable : « Certains détestent des statistiques jusqu'à leur nom, mais je les trouve pour ma part pleines de beauté et d'intérêt, écrivait-il. Quand on ne les brutalise pas, mais qu'on les manipule délicatement avec les meilleures méthodes et qu'on les interprète avec soin, leur capacité à embrasser les phénomènes complexes est extraordinaire. »

En 2002, le prix Nobel d'économie n'a pas été attribué à un économiste, mais au psychologue Daniel Kahneman, qui avait consacré sa carrière (pour l'essentiel avec son collègue Amos Tversky) à l'étude des facteurs cognitifs qui sous-tendent la prise de décision. Kahneman a dit que son plus beau moment d'illumination s'est produit quand il a compris la notion de régression vers la moyenne. C'était au milieu des années 1960, alors qu'il donnait une conférence devant des instructeurs militaires de l'aviation israélienne, auxquels il expliquait qu'il est plus efficace pour l'apprentissage des jeunes officiers de féliciter que de punir. À la fin de son intervention, un instructeur chevronné s'est levé pour dire à Kahneman qu'il se trompait. « Il m'est souvent arrivé de féliciter des élèves officiers pour avoir impeccablement exécuté une manœuvre acrobatique, et en général, quand ils recommencent, ils font moins bien. Inversement, il m'est souvent arrivé de crier après un élève pour une mauvaise exécution, et en général il fait mieux la fois d'après. Alors, s'il vous plaît, ne venez pas nous raconter que l'encouragement fonctionne et pas la punition, parce que c'est l'inverse qui est vrai. » C'est à ce moment, dit Kahneman, que ça a fait tilt. Si cet instructeur de vol croyait la punition plus efficace que l'encouragement, c'était par méconnaissance de la régression vers la moyenne. Lorsqu'un élève exécute particulièrement mal une manœuvre, il est normal qu'il fasse mieux la fois d'après – indépendamment du fait que l'instructeur le gronde ou le félicite. De même, s'il l'accomplit de façon particulièrement brillante, il fera probablement moins bien la prochaine fois. « Notre tendance à récompenser autrui quand il agit bien et à le punir quand il agit mal, combinée à la régression vers la moyenne, condamne l'homme à se voir récompensé quand il punit autrui et puni quand il le récompense », dit Kahneman.

La régression vers la moyenne n'est pas une notion complexe. Elle ne fait guère qu'affirmer que si le dénouement d'un événement est déterminé, au moins en partie, par des facteurs aléatoires, tout événement extrême a de fortes chances d'être suivi d'un événement moins extrême. Pourtant, malgré sa simplicité, la régression peine à entrer dans les têtes. Je dirais même que c'est l'un des concepts mathématiques les moins assimilés parmi les plus utiles à la compréhension rationnelle du monde. On n'imagine pas le nombre de petites idées fausses sur les sciences et des statistiques qui naissent de l'ignorance de la régression vers la moyenne.

Prenons l'exemple des radars de la sécurité routière. Si plusieurs accidents se produisent sur le même segment de route, cela peut être dû à une cause unique – une bande de jeunes voyous a tendu un câble en travers de la chaussée, par exemple. Appréhendez les voyous et les accidents cesseront. Mais il peut aussi y avoir conjonction de multiples facteurs aléatoires – un mélange de mauvaise météo, de configuration de la route, de victoire de l'équipe locale de football ou de décision d'un voisin de promener son chien. Les accidents sont l'équivalent d'un événement extrême. Et après un événement extrême, le plus probable est qu'il se produise des événements moins extrêmes : les facteurs aléatoires vont se combiner différemment, et aboutiront à moins d'accidents. On installe souvent les radars là où se sont produits un ou plusieurs accidents. L'idée est de faire ralentir les conducteurs pour en réduire le nombre. C'est incontestable, le nombre d'accidents tend à baisser après l'installation du radar, mais les deux événements ne sont peut-être que très peu liés. Qu'on installe un radar ou non, la régression vers la moyenne veut qu'après une série d'accidents, le plus probable soit de toute façon qu'il y en aura moins à cet endroit. (N'y voyez pas une diatribe antiradars, car ils sont parfois réellement efficaces. C'est plutôt une remarque concernant le discours des pro-radars, qui dénote souvent un mauvais usage des statistiques.)

Le plus bel exemple à mes yeux de régression vers la moyenne est la « malédiction de *Sports Illustrated* », un phénomène étrange par lequel les sportifs connaissent une baisse de forme immédiatement après avoir fait la couverture du premier magazine américain de sports, et qui remonte aussi loin qu'à la parution du premier numéro. En août 1954, après avoir conduit les Milwaukee Braves à travers une série de neuf victoires, le joueur de base-ball Eddie Mathews s'est trouvé à la une du magazine. Mais à peine le numéro est-il arrivé dans les kiosques que l'équipe a perdu. Une semaine après, Mathews se blessait, ce qui allait lui faire manquer sept rencontres. Le cas le plus célèbre imputé à cette malédiction est celui de 1957, lorsque le magazine a titré en couverture « Pourquoi Oklahoma est invincible », à propos de l'équipe de football qui n'avait pas perdu depuis quarante-sept rencontres. Évidemment, le samedi suivant la parution, Oklahoma s'inclinait 7-0 contre Notre-Dame.

La malédiction de *Sports Illustrated* peut en partie s'expliquer par la pression psychologique qu'induit le fait de se voir à la une. L'athlète ou l'équipe gagne de la considération parmi le public ; il devient l'adversaire à battre. Peut-être que dans certains cas, la pression qui accompagne la position de favori nuit à la performance sportive. Pourtant, le plus souvent, la malédiction de *Sports Illustrated* n'est qu'une manifestation de la régression vers la moyenne. Car ceux qui en font la couverture sont généralement au sommet de leur forme. Ils ont connu une saison exceptionnelle, remporté le championnat ou battu un record. La performance sportive est due au talent, mais elle repose aussi sur de nombreux facteurs aléatoires, comme le fait que l'adversaire soit grippé, que vous ayez subi une crevaison ou joué avec le soleil dans les yeux. Une performance record est un événement extrême, et la régression vers la moyenne nous dit qu'après un événement extrême, la survenue d'un événement moins extrême est le plus probable.

Il y a évidemment des exceptions. Certains athlètes sont tellement au-dessus du lot que les facteurs aléatoires ne pourront pas grand-chose contre leur performance. Ils gagnent à tous les coups, même quand ils jouent de malchance. Mais on tend généralement à sous-estimer l'influence de l'aléatoire sur la réussite sportive. Dans les années 1980, des statisticiens se sont penchés sur les décomptes des tirs des basketteurs. Ils ont été stupéfaits de découvrir que le fait qu'un joueur donné marque un panier ou le manque est complètement aléatoire. Certains, bien entendu, sont meilleurs que d'autres. Considérons un joueur A, qui voit en moyenne 50 % de ses tentatives couronnées de succès, c'est-à-dire qu'il a autant de chances de marquer que de manquer. Les chercheurs ont découvert que la séquence de tirs réussis et ratés du joueur A était totalement aléatoire. Autrement dit, au lieu de tirer, il aurait tout aussi bien pu jeter une pièce en l'air.

Considérons le joueur B, qui a soixante chances sur cent de marquer, et quarante de manquer son tir. Là encore, ils ont constaté que la séquence était aléatoire, comme si le joueur avait lancé une pièce biaisée à 60-40 au lieu de lancer son ballon. Quand un joueur marque une série, les experts le félicitent d'avoir bien joué, et quand il manque une série de paniers, ils lui reprochent de connaître un jour « sans ». Pourtant, le fait qu'il marque ou qu'il manque un tir n'a aucune incidence sur le fait qu'il marquera ou manquera le prochain. Chaque tir est aussi aléatoire qu'à pile ou face. On peut sincèrement féliciter le joueur B d'afficher un rapport moyen 60-40 sur un grand nombre de matches, mais le féliciter pour une série de cinq lancers consécutifs réussis revient à féliciter le lanceur de pièce qui cinq fois de suite obtiendrait face. L'un comme l'autre ont juste connu une série heureuse. Il est aussi possible – bien que pas tout à fait probable – que le joueur A, qui dans l'ensemble n'est pas aussi bon marqueur de paniers que le joueur B, connaisse une série de lancers réussis plus longue encore dans un match. Cela ne fera pas de lui un meilleur joueur. C'est juste que le hasard aura offert une série heureuse à A et malheureuse à B.

Plus récemment, Simon Kuper et Stefan Szymanski ont observé les quatre cents matches de football disputés par l'équipe d'Angleterre depuis 1980. Dans *Why England Lose*, ils écrivent : « La série de victoires de l'Angleterre ne se distingue en rien d'une série aléatoire de pile ou face. Il n'y a dans le résultat du dernier match joué par l'Angleterre aucune valeur de prédiction, pas plus que dans quelque combinaison que ce soit de ses matches récents. Le dénouement d'un match n'a manifestement aucune influence sur celui du suivant. Tout ce qu'on peut prédire, c'est qu'à moyen ou long terme, l'Angleterre remportera à peu près la moitié de ses rencontres. »

Les hauts et les bas de la performance sportive s'expliquent souvent par l'aléatoire. Après un très grand sommet, vous recevez l'appel de *Sports Illustrated*. Et vous êtes à peu près certain de voir vos performances baisser.

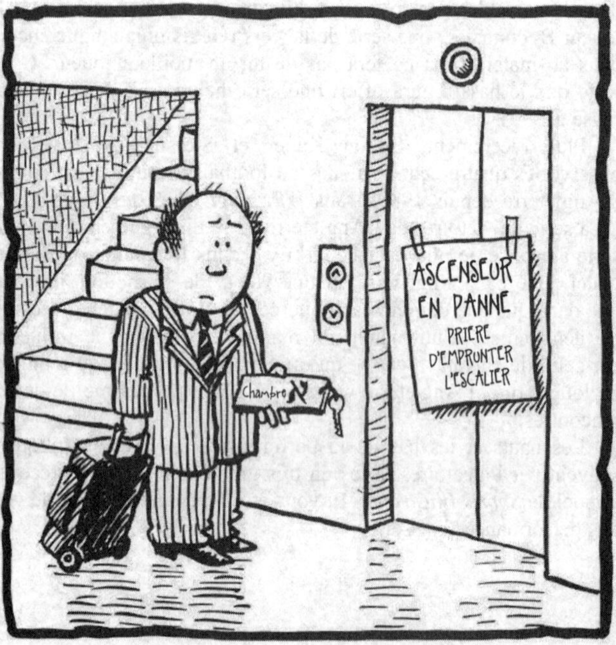
ASCENSEUR
EN PANNE
PRIERE
D'EMPRUNTER
L'ESCALIER
Chambre א

11

Le bout de la ligne

Voici quelques années, Daina Taiminia était assise dans le canapé de sa maison d'Ithaca, dans l'État de New York, où elle enseigne à l'université Cornell, lorsqu'un membre de sa famille lui a demandé ce qu'elle était en train de faire.

« Je tricote le plan hyperbolique, au crochet », a-t-elle répondu, en référence à un concept qui mystifie et fascine les mathématiciens depuis près de deux siècles.

« Où a-t-on vu un mathématicien faire du *crochet* ? » s'est-elle entendu répondre d'un ton moqueur.

Mais cela n'a fait que renforcer la détermination de Daina à mettre l'artisanat au service de la science. Car c'est bien ce qu'elle était en train de faire, en inventant ce qu'on appelle aujourd'hui le « crochet hyperbolique », une méthode d'enchevêtrement du fil qui donne des objets aussi complexes que beaux et qui a permis une connaissance de la géométrie que les mathématiciens n'auraient jamais crue possible.

Nous en viendrons bientôt à la définition d'*hyperbolique* et aux idées convoyées par les tricots de Daina, mais sachez seulement pour l'instant que la géométrie hyperbolique est un type de géométrie extrêmement contraire à l'intuition, apparu au début du XIXe siècle, où les règles si minutieusement établies par Euclide dans *Les Éléments* n'ont pas cours. La géométrie « non euclidienne » aura constitué un cap décisif pour les mathématiques en ce sens qu'elle décrit une théorie de l'espace totalement contradictoire avec notre expérience du monde, et par conséquent difficile à imaginer, mais qu'elle ne comporte aucune contradiction mathématique, et présente

Crochet hyperbolique

donc autant de validité scientifique que le système euclidien qui la précède.

Plus tard dans ce siècle-là, un bond intellectuel de même envergure a été accompli par Georg Cantor, qui a chamboulé notre perception intuitive de l'infini en prouvant que celui-ci existe en différentes tailles. La géométrie non euclidienne et la théorie des ensembles de Cantor sont des portes ouvertes sur deux mondes étranges et merveilleux, que nous allons parcourir dans les pages qui suivent. On peut dire qu'ensemble, elles ont marqué le début des mathématiques modernes.

Les Éléments, pour reprendre le fil bien plus tôt, est le livre de mathématiques le plus influent de tous les temps, et de loin, puisqu'il a jeté les bases de la géométrie grecque. Il a aussi établi l'*axiomatisation*, méthode selon laquelle Euclide commençait par clairement définir les termes employés et les règles à suivre, avant d'en faire jaillir son ensemble de théorèmes. Les règles, ou *axiomes*, d'un système sont les affirmations admises sans nécessité de preuve ; les mathématiciens veillent donc toujours à ce qu'elles soient aussi simples et évidentes que possible.

LE BOUT DE LA LIGNE

Euclide a fait la démonstration des 465 théorèmes des *Éléments* en ne s'appuyant que sur cinq axiomes, plus communément appelés ses *cinq postulats* :

1. Il existe toujours un segment de droite entre deux points quelconques.
2. Un segment de droite peut être construit sur n'importe quelle droite.
3. Étant donné un segment de droite quelconque, un cercle peut être tracé en prenant ce segment comme rayon et l'une de ses extrémités comme centre.
4. Tous les angles droits sont égaux entre eux.
5. Si deux lignes sont sécantes avec une troisième de telle façon que la somme des angles intérieurs d'un côté est strictement inférieure à deux angles droits, alors ces deux lignes, si on les prolonge indéfiniment, sont forcément sécantes de ce côté.

Quand on atteint le postulat numéro 5, quelque chose ne colle pas. Ça commençait pourtant d'un pas guilleret : les quatre premiers sont simples à énoncer, à comprendre et à admettre. Mais qui a bien pu inviter le numéro 5 ? Il est long, retors, et ne va pas spécialement, voire pas du tout, de lui-même. Et il n'est pas aussi clairement fondamental : sa première application dans *Les Éléments* n'apparaît pas avant la proposition 29.

Malgré tout l'amour qu'ils ont porté à la méthode déductive d'Euclide, les mathématiciens ont toujours haï son cinquième postulat ; non seulement il heurte leur sens esthétique, mais ils le trouvent trop chargé de présupposés pour constituer un axiome. En fait, pendant deux mille ans, nombre de grands esprits ont tenté de modifier le statut du cinquième postulat en cherchant à le déduire des quatre précédents, ce qui aurait permis de le classer parmi les théorèmes au lieu de le laisser parmi les postulats ou axiomes. Aucun n'y est parvenu. C'est peut-être la meilleure preuve du génie d'Euclide : il avait parfaitement saisi que le cinquième postulat devait être accepté sans preuve.

Les mathématiciens ont été plus heureux lorsqu'ils ont voulu reformuler le postulat en d'autres termes. L'Anglais John Wallis, par exemple, a constaté que la totalité des *Éléments* demeurait démontrable à l'aide des quatre premiers postulats inchangés, mais en remplaçant le dernier par l'affirmation suivante : *dans tout triangle donné, le triangle peut être gonflé ou rétréci de telle sorte que les longueurs des côtés conservent leurs proportions respectives et que les angles entre les côtés demeurent inaltérés.* L'aptitude à reformuler le cinquième postulat sous forme d'affirmation à propos des triangles plutôt qu'à propos des droites était certes assez impressionnante, mais cela ne réglait pas le problème des mathématiciens : le postulat de Wallis était peut-être plus évident que le cinquième postulat, ne serait-ce que de façon marginale, mais il n'était toujours pas aussi simple ou limpide que les quatre premiers. D'autres équivalents du cinquième postulat ont été découverts ; les théorèmes d'Euclide ne perdaient rien de leur véracité si l'on substituait au cinquième postulat l'affirmation que la somme des angles d'un triangle est égale à cent quatre-vingts degrés, que le théorème de Pythagore est exact, ou que pour tous les cercles le rapport de la circonférence au diamètre est pi. Aussi extraordinaire que cela paraisse, chacune de ces affirmations est mathématiquement interchangeable. L'équivalent qui a le plus commodément exprimé l'essence du cinquième postulat, toutefois, concerne le comportement des droites parallèles. À partir du XVIIIe siècle, les mathématiciens se sont mis à préférer cette version, connue sous le nom de postulat des parallèles :

> *Pour une droite donnée et un point extérieur à cette droite, il existe au plus une droite passant par ce point qui est parallèle à la droite originale.*

On peut démontrer que le postulat des parallèles se réfère à la géométrie de deux différents types de surfaces, à partir de l'expression « il existe *au plus* une droite » – qui, en jargon mathématique, signifie « soit une droite, soit aucune ». Dans le premier cas, illustré par le diagramme, pour toute droite D et point P, il n'y a *qu'une* droite parallèle à D (ici nommée D') qui traverse P. Cette version du postulat des parallèles s'applique au type de surface le plus évident, la surface plane, telle la feuille de papier sur votre bureau.

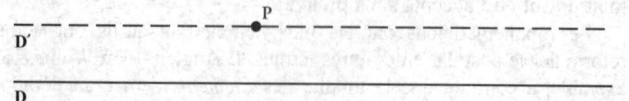

Le postulat des parallèles

Considérons à présent la seconde version du postulat, où pour toute droite D et point P extérieur, il n'y a *pas* de droite traversant P et parallèle à D. Difficile au premier abord d'imaginer le type de surface où cette version s'applique. Où diable voulez-vous aller trouver sur Terre... ? Mais oui ! sur Terre, précisément ! Imaginez, par exemple, que notre droite D soit l'équateur et que le point P soit le pôle Nord. Les seules droites traversant le pôle Nord sont celles des longitudes, comme le méridien de Greenwich, et toutes les longitudes croisent l'équateur. Il n'existe donc pas de droite traversant le pôle Nord qui soit parallèle à l'équateur.

Le postulat des parallèles nous fournit une géométrie pour deux types de surfaces : planes et sphériques. *Les Éléments* traitant de surfaces planes, ces dernières sont restées pendant deux mille ans le premier centre d'attention de la recherche mathématique. Les surfaces sphériques, comme la Terre, intéressaient moins les théoriciens que les navigateurs et les astronomes. Ce n'est pas avant le début du XIXe siècle que les mathématiciens ont trouvé une théorie plus ample, embrassant les surfaces planes comme les sphériques – et il a fallu pour cela qu'ils aient rencontré un *troisième* genre de surface, la surface hyperbolique.

Parmi ceux qui ont cherché à déduire le postulat des parallèles des quatre précédents, et qui auraient ainsi prouvé qu'il ne s'agissait absolument pas d'un postulat mais d'un théorème, l'un des plus déterminés a été János Bolyai, étudiant transylvanien en ingénierie. Son père, Farkas, mathématicien conscient de l'ampleur du défi pour s'y être lui-même cassé le nez, implorait son fils de ne pas poursuivre dans cette voie : « Pour l'amour du Ciel, je t'en conjure, renonce à ton projet. Méfie-t'en comme de la passion sensuelle, parce que celui-là aussi te privera de tout ton temps, de ta santé, de ta sérénité et de tout bonheur dans la vie. » János n'a pas écouté son père, mais son insubordination ne s'est pas arrêtée là : il a osé considérer que le postulat était faux. *Les Éléments* étaient aux mathématiques ce que la Bible est au christianisme, un livre de vérités indiscutables, sacrées. On pouvait débattre du fait que le cinquième postulat fût un axiome ou un théorème, mais nul n'avait eu la témérité d'insinuer qu'il pût être faux. Il se trouve que cette témérité a ouvert la porte sur un nouvel univers.

Le postulat des parallèles établit que pour toute droite et tout point extérieur à cette droite il existe *au plus* une droite parallèle passant par ce point. L'audace de János a été de suggérer que pour toute droite et tout point extérieur à cette droite, *plus d'une* droite parallèle passe par ce point. Même s'il n'était pas évident de visualiser une surface où cette affirmation serait vraie, János a perçu que la géométrie découlant de cette affirmation, associée aux quatre premiers postulats, restait mathématiquement cohérente. C'était une révolution, et il n'a pas manqué de s'en rendre compte. En 1823, il écrivait à son père « à partir de rien, j'ai créé un nouvel univers ».

János a probablement bénéficié du fait qu'il travaillait à l'écart de toute institution mathématique d'importance, ce qui le mettait quelque peu à l'abri d'être endoctriné par les idées traditionnelles. Même une fois sa découverte accomplie, il a persisté à ne pas vouloir devenir mathématicien. À peine diplômé, il s'est enrôlé dans l'armée austro-hongroise, où l'on dit qu'il a été la plus fine lame et le meilleur danseur parmi ses camarades. C'était aussi un musicien d'exception, et il aurait un jour défié treize officiers en duel à la condition de pouvoir interpréter un morceau de violon au perdant.

À l'insu de János, dans un avant-poste plus isolé encore des centres universitaires européens que la Transylvanie, un autre mathématicien faisait de son côté des découvertes similaires, mais ses travaux ont été rejetés par la communauté des mathématiciens. En 1826, Nicolaï Ivanovich Lobachevsky, professeur à l'université de Kazan, en Russie, a soumis à l'Académie des sciences de Saint-Pétersbourg, renommée dans le monde entier, un article contestant la réalité du postulat des parallèles. Son article ayant été refusé, Lobachevsky a décidé de le faire paraître dans le journal local, *Le Messager de Kazan,* où il est évidemment passé inaperçu.

Toutefois, la véritable ironie de la chute du cinquième postulat d'Euclide de son piédestal de vérité sacrée c'est que, plusieurs décennies auparavant, un homme bien ancré au cœur des institutions mathématiques avait fait la même découverte que János Bolyai et Nicolaï Lobachevsky, mais préféré ne pas révéler ses résultats à ses pairs. On ne sait pas vraiment ce qui a poussé Carl Friedrich Gauss, le plus grand mathématicien de son temps, à garder le secret sur ses travaux autour du postulat des parallèles, mais on pense communément qu'il a craint d'engager une querelle avec les membres de la Faculté sur la primauté d'Euclide.

Ce n'est qu'après avoir eu vent des résultats de János, parus en 1831 en annexe d'un ouvrage de son père Farkas, que Gauss a osé révéler qu'il avait lui aussi envisagé la possibilité que le postulat des parallèles soit faux. Gauss a alors écrit une lettre à Farkas, qui était un ancien camarade de faculté, dans laquelle il qualifiait János de « génie de premier plan », sans omettre d'ajouter toutefois qu'il ne pouvait pas le féliciter pour sa découverte : « Car le féliciter reviendrait à me féliciter moi-même. Le contenu tout entier de son essai... coïncide avec mes propres découvertes, dont certaines remontent à trente ou trente-cinq ans... J'avais remis la rédaction de tout cela à plus tard, afin qu'au moins cela ne périsse pas avec moi. C'est donc pour moi une plaisante surprise que cette peine me soit épargnée, et je suis particulièrement heureux d'avoir été ainsi précédé par le fils de mon vieil ami. » Découvrir que Gauss avait abouti avant lui a plongé János dans le plus grand désarroi. Puis, quelques années plus tard, apprenant que Lobachevsky aussi l'avait devancé, il s'est persuadé de l'idée saugrenue que ce Lobachevsky n'était en fait qu'un personnage fictif, inventé par Gauss pour le priver de tout crédit.

La dernière contribution de Gauss à la recherche sur le cinquième postulat remonte à peu de temps avant sa mort, quand, déjà très malade, il a choisi le titre du discours d'habilitation d'un de ses plus brillants élèves, Bernhard Riemann, âgé de vingt-sept ans : « Sur les hypothèses sous-jacentes à la géométrie ». Le jour de sa soutenance, Riemann, à la timidité maladive, fils d'un pasteur luthérien, s'est quelque peu décontenancé, cherchant ses mots, mais sa solution au problème allait révolutionner les mathématiques, puis la physique, étant donné que ces innovations seraient indispensables à la théorie générale de la relativité formulée par Einstein.

L'exposé de Riemann, prononcé en 1854, a scellé le changement de paradigme de notre connaissance de la géométrie en établissant une théorie globale qui embrassait aussi bien euclidiens que non-euclidiens, un bouleversement issu de la chute du postulat des parallèles. La notion déterminante de la théorie de Riemann est la *courbure* de l'espace. Une surface de courbure 0 est une surface *plane*, ou euclidienne, et le contenu entier des *Éléments* s'applique. Quand une surface possède une courbure positive ou négative, elle est *courbe*, ou non euclidienne, et *Les Éléments* ne s'appliquent pas.

Pour comprendre la notion de courbure, poursuivait Riemann, le plus simple est d'observer le comportement des triangles. Sur une surface de courbure 0, la somme des angles d'un triangle donne cent quatre-vingts degrés. Sur une surface de courbure *positive*, la somme des angles d'un triangle est *supérieure* à cent quatre-vingts degrés. Sur une surface de courbure *négative*, elle est *inférieure* à cent quatre-vingts degrés.

Une sphère possède une courbure positive. On le voit dans le diagramme suivant, si l'on fait la somme des angles du triangle construit par l'équateur, le méridien de Greenwich et la ligne de longitude de soixante-treize degrés à l'ouest de Greenwich (celle qui traverse New York). Les deux angles des points d'intersection des longitudes avec l'équateur font quatre-vingt-dix degrés, alors la somme des trois angles est forcément supérieure à cent quatre-vingts. Quel type de surface possède une courbure négative ? Autrement dit, où trouve-t-on des triangles dont la somme des angles soit inférieure à cent quatre-vingts degrés ? Pour le voir, ouvrez donc une boîte de Pringle. Dessinez un triangle sur la face creuse d'une pomme chips (de préférence avec un peu de bonne moutarde fine) et vous constaterez qu'il paraît aspiré vers l'intérieur, à l'inverse du triangle boursouflé qu'on voit sur la sphère. La somme de ses angles donne clairement moins de cent quatre-vingts degrés.

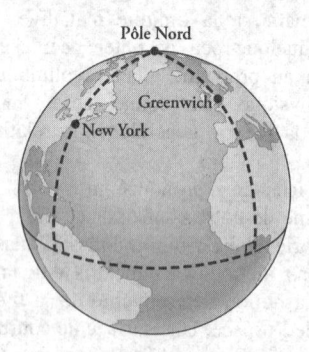

Triangle sur sphère : la somme des angles est supérieure à cent quatre-vingts degrés.

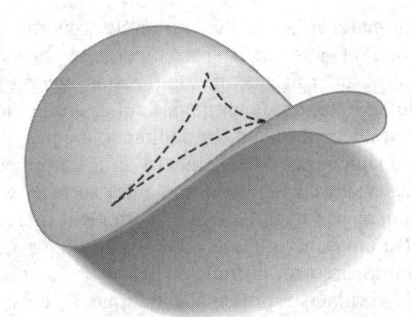

Triangle sur Pringle : la somme des angles est inférieure à cent quatre-vingts degrés.

Une surface de courbure négative est dite *hyperbolique*. Le Pringle est donc une pomme chips à surface hyperbolique. Mais ce Pringle n'est qu'un amuse-gueule au regard de ce qu'implique réellement la géométrie hyperbolique, puisqu'il possède un bord. Présentez un bord à un mathématicien et il voudra aussitôt en franchir le cap.

Présentons les choses comme ceci. On n'a aucun mal à imaginer une surface de courbure 0 et sans bord : ce pourrait être cette page, par exemple, posée à plat sur un bureau, et qui s'étendrait jusqu'à l'infini dans toutes les directions. Si, habitant sur une surface de ce type, nous marchions en ligne droite dans n'importe quelle direction, nous ne rencontrerions jamais de bord. Pareillement, nous disposons d'un exemple évident de surface à courbure positive et sans bord : la sphère. Si, habitant sur la surface d'une sphère, nous marchions éternellement en ligne droite, nous ne rencontrerions jamais de bord. (Évidemment, nous habitons sur la surface d'une grossière approximation de sphère. Si la Terre était lisse, sans océans ni montagnes pour faire obstacle, par exemple, et que nous nous mettions à marcher, nous reviendrions à notre point de départ et décririons des cercles.)

Mais à quoi peut bien ressembler une surface à courbure négative et sans bord ? Elle ne peut avoir l'air d'un Pringle, car si nous habitions sur un Pringle gros comme la Terre et que nous nous mettions à marcher dans une direction, nous finirions forcément un jour par tomber. Les mathématiciens se sont longtemps demandé quel aspect pouvait avoir une surface hyperbolique sans bord – où l'on pourrait marcher aussi loin qu'on le voudrait sans jamais atteindre le bout et sans que la surface perde ses propriétés hyperboliques. Puisqu'on sait que ça doit rester incurvé comme un Pringle jusqu'au bout, pourquoi ne pas coller ensemble tout un tas de Pringle ? Malheureusement, ça ne fonctionne pas, parce que les Pringle ne s'adaptent pas parfaitement l'un à l'autre et que si l'on remplissait les vides au moyen d'une autre surface, ces nouvelles zones ne seraient pas hyperboliques. Autrement dit, le Pringle ne nous permet d'envisager qu'une zone hyperbolique délimitée. Ce qui est extraordinairement difficile à envisager – au point de défier jusqu'aux plus brillants esprits mathématiques –, c'est une surface hyperbolique qui ne s'arrêterait jamais.

Surface sphérique et surface hyperbolique sont des opposés mathématiques, et voici un exemple pratique qui permet de l'expliquer. Découpons un fragment de surface sphérique, comme un morceau de ballon de basket. Si l'on écrase le morceau au sol pour l'aplatir, il est contraint de s'étirer ou de se déchirer, car il n'y a pas assez de matière pour l'étaler à plat. Imaginons à présent un Pringle de caoutchouc. Si l'on tente de l'aplatir, le Pringle, lui, comporte *trop* de matière, si bien qu'une partie de cette matière fait des plis. Autant la sphère se recroqueville, autant l'hyperbole s'étend.

Revenons au postulat des parallèles, qui nous offre une façon très concise de classer les surfaces planes, sphériques et hyperboliques.

Pour toute droite et tout point extérieur à cette droite :

*Sur une surface **plane**, il y a **une et une seule** droite parallèle passant par ce point.*

*Sur une surface **sphérique**, il n'y a **aucune** droite parallèle passant par ce point*[1].

*Sur une surface **hyperbolique**, il y a **un nombre infini** de droites parallèles passant par ce point.*

---

1. Vous pensez peut-être que les lignes de latitude sont parallèles à l'équateur. Ce n'est pas le cas, car les lignes de latitude, à l'exception de l'équateur, ne sont pas des droites, or seules des droites peuvent être parallèles. La droite est la plus courte distance d'un point à un autre, et c'est pour cela qu'un avion volant de New York à Madrid, villes situées sur la même ligne de latitude, ne suit pas cette ligne mais décrit une trajectoire qui, sur une carte en deux dimensions, apparaît courbe.

On comprend intuitivement le comportement de droites parallèles sur une surface plane ou sphérique parce qu'on n'a aucun mal à visualiser une surface plane s'étendant à l'infini et que chacun sait ce qu'est une sphère. Comprendre le comportement des droites parallèles sur une surface hyperbolique est autrement plus difficile, car on n'a pas idée de ce à quoi peut ressembler une telle surface s'étendant à l'infini. Les parallèles d'une surface hyperbolique s'éloignent de plus en plus les unes des autres. Ce n'est pas qu'elles tournent et se séparent, puisque pour être parallèles deux droites doivent être droites, mais elles divergent parce que la surface hyperbolique est constamment en train de s'incurver hors d'elle, et qu'à mesure qu'elle le fait, elle crée de plus en plus d'espace entre deux droites parallèles quelles qu'elles soient. Là encore, cela défie l'imagination, et l'on ne s'étonnera pas que, malgré son grand génie, Riemann n'ait pas trouvé de surface possédant les propriétés qu'il décrivait.

Le défi de la visualisation du plan hyperbolique a galvanisé de nombreux mathématiciens pendant les dernières décennies du XIXe siècle. La tentative d'Henri Poincaré a frappé l'imagination de M. C. Escher, dont la célèbre série de gravures intitulée *Limite circulaire* s'inspire du modèle de surface hyperbolique en « disque » du Français. Dans *Limite circulaire IV*, le disque contient un univers bidimensionnel où anges et démons rétrécissent à mesure qu'ils approchent de la circonférence. Mais ces anges et ces démons seraient bien incapables de s'apercevoir de ce rétrécissement puisqu'il frappe aussi leurs instruments de mesure. Pour ce qui les concerne, tous les habitants de ce disque ont la même taille et leur univers s'étend à l'infini.

L'ingéniosité du disque de Poincaré tient au fait qu'il illustre à merveille le comportement des droites dans un espace hyperbolique. D'abord, précisons ce qu'est une droite sur un disque. À l'instar des droites d'une sphère (rappelez-vous la trajectoire de l'avion sur le planisphère), celles du disque apparaissent courbes sur un plan. Poincaré a défini la droite du disque comme un arc de cercle qui pénètre le disque à angles droits. La figure 1 p. 433 montre la droite passant par A et B, que l'on obtient en trouvant le cercle qui relie A et B et qui pénètre le disque à angles droits. La version hyperbolique du postulat des parallèles établit que pour

Limite circulaire IV

toute droite D et point P extérieur à cette droite, il existe un nombre infini de parallèles à D passant par P. On le voit sur la figure 2, où j'ai tracé les droites D', D'' et D''', qui passent par P et sont parallèles à D. (Deux droites sont parallèles si elles sont droites et ne se rencontrent jamais.) Chacune de ces droites D', D'' et D''' est le segment d'un des différents cercles qui traversent la circonférence du disque à angles droits. On voit bien qu'il peut exister une infinité de droites à la fois parallèles à D et traversant P, puisqu'on peut tracer une infinité de cercles pénétrant le disque à angles droits et passant par P. Le modèle de Poincaré nous aide aussi à comprendre ce que signifie la divergence de deux droites parallèles : D et D' sont parallèles mais s'éloignent de plus en plus à mesure qu'elles approchent de la circonférence du disque.

Figure 1   *Figure 2*

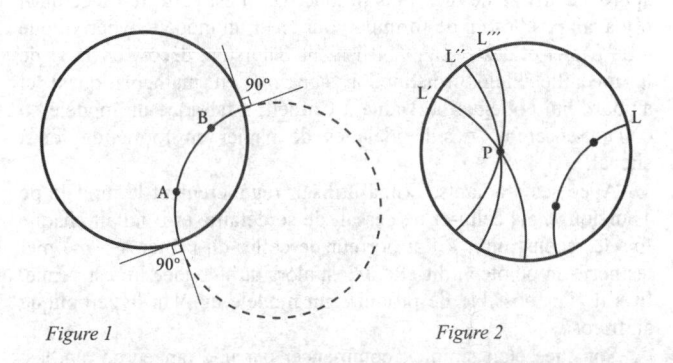

Le monde en forme de disque de Poincaré est certes éclairant, mais seulement jusqu'à un certain point. S'il nous fournit un modèle conceptuel d'espace hyperbolique, plutôt distordu par un drôle de prisme, il ne dit pas à quoi ressemble une surface hyperbolique dans notre monde. La quête de modèles hyperboloïdes plus réalistes, qui semblait prometteuse aux dernières décennies du XIXe siècle, a reçu un coup terrible en 1901, assené par le mathématicien allemand David Hilbert, qui a démontré l'impossibilité de décrire une surface hyperbolique au moyen d'une formule. La démonstration d'Hilbert a été admise avec résignation par la communauté mathématique, qui s'est empressée de conclure que ladite surface devait en fait être inexistante. Et l'intérêt pour la recherche de modèles de surface hyperbolique s'est éteint.

* * *

Ce qui nous renvoie à Daina Taimina, que j'ai rencontrée au South Bank, une promenade londonienne au bord de l'eau, jalonnée de théâtres, de galeries d'art et de salles de cinéma. Daina m'a fait un bref résumé de l'histoire de l'espace hyperbolique – c'est précisément le sujet qu'elle enseigne en tant que maître de conférences adjointe à Cornell. L'une des implications du fait qu'un espace hyperbolique ne peut être généré par une formule, comme l'a prouvé Hilbert, c'est que l'ordinateur est incapable d'en créer l'image puisqu'il n'opère qu'à l'aide de formules. Dans les années 1970, toutefois, le géomètre William Thurston a trouvé une approche artisanale bien plus productive. Il est parti de l'idée qu'il n'y avait pas besoin de formule pour créer un modèle hyperbolique – du papier et des ciseaux suffisaient. Thurston, décoré en 1981 de la médaille Fields (distinction suprême en mathématiques) et aujourd'hui collègue de Daina à Cornell, a fabriqué un modèle en collant ensemble des bandelettes de papier en forme de fer à cheval.

Avec ses étudiants, Daina utilisait régulièrement le modèle de Thurston, mais celui-ci ne cessait de se défaire, et il fallait chaque fois le reconstruire. « J'ai horreur de coller du papier. Ça me met les nerfs en pelote », dit-elle. C'est alors qu'une idée lui est venue. Et s'il était possible de produire un modèle de plan hyperbolique au tricot ?

Son idée était simple : commencer par une rangée de mailles, puis, à chaque nouvelle rangée, en ajouter une quantité déterminée selon la rangée précédente – en ajoutant par exemple une maille pour chaque paire de mailles de la rangée précédente. Dans ce cas précis, si vous partez d'une rangée de vingt mailles, la deuxième en fera trente (on en a ajouté dix), la suivante quarante-cinq (on en a ajouté quinze), et ainsi de suite. (La quatrième rangée devrait en comporter 22,5, mais comme il n'existe pas de demi-maille, il faut arrondir au-dessus ou au-dessous.) Daina espérait ainsi fabriquer un tricot qui deviendrait de plus en plus grand – comme s'il se développait en s'extrayant hyperboliquement de lui-même. La méthode du tricot, toutefois, s'est révélée trop délicate, car la moindre erreur signifiait qu'il fallait défaire la rangée entière. Daina a donc troqué l'aiguille à tricoter pour le crochet. Avec le crochet, il n'y a pas de risque d'avoir à défaire une rangée, car on avance maille par maille. Grâce sans doute à sa dextérité générale, acquise durant l'enfance dans la Lettonie soviétique des années 1960, elle n'a pas mis très longtemps à prendre le coup de main.

Pour son premier modèle au crochet, elle a ajouté à chaque rangée une maille pour chaque paire de mailles de la rangée précédente. Le résultat ainsi obtenu était constitué de nombreuses rides très serrées. « C'était trop bouclé, dit-elle. On n'y voyait rien. » À la tentative suivante, elle a modifié les proportions, n'ajoutant qu'une maille pour cinq mailles de la rangée précédente. Le résultat a dépassé ses attentes. Le tricot se repliait parfaitement sur lui-même. Elle a poursuivi en lignes droites, à travers les replis en expansion, et n'a pas tardé à voir apparaître les lignes parallèles divergentes. « C'était l'image que j'avais toujours rêvé de voir, dit-elle, lumineuse. C'est ça qui m'excitait. J'ai aussi ressenti un petit frisson à l'idée que j'avais produit de mes mains une chose dont les ordinateurs n'étaient pas capables. »

Daina a présenté son modèle hyperbolique en crochet à son mari David, qui s'est montré aussi enthousiaste qu'elle. David Henderson est professeur de géométrie à Cornell. Il est spécialisé en topologie, discipline à laquelle Daina avoue ne rien connaître. Il lui a expliqué que les topologues savent depuis longtemps que lorsqu'on trace un octogone sur un plan hyperbolique, on peut le replier en forme de pantalon. « Il faut construire cet octogone ! » lui a-t-il dit, et c'est ce qu'ils ont fait. « Nul n'a jamais vu de pantalon hyperbolique ! » plaisante Daina en ouvrant le sac de sport qu'elle a amené avec elle, dont elle extrait un octogone hyperbolique au crochet qu'elle plie pour me montrer. Ça ressemble à un très joli pantalon de laine pour tout-petit :

À la faculté de maths de Cornell, les créations au crochet de Daina ont commencé à faire parler d'elles. Elle me raconte le moment où elle l'a montré à l'un de ses collègues, auteur réputé d'articles sur les plans hyperboliques. « Il a regardé mon modèle est s'est mis à jouer avec. Puis son visage s'est éclairé. "Voilà donc à quoi ressemble un *horocycle* !" a-t-il dit », reconnaissant un type de courbe particulièrement complexe qu'il n'avait encore jamais eu l'occasion de voir. « Il avait passé sa carrière à écrire sur le sujet, ajoute Daina, mais tout était resté dans son imagination. »

On peut dire sans exagérer que les modèles hyperboliques de Daina ont ouvert d'importantes perspectives dans un domaine mathématique particulièrement ardu sur le plan conceptuel. Ils suscitent la possibilité d'une expérience quasi charnelle du plan hyperbolique, permettant aux étudiants de palper une surface jusqu'alors seulement abordée de façon très abstraite. Mais ses modèles ne sont pas parfaits pour autant. D'abord, l'épaisseur des mailles implique que les modèles au crochet n'offrent qu'une approximation grossière de ce qui, en théorie, devrait être une surface lisse. Il demeure qu'ils sont largement plus utiles et pertinents qu'un Pringle. Si un tricot au crochet hyperbolique comportait un nombre infini de rangées, il serait théoriquement possible à ses habitants de marcher éternellement dans la même direction sans jamais atteindre de bord.

Le charme des modèles de Daina tient notamment à leur apparence organique, qui ne manque pas de frapper pour une chose si formellement conçue. Quand, d'une rangée à la suivante, l'accroissement du nombre de mailles est faible, le modèle ressemble à des feuilles de chou frisé. Quand il est plus fort, la laine se replie naturellement sur elle-même et prend l'aspect du corail. Daina est venue à Londres pour l'inauguration du « Récif de corail de crochet hyperbolique », une exposition inspirée de ses modèles, organisée pour sensibiliser le public à la dégradation des fonds marins. Grâce à son innovation mathématique, elle a, sans le vouloir, déclenché un mouvement planétaire d'activisme par le crochet.

En dix ans, Daina a tricoté plus d'une centaine de modèles hyperboliques. Elle a apporté le plus large à Londres. Il est rose, constitué de 5,5 kilomètres de fil à tricoter, d'un poids de 4,5 kilos et lui a demandé six mois de travail. En venir à bout a été un vrai calvaire. « Plus il grossissait, plus il était difficile à retourner. » L'une des propriétés remarquables de ce modèle, c'est l'incroyable étendue de sa surface – 3,2 mètres carrés, soit deux fois la propre surface de Daina. Les surfaces hyperboliques offrent une aire maximale pour un volume minimal, ce qui explique la prédilection que leur portent certaines plantes et organismes marins. Les organismes qui requièrent une surface importante – pour absorber des nutriments, comme le corail – croissent de façon hyperbolique.

Daina n'aurait probablement jamais songé au crochet hyperbolique si elle avait été un homme, et cela confère à ses inventions une réelle particularité dans l'histoire culturelle des mathématiques, où les femmes ont longtemps été sous-représentées. Le crochet n'est en vérité qu'un exemple parmi d'autres d'artisanat traditionnellement féminin ayant inspiré ces dernières années l'exploration de nouvelles techniques aux mathématiciens. Avec le tricot mathématique, la confection de dessus-de-lit, la broderie et le tissage, il participe d'une discipline désormais connue sous le nom d'« arts textiles appliqués aux mathématiques » (Math and the Fiber Arts).

À son apparition, on a perçu la notion d'espace hyperbolique comme contraire à toute réalité observable, mais ça ne l'a pas empêchée de finir par être reconnue comme aussi « réelle » que les surfaces planes ou sphériques. Toute surface possède sa propre géométrie ; il faut choisir celle qui s'applique le mieux ou, comme l'exprima un jour Henri Poincaré : « Une géométrie ne peut être plus vraie qu'une autre ; elle peut seulement être plus commode. » La géométrie euclidienne, par exemple, est la mieux adaptée aux écoliers équipés de règles, de compas et de feuilles de papier planes, et la géométrie sphérique est celle qui convient le mieux aux pilotes d'avion pour leurs trajets de vol.

Les physiciens aussi recherchent la géométrie qui correspond à leur propos. Ce sont les idées de Reimann sur la courbure des surfaces qui ont donné matière à l'une des grandes découvertes d'Einstein. La physique newtonienne supposait que l'espace était euclidien, ou plat, mais la théorie de la relativité générale d'Einstein a établi que la géométrie de l'espace-temps (l'espace en 3D, auquel s'ajoute le temps, considéré comme la quatrième dimension) n'est pas plane mais courbe. En 1919, à Sobral, une ville du Nordeste brésilien, une expédition scientifique britannique a capturé des images d'étoiles situées derrière le Soleil pendant une éclipse solaire, et constaté qu'elles s'étaient légèrement décalées par rapport à leur position réelle. Cela ne s'expliquait que par la théorie d'Einstein, selon laquelle la lumière de ces étoiles décrit une courbe autour du Soleil avant d'atteindre la Terre. Si la lumière paraît s'incurver autour du Soleil quand on la voit en trois dimensions, seule façon pour nous de considérer les choses, elle décrit en réalité une ligne droite, selon la géométrie courbe de l'espace-temps. La découverte qu'Einstein avait correctement prédit la position des étoiles a confirmé sa théorie de la relativité générale, et fait de lui une personnalité reconnue dans le monde. Le *Times* de Londres a ainsi pu claironner : « Révolution scientifique, nouvelle théorie de l'univers, les idées de Newton renversées. »

Einstein s'intéressait à l'espace-temps, dont il a démontré le caractère courbe. Mais qu'en est-il de l'incurvation de notre univers si l'on ne considère pas le temps comme une dimension ? Pour déterminer quelle géométrie s'adapte le mieux au comportement à grande échelle de nos trois dimensions spatiales, il faut savoir comment se comportent les droites et les formes sur des distances extrêmes. Les scientifiques espèrent l'apprendre grâce aux données que leur envoie le satellite *Planck*, lancé en mai 2009, qui mesure le rayonnement du fond diffus cosmologique – la supposée « rémanence » du Big Bang – avec plus de finesse et de sensibilité que jamais auparavant. On envisage généralement un univers plat ou sphérique, mais la possibilité demeure qu'il soit hyperbolique. Il y a une merveilleuse ironie dans le fait qu'une géométrie considérée au départ comme parfaitement absurde soit finalement le vrai reflet de la réalité.

À peu près au moment où les mathématiciens exploraient les terres particulièrement contre-intuitives de l'espace non euclidien, un homme s'employait à chambouler notre perception d'une autre notion mathématique : l'infini. Alors qu'il était maître de conférences à l'université allemande de Halle, Georg Cantor a élaboré une théorie des nombres par laquelle l'univers pouvait posséder plus d'une taille. Les idées de Cantor étaient si peu orthodoxes qu'elles ont d'abord suscité les moqueries de la plupart de ses pairs. Henri Poincaré, par exemple, a dit de ses travaux qu'ils étaient « une maladie, une affection perverse dont les mathématiciens guériront un jour », tandis que Leopold Kronecker, un ancien maître de Cantor qui enseignait les mathématiques à l'université de Berlin, l'a qualifié de « charlatan » et de « corrupteur de la jeunesse ».

Ces affrontements verbaux n'ont sans doute pas été totalement étrangers à la dépression qui s'est emparée de Cantor en 1884, à trente-neuf ans, constituant le premier d'une longue série d'épisodes de fragilité mentale et d'internements. Dans *Everything and More*, l'ouvrage qu'il lui a consacré, David Foster Wallace écrit : « Il semble que le mathématicien malade mental soit en quelque sorte l'équivalent actuel de ce que furent en d'autres temps le chevalier errant, le saint mortifié, l'artiste torturé ou le savant fou : un genre de Prométhée, celui qui visite les lieux interdits, d'où il rapporte des présents qui profitent à tous mais dont il paye seul le prix. » La littérature et le cinéma se sont fait un devoir de romancer le rapport entre mathématiques et folie, créant un cliché qui satisfait aux exigences narratives de tout scénario hollywoodien (pièce à conviction A : *Un homme d'exception*) mais qui, évidemment, constitue une généralisation abusive. Le grand mathématicien ayant inspiré cet archétype est fort possiblement Cantor. L'image lui correspond d'autant mieux qu'il étudiait précisément l'infini, une notion où se mêlent mathématiques, philosophie et religion. Cantor ne se bornait pas à bousculer la doctrine mathématique ; il s'attaquait en fait à une nouvelle théorie du savoir et, dans son esprit, de la compréhension humaine de Dieu. Il n'y a au fond rien d'étonnant à ce qu'il ait suscité quelques irritations en chemin.

L'infini compte parmi les plus déroutantes des notions mathématiques. On a vu plus haut, à propos des paradoxes de Zénon d'Élée, qu'il suffit d'envisager un nombre infini de distances éternellement décroissantes pour que se dressent d'innombrables écueils mathématiques et philosophiques. Les Grecs ont tout fait pour éviter de se confronter à l'infini. Euclide a bien exprimé certaines idées à son sujet, mais toujours par l'intermédiaire d'assertions négatives. Sa démonstration de l'existence d'une infinité de nombres premiers, par exemple, est en vérité une démonstration qu'il n'existe pas de plus grand nombre premier. Les penseurs antiques se gardaient bien de traiter l'infini comme une notion indépendante, et cela explique que la série infinie inhérente aux paradoxes de Zénon les ait mis si mal à l'aise.

Au XVIIe siècle, les mathématiciens étaient prêts à se lancer dans des opérations supposant un nombre infini d'étapes. Les travaux de John Wallis, qui en 1655 introduisit le symbole ∞ pour désigner l'infini dans le cadre de ses recherches sur les infinitésimaux (les choses qui deviennent infiniment petites), ont ouvert la voie aux calculs de Newton. La découverte d'équations utiles comportant une infinité de termes, comme $\frac{pi}{4} = 1 - \frac{1}{3} + \frac{1}{5} - \frac{1}{7} + \ldots$ a montré que l'infini n'était pas un ennemi, ce qui n'empêchait pas qu'il faille le traiter avec prudence et soupçon. En 1831, Gauss n'a guère fait qu'exprimer l'avis commun en disant que l'infini « n'est qu'une façon de parler » d'une limite qu'on n'atteint jamais, une idée qui véhicule simplement la possibilité de continuer éternellement. L'hérésie de Cantor a été de considérer l'infini comme une entité à part entière.

La grande nervosité qu'inspirait aux mathématiciens précédant Cantor l'idée qu'on puisse traiter l'infini comme n'importe quel nombre provenait du fait qu'elle soulevait de nombreuses énigmes, dont la plus célèbre a été abordée par Galilée dans son *Discours concernant deux sciences nouvelles*, acquérant le nom de paradoxe de Galilée :

1. Certains nombres sont des carrés, comme 1, 4, 9 et 16, et d'autres ne le sont pas, comme 2, 3, 5, 6, 7, etc.

2. La somme totale de tous les nombres est forcément supérieure à celle de tous les carrés, puisque la totalité des nombres inclut ceux qui sont des carrés et ceux qui ne le sont pas.

3. Pourtant, on peut tracer une correspondance individuelle entre chaque nombre et son carré, par exemple :

1 2 3 4 5 … n …
$ $ $ $ $ $
1 4 9 16 25 … n^2 …

4. Il existe donc, en vérité, autant de carrés que de nombres. C'est une contradiction, puisque nous avons dit au point 2 qu'il y a plus de nombres que de carrés.

La conclusion de Galilée était qu'en matière d'infini, les notions numérales de type « plus que », « égale » ou « moins que » n'ont pas cours. Ces termes sont sans doute compréhensibles et cohérents quand on parle de quantités finies, mais pas de quantités infinies. Dire qu'il y a plus de nombres que de carrés, ou qu'il y en a autant, ne signifie rien, car la totalité des uns comme des autres est infinie.

Georg Cantor a trouvé une nouvelle façon de penser l'infini qui rendait obsolète le paradoxe de Galilée. Plutôt que de considérer les nombres individuellement, Cantor les a pris par groupes, qu'il a appelés « ensembles ». La *cardinalité* d'un ensemble est la quantité de nombres qu'il contient. Ainsi, la cardinalité de l'ensemble {1, 2, 3} est 3, et celle de l'ensemble {17, 29, 5, 14} est 4. La « théorie des ensembles » de Cantor a de quoi provoquer l'accélération du pouls quand elle s'attarde sur des ensembles possédant une infinité d'éléments. Il a introduit un nouveau symbole pour l'infini, $\aleph_0$ (prononcer *aleph-zéro*) – la première lettre de l'alphabet hébreu accompagnée de l'indice 0 –, défini comme étant la cardinalité de l'ensemble des entiers naturels, ou {1, 2, 3, 4, 5...}. Tout ensemble dont les éléments peuvent être mis en correspondance individuelle avec les nombres entiers possède aussi une cardinalité $\aleph_0$. Par conséquent, étant donné qu'on observe une correspondance individuelle entre les entiers naturels et leurs carrés, l'ensemble des carrés {1, 4, 9, 16, 25 ...} possède une cardinalité $\aleph_0$. De même, celui des nombres impairs {1, 3, 5, 7, 9 ...}, celui des nombres premiers {2, 3, 5, 7, 11 ...} et celui des nombres comportant 666 {666, 1 666, 2 666, 3 666 ...}, ont une cardinalité $\aleph_0$. Si vous avez un ensemble comportant une infinité d'éléments, et qu'il est théoriquement possible de les dénombrer un à un, la cardinalité de l'ensemble est $\aleph_0$. Pour cette raison, $\aleph_0$ est aussi appelé « infini dénombrable ». Le plus excitant, c'est que Cantor a ensuite démontré qu'on pouvait aller plus loin. Aussi grand soit-il, $\aleph_0$ n'est que le bébé de la famille des infinis de Cantor.

Permettez-moi de vous présenter un infini plus grand que $\aleph_0$ au moyen d'une histoire souvent utilisée par David Hilbert dans ses conférences, celle d'un hôtel contenant une infinité dénombrable – $\aleph_0$ – de chambres. Cet établissement réputé, très apprécié des mathématiciens, est parfois appelé l'hôtel Hilbert.

L'hôtel Hilbert possède donc une infinité de chambres, numérotées 1, 2, 3, 4... Un voyageur se présente un jour à la réception et apprend que l'établissement est complet. Il demande s'il n'y aurait pas quelque façon de lui trouver une chambre malgré tout. Le réceptionniste lui répond que bien sûr ! Il suffit que la direction affecte chaque client à une nouvelle chambre, selon le principe suivant : l'occupant de la chambre 1 s'installe dans la 2, celui de la chambre 2 dans la 3 et ainsi de suite, déplaçant chaque fois l'occupant de la chambre n vers la chambre $n + 1$. Ainsi, chaque client continuera d'avoir une chambre, et la chambre 1 sera libérée pour le nouveau venu. Parfait !

Le lendemain, la situation se corse un peu. Un autocar arrive, rempli de passagers réclamant chacun sa chambre. Le véhicule compte un nombre infini de places, numérotées 1, 2, 3, etc. toutes occupées. Y aurait-il moyen de loger chaque passager ? Autrement dit, même si l'hôtel est plein, le réceptionniste peut-il redistribuer les clients de façon à libérer une infinité de chambres pour les passagers de l'autocar ? Jeu d'enfant ! Il suffit cette fois que la direction déplace chacun de ses clients de la chambre qu'il occupe à celle dont le numéro vaut le double de la sienne, ce qui garnit les chambres 2, 4, 6, 8... Toutes les chambres impaires sont vides, on peut donc donner les clés de celles-là aux passagers du car. L'occupant du siège 1 reçoit la chambre 1, premier nombre impair, celui du siège 2 reçoit la chambre 3, deuxième nombre impair, et ainsi de suite.

Mais le troisième jour, d'autres autocars arrivent à l'hôtel. En fait, c'est une infinité d'autocars qui viennent s'aligner devant l'hôtel ; le car n° 1 à côté du n° 2, lui-même à côté du n° 3, etc. Comme la veille, chaque véhicule transporte une infinité de passagers. Et, bien entendu, chaque passager réclame sa chambre. Y a-t-il moyen de trouver pour chaque passager de chaque autocar une chambre à l'hôtel Hilbert (déjà complet) ?

Pas de souci ! dit le réceptionniste. Il faut d'abord libérer une infinité de chambres. À cette fin, il reproduit l'astuce de la veille – il attribue à chaque client de l'hôtel la chambre dont le numéro est le double de celle qu'il occupe. Ce qui libère toutes les chambres impaires. Pour installer les passagers des autocars infinis, notre réceptionniste n'a plus qu'à trouver un moyen de compter tous les passagers, car aussitôt qu'il disposera de la méthode, il pourra affecter le premier passager à la chambre 1, le deuxième à la chambre 3, le troisième à la chambre 5 et ainsi de suite.

Voici comment il procède : pour chaque autocar, il dresse la liste des passagers siège par siège, comme le montre le tableau page suivante. Chaque passager est donc représenté par la formule m/n, m étant le numéro de son autocar et n son numéro de siège. Si l'on commence par l'occupant du premier siège du premier autocar (individu 1/1) et qu'on suit le schéma en zigzag présenté ci-après, comptant en deuxième lieu l'occupant du deuxième siège du premier car (1/2), puis, en troisième, le premier passager du deuxième car (2/1), on finira un jour par avoir compté tous les passagers.

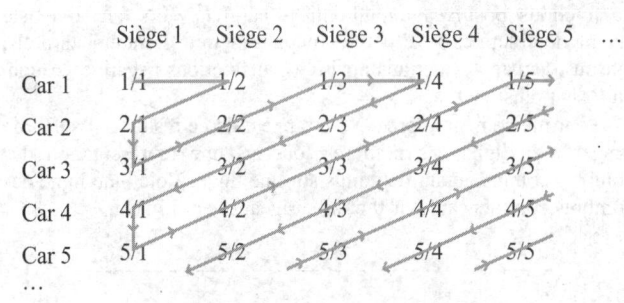

	Siège 1	Siège 2	Siège 3	Siège 4	Siège 5	...
Car 1	1/1	1/2	1/3	1/4	1/5	
Car 2	2/1	2/2	2/3	2/4	2/5	
Car 3	3/1	3/2	3/3	3/4	3/5	
Car 4	4/1	4/2	4/3	4/4	4/5	
Car 5	5/1	5/2	5/3	5/4	5/5	
...						

Traduisons à présent en symboles mathématiques ce que nous avons appris à l'hôtel Hilbert :

Quand on a libéré une chambre pour une personne, cela équivalait à montrer que $1 + \aleph_0 = \aleph_0$.
Quand on a libéré une chambre pour une infinité dénombrable de personnes, on a vu que $\aleph_0 + \aleph_0 = \aleph_0$.
Quand on a libéré une chambre pour l'infinité dénombrable de passagers d'une infinité dénombrable d'autocars, on a constaté que $\aleph_0 \times \aleph_0 = \aleph_0$.

Ces lois correspondent bien à ce qu'on pouvait attendre de l'infini : ajoutez l'infini à l'infini, vous obtenez l'infini ; multipliez l'infini par l'infini, vous obtenez l'infini.

Attardons-nous un peu là-dessus. Nous avons déjà obtenu un résultat extraordinaire. Regardez de nouveau le tableau des sièges et des autocars. Considérez chaque individu désigné par m/n comme s'il s'agissait de la fraction $\frac{m}{n}$. Le tableau, étiré à l'infini, comptera toute fraction positive possible, puisqu'on peut aussi définir les fractions positives par $\frac{m}{n}$ pour tous les entiers naturels m et n. La fraction $\frac{5628}{785}$, par exemple, figurera à la 5 628e rangée, 785e colonne. La méthode en zigzag de dénombrement qui nous a permis de compter tous les passagers de tous les autocars peut, par conséquent, servir aussi à compter toutes les fractions positives. Autrement dit, l'ensemble de toutes les fractions positives et celui des entiers naturels possède la même cardinalité, qui est $\aleph_0$. On aurait pu croire qu'il existe plus de fractions que d'entiers naturels, puisqu'il y a entre deux entiers naturels une infinité de fractions, mais Cantor a prouvé que cette intuition est fausse. Il existe autant de fractions positives que d'entiers naturels. (En fait, il existe autant de fractions positives et négatives que d'entiers naturels, puisqu'il existe $\aleph_0$ fractions positives, $\aleph_0$ fractions négatives et que, on l'a vu plus haut, $\aleph_0 + \aleph_0 = \aleph_0$.)

Pour pleinement apprécier l'étrangeté de ce résultat, il suffit de songer à la ligne des nombres, qui est une représentation des nombres comme autant de points sur une ligne. Voici une ligne des nombres commençant par 0 et se dirigeant vers l'infini.

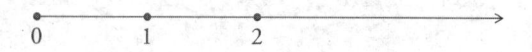

On peut considérer que toute fraction positive est un point de cette ligne. Nous avons vu dans un précédent chapitre qu'il existe un nombre infini de fractions entre 0 et 1, comme entre 1 et 2, ou entre tout autre couple de nombres. Imaginez à présent qu'il soit possible à l'aide d'un microscope de voir entre les points représentant les fractions $\frac{1}{100}$ et $\frac{2}{100}$. On l'a remarqué, il existe entre ces deux points une infinité de points représentant des fractions. En fait, quelle que soit la position de notre microscope sur la ligne, et si minuscule soit l'intervalle entre deux points qu'il distingue, il y aura toujours dans cet intervalle une infinité de points représentant des fractions. Puisqu'il se trouve, où qu'on regarde, une infinité de points représentant des fractions, il apparaît extrêmement surprenant qu'il soit possible, en fait, de les dénombrer selon une liste ordonnée qui n'en omettra aucun, sans exception.

Venons-en à présent au grand événement : la preuve qu'il existe une cardinalité supérieure à $\aleph_0$. Et nous voilà de retour à l'hôtel Hilbert. Cette fois, l'établissement est vide lorsque se présente une infinité de personnes réclamant une chambre. Mais cette fois, nos voyageurs ne sont pas venus en autocar ; il s'agit en fait d'une foule, dont chaque individu porte imprimé sur son tee-shirt le développement décimal d'un nombre entre 0 et 1. Personne n'arbore le même développement décimal qu'un autre, et tous les développements décimaux compris entre 0 et 1 sont représentés. (Évidemment, ces développements décimaux étant infiniment longs, il faut des tee-shirts infiniment grands pour les afficher, mais

LE BOUT DE LA LIGNE

puisque nous avons laissé notre incrédulité au vestiaire pour imaginer un hôtel au nombre infini de chambres, je me dis que ces tee-shirts ne sont pas trop tirés par les cheveux.)

Quelques-uns des arrivants se présentent à la réception et demandent si l'hôtel peut accueillir tout le monde. Pour ce faire, le réceptionniste n'a qu'à trouver le moyen d'établir la liste de toutes les décimales comprises entre 0 et 1, car une fois cela accompli, il pourra attribuer à chacun sa chambre. Le défi ne paraît pas insurmontable, d'autant que nous sommes déjà parvenus à dresser la liste de l'infinité de passagers d'une infinité d'autocars. Cette fois, pourtant, c'est mission impossible. Il n'y a pas moyen de compter tous les développements décimaux entre 0 et 1 de façon à les écrire sous forme de liste ordonnée. Pour vous le prouver, je vais montrer que dans toute liste infinie de nombres entre 0 et 1, il y aura toujours un nombre compris entre 0 et 1 qui n'y figurera pas.

Voici comment. Imaginons que le premier arrivant porte le tee-shirt orné du développement décimal 0,6429657..., le deuxième porte le 0,0196012..., et que le réceptionniste leur attribue les chambres 1 et 2. Et supposons qu'il continue d'attribuer des chambres aux autres arrivants, créant ainsi la liste infinie qui commence par (n'oubliez pas, chacun de ces développements décimaux s'étend jusqu'à l'infini) :

Chambre 1   0,6429657...
Chambre 2   0,0196012...
Chambre 3   0,9981562...
Chambre 4   0,7642178...
Chambre 5   0,6097856...
Chambre 6   0,5273611...
Chambre 7   0,3002981...
Chambre... 0...
...   ...

Notre propos, établi plus haut, est de trouver un développement décimal compris entre 0 et 1 ne figurant pas sur cette liste. Pour ce faire, nous emploierons la méthode suivante. D'abord, nous construisons le nombre dont le premier chiffre après la virgule est le même que celui du nombre qui occupe la chambre 1, le deuxième est le même que celui du nombre qui occupe la chambre 2, le troisième est le même que celui du nombre qui occupe la chambre 3, etc. En d'autres termes, nous sélectionnons la diagonale des chiffres en gras ci-après :

Chambre 1   0,**6**429657…
Chambre 2   0,0**1**96012…
Chambre 3   0,99**8**1562…
Chambre 4   0,764**2**178…
Chambre 5   0,6097**8**56…
Chambre 6   0,52736**1**1…
Chambre 7   0,300298**1**…

Ce nombre est :
0,6182811…

Nous y sommes presque. Reste une dernière chose à accomplir pour construire le nombre ne figurant pas sur la liste du réceptionniste : altérer chacun des chiffres de ce nombre. Ajoutons donc 1 à chaque chiffre, transformant le 6 en 7, le 1 en 2, le 8 en 9, et ainsi de suite, pour obtenir ce nombre : 0,7293922…

Ça y est, nous le tenons. Ce développement décimal est l'exception que nous cherchions. Il ne peut figurer sur la liste du réceptionniste parce que nous l'avons construit artificiellement de façon à ce qu'il n'y figure pas. Ce nombre n'est pas dans la chambre 1 parce que son premier chiffre est différent du premier chiffre du nombre de la chambre 1. Il n'est pas non plus dans la chambre 2 puisque son deuxième chiffre est différent du deuxième chiffre du nombre de la chambre 2, et l'on peut continuer comme ça pour constater que le nombre ne peut se trouver dans aucune chambre n parce que son $n$ième chiffre sera toujours différent du $n$ième chiffre du développement décimal du nombre de la chambre n. Notre développement décimal trafiqué, 0,7293922… ne peut donc être égal à aucun développement digital affecté à une chambre puisqu'il différera toujours par au moins un chiffre du développement décimal affecté à cette chambre. Il est fort possible que la liste comporte un nombre dont les sept premiers chiffres après la virgule sont 0,7293922, mais si tel est le cas, ce nombre différera du nôtre par au moins un chiffre quelque part dans le développement décimal. Autrement dit, même si le réceptionniste continue éternellement d'affecter des chambres, il n'en trouvera jamais pour l'arrivant portant le tee-shirt orné du nombre que nous avons fabriqué : 0,7293922...

La liste que j'ai choisie commence arbitrairement par 0,6429657... et 0,0196012..., mais j'aurais tout aussi bien pu commencer par d'autres nombres, n'importe lesquels. Pour chaque liste que l'on peut établir, il sera toujours possible de créer, selon la méthode « en diagonale » ci-dessus, un nombre qui n'y figure pas. L'hôtel Hilbert possède peut-être une infinité de chambres, il ne *peut pas* accueillir l'infinité de personnes définies par les décimales comprises entre 0 et 1. Il y aura toujours quelqu'un qui restera dehors. C'est bien simple : cet hôtel n'est pas assez grand.

La découverte par Cantor d'un infini *plus grand* que l'infinité des entiers naturels est l'une des grandes avancées mathématiques du XIXe siècle. C'est un résultat stupéfiant, d'autant qu'il s'explique de façon relativement simple : certains infinis sont dénombrables, leur taille est de $\aleph_0$, et d'autres non, ils sont donc plus grands. Ces infinis indénombrables existent en fait en diverses tailles.

Parmi les infinis indénombrables, le plus aisément compréhensible est celui qu'on appelle c, qui est le nombre d'individus arrivés à l'hôtel Hilbert portant des tee-shirts ornés de tous les développements décimaux compris entre 0 et 1. Là encore, il peut être instructif d'interpréter c en regardant ce qu'il signifie sur la ligne des nombres. Tout individu portant sur son tee-shirt un développement décimal entre 0 et 1 peut aussi se comprendre comme un point sur la ligne qui va de 0 à 1. On emploie l'initiale c parce qu'elle désigne le « continuum » des points sur la ligne des nombres.

Et nous voilà en présence d'un autre curieux résultat. On sait qu'il y a c points entre 0 et 1, mais on sait qu'il y a $\aleph_0$ fractions sur la totalité de la ligne des nombres. Étant donné que nous avons démontré que c est plus grand que $\aleph_0$, il y a nécessairement plus de points sur la ligne allant de 0 à 1 que de points représentant des fractions sur la totalité de la ligne des nombres.

Une fois encore, Cantor nous entraîne dans un univers contre-intuitif. Les fractions, bien qu'en nombre infini, ne constituent qu'une portion minuscule de la ligne des nombres. Elles y sont nettement plus éparses que l'autre catégorie de nombres qui la composent, ces nombres qu'il est impossible d'exprimer sous forme de fraction, nos vieux amis les nombres *irrationnels*. Il se trouve que les irrationnels sont si densément tassés qu'il en existe davantage dans n'importe quel segment fini de la ligne des nombres qu'il n'y a de fractions sur cette ligne tout entière.

Nous avons présenté c comme le nombre de points figurant entre 0 et 1 sur la ligne des nombres. Combien cette ligne compte-t-elle alors de points compris entre 0 et 2, ou entre 0 et 100 ? Très exactement c. En fait, il y a précisément c points entre n'importe quels deux points de la ligne, quel que soit l'écart les séparant. Plus étonnant encore, le nombre total des points figurant sur toute la ligne des nombres est également c, ce qui se démontre comme suit, et qu'illustre la figure page suivante. Il s'agit de montrer l'existence d'une correspondance individuelle entre les points situés entre 0 et 1 et ceux qui composent la totalité de la ligne des nombres. Il faut pour cela apparier chaque point de la ligne des nombres avec un nombre compris entre 0 et 1. Commençons par tracer un demi-cercle suspendu au-dessus de 0 et 1. Ce demi-cercle va fonctionner comme un marieur en ce sens qu'il déterminera les appariements entre les nombres de 0 à 1 et les points de la ligne des nombres. Prenons n'importe quel nombre de la ligne, marquons-le d'un a et traçons la droite passant par a et le centre du cercle. Notre droite franchit le demi-cercle en un point a' qui marque une position unique entre 0 et 1 lorsqu'on trace la verticale jusqu'à notre ligne des nombres. Nous pouvons ainsi apparier tout point a à un unique point a'. À mesure que notre point a se rapproche de plus l'infini, le point correspondant entre 0 et 1 se rapproche de 1, et à mesure que a se rapproche de moins l'infini, a' se rapproche de 0. S'il est possible d'apparier tout nombre de la ligne des nombres avec un point unique compris entre 0 et 1, et réciproquement, alors le nombre de points de la ligne des nombres est forcément égal à celui des nombres contenus entre 0 et 1.

La différence entre $\aleph_0$ et c est identique à la différence entre le nombre de points de la ligne des nombres qui sont des fractions et le nombre total de points, fractions et irrationnels compris. Cet écart, toutefois, est tellement immense que s'il fallait désigner un point au hasard sur la ligne des nombres, on aurait zéro chance sur cent de tomber sur une fraction. Comparées à l'indénombrable infinité des irrationnels, les fractions sont extrêmement rares.

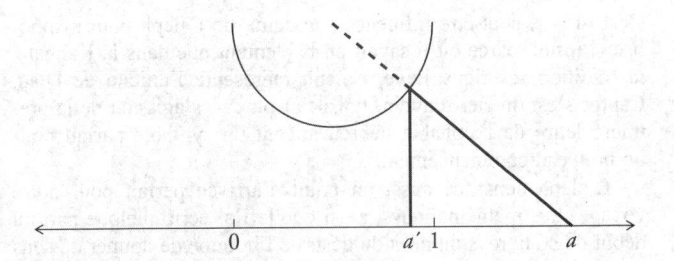

Aussi difficiles à avaler que furent au départ les idées de Cantor, l'histoire aura rendu justice à son invention de l'aleph ; non seulement ce dernier est-il aujourd'hui quasi universellement reconnu parmi les nombres, mais les démonstrations en zigzag et en diagonale sont unanimement saluées comme comptant parmi les plus éblouissantes de l'histoire des mathématiques. David Hilbert a dit un jour : « Du paradis qu'a créé pour nous Cantor, nul ne nous délogera. »

Malheureusement pour Cantor, ce paradis lui a coûté l'équilibre mental. Au sortir de sa première dépression, il s'est penché sur d'autres sujets, comme la théologie ou l'histoire élisabéthaine, et s'est notamment persuadé que le véritable auteur des pièces de Shakespeare était en fait le scientifique Francis Bacon. Cantor a fait de la révélation de cette information une croisade personnelle, qui l'a poussé à des comportements de plus en plus erratiques. En 1911, à l'occasion d'une conférence sur les mathématiques qu'on lui avait demandé de prononcer à l'université St Andrews, au grand embarras de ses hôtes, il a choisi d'exposer ses vues sur Shakespeare. Cantor a encore connu plusieurs dépressions et de multiples hospitalisations jusqu'à sa mort, en 1918.

Luthérien jusqu'au bout des ongles, Cantor a beaucoup écrit aux gens d'Église à propos du sens de ses résultats. Il estimait que son approche de l'infini signifiait que ce dernier pouvait être à la portée de l'esprit humain, rapprochant par conséquent celui-ci de Dieu. Cantor comptait des Juifs parmi ses ancêtres, ce qui – cela s'est dit – a peut-être influencé son choix de l'aleph pour symboliser l'infini, parce qu'il savait probablement que dans la Kabbale, la tradition mystique juive, l'aleph représente l'unicité de Dieu. Cantor s'est dit fier d'avoir choisi l'aleph car, s'agissant de la première lettre de l'alphabet hébreu, c'était un symbole parfait pour un nouveau commencement.

L'aleph constitue aussi un point d'arrivée parfait pour notre voyage. Les mathématiques, ainsi que je l'ai écrit quelque part au début de ce livre, sont nées du désir de l'homme de donner du sens à ce qui l'entoure. En taillant des encoches sur des bouts de bois ou en comptant sur leurs doigts, nos ancêtres ont inventé les nombres. Cela s'est d'abord révélé commode pour l'élevage et pour les échanges, avant de nous précipiter dans la « civilisation ». Ensuite, à mesure que les mathématiques se sont développées, elles ont de moins en moins traité de choses concrètes et de plus en plus de choses abstraites. Les Grecs ont introduit des notions comme le point et la droite, et les Indiens ont inventé le 0, ouvrant la voie à des abstractions plus radicales encore, comme les nombres négatifs. Si ces notions ont d'abord semblé heurter le sens commun, elles ont assez vite été assimilées et nous les utilisons aujourd'hui au quotidien. À la fin du XIXe siècle, toutefois, le cordon ombilical reliant les mathématiques à notre vécu s'est définitivement rompu. Depuis Riemann et Cantor, les maths se sont totalement déconnectées de notre appréciation intuitive du monde.

Une fois trouvé c, Cantor n'en est pas resté là puisqu'il a ensuite prouvé l'existence d'infinis plus vastes encore. On l'a vu, c est le nombre de points sur une droite. Il est égal au nombre de points sur une surface bidimensionnelle (encore un résultat étonnant à propos duquel vous allez devoir me faire confiance). Appelons d le nombre de toutes les courbes, droites et gribouillis qu'on puisse tracer sur une surface à deux dimensions. Ces courbes, droites et gribouillis peuvent être continus, comme si on les avait tracés sans lever son crayon du papier, ou discontinus, comme si l'on avait levé le crayon au moins une fois, laissant un blanc entre les différents segments de la même droite. À l'aide de la théorie des ensembles, on peut prouver que d est plus grand que c. Et même aller un cran plus loin, en montrant qu'il existe forcément un infini plus vaste que d. Nul n'a jusqu'ici été capable de trouver un ensemble de choses survenant naturellement dont la cardinalité soit supérieure à d.

Cantor nous a emmenés au-delà de l'imaginable. C'est un lieu assez merveilleux, dont on s'amusera de constater combien il se situe aux antipodes de ce que connaît la tribu amazonienne que nous évoquions en début d'ouvrage. Les Munduruku possèdent beaucoup de choses, mais pas assez de nombres pour les compter. Cantor nous a apporté tous les nombres que nous voulons, mais il n'y a plus assez de choses à compter.

Glossaire

Algorithme : série de règles ou d'instructions conçues pour résoudre un problème.

Ambigramme : mot (ou ensemble de mots) inscrit de façon à en dissimuler d'autres, souvent le même (mot ou ensemble de mots) inscrit à l'envers.

Avance : chances de gagner un pari moins celles de le perdre.

Axiome : affirmation admise sans preuve, généralement parce qu'elle va de soi, et qui sert de fondement à un système logique.

Base : dans un système de numération employant les chiffres arabes, la base désigne la taille du groupe des nombres, c'est-à-dire le nombre de différents chiffres qu'admet le système. Le système binaire, qui n'emploie que le 1 et le 0, est en base 2, tandis que le système décimal, qui emploie les chiffres de 0 à 9, est en base 10.

Cardinalité : taille d'un ensemble.

Carré latin : grille carrée dont chaque élément n'apparaît qu'une fois dans chaque rangée et chaque colonne.

Carré magique : grille carrée comportant des nombres consécutifs à partir de 1, disposés de telle sorte que la somme de chaque rangée, chaque colonne et chaque diagonale donne le même résultat.

Circonférence : périmètre d'un cercle.

Combinatoire : étude des combinaisons et des permutations.

Constante : valeur fixe.

Continuum : les points d'une ligne continue.

Corrélation : mesure de l'interdépendance de deux variables.

Courbure : propriété de l'espace que l'on peut vérifier par le comportement des triangles ou des droites parallèles.

Dénominateur : nombre situé sous la barre d'une fraction.

Diamètre : largeur d'un cercle.

Distribution : éventail de dénouements possibles et leur probabilité.

Distribution gaussienne : distribution normale.

Distribution normale : type le plus courant de distribution, qui produit la courbe en cloche.

Diviseur : entier naturel qui en divise un autre sans reste ; 5 est par exemple un diviseur de 20.

Dyscalculie : trouble affectant l'aptitude à saisir les nombres.

Ensemble : collection d'objets.

Entier naturel : tout nombre entier qu'il est possible d'atteindre en comptant à partir de 1.

Entier relatif : entier naturel positif ou négatif, et 0.

Équation cubique : équation de forme $ax^3 + bx^2 + cx + d = 0$, où a, b, c et d sont des constantes et a n'est pas égal à 0.

Équation du second degré : équation de forme $ax^2 + bx + c = 0$, où a, b et c sont des constantes et a n'est pas égal à 0.

Espérance mathématique : valeur théorique de ce qu'on peut s'attendre à gagner ou perdre dans un pari.

Exposant : puissance d'un nombre, désignée par un symbole surélevé, comme le x dans 3^x.

Facteur : diviseur d'un nombre donné.

Factoriser : décomposer un nombre en ses facteurs, en général seulement ceux qui sont des nombres premiers.

Fraction décimale : fraction écrite sous forme de nombre avec virgule ; 1,5 est la fraction décimale égale à $\frac{3}{2}$.

Hypoténuse : côté opposé à l'angle droit d'un triangle rectangle.

Infini dénombrable : ensemble infini dont les éléments peuvent être mis en correspondance individuelle avec les entiers naturels.

Infini indénombrable : ensemble infini dont les éléments ne peuvent pas être mis en correspondance individuelle avec les entiers naturels.

Inversion : voir ambigramme.

Ligne des nombres : représentation visuelle des nombres sous forme de points d'une ligne continue.

Logarithme : si $a = 10^b$, alors le logarithme de a est b, ce qui s'écrit $\log a = b$.

Loi des grands nombres : la règle qui veut que la probabilité se confirme à la longue, en ce sens que plus le nombre d'événements considérés (comme les lancers d'une pièce de monnaie) est important, plus le résultat s'approche de la moyenne attendue.

Loi des très grands nombres : règle qui veut que si l'échantillon est assez important, tout résultat peut se produire, si improbable soit-il.

Nombre amical : deux nombres sont dits amicaux lorsque la somme des facteurs de l'un est égale à l'autre et réciproquement.

Nombre de Fibonacci : nombre figurant dans la suite de Fibonacci, qui commence par 1, 1, 2, 3, 5, 8, 13…

Nombre irrationnel : nombre qui ne peut s'exprimer sous forme de fraction.

Nombre normal : nombre dont les décimales comportent autant de 0 que de 1, de 2, de 3, de 4, de 5, de 6, de 7, de 8 et de 9.

Nombre parfait : nombre égal à la somme de ses diviseurs (à l'exclusion de lui-même).

Nombre premier : entier naturel, différent de 1, ne possédant que deux diviseurs : lui-même et 1.

Nombre premier de Mersenne : nombre premier qu'on peut exprimer sous la forme $2^n - 1$.

Nombre rationnel : nombre qui peut s'exprimer sous forme de fraction.

Nombre transcendant : nombre qu'on ne peut exprimer sous forme de résultat d'une équation à cœfficient entier.

Numérateur : nombre figurant au-dessus de la barre d'une fraction.

Ordre de grandeur : désigne généralement l'échelle d'un nombre selon la valeur de position de son chiffre le plus à gauche. L'ordre de grandeur de tout chiffre entre 1 et 9 est 1, entre 10 et 99 est 2, entre 100 et 999 est 3 et ainsi de suite.

Parallèle : sont parallèles deux droites qui jamais ne se croisent.

GLOSSAIRE

Parcours aléatoire : interprétation visuelle de l'aléatoire, où chaque événement aléatoire est exprimé sous forme de déplacement dans une direction aléatoire.

Pavage : disposition de tuiles ou de carreaux couvrant entièrement un espace bidimensionnel, sans chevauchement.

Phi : constante mathématique dont le développement décimal commence par 1,618…, également appelée nombre d'or ou divine proportion.

Pi : constante mathématique dont le développement décimal commence par 3,14159265358979323846…, qui équivaut au rapport entre la circonférence et le diamètre d'un cercle.

Plan hyperbolique : surface infinie de courbure négative.

Polygone : forme bidimensionnelle close constituée d'un nombre fini de droites.

Polygone régulier : polygone dont tous les côtés sont de même longueur et les angles intérieurs égaux.

Postulat : affirmation tenue pour vraie et employée comme axiome.

Probabilité : indication des chances qu'un événement se produise, exprimée sous forme de fraction comprise entre 0 et 1.

Progression géométrique : suite de nombres dont chaque terme s'obtient en multipliant le précédent par un nombre déterminé.

Puissance : opération déterminant le nombre de fois qu'un nombre est multiplié par lui-même, de telle sorte que s'il s'agit de multiplier quatre fois par lui-même le nombre 10, on écrit 10^4 et on dit « dix puissance quatre ». Les puissances ne sont pas nécessairement des entiers naturels, mais quand on parle de « puissances de x », on part du principe qu'il ne s'agit que des puissances de x qui le sont.

Rayon : segment de droite reliant le centre d'un cercle à sa circonférence.

Régression vers la moyenne : phénomène selon lequel, après un événement extrême, le plus susceptible de se produire est moins extrême.

Ruine du joueur : banqueroute inévitable du joueur pour peu qu'il joue suffisamment longtemps.

Série : somme de termes d'une suite.

Série convergente : série infinie dont la somme des termes donne un nombre fini.

Série divergente : série infinie dont la somme des termes ne donne pas un nombre fini.

Série infinie : série composée d'un nombre infini de termes.

Solide platonicien : l'un des cinq solides dont les côtés sont des polygones réguliers identiques ; le tétraèdre, le cube, l'octaèdre, l'icosaèdre et le dodécaèdre.

Solution unique : lorsqu'il n'y a qu'un résultat possible et un seul.

Sommet : là où se rencontrent deux droites pour constituer un angle, ou la pointe angulaire d'une forme tridimensionnelle.

Sophisme du joueur : c'est l'idée erronée que les dénouements aléatoires ne sont pas aléatoires.

Suite : liste de nombres.

Théorème : affirmation démontrable à partir d'autres théorèmes ou d'axiomes.

Triangle égyptien : triangle dont les côtés ont pour proportion 3:4:5.

Variable : quantité dont la valeur peut varier.

Annexe première

Pour comprendre en quoi le pavage d'Annairizi est une démonstration du théorème de Pythagore, regardez le triangle noirci p. 97. Tout ce qu'il y a à faire, c'est redisposer le carré de l'hypoténuse de façon à précisément correspondre au carré des deux autres côtés. Le carré de l'hypoténuse se compose de cinq parties ; trois sont en gris clair, deux en gris foncé. On voit dans la répétition de la trame que les parties en gris clair constituent précisément le carré d'un des côtés du triangle, et que les parties en gris foncé constituent celui du troisième côté.

Concernant la démonstration de Léonard de Vinci, il faut commencer par montrer que les zones grisées ci-dessous en (i) et (ii) sont égales. On procède en faisant pivoter cette zone autour du point P. Parce que leurs côtés sont de même longueur et leurs angles égaux, les deux versions sont identiques. Il faut ensuite montrer que cette zone est égale à celle en (iii). C'est forcément le cas, puisque toutes deux sont constituées des mêmes parties.

Forts de cette information, nous pouvons achever la démonstration. Le reflet de la première zone grisée et son image en miroir de l'autre côté de la ligne en pointillé sont composés de deux triangles rectangles identiques et des carrés de ses deux plus petits côtés. Cette surface est forcément égale à celle que couvrent les zones grisées en (ii) et (iii), constituée de deux triangles rectangles identiques et du carré de l'hypoténuse. Dans ces deux cas, si l'on soustrait la surface des deux triangles rectangles, le carré de l'hypoténuse est forcément égal au carré des deux autres côtés.

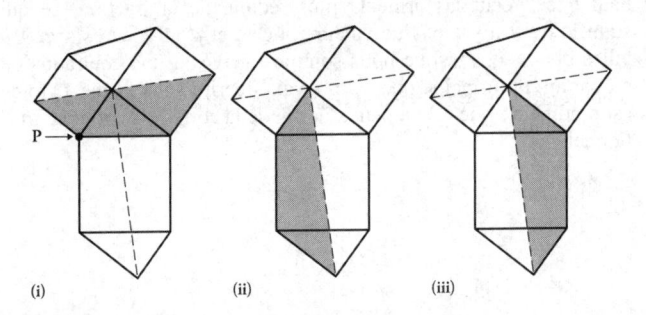

(i)   (ii)   (iii)

Annexe deux

Dans un carré de côté 1, la longueur de la diagonale est $\sqrt{2}$. Afin de démontrer qu'il s'agit d'un irrationnel, je procéderai à la *preuve par contradiction*, où l'on présupposera que $\sqrt{2}$ est rationnel, pour montrer que cela aboutit à une contradiction. S'il est contradictoire de dire que $\sqrt{2}$ est rationnel, c'est forcément qu'il est irrationnel.

Si $\sqrt{2}$ est rationnel, alors il existe deux nombres a et b tels que $\sqrt{2} = \frac{a}{b}$. Insistons sur le fait qu'il s'agit de la forme la plus réduite de la fraction, si bien qu'il n'y a pas moyen de réécrire $\frac{a}{b}$ sous forme $\frac{m}{n}$ où m et n seraient des entiers naturels inférieurs à a et b.

Si $\sqrt{2} = \frac{a}{b}$, alors en portant les deux côtés de l'équation au carré, on obtient $2 = \frac{a^2}{b^2}$, ce qui peut s'écrire $a^2 = 2b^2$.

Quelle que soit la valeur de b^2, $2b^2$ est forcément pair puisque n'importe quel entier naturel multiplié par 2 donne un nombre pair. Si $2b^2$ est pair, alors a^2 est pair. Or, le carré d'un nombre impair donnant toujours un nombre impair, et celui d'un nombre pair étant toujours pair, a est forcément pair.

Si a est pair, il existe forcément un nombre c inférieur à a tel que $a = 2c$, et, par conséquent, que $a^2 = (2c)^2 = 4c^2$.

Si l'on remplace a^2 par $4c^2$ dans l'équation ci-dessus, on obtient $4c^2 = 2b^2$. Ce qui se réduit à $b^2 = 2c^2$. Par le même raisonnement, cela signifie que b^2 est pair, et donc que b est pair. Si b est pair, il existe un nombre d inférieur à b tel que $b = 2d$.

Par conséquent, $\frac{a}{b}$ peut donc s'écrire $\frac{2c}{2d}$ ou $\frac{c}{d}$ puisque les 2 s'annulent. Et voilà notre contradiction ! Nous avons stipulé plus haut que $\frac{a}{b}$ était la forme la plus réduite de la fraction, ce qui signifie qu'il n'y a pas de valeurs pour c et d inférieures à a et b telles que $\frac{a}{b} = \frac{c}{d}$. Puisque nous sommes arrivés à une contradiction en partant du principe que $\sqrt{2}$ pouvait s'écrire sous forme $\frac{a}{b}$, force est d'admettre que $\sqrt{2}$ ne peut s'écrire de la sorte ; $\sqrt{2}$ est donc irrationnel.

Annexe trois

Dans le carré magique 16 × 16 de Franklin, la somme de chaque ligne et de chaque colonne donne 2 056. Ce n'est pas un vrai carré magique, puisque la somme des diagonales ne donne pas 2 056, mais il est si riche de propriétés que le journaliste scientifique Clifford A. Pickover écrivit à son sujet : « On peut dire sans exagérer qu'on pourrait passer une vie entière à contempler sa structure merveilleuse. » La somme de chaque sous-carré de 2 × 2, par exemple (il y en a 225), donne 514, ce qui signifie que celle de chaque sous-carré de 4 × 4 donne 2 056. Ce carré recèle encore bien d'autres symétries et schémas.

200	217	232	249	8	25	40	57	72	89	104	121	136	153	168	185
58	39	26	7	250	231	218	199	186	167	154	135	122	103	90	71
198	219	230	251	6	27	38	59	70	91	102	123	134	155	166	187
60	37	28	5	252	229	220	197	188	165	156	133	124	101	92	69
201	216	233	248	9	24	41	56	73	88	105	120	137	152	169	184
55	42	23	10	247	234	215	202	183	170	151	138	119	106	87	74
203	214	235	246	11	22	43	54	75	86	107	118	139	150	171	182
53	44	21	12	245	236	213	204	181	172	149	140	117	108	85	76
205	212	237	244	13	20	45	52	77	84	109	116	141	148	173	180
51	46	19	14	243	238	211	206	179	174	147	142	115	110	83	78
207	210	239	242	15	18	47	50	79	82	111	114	143	146	175	178
49	48	17	16	241	240	209	208	177	176	145	144	113	112	81	80
196	221	228	253	4	29	36	61	68	93	100	125	132	157	164	189
62	35	30	3	254	227	222	195	190	163	158	131	126	99	94	67
194	223	226	255	2	31	34	63	66	95	98	127	130	159	162	191
64	33	32	1	256	225	224	193	192	161	160	129	128	97	96	65

Annexe quatre

Le principe qui sous-tend la suite de Gijswijt consiste à chercher les pavés de nombres répétitifs parmi les termes précédents de la suite. Le « pavé » doit se trouver à la fin de la suite de termes précédents, et le nombre de ses répétitions donne le terme suivant.

Mathématiquement, la suite se décrit comme suit. Commencez par 1, et chaque terme subséquent aura la valeur k quand on multiplie les précédents termes dans l'ordre et qu'on les écrit xy^k pour la plus grande valeur possible de k.

La suite est 1, 1, 2, 1, 1, 2, 2, 2, 3, 1, 1, 2, 1, 1, 2, 2, 2, 3, 1, 1…

Il me semble plus facile de comprendre ce qui se passe ici en considérant la première apparition du 3, qui survient en neuvième position. Les termes précédents multipliés sont dans l'ordre $1 \times 1 \times 2 \times 1 \times 1 \times 2 \times 2 \times 2$. Ce que Gijswijt nous demande de faire, c'est de transformer cette multiplication en un terme xy^k pour la plus forte valeur de k. Dans le cas présent, on obtient $(1 \times 1 \times 2 \times 1 \times 1) \times 2^3$. Le terme suivant sera donc 3. Ce qu'on recherche, c'est le plus grand pavé de nombres répétés à la fin de la séquence des termes précédents, même si la série est ici un chiffre, le 2, répété trois fois.

Souvent, toutefois, le pavé comportera plusieurs chiffres. Considérons la seizième position. Le produit des termes qui précède est $1 \times 1 \times 2 \times 1 \times 1 \times 2 \times 2 \times 2 \times 3 \times 1 \times 1 \times 2 \times 1 \times 1 \times 2$. Cela peut s'écrire $(1 \times 1 \times 2 \times 1 \times 1 \times 2 \times 2 \times 2 \times 3) \times (1 \times 1 \times 2)^2$. Le seizième terme est donc un 2.

Revenons à présent au début. Le deuxième terme est 1 puisque le terme précédent n'est multiplié par rien. Le troisième terme est 2 puisque les termes précédents dans l'ordre sont $1 \times 1 = 1^2$, et le quatrième terme est 1 puisque le terme précédent donne $(1 \times 1 \times 2) \times 1$, où le dernier 1 n'est pas multiplié par lui-même.

Annexe cinq

Il s'agit de démontrer que la série harmonique est divergente, autrement dit que

$$1 + \frac{1}{2} + \frac{1}{3} + \frac{1}{4} + \frac{1}{5} \ldots$$

donnera l'infini. Il faut pour cela démontrer que la série harmonique est plus grande que la série suivante qui, elle, donne l'infini :

$$\frac{1}{2} + \frac{1}{2} + \frac{1}{2} + \frac{1}{2} + \frac{1}{2} + \ldots$$

Comparons les termes de la série harmonique par groupes de deux, de quatre, de huit et ainsi de suite, en commençant par le troisième terme, comme indiqué ci-après. Le fait que $\frac{1}{3}$ soit plus grand que $\frac{1}{4}$ signifie forcément que $\frac{1}{3} + \frac{1}{4}$ est plus grand que $\frac{1}{4} + \frac{1}{4}$, qui font $\frac{1}{2}$. De même, $\frac{1}{5}$, $\frac{1}{6}$ et $\frac{1}{7}$ étant tous plus grands que $\frac{1}{8}$, cela signifie que $\frac{1}{5} + \frac{1}{6} + \frac{1}{7} + \frac{1}{8}$ est plus grand que quatre huitièmes, qui donnent aussi $\frac{1}{2}$. En continuant ainsi, en prenant toujours deux fois plus de termes en considération, on s'aperçoit que leur addition donne une valeur supérieure à $\frac{1}{2}$:

3e et 4e terme	$\frac{1}{3} + \frac{1}{4}$	>	$\frac{1}{4} + \frac{1}{4} = \frac{1}{2}$
5e à 8e terme	$\frac{1}{5} + \frac{1}{6} + \frac{1}{7} + \frac{1}{8}$	>	$4(\frac{1}{8}) = \frac{1}{2}$
9e à 16e terme	$\frac{1}{9} + \ldots + \frac{1}{16}$	>	$8(\frac{1}{16}) = \frac{1}{2}$

…

Par conséquent, la série harmonique est supérieure à $\frac{1}{2} + \frac{1}{2} + \frac{1}{2} + \frac{1}{2} + \frac{1}{2} + \cdots$, qui est une infinité de fois un demi, c'est-à-dire l'infini. La série harmonique est donc supérieure à l'infini ; en d'autres termes, c'est l'infini.

Annexe six

La *fraction continue* est une fraction d'un genre assez curieux, constituée d'un système infini d'additions et de divisions.

Exprimé sous forme de fraction continue, phi ressemble à ceci :

$$\text{phi} = 1 + \cfrac{1}{1 + \cfrac{1}{1 + \cfrac{1}{1 + \ldots}}}$$

Pour comprendre comment cela fonctionne, prenons la fraction ligne par ligne, et constatons qu'elle se rapproche progressivement de phi :

1

$1 + 1 = 2$

$1 + \cfrac{1}{1+1} = 1{,}5$

$1 + \cfrac{1}{1+\frac{1}{1+1}} = 1 + \cfrac{2}{3} = 1{,}66\ldots$

$1 + \cfrac{1}{1+\frac{1}{1+\frac{1}{1+1}}} = 1{,}6$

Et ainsi de suite.

Les fractions continues offrent au mathématicien le moyen de juger du degré d'irrationalité d'un nombre. L'expression de phi ne comportant que des 1, c'est la plus « pure » des fractions continues, et phi est donc considéré comme le « plus irrationnel » des nombres.

Sources et bibliographie par chapitre

Du début à la fin de la rédaction de ce livre, quatre ouvrages n'ont pas quitté mon bureau, et leur apport ne saurait se résumer à aucun de leurs chapitres en particulier. Martin Gardner demeure sans égal en matière de vulgarisation mathématique pour son érudition, sa finesse et sa clarté. *Le Nombre*, de Tobias Dantzig, est un incontournable pour ce qui concerne l'évolution culturelle des mathématiques. Aussi bien l'ouvrage d'Ifrah que celui de Cajori, fascinants d'un bout à l'autre, sont le fruit d'un travail de recherche exemplaire.

F. Cajori, *A History of Mathematical Notations*, Dover, 1993 (facsimilé de l'original par Open Court, Illinois, 1928/29).
T. Dantzig, *Le Nombre : langage de la science*, Paris, Payot, 1974.
M. Gardner, *Mathematical Games : The Entire Collection of His Scientific American Columns*, Mathematical Association of America, 2005.
G. Ifrah, *Histoire universelle des chiffres : l'intelligence des hommes racontée par les nombres et le calcul*, Paris, Robert Laffont, 1994.

CHAPITRE 0

Ce chapitre repose sur des conversations tenues à Londres avec Brian Butterworth et à Paris avec Stanislas Dehaene et Pierre Pica. À l'University College de Londres, je me suis soumis au dépistage de la dyscalculie, conduit par Teresa Iuculano et Marinella Cappelletti, à l'aide d'un logiciel aujourd'hui employé dans les écoles britanniques. Je ne souffre pas de dyscalculie, ce qui n'a probablement rien de surprenant. Si vous voulez participer à la défense de l'éducation traditionnelle et de l'environnement des Munduruku, envoyez vos dons à : The Munduruku Fund, The Arrow Rainforest Foundation, 5, Southridge Place, Londres SW20 8JQ, Royaume-Uni. Vous en saurez davantage en consultant www.thearrowrainforestfoundation.com.

B. Butterworth, *The Mathematical Brain*, Londres, Macmillan, 1999.
S. Dehaene, *La Bosse des maths*, Paris, Odile Jacob, 2003.
T. Matzusawa (sous la direction de), *Primate Origins of Human Cognition and Behavior*, Tokyo, Springer, 2001.

N. Angier, « Gut Instinct's Surprising Role in Math », *New York Times*, 2008.
S. Dehaene, V. Izard, E. Spelke et P. Pica, « Log or Linear ? », *Science*, 2008.
S. Inoue, T. Matzusawa, « Working Memory of Numerals in Chimpanzees », *Current Biology*, 2007.
P. Pica, C. Lerner, V. Izard et S. Dehaene, « Exact and Appropriate Arithmetic in an Amazonian Indigene Group », *Science*, 2004.
R. S. Siegler et J. L. Booth, « Development of Numerical Estimation in Young Children », *Child Development*, 2004.

CHAPITRE 1

Le lecteur qui souhaiterait se renseigner sur les joies de la base 12 peut joindre la Dozenal Society of America à contact@Dozenal.org ou au 5106 Hampton Avenue, suite 205, Saint Louis, Missouri 63109-3115, USA. *Little Twelvetoes* est un classique de *Schoolhouse Rock !*, série de dessins animés musicaux des années 1970 sur les maths, la science et la grammaire, que l'on peut encore voir sur Internet. Mon intrusion dans l'univers du boulier a été rendue possible par Kouzi Suzuki, grand évangélisateur du *soroban*, venu m'accueillir à la gare de Tokyo en habit de Sherlock Holmes.

F. E. Andrews, *New Numbers*, Londres, Faber & Faber, 1936.

Duodecimal Society of America Inc., *Manual of the Dozen System*, New York, Duodecimal Society of America, 1960.

Contre-amiral G. Elbrow, *The New English System of Money, Weights and Measures and of Arithmetic*, Londres, P. S. King & Son, 1913.

J. Essig, *Douze, notre dix futur*, Paris, Dunod, 1955.

A. Glaser, *History of Binary and Other Nondecimal Numeration*, Southampton, PA, 1971.

M. Kawall Leal Ferreira (sous la direction de), *Idéias Matemáticas de Povos Culturalmente Distintos*, São Paulo, Global Editora, 2000.

K. Suzuki, *Lectures on Soroban*, Institute for English Yomiagezan.

A. Dowker et D. Lloyd, « Linguistic Influences on Numeracy », *Education Transactions*, université de Bangor, 2005.

J. Wassmann et P. R. Dasen, « Yupno Number System and Counting », *Cross-cultural Psychology Journal*, 1994.

H. Hammarström, « Rarities in Numeral Systems », 2007.

CHAPITRE 2

Proof Without Words est un bijou ; j'y ai beaucoup puisé au sujet des différentes démonstrations de Pythagore. Merci à Tom Hull pour l'essentiel des informations générales concernant l'origami. Les illustrations sur la fabrication de tétraèdres et de cubes à base de cartes de visite sont inspirées de son livre. Il existe une autre pratique religio-géométrique japonaise remarquable, le *sangaku*, qui, bien que n'ayant pas trouvé place dans ce chapitre, est trop fascinante pour ne pas figurer ici. Le *sangaku* est une tablette de bois qu'on accroche dans un temple bouddhiste ou shinto, sur laquelle est peinte la démonstration d'un problème géométrique. Entre le XVIIe et le XIXe siècle, des milliers de *sangaku* ont été réalisés par des Japonais qui avaient résolu des problèmes de géométrie mais ne disposaient pas des moyens de les publier sous forme de livre. En peignant leurs solutions sur des tablettes de bois qu'ils accrochaient sur un mur du temple, ils faisaient une offrande religieuse tout en donnant à connaître le fruit de leur travail.

Peu avant de mettre sous presse, j'ai appris que Jerome Carter avait perdu la vie en 2009 dans un accident de moto.

L. D. Balliett, *The Philosophy of Numbers*, L. N., Fowler, 1908.
E. T. Bell, *Numerology*, Century, 1933.
U. Dudley, *Numerology*, Mathematical Association of America, 1997.
M. du Sautoy, *Finding Moonshine*, Londres, Fourth Estate, 2008.
K. Ferguson, *The Music of Pythagoras*, New York, Walker, 2008.
T. Hull, *Project Origami*, Wellesley, MA, A. K. Peters, 2006.
C. H. Kahn, *Pythagoras and the Pythagoreans, a Brief History*, Indianapolis, IN, Hackett, 2001.
E. S. Loomis, *The Pythagorean Proposition*, Ann Arbor, MI, Edwards Bros., 1940.
E. Maor, *The Pythagorean Theorem*, Princeton, NJ, Princeton University Press, 2007.
L. Mlodinow, *Dans l'œil du compas*, Paris, Saint-Simon, 2002.
R. B. Nelsen, *Proofs Without Words*, Washington DC, Mathematical Association of America, 1993.
C. Riedwig, *Pythagoras, His Life, Teaching and Influence*, Ithaca, NY, Cornell University Press, 2002.
A. Schimmel, *The Mystery of Numbers*, New York, Oxford University Press, 1993.
F. J. Simoons, *Plants of Life, Plants of Death*, Madison, WI, University of Wisconsin Press, 1998.
T. Sundara Rao, *Geometric Exercises in Paper Folding*, Chicago, IL, Open Court, 1901.

N. J. Bolton et D. N. G. MacLeod, « The Geometry of the Sri Yantra », *Religion*, vol. 7, 1977.
M. F. Burnyeat, « Other Lives », *London Review of Books*, 2007.

CHAPITRE 3

Si la parution de *Liber Abaci* date de 1202, il aura fallu en attendre le huit centième anniversaire pour voir sa première traduction anglaise, en 2002. Les mathématiques védiques ne sont pas le seul type d'arithmétique rapide existant. Il y a plusieurs « systèmes », dont beaucoup partagent les mêmes astuces. Le plus réputé est la méthode de Trachtenberg, créée par Jakow Trachtenberg dans le camp de concentration nazi où il se trouvait en tant que prisonnier politique. Plus récemment, le « mathémagicien » autoproclamé Arthur T. Benjamin est un divertissant héraut de l'art de l'arithmétique rapide.

L. Fibonacci, *Fibonacci's Liber Abaci*, New York, Springer, 2002.
G. G. Joseph, *Crest of the Peacock*, Londres, Penguin, 1992.
K. Knott, *Hinduism : A Very Short Introduction*, New York, Oxford University Press, 1998.
C. Seife, *Zéro : la biographie d'une idée dangereuse*, Paris, Hachette, 2004.
Jagadguru Swami S. B. K. Tirthaji, *Vedic Mathematics*, Delhi, Motilal Banarsidass, 1992.

S. G. Dani, « Myths and Reality : On "Vedic Mathematics" », *Frontline* (Inde), 22 octobre et 5 novembre 1993.

CHAPITRE 4

Des concurrents présents à Leipzig, le moins voyant n'était pas Rüdiger Gamm, un ancien culturiste qui a toujours collectionné les mauvaises notes en maths à l'école. Après une carrière consacrée à ses très gros muscles, il exploite aujourd'hui son très gros cerveau. Gamm, auquel le don du calcul a valu une petite notoriété en Allemagne, m'a dit que son atout principal est sa mémoire : « Je crois bien que j'ai [emmagasiné] 200 000 à 300 000 nombres dans ma tête. »

(Ce chapitre m'a donné bien du mal parce que j'ai constamment dû me retenir de faire de mauvais jeux de mots avec pi. Les mathématiciens ont une propension congénitale au calembour. Aussitôt que nous voyons un mot, nous ne pouvons pas nous empêcher de le décomposer et de le remodeler, ce qui explique sans doute que les meilleurs joueurs de scrabble du monde soient diplômés de sciences ou d'informatique, pas de linguistique.)

J. Arndt et C. Haenel, *À la poursuite de pi*, Paris, Vuibert, 2006.
P. Beckmann, *A History of Pi*, New York, St Martin's Press, 1971.

L. Berggren, J. Borwein et P. Borwein, *Pi : A Source Book*, Londres, Springer, 2003.

G. Bidder, *A short Account of George Bidder, the Celebrated Mental Calculator : with a Variety of the Most Difficult Questions, Proposed to him at the Principal Towns in the Kingdom, and his Surprising Rapid Answers !*, W. C. Pollard, 1821.

Z. Colburn, *A Memoir of Zerah Colburn, Written by Himself*, Springfield, MA, G. & C. Merriam, 1833.

H. Rademacher et O. Torplitz, *Plaisir des mathématiques*, Paris, Dunod, 1967.

A. C. Aitken, « The Art of Mental Calculation ; with Demonstrations », *Society of Engineers Journal and Transactions*, 1954.

R. Preston, « The Mountains of Pi », *New Yorker*, 1992.

CHAPITRE 5

D. Acheson, *Mathémagique ! Balades mathématiques*, Paris, Belin. 2006.

D. Berlinski, *Une brève histoire des maths*, Paris, Saint-Simon, 2007.

R. Dale, *The Sinclair Story*, Londres, Duckworth, 1985.

J. Derbyshire, *Unknown Quantity*, Londres, Atlantic Books, 2006.

P. M. Hopp, *Slide Rules, Their History, Models and Makers*, New Jersey, Astragal Press, 1999.

E. Maor, *e : The History of a Number*, Princeton, NJ, Princeton University Press, 1994.

L. Rade et B. A. Kaufman, *Aventures avec votre calculateur*, Paris, CEDIC, 1979.

E. Schlossberg et J. Brockman, *50 jeux avec votre calculatrice électronique*, Paris, Éditions Radio, 1976.

J. Vine, *Fun & Games with your Electronic Calculator*, Londres, Babani Press, 1977.

CHAPITRE 6

On trouve dans le folklore islamique une forme légèrement différente de la suite de puissances de 7 de la Mère l'Oie et du *Liber*

Abaci : l'ange de Mohammed possède soixante-dix mille têtes, dont chacune compte soixante-dix mille visages comportant chacun soixante-dix mille bouches dotées de soixante-dix mille langues qui parlent chacune soixante-dix mille dialectes. Ce qui fait un total d'environ 1,7 million de milliards de milliards de dialectes.

Au-delà du génie caractérisant ses casse-tête, les articles de Dudeney dans *Strand Magazine* sont brillamment écrits, et ils méritent amplement qu'on les lise. Je sais gré à Angela Newing, la spécialiste mondiale de Dudeney, de m'avoir procuré certains détails biographiques et à Jerry Slocum d'avoir résolu tous mes autres casse-tête à propos des casse-tête. Si quelqu'un veut se faire tatouer un ambigramme, qu'il jette un coup d'œil aux créations de Mark Palmer à www.wowtattoos.com.

C. G. Bachet, *Problèmes plaisans et délectables, qui se font par les nombres, (...) très utiles pour toutes sortes de personnes curieuses qui se servent d'arithmétique*, Lyon, P. Rigaud, 1612.

D. J. Bodycombe, *The Riddles of the Sphinx*, Londres, Penguin, 2007.

M. Danesi, *The Puzzle Instinct*, Indianapolis, University of Indiana Press, 2002.

J. Elffers et M. Schuyt, *Tangram*, New York, Stewart, Tabori & Chang Inc., 1997.

M. Gardner, *Mathématiques, magie et mystère*, Paris, Dunod, 1960.

G. H. Hardy, *A Mathematician's Apology*, Cambridge, Cambridge University Press, 1940.

W. Hooper, *Rational Recreations, in which the Principles of Numbers and Natural Philosophy are Clearly and Copiously Elucidated by a Series of Easy Entertaining, Interesting Experiments, among which are all those Commonly Performed with the Cards*, Londres, 1774.

S. Loyd, *The 8th Book of Tan Part I*, New York, Dover, 1968.

E. Maor, *Trigonometric Delights*, Princeton, NJ, Princeton University Press, 1998.

R. Netz et W. Noel, *Le Codex d'Archimède : les secrets du manuscrit le plus célèbre de la science*, Paris, J.-C. Lattès, 2008.

P. C. Pasles, *Benjamin Franklin's Numbers*, Princeton, NJ, Princeton University Press, 2008.

C. A. Pickover, *The Zen of Magic Squares, Circles and Stars*, Princeton, NJ, Princeton University Press, 2002.

472   ALEX AU PAYS DES CHIFFRES

W. W. Rouse Ball, *Mathematical Recreations and Problems*, Londres, Macmillan, 1892.

J. Slocum, *The Tangram Book*, New York, Sterling, 2001.

J. Slocum et D. Sonneveld, *The 15 Puzzle*, Californie, Slocum Puzzle Foundation, 2006.

F. J. Swetz, *Legacy of the Luoshu*, Chicago, IL, Open Court, 2002.

H. Dudeney, « Perplexities », chronique dans *Strand Magazine*, Londres, 1910-1930.

D. Singmaster, « The Unreasonable Utility of Recreational Mathematics », conférence prononcée lors du Ier Congrès européen de mathématiques, Paris, juillet 1992.

CHAPITRE 7

L'Encyclopédie en ligne des suites de nombres entiers (www.research.att.com/~njas/sequences/) peut à première vue paraître rebutante pour le profane, mais dès qu'on en saisit le truc, il devient fascinant de la parcourir. J'ai trouvé aussi dans l'encyclopédie en ligne des nombres premiers de Chris Caldwell, *The Prime Pages* (http://primes.utm.edu), un excellent point de référence.

A. Doxiadis, *Oncle Petros et la conjecture de Goldbach*, Paris, Le Seuil, 2002.

M. du Sautoy, *La Symphonie des nombres premiers*, Paris, Le Seuil, 2007.

C. Reid, *From Zero to Infinity*, New York, Thomas Y. Cromwell, 1955.

T. Schmelzer et R. Baillie, « Summing a Curious, Slowly Convergent Series », *American Mathematical Monthly*, juillet 2008.

N. J. A. Sloane, « My Favorite Integer Sequences », 2000.

CHAPITRE 8

Il est quand même assez insolite que les mots pi, phi et Fibonacci comportent des consonances communes alors que leur étymologie n'a rien à voir, mais les théoriciens de la conspiration verront peut-être la chose autrement. En matière de nombre d'or, il n'est pas toujours évident de faire le tri entre les farfelus et les autres. C'est incontestablement parmi ces derniers que figure Ron Knott, dont le site (www.computing.surrey.ac.uk/personal/ext/R.Knott/Fibonacci/) comporte tout ce que vous avez toujours voulu savoir sur 1,618...

M. Livio, *The Golden Ratio*, Londres, Review, 2002.
A. S. Posamentier et I. Lehmann, *The (Fabulous) Fibonacci Numbers*, New York, Prometheus Books, 2007.

I. C. McManus, R. Cook et A. Hunt, « Beyond the Golden Section and Normative Aesthetics : why do Individuals Differ so much in their Aesthetic Preferences for Rectangles ? », *Perception*, vol. 36, 2007.

CHAPITRE 9

La formule de Kelly ne consiste pas seulement à toujours connaître le rapport avance/chances, loin de là, étant donné que les situations de jeu sont généralement plus complexes que celle, particulièrement simple, que j'ai décrite. Mes excuses à Ed Thorp, qui, lors de notre entretien, m'a demandé plein d'espoir si je serais capable d'expliquer Kelly avec justesse dans le détail. Désolé, Ed, c'est vraiment trop compliqué pour les prétentions de ce livre ! Le formidable ouvrage de William Poundstone m'a vraiment éclairé, et je lui suis immensément reconnaissant de m'avoir fourni les données du graphique de la p. 380.

A. D. Aczel, *Chance*, Londres, High Stakes, 2005.
D. J. Bennett, *Randomness*, Cambridge, MA, Harvard University Press, 1998.
K. Devlin, *The Unfinished Game*, New York, Basic Books, 2008.
J. Haigh, *Taking Chances*, Oxford, Oxford University Press, 1999.
M. Kaplan et E. Kaplan, *Chances Are*, New York, Penguin, 2006.
L. Mlodinow, *The Drunkard's Walk*, Londres, Allen Lane, 2008.
J. A. Paulos, *La Peur des chiffres : l'illettrisme mathématique et ses conséquences*, Paris, Ergo Presse, 1989.

W. Poundstone, *Fortune's Formula*, New York, Hill & Wang, 2005.
J. S. Rosenthal, *Struck by Lightning*, Washington, DC, Joseph Henry Press, 2001.
E. O. Thorp, *Beat the Dealer*, New York, Vintage, 1966.
H. Tijms, *Understanding Probability*, Cambridge, Cambridge University Press, 2007.
J. Venn, *The Logic of Chance*, Londres, Macmillan, 1888.

CHAPITRE 10

Les statistiques sont l'unique discipline abordée dans ce livre que je n'ai pas eu l'occasion d'étudier à l'école ou à l'université, si bien que tout cela s'est révélé assez nouveau pour moi. Certains mathématiciens vont jusqu'à refuser de considérer les statistiques comme partie intégrante des mathématiques, parce qu'elles s'occupent de choses impures comme le mesurage. Pour ma part, j'ai pris du plaisir à me salir les mains, mais ça fait un bon moment que je n'ai plus mis les pieds chez Greggs.

M. Blastland et A. Dilnot, *The Tiger that Isn't*, Londres, Profile, 2007.
M. Brookes, *Extreme Measures*, Londres, Bloomsbury, 2004.
P. Cline Cohen, *A Calculating People : the Spread of Numeracy in Early America*, Chicago, IL, University of Chicago Press, 1982.
I. B. Cohen, *The Triumph of Numbers*, New York, W. W. Norton, 2005.
A. W. F. Edwards, *Pascal's Arithmetical Triangle*, Baltimore, MD, Johns Hopkins University Press, 1987.
S. Kuper et S. Szymanski, *Why England Lose*, Londres, Harper-Collins, 2009.
N. N. Taleb, *Le Cygne noir : la puissance de l'imprévisible*, Paris, Les Belles Lettres, 2008.

CHAPITRE 11

La question demeure ouverte de savoir si l'univers est plat, sphérique ou hyperbolique, mais il est de toute façon certainement assez plat ; si incurvation il y a, elle est très légère et ne dévie que peu de 0. L'aspect ironique de l'entreprise consistant à éprouver la courbure de l'univers, c'est qu'on ne pourra jamais démontrer de façon concluante que l'univers est plat puisqu'il y aura toujours des erreurs de mesure. En revanche, il est possible de prouver cette incurvation de façon théorique, si, compte tenu des erreurs de mesurage, les résultats montrent une courbure différente de 0.

L'hôtel Hilbert porte parfois le nom d'hôtel Infini, et cette histoire connaît de nombreuses versions. Les clients vêtus d'un tee-shirt sont de mon invention.

A. D. Aczel, *The Mystery of the Aleph*, New York, Washington Square Press, 2000.

J. D. Barrow, *Une brève histoire de l'infini*, Paris, Robert Laffont, 2008.

D. Foster Wallace, *Everything and More*, New York, W. W. Norton, 2003.

R. Kaplan et E. Kaplan, *The Art of the Infinite*, Londres, Allen Lane, 2003.

D. O'Shea, *Grigori Perelman face à la conjecture de Poincaré*, Paris, Dunod, 2007.

D. Taimina et D. W. Henderson, « How to Use History to Clarify Common Confusions in Geometry », *Mathematical Association of America Notes*, 2005.

* * *

INTERNET

Tout travail de recherche lié de près ou de loin aux mathématiques serait inconcevable sans Wikipédia et Wolfram Math World (www.mathworld.wolfram.com), auxquels je me suis quotidiennement référé.

EN GÉNÉRAL

La liste des ouvrages que j'ai consultés serait trop longue pour figurer intégralement ici, mais les titres ci-dessous ont directement contribué, d'une façon ou d'une autre, au contenu de ce livre. Tout ce qu'écrivent Keith Devlin, Clifford A. Pickover ou Ian Stewart mérite toujours d'être lu.

E. T. Bell, *Les Grands Mathématiciens*, Paris, Payot, 1939.

P. J. Bentley, *Livre des nombres : leur histoire et leurs secrets, des origines à nos jours*, Paris, Eyrolles, 2009.

D. Darling, *The Universal Book of Mathematics*, Hoboken, NJ, Wiley, 2004.

K. Devlin, *All the Math That's Fit to Print*, Washington DC, Mathematical Association of America, 1994.

U. Dudley (sous la direction de), *Is Mathematics Inevitable ?*, Washington DC, Mathematical Association of America, 2008.

R. Eastaway et J. Wyndham, *Pourquoi les bus arrivent-ils toujours par trois ? : les mathématiques dans la vie quotidienne*, Paris, Flammarion, 2001.

R. Eastaway et J. Wyndham, *How Long is a Piece of String ?*, Londres, Robson Books, 2002.

T. Gowers, *Mathematics : A Very Short Introduction*, Oxford, Oxford University Press, 2002.

J. Gullberg, *Mathematics*, New York, W. W. Norton, 1997.

A. Hodges, *One to Nine*, Londres, Short Books, 2007.

P. Hoffman, *Erdös : l'homme qui n'aimait que les nombres*, Paris, Belin, 2000.

L. Hogben, *Les Mathématiques pour tous*, Paris, Payot, 1938.

J. Mazur, *Euclid in the Rainforest*, New York, Plume, 2005.

J. Newman (sous la direction de), *The World of Mathematics*, New York, Dover, 1956.

C. A. Pickover, *A Passion for Mathematics*, Hoboken, NJ, Wiley, 2005.

S. Singh, *Le Dernier Théorème de Fermat*, Paris, Fayard, 1999.

Remerciements

Merci d'abord à Claire Paterson, chez Janklow & Nesbit, qui par ses encouragements a rendu possible la rédaction de ce livre, ainsi qu'à mes éditeurs, Richard Atkinson à Londres et Emily Loose à New York. Toute ma gratitude également à Andy Riley pour ses illustrations magnifiques.

Je dois la réussite de mes voyages au soutien d'amis, anciens et nouveaux : au Japon, Chieko Tsuneoka, Richard Lloyd Parry, Fiona Wilson, Kouzi Suzuki, Masao Uchibayashi, Tetsuro Matsuzawa, Chris Martin et Leo Lewis. En Inde, Gaurav Tekriwal, Dhananjay Vaidya et Kenneth Williams. En Allemagne, Ralf Laue. Aux États-Unis, Colm Mulcahy, Tom Rodgers, Tom Hull, Neil Sloane, Jerry Slocum, David Chudnovsky, Gregory Chudnovsky, Tom Morgan, Michael de Vlieger, Jerome Carter, Anthony Baerlocher et Ed Thorp. Au Royaume-Uni, Brian Butterworth, Peter Hopp et Eddy Levin.

Le manuscrit a amplement bénéficié des commentaires de Robert Fountain, Colin Wright, Colm Mulcahy, Tony Mann, Alex Paseau, Pierre Pica, Stefanie Marsh, Matthew Kershaw, John Maingay, Morgan Ryan, Andreas Nieder, Daina Taimina, David Henderson, Stefan Mandel, Robert Lang, David Bellos et Ilona Morison. Merci aussi à Natalie Hunt, Simon Veksner, Veronica Esaulova, Gavin Pretor-Pinney, Justin Leighton, Jeannine Mosely, Ravi Apte, Hugo de Klee, Maura O'Brien, Peter Dawson, Paul Palmer-Edwards, Elaine Leggett, Rebecca Folland, Kirsty Gordon, Tim Glister, Hugh Morison, Jonathan Cummings, Raphael Zarum, Mike Keith, Gareth Roberts, Gene Zirkel, Erik Demaine, Wayne Gould, Kirk Pearson, Angela Newing, Bill Eadington, Mike

LeVan, Sheena Russell, Hartosh Bal, Ivan Moscovich, John Holden, Chris Ottewill, Mariana Kawall Leal Ferreira, Todd Rangiwhetu, William Poundstone, Frank Swetz et Amir Aczel. Et enfin, ma nièce, Zara Bellos, qui a promis d'avoir un 20 en maths si je mentionnais son nom quelque part dans ces pages.

Crédits photo

p. 28 © Tetsuro Matsuzawa.

p. 51 Reproduit avec l'aimable autorisation de Jürg Wassmann.

p. 53-60 Fontes duodécimales et logo de la DSA reproduites avec l'aimable autorisation de Michael de Vlieger, Dozenal Society of America.

p. 64 De la collection du Musée international d'horlogerie, La Chaux-de-Fonds, Suisse.

p. 112 © Sir Roger Penrose.

p. 117 © Ravi Apte.

p. 210 Science Museum/Science & Society Picture Library.

p. 216 Science Museum/Science & Society Picture Library.

p. 232 © Justin Leighton.

p. 236 © Maki Kaji.

p. 243 © Jose/Fotolia.

p. 244 Reproduit avec l'aimable autorisation de la Clendening History of Medicine Library, University of Kansas Medical Center.

p. 256 Reproduit avec l'aimable autorisation de Jerry Slocum.

p. 259 Reproduit avec l'aimable autorisation de Jerry Slocum.

p. 262-263 Get Off The Earth est une marque déposée de la Sam Loyd Company, utilisée ici avec autorisation.

p. 269 Reproduit avec la permission de Scott Kim.

p. 270 Reproduit avec l'aimable autorisation de Mark Palmer, Wow Tattoos.

p. 276 © Dániel Erdély, Walt van Ballegooijen et la Spidron Team, 2008. Création Dániel Erdély.

p. 299 Reproduit avec l'aimable autorisation de Paul Bateman.

p. 317 Utilisé sous licence de Shutterstock.com.
p. 326 Kasia, 2009. Utilisé sous licence de Shutterstock.com.
p. 333 © Alex Bellos.
p. 349 Scott W. Klette, reproduit avec l'aimable autorisation du Nevada State Museum, Carson City, NV.
p. 380 Reproduit avec l'aimable autorisation de William Poundstone.
p. 422 © Daina Taimina.
p. 432 © The M. C. Escher Company, Pays-Bas, 2009. Tous droits réservés. www.mcescher.com.
p. 435 © Daina Taimina.

Index

abeilles, nombres de Fibonacci : 318
abominables, nombres : 285
accidents de voiture : 417
Achille et le paradoxe de la tortue : 302-304, 306
Ai (chimpanzé) : 24-29
aire
   équations du second degré : 220-221
   quadrature du cercle : 173-176
Aitken, Alexander Craig : 159
Akkersdijk, Erik : 273
aléatoire
   difficulté de compréhension par le cerveau : 357-358
   erreurs aléatoires : 400, 410
   et performance sportive : 417-419
   loi des grands nombres : 350-356, 361, 378, 455
   manipulation du hasard : 372-382
   nombres aléatoires : 189
   parcours aléatoires : 365-370, 457
   sophisme du joueur : 356-358, 383, 458
   théorie des probabilités : 336, 340
aleph : 441, 449-450
Alex (le perroquet) : 23
algèbre : 197-206
   équations : 200-201
   équations cubiques : 222-224
   équations du second degré : 220-222, 227-233
   équations quartiques : 224
   étymologie : 200
   relation avec la géométrie : 227
   symboles : 198-199, 201-203
   système d'équations : 225-226
   système de coordonnées cartésien : 226-227
   tour de magie du 1089 : 197, 204-206
algorithmes : 201, 453
al-Khwarizmi, Muhammad ibn Musa : 200
Allemagne
   Loto : 362
   tangram : 255
   termes numéraux : 70, 72
alphabets : 129
ambigrammes : 269-270, 453
American Journal of Mathematics : 260
American Mathematical Society (AMS) : 375
Amérique du Sud, systèmes de comptage : 61
ananas, nombres de Fibonacci : 316
Andrews, F. Emerson : 57
angle d'or : 328-329
angles
   angle d'or : 328-329
   sommet : 103, 458
   triangle rectangle : 92-96
   trisection : 108, 119
animaux
   aptitudes numérales : 23-29
   expériences avec des points : 34, 42-43

Anindilyakwa, peuple : 40
Annairizi : 97, 101, 459
anniversaires, paradoxe des : 359-362, 376
anti-heptagonistes : 191
Apollon : 108
Apollonios de Tyane : 91
Apple : 358
approximations : 21, 32-36, 43
arabes, chiffres : 24, 137-139, 145
Arara, peuple : 46
Archimède : 165-167, 176, 178, 256
Archimède, spirale d' : 325
arithmétique
  aptitudes des bébés : 29-32
  boulier : 76-82
  « calculateurs prodiges » : 157-163
  chiffres arabes et : 137-138
  mathématiques védiques : 138-155, 162
  multiplication : 130-132
  termes numéraux et aptitudes mathématiques : 69-70
  théorème fondamental de : 286
arithmétique rapide : 157-163
art
  islamique : 109-113
  Melencolia I (Dürer) : 241-243
  proportion d'or : 314, 330
art corporel, ambigrammes : 269
artisanat : 437
Asie, langues d', termes numéraux : 69-72
Asimov, Isaac : 269
assurances : 354-383
astragale : 337
astronomie : 109, 132, 209
Athènes : 108
atomes : 127-128, 392
Australie, communautés aborigènes : 40
autisme : 32, 158
avance
  jeu : 378-379
avion
  emploi de la règle à calcul : 219
  géométrie sphérique : 437
  indien : 148
axiomatisation, géométrie : 422
axiomes : 422-423, 453, 457

Ayumu (chimpanzé) : 27-29
aztèque, stade (Mexico) : 233

Babyloniens
  équations du second degré : 221
  pi : 165
  système de comptage « à valeur de position » : 133
  système en base 60 : 62
Bachet, Claude Gaspard : 261
Bacon, Francis : 449
Baerlocher, Anthony : 348-356
baguettes, poids : 385-388, 390-391, 410-412, 414
Bailey, David H. : 185
Baillie, Robert : 310
Balliett, Mrs L. Dow : 91
Banque d'Angleterre, bâton de comptage : 63-65
Baravalle, Hermann : 98-99, 101
Barcelone : 243
baromètre : 385
Barr, Mark : 330
barycentre, triangle : 106-107
bases : 46-52, 453
  nombres cunéiformes : 62
  système binaire : 66-69
  système en base 5 : 48
  système en base 10 : 46-48, 50-52, 69
  système en base 12 : 52-60
  système en base 8 : 52, 60, 72
  système en base 60 : 60
  système en base 64 : 52
  système en base 20 : 48, 72
basket-ball : 418
bâton de comptage : 60, 63-65, 130
Baum, L. Frank : 279
beauté
  enquête de Galton sur la : 393
  proportion d'or et : 329-333
bébés
  aptitudes numérales : 29-32
  prédire le sexe des : 370
Bède le Vénérable : 48
Bellard, Fabrice : 186
Beloch, Margherita P. : 118
Bergsten, Mats : 178

INDEX

Bernoulli, Jakob : 324-325
Bhaskara : 97
Bible : 165, 337, 425
Bidder, George Parker : 157-158, 161
Big Bang : 438
Big Ben : 65
billard électrique : 397-400
Birmanie : 92
Black, Fischer : 381
black-jack : 374-376, 378-381
Boèce : 138
Bologne : 222-223
Boltzmann, Ludwig : 392
Bolyai, Farkas : 425, 427
Bolyai, János : 425-427
Booth, Julie : 20
Boston Globe : 375
Boston Post : 258
Bouddha : 127-128
boulier : 74-82, 133-135, 137, 160
Bourse, et probabilités : 370-371
Brahmagupta : 134
Brésil, tribus d'Amazonie : 13-22, 36-39
Briggs, Henry : 210-211
Brighton : 7
Brooklyn Daily Eagle : 262
Brown, Dan : 269
Brown, Richard : 269
Buchenwald, camp de concentration : 218
Buffon, comte de : 176-178
Bureau de la monnaie décimale : 191
Bush, Kate : 164
Butterworth, Brian : 39-41
Buxton, Jedediah : 157-158
Byrne, Oliver : 107

cadran solaire : 32
calcul
  boulier : 74-82
  calcul de calendrier : 160
  échelle log-log : 215
  prodiges mathématiques : 157-163
  règle à calcul : 212-220
calcul infinitésimal : 168, 307, 439
calculateur de navigation : 219
« calculateurs prodiges » : 157-163

calculatrice de Fuller : 215-216
calculatrices
  Curta : 216-218
  électroniques : 77, 159, 218-220
calendriers
  calcul de calendrier : 160
  système en base 12 : 55
Californie : 363
calligraphie, ambigrammes : 269-270, 453
Cantor, Georg : 422, 438-439, 441-451
Cardano, Girolamo, dit Cardan : 223-225, 336-337
cardinalité : 24, 26, 453
  théorie des ensembles : 441, 444
carrés
  carré latin : 246-247, 249, 251, 453
  carré magique : 95, 239-247, 251, 453, 461
  dissection géométrique : 266-267
  équations du second degré : 229
  quadrature du cercle : 108, 173-176, 229
  stomachion : 256-257
  sudoku : 247-253
  tapis de Sierpiński : 402
  théorème de Pythagore : 94-95
  triangle de Reuleaux : 193
carrés latins : 246-247, 249, 453
carrés magiques : 239-247, 251, 453, 461
carte météorologique : 413
Carter, Jerome : 85-88, 92
cartes mentales, formes numériques : 394-396
cartes, jeux de, black-jack : 374-376, 378-381
cartésien, système de coordonnées : 226-227
Casanova, Giacomo : 377
casino
  black-jack : 374-376, 378-381
  et loi des grands nombres : 351-354
  machines à sous : 335-336, 348-357
  manipulation du hasard : 371-381
  roulette : 345-348, 350, 371-374
  stratégie de mise : 376-382
casse-tête : 235-280
  ambigrammes : 269-270, 453
  carrés magiques : 238-247, 251, 461

casse–tête « Get off the Earth » : 262-264
   dans la nature humaine : 260-261
   dissection géométrique : 266-267
   Gathering for Gardner (G4G) conférences : 267-272, 276-280
   progressions géométriques : 236-238
   Rubik's Cube : 260, 272-275
   sudoku : 247-253, 272
   tangrams : 253-256, 262, 272
   taquin : 258-261, 272
casse-tête « Get off the Earth » : 262-264
casse-tête de cubes Lott's : 255-256
Centre national de la recherche scientifique (CNRS) : 13
cercle circonscrit, triangle : 106-107
cercles
   circonférence : 454
   définition : 191
   diamètre : 454
   équations du second degré : 227-230
   pi : 163-190, 457
   quadrature : 108, 173-176, 229
   rayon : 457
   rouleaux : 192
cerveau
   cognition numérale : 42-43
   méconnaissance de l'aléatoire : 357-358
   « module des nombres exacts » : 39, 43, 396
   synesthésie : 396
   usage du boulier : 80
Ceulen, Ludolph Van : 167-168
Chambres du Parlement : 65
Championnat du monde de calcul mental : 159-162
chapelet musulman : 50
Chapman, Noyes : 259, 261
Charles XII, roi de Suède : 51
Charlotte, reine : 157
chevaux, comptage : 23
Chicago Tribune : 258
chiffres
   arabes : 24, 137-138, 145
   chinois : 32
   évolution : 135
   indiens : 32
   romains : 32, 37, 129-132, 138

chiffres d'Afrique du Nord : 135
chimpanzés, aptitudes numérales : 24-29
Chine
   boulier : 74-75
   carrés magiques : 238-239
   chiffres : 32
   comptage sur les doigts : 49
   et le théorème de Pythagore : 96
   mah-jong : 338
   systèmes de comptage : 61
   tables de multiplication : 71
   tangram : 253-254
   termes numéraux : 71
   triangle de Pascal : 402
   Yi King : 67-69
Chomsky, Noam : 13
Christ : 50, 88, 91, 243
christianisme : 294, 343-345, 425
Christine, reine de Suède : 227
Chudnovsky, Gregory and David : 181-187, 189-190
circonférence, cercle : 163, 454, 457
coefficient de corrélation : 415
cognition numérale : 32, 36
cognition numérique : 36
Cohen, Henri : 295
coïncidences : 360, 362-363
Colburn, Zerah : 158, 161
Coll, Jimmy : 274
combinatoire : 250, 252, 454
« comptage par le corps », systèmes de : 49-50
comptage
   à valeur de position : 73-82, 132-135, 140-152, 155
   aptitudes animales : 23-29
   sur les doigts : 48-49
comptines : 237, 285
cônes de chantier : 7-8
consommateur, défense du : 390
constantes : 186, 454, 457
constantes mathématiques : 186, 454, 457
continues, fractions : 464
continuum : 454
contradiction, preuve par : 460
contrainte, écriture : 179-180
contrôle, besoin de : 358-359
convergente, série : 306-311, 458

INDEX

Conway Daily Sun : 249
Conway, H. G. : 193
Conway, John Horton : 277, 289
coordonnées, système cartésien de : 226-227
coquille, nautile : 325-326
corail, récifs de : 436-437
cordeau, angle droit au : 92-94
Corée
   systèmes de comptage : 61
   termes numéraux : 69
corps humain
   courbes en cloche : 392, 396
   dents : 322-323
   phi dans le : 322, 331
   variation de taille : 413-415
corrélation : 454
« cossistes » : 222-223
Coto, Alberto : 160, 162
Coupe du monde de football : 359, 361
courbes
   courbe d'erreur : 389, 407
   courbe de largeur constante : 192-194
   courbe en cloche : 388-393, 396-401, 407-413
   courbure de l'espace : 427-429, 437-438, 454
   distribution leptokurtique : 408-409
   distribution platikurtique : 408-409
   équations du second degré : 227-231
   spirales logarithmiques : 323-326, 329
craps : 347
criminalité, statistiques : 391
cristaux, quasi-cristaux : 112
crochet hyperbolique : 421-422, 433-437
cubes
   dés : 338
   éponge de Menger : 116-118
   Kaaba : 108
   origami de cartes de visite : 114
   problème délien : 108, 118-119
   Rubik's Cube : 260, 272-275
   solides platoniciens : 102-103
cubiques, équations : 222-224, 454
cubiques, nombres, système en base 64 : 51-52
cubiques, racines, casse-tête de l'« extraction de racine » : 265
culturelles, influences : 69-73
Curta : 216-218
Cutler, Bill : 256

Daily Mail : 249
Daily Mirror : 191
Daily Telegraph : 249
Danesi, Marcel : 260
Dani, S. G. : 153-154
Dantzig, Tobias : 68
Darwin, Charles : 337, 400
Dase, Johann Zacharias : 162-163, 169-170
dates, calcul de calendrier : 160
dauphins, aptitudes numériques : 26
David, roi d'Israël : 17, 50
De Morgan, Augustus : 176
décimal, développement, infinis indénombrables : 444-447
décimal, système : 50-52
   base : 46
   inconvénients : 55, 58
   paradoxe du plus grand nombre inférieur à 1 : 305
   système à valeur de position : 137, 140-152, 155
   temps : 63
décimales, fractions : 135, 173, 455
décision, prise de : 416
Dehaene, Stanislas : 34, 36, 40, 70
del Ferro, Scipione : 224
Delamain, Richard : 212
délien, problème : 108, 118-119
Demaine, Erik : 119, 267-268
dénominateurs
   fractions : 171, 454
   plus petit dénominateur commun : 171
denture, phi et la : 322-323
dés : 336-343, 347-348
Descartes, René : 201-202, 226-227, 324-325, 340
déviation, courbe en cloche : 408
Diaconis, Persi : 350, 364
diagonales « douces » du triangle de Pascal : 405-406

diagonales brisées, carrés magiques : 243-245
diamètre, cercle : 163, 454, 457
dichotomie, paradoxe de la : 305
Dickens, Charles : 65
Dieu
  et l'infini : 449
  existence de : 343-345
Dieu, nombre de, Rubik's Cube : 274-275
Diogène le Cynique : 305
Diophante : 199-201, 203-204, 206, 261
disparition géométrique : 262-264
dissection à charnière : 266-267
dissection géométrique : 266-267
distances, perspective : 21
distribution : 389-391, 454
  courbe en cloche : 388-393, 396-401, 407-413
  distribution gaussienne : 389, 407, 454
  distribution leptokurtique : 408-409
  distribution normale : 389, 396, 407-410, 454, 458
  distribution platikurtique : 408-409
distribution gaussienne : 389, 407, 454
distribution normale : 389, 396, 407-408, 410, 454
divergente, série : 306-308, 457, 463
divination : 92, 337
divine proportion : 313
diviseurs : 454
divisibilité
  comptage du temps : 63
  système en base 12 : 55
division, logarithmes : 209
dix
  comme base logarithmique : 210
  système en base 10 : 46, 50-52, 69
dodécaèdres : 102-103, 338, 458
dodécagones, calcul de pi : 166
doigts
  comptage sur les doigts : 48-50
  multiplication paysanne : 130-131, 143
  polydactylie : 57
doigts/chiffres : 48
dominos : 271
Dowker, Ann : 70
Doyle, Sir Arthur Conan : 265

Dozenal Society of America (DSA) : 57-60
Dozenal Society of Great Britain : 57
droites
  disparition géométrique : 262-264
  ligne des nombres : 18-21, 444-449, 455
  parallèles : 424, 456
  représentant une équation : 226-233
  sommet : 103, 458
Dudeney, Henry : 98, 101, 260, 265-267
Dudeney, nombres de : 266
duels mathématiques : 223
Duodecimal Bulletin : 57
Duodecimal Society of America (DSA) : 57-60
Dürer, Albrecht : 182, 241-243
Dürer, carré de : 242-243
Dürer, solide de : 241
Dwiggins, William Addison : 59
dyscalculie : 40-42, 454
dyslexie : 41

échecs, problèmes : 261, 265
échelle linéaires : 20-22
échelle log-log : 215
échelles
  linéaire : 20-22
  logarithmique : 20
échelles logarithmiques : 20-22, 211-213
écriture
  calibreur du nombre d'or : 313-314, 323
  contrainte : 179-180
  nombres cunéiformes : 62, 129
  origines de l' : 62
écriture, calibreur du nombre d'or : 313-314, 323
Edinburgh Medical Journal : 392
éducation
  estimation et : 36
  multiplication : 151-152
  statistiques : 410
Égypte
  comptage du temps : 62
  jeux de hasard : 338
  papyrus de Rhind : 198-199, 236-238

INDEX

pi : 165
pyramides : 93
égyptien, triangle : 94, 121, 458
égyptienne, multiplication : 130-131
Einstein et vous, casse-tête : 271
Einstein, Albert : 427, 437-438
Elbrow, contre-amiral G. : 57
Electronic Frontier Foundation : 301
électronique, calculatrice : 77, 159, 218-220
ellipses, équations du second degré : 227-232
empreintes digitales : 413
Encyclopédie en ligne des suites de nombres entiers : 283-292
enfants
  aptitudes numérales : 29-32
  dyscalculie : 40-42
  expérience avec la ligne des nombres : 20-21
  tables de multiplication : 71-72
  termes numéraux et aptitudes mathématiques : 69-70
ENIAC (Electronic Numerical Integrator and Computer) : 170
ennéagones : 102, 119
ensembles : 454
  cardinalité : 25, 453
  infini dénombrable : 441-443, 447, 455
  infini indénombrable : 447-449, 455
  théorie des ensembles de Cantor's : 24, 422, 441-451
entiers naturels : 171, 454
  diviseurs : 454
  et l'infini : 441, 443, 447
  nombres premiers : 285, 456
  suite : 283
  suites harmoniques : 307
équations : 200-201
  droites représentant : 226-233
  équations cubiques : 222-224, 454
  équations du second degré : 220-222, 227-233, 455
  équations quartiques : 224
  système d'équations : 225-226
équipe d'Angleterre de football : 419
Erdély, Dániel : 275-276
erreurs aléatoires : 400, 410
Escher, M. C. : 269, 431-432

escroqueries, et probabilité : 370
espace
  courbure de l' : 427-428, 437-438, 454
  espace-temps : 437-438
  géométrie hyperbolique : 431-438
  géométrie non euclidienne : 421-422, 428
Espagne
  chiffres : 135
  termes numéraux : 72
espérance mathématique : 343-346, 455
Essig, Jean : 60
estimation : 34, 37-39
États-Unis
  casinos : 335-336, 347
  casse-tête : 258-264
  machines à sous : 348-357
ethnomathématiques : 9
étoiles, lumière des : 437-438
Euclide : 11, 165, 199
  centre d'un triangle : 106-107
  cinquième postulat : 423-428
  et l'infini : 439
  géométrie non euclidienne : 421-422, 428
  Les Éléments : 99-105, 107-108, 421-425, 427
  nombres parfaits : 295-297
  nombres premiers : 285, 297
  polygones : 102-103, 295
  restrictions de la géométrie euclidienne : 108, 119
  sur la moyenne d'or : 314
  théorème de Pythagore : 99, 101
  triangles équilatéraux : 100
euclidienne, géométrie : 437
eugénisme : 401, 413
Euler, Leonhard : 106-107, 181, 246, 257, 286, 365
Evening Argus (Brighton) : 7-8
évolution : 401
examens, statistiques : 410, 415
expérience avec des ensembles de points : 32-35
  singes : 42-43
  tribus d'Amazonie : 18-21, 36-39
exposant : 455
« Extraction de racine », casse-tête : 265

Faber-Castell : 213, 215
facteurs : 455
   nombres amicaux : 294
   nombres parfaits : 293
   nombres sociables : 294
   plus grand commun diviseur : 171
factoriser : 455
faucons pèlerins, spirales logarithmiques : 325-326
Fechner, Gustav : 330-331
Feller, William : 369-370
feng shui : 239
Ferguson, D. F. : 170
Fermat, dernier théorème de : 207, 227
Fermat, Pierre de : 206, 294, 340, 342
Ferrari, Lodovico : 224
feuilles, et phi : 326-329
Fey, Charles : 348-349
Feynman point de, pi : 188
Feynman, Richard : 188
Fibonacci, Leonardo : 137, 154-155, 237, 317
Fibonacci, nombres et suite : 315-322, 456
   angle d'or : 328
   dans la nature : 316-318, 322, 405
   dans le triangle de Pascal : 405-406
   Liber Abaci : 316-318
   rapports : 321-322, 332-333
   récurrence : 318
   schémas : 319-320
   tours de magie : 320-321
Fiore, Antonio : 223-224
Fitzneal, Richard : 63-64
Flash Anzan : 79-82
fleurs, nombres de Fibonacci : 316
Fleuve Jaune : 238
Florence : 138
football
   paradoxe des anniversaires : 359-362
   régression vers la moyenne : 417, 419
formes
   dissection géométrique : 266-267
   polygones : 102-103
   solides platoniciens : 102-104, 108, 112
fourmis : 26

Fox, capitaine : 178
fractales : 325
fractions : 171
   dénominateur : 171, 454, 457
   entiers rationnels : 456
   et infini : 443-444, 447-449
   fractions continues : 464
   fractions décimales : 135, 173, 455
   numérateur : 171, 456
   probabilités : 336
   système en base 12 : 58
France
   casse-tête : 261
   chiffres : 135
   comptage décimal du temps : 63
   préjugé britannique contre le système métrique : 57
   roulette : 345
   tables logarithmiques : 211
   tangram : 254
   termes numéraux : 72
franc-maçonnerie : 91
Franklin, Benjamin : 243-245, 461
Fröbel, Friedrich : 118
Furuyama, Naoki : 78-79
Fushimi, Koji : 121

galaxies, spirales logarithmiques : 325
Galilée, paradoxe : 440
Galileo Galilei, dit Galilée : 221, 388, 400, 407
gallois, langue : 70
Galton, Francis : 393-397, 400-401, 413-416
Gardner, Martin : 270, 276, 278-280
Garfield, James A. : 98
Garns, Howard : 248, 253
gâteaux, découpage : 394
Gathering for Gardner (G4G), conférences : 267-272, 276-280
Gaudí, Antonio : 243
Gauss, Carl Friedrich : 163, 306, 388-389, 426-427, 440
gaz, théorie cinétique : 392
GCSE, programme : 11
Geller, Uri : 233
gématrie : 129
géométrie
   art islamique : 108-109, 113

INDEX

euclidienne : 99-108, 119, 422-425
hyperbolique : 421, 425, 429-438
non euclidienne : 421-422, 428
origami : 114-123
pavage : 109-113
postulat des parallèles : 424-427, 430-432
relations avec l'algèbre : 227
Sri Yantra : 113
système cartésien de coordonnées : 32, 226-227, 427, 437
théorème de Pythagore : 92-101, 172, 424, 459
Gijswijt, Dion : 293
Gijswijt, suite de : 293, 462
Givenchy : 164-165, 184
Gladstone, William : 396
Goldbach, Christian : 286
Goldbach, conjecture de : 286
Golomb, Solomon : 271
Goodwin, E. J. : 176
Gosper, William : 184
Gosset, William Sealy : 408-409
Gould, Wayne : 248-249, 252
graines, angle d'or : 329
grandeur, ordre de : 456
grands nombres
  combinatoire : 250-252
  échelle logarithmique : 22
  loi des grands nombres : 350-356, 361, 378
  loi des très grands nombres : 364, 456
  persistance des nombres : 287-289
  quête du plus grand nombre premier : 297-302
  termes pour : 125-129, 132-133
  train de puissances : 289
graphes, théorie des : 257
Great Internet Mersenne Prime Search (GIMPS) : 300
Grèce
  algèbre : 199
  énigmes : 260
  et l'infini : 439
  géométrie : 99, 422
  les mathématiques sans le zéro : 135
  lettres représentant les nombres : 129
  nombre d'or : 314
  nombres parfaits : 293

paradoxes de Zénon : 302-305
problème délien : 108, 118-119
stomachion : 256-257
système de comptage à valeur de position : 74
système de comptage du temps : 62
Greenwich, méridien : 425, 428
Gregory, John : 167
« grille à cinq barreaux », système de comptage : 61
grook : 231
Groote Eylandt, Australie : 40
groupes ethniques : 401
Gunter, Edmund : 212

Haberdasher, casse-tête : 266-267
Haga, Kazuo : 120-123
Halden, Calculex de : 215
Hans le Malin : 23
Hardy, G. H. : 181, 278
harmonies, nombres premiers : 287
harmonique, série : 307-311, 463
Haraguchi, Akira : 178-179
hébreu, alphabet : 129, 165, 441
hedge funds, fonds alternatifs : 382
Hein, Piet : 230-233
Henderson, David : 435
heptagones : 102
  origami : 119
  pièce de 50p : 191-193
Hermes, Johann Gustav : 102
Herrnstein, Richard J. : 401
Herzstark, Curt : 218
Hewlett-Packard : 218
hexagones
  calcul de pi : 166
  pavage : 110
hexagrammes, *Yi King* : 67-68
Hibbs, Al : 372
hiéroglyphes : 129, 199
Hilbert, David : 433, 441, 449
Hilbert, hôtel : 441-443, 447
hindouisme : 129, 176
  carrés magiques : 239
  festival Rath Yatra : 125
  mandalas : 113
  mathématiques védiques : 138-155
  Véda : 132-133
Hippase de Métaponte : 172

Hitler, Adolf : 218
Hobbes, Thomas : 101-102, 175
« homme moyen » : 400
homme-pièce : 366-370
Hopp, Peter : 213-216, 218-219
horocycle : 436
hyperboles, équations du second degré : 227-228
Hyperbolic Crochet Coral Reef exposition : 436
hyperbolique, crochet : 421-422, 433-437
hyperbolique, géométrie : 421, 425, 429-438
hyperbolique, plan : 421, 431, 434-436, 457
hypoténuse : 92-93, 95, 455, 459

icosaèdres
    jeux de hasard : 338
    origami de cartes de visite : 114
    solides platoniciens : 102-103, 458
impérial, système, termes numéraux : 65-66
impériales, mesures : 55-56
Incas : 60, 74
Inde
    carrés magiques : 239
    chiffres : 32, 135
    comptage sur les doigts : 49
    importance des mathématiques : 153
    invention du zéro : 133-135
    jeux de hasard : 337
    mathématiques védiques : 138-155
    système de comptage à valeur de position : 74, 132-134, 137
    termes numéraux : 125-128, 132-133, 135-137
    triangle de Pascal : 402, 406
Independent : 249
Indiana : 176
indigènes d'Amazonie, tribus : 13-22, 36-39, 46, 451
indigènes d'Amérique du Nord : 74
infini : 302-311, 438-451
    développement décimal et : 444-447
    hôtel Hilbert : 441-447
    infini dénombrable : 441-443, 447, 455
    infinis indénombrables : 447-449, 455
    ligne des nombres : 444-449
    paradoxe de Galilée : 440
    paradoxes de Zénon : 439
    série harmonique des nombres premiers : 311
    suite harmonique : 307, 309-311
    suite infinie : 306-308, 439
    symboles : 302, 439, 441, 450
    théories de Cantor : 422, 441-451
infini dénombrable : 441-443, 447, 455
inscriptions, nombres cunéiformes : 62, 129
Institut de recherche sur les primates, Inuyama : 24-29
Institute for Numerical Analysis, Los Angeles : 298-299
intelligence
    eugénisme : 401
    tests de QI : 396, 401
International Game Technology (IGT) : 348-354, 356
Internet
    casse-tête mathématiques : 160
    Encyclopédie en ligne des suites de nombres entiers : 283-284, 287, 292
    logiciels de sécurité : 278
    quête du plus grand nombre premier : 300-301
intuition mathématique : 22, 34-35
inversion : 455
iPod : 333, 358
Ishango, os d' : 285
Islam
    art : 108-109, 113
    carrés magiques : 239-240
    chapelets : 50
    chiffre arabes : 137-138
    Kaaba : 108
Itaituba : 14
Italie, équations cubiques : 222-223

Jacareacanga : 14
Jagger, Joseph : 371-372
jaïnisme : 129
Jakob (corbeau) : 23
jansénisme : 343

INDEX

Japon
  bouliers : 74-82
  origami : 114, 120-123
  plaques minéralogiques : 235-236
  recherche auprès des chimpanzés : 24-29
  shiritori (jeu de mots) : 81-82
  sudoku : 248
  systèmes de comptage : 61
  tables de multiplication : 71-72
  termes numéraux : 69, 71-72
Jeans, Sir James : 179
Jenga, blocs de : 308-309
jetons d'argile : 61-62
jeu : 407
  avance : 378, 453
  black-jack : 374-376, 378-381
  espérance mathématique : 455
  et assurances : 354
  jeux de dés : 337-343
  loi des grands nombres : 350-356, 455
  loteries : 362-365
  machines à sous : 335-357
  manipulation du hasard : 371-381
  parcours aléatoires : 368-370
  roulette : 345-348, 350, 371-374
  ruine du joueur : 369, 458
  sophisme du joueur : 356-359, 383, 458
  stratégie de jeu : 376, 381
  stratégie de Kelly : 379-381
  stratégie de mise : 376-381
  sur l'existence de Dieu : 343-345
  table de craps : 347
  taux de redistribution : 348-355
jeux de hasard : 268, 337-343
Jobs, Steve : 358
Johns Hopkins University : 35
Jones, William : 180
jonglerie : 178
Jordaine, Joshua : 55
Journal of Prosthetic Dentistry : 323
Juifs : 17, 129, 294, 449
Julia Domna : 277

Kaaba : 108
Kabbale : 450
Kahneman, Daniel : 416

Kaji, Maki : 188, 235-236, 247-249, 252
Kanada, Yasumasa : 184-188
Kazan, Messager de : 426
Keith, Mike : 179-180
Kelly, John Jr : 380-381
Kelly, stratégie de mise : 379-381
Kennedy Krieger Institute : 35
Kepler, Johannes : 209, 321
Kerrich, John : 350
Kim, Scott : 269
Kimmel, Manny : 376
Klein, Wim : 162
Kobayashi, Kazuo : 120
Koehler, Otto : 23
Kondo, Makiko : 72
Königsberg : 257-258
Kronecker, Leopold : 438
kuku (tables de multiplication japonaises) : 71-72
Kuper, Simon : 419
Kwan, Mei-Ko : 265

l'homme moyen : 400
La Mecque, Kaaba : 108
Lagny, Thomas de : 169
Lalitavistara Sutra : 127, 129
Lambert, Johann Heinrich : 173
Lamé, Gabriel : 229, 231
Lang, Robert : 120
Langdon, John : 269
langue anglaise, termes numéraux : 69, 73
langue
  influence sur les mathématiques : 69-73
langues européennes, termes numéraux : 69-70, 72-73
Laplace, Pierre Simon : 177
Las Vegas : 335, 373-374
latitude, lignes de : 430
Laue, Ralf : 160-161
Le Corbusier : 331
Le Magicien d'Oz : 279, 299
Lebombo, os de : 60
Lehman, frères : 382
Leibniz, Gottfried : 66-69, 167-168, 178, 257, 365
Lemaire, Alexis : 161-162
Lennon, John : 233

Leonardo da Vinci : 98, 315, 459
leptokurtique, distribution : 408-409
Éléments (Euclide) : 99-105, 107-108, 421-425, 427
Les Vers dorés de Pythagore : 91
lettres représentant les nombres : 129
Levin, Eddy : 313-314, 322-323, 332-333
Liberty Bell (machine à sous) : 348-349
Liechtenstein, prince du : 218
limericks : 333
Limite circulaire (Escher) : 431-432
Lincolnshire, comptage des moutons : 45-46, 48, 73-74
Lindemann, Ferdinand von : 173-176
lions, aptitudes numérales : 26
Liouville, Joseph : 173
Lippmann, Gabriel : 412-413
Little Twelvetoes : 53
Liu Hui : 98, 167
Lloyd, Delyth : 70
lo shu (carré magique) : 239, 245
Lobachevsky, Nikolai Ivanovich : 426-427
logarithmes : 163, 207-211
  règles à calcul : 212-216, 218-220
loi des grands nombres : 350-356, 361, 378, 455
loi des très grands nombres : 364, 456
Lonc, Frank A. : 331
Londres : 65, 332, 393
Londres, métro : 257, 363
longitude, lignes de : 425, 428
Loomis, Elisha Scott : 97
loteries : 362-365, 383
lots progressifs : 352, 355-356, 364-365
Loyd, Sam : 261
Lu, Peter J. : 113
Lucas, Edouard : 298-299, 316
lumière, espace-temps : 437-438
Lumières : 169, 388

Machin, John : 169
machines à sous : 335, 348-357
Madhava : 168
magasins de vêtements : 392
mah-jong : 338
mains, comptage sur les doigts : 48-50

Major, John : 7
mandalas : 113
Mandel, Stefan : 364
Manual of the Dozen System : 60
marchés financiers : 381-382, 408
martingale : 376-380
Mathews, Eddie : 417
Matsuzawa, Tetsuro : 24
Maurus, Rabanus : 294
Maxwell, James Clerk : 392
Mayas : 75
McCabe, George : 363
McComb, Karen : 26
McManus, Chris : 330
médian, cercle, triangle : 106-107
Megabucks (machine à sous) : 356
Meisner, Gary : 331-332
Melencolia I (Dürer) : 182, 241-243
mémoire
  aide-mémoire : 136
  mémoire photographique : 29
  mémorisation de pi : 178-179
Menger, éponge de : 116-118
Menger, Karl : 116-117
Mère l'Oie : 237
Méré, chevalier de : 340-343
Mersenne, Marin : 297, 302, 340
Mersenne, nombres premiers de : 298, 301, 456
Mésopotamie : 62
mesurage
  courbe en cloche : 388-393, 396-401, 407-413
  échelle logarithmique : 211-212
  erreurs : 388-391
  « laboratoire anthropométrique » de Galton : 396
  mesures impériales : 55-56
  statistiques : 391, 415
  variables : 411-413
  volumes du vin : 65-66
« méthode de fausse position » : 198
métrique, système, préjugés contre : 56
meurtres : 391
Mexico : 233
Miyamoto, Yuji : 75, 78, 82
mnémotechnique, mémorisation de pi : 179
modèle Black-Scholes : 381

INDEX

« module du nombre exact » : 39, 43
Modulor : 331
Moivre, Abraham de : 407
molécules, théorie cinétique des gaz : 392
Mondrian, Piet : 108, 323
Monte-Carlo : 371-372
montres, système décimal : 63
Moorcroft, colonel Essex : 191
mosaïque islamique : 109, 113
Moscovich, Ivan : 271-272
Mosely, Jeannine : 115-118
Mosteller, Frederick : 364
moutons, comptage : 45-46, 48, 73-82
moyenne : 389
    courbe en cloche : 408
    régression vers la moyenne : 414-419, 458
Moyen-Orient : 137
multiplication
    avec des chiffres romains : 130-131
    le signe × comme symbole de la : 154
    logarithmes : 208
    mathématiques védiques : 140-145, 148-152, 154-155, 162
    multiplication « longue » : 131, 137, 151
    multiplication paysanne : 130-131, 143
    persistance des nombres : 287-289
    principe multiplicatif : 34
    progression géométrique : 237-238
    puissances : 457
    règles à calcul : 213-215
    tables de multiplication : 56
Munduruku, peuple : 13-22, 36-39, 451
Murray, Charles : 401
Museum of Modern Art, New York : 268
musique : 89, 292
musulmans, *voir* Islam
mysticisme : 91-92

Napier, John : 207, 209
Napoléon Ier : 254
National Lottery : 362, 364
Nature : 393, 396
nature
    nombres de Fibonacci : 316-318, 322
    phi dans la : 323, 326-329
    spirales logarithmiques : 325-326
nautile, coquille : 325-326
nazis : 401
neurosciences : 42-43
Nevada : 335-336, 356, 372
New York Times : 258
New Yorker : 183
Newton, Isaac : 168, 307, 415, 438-439
Nieder, Andreas : 42-43
Nietzsche, Friedrich : 337
Nintendo : 80
nombre d'or : 313-333
    calibreur du nombre d'or : 313-314, 323, 332-333
    et beauté : 329-331
    pentagramme : 314-315
    spirales logarithmiques : 323-326
    suite de Fibonacci : 315-322
nombres
    aléatoires : 189
    création des : 15, 34
    entiers relatifs : 171, 454
    évolution des symboles : 61-62
    irrationnels : 172-173, 328, 447-449, 456, 460
    la vie sans termes désignant les : 14-22
    négatifs : 135, 138
    nombres amicaux : 294, 456
    normaux : 188, 456
    parfaits : 293, 295-297, 405, 456
    rationnels : 172, 456
    suites de : 458
    transcendantaux : 173-174, 456
    visualisation des : 18-21
nombres amicaux : 294, 456
nombres carrés : 88-89, 441
nombres cunéiformes : 62, 129
nombres irrationnels : 172-173, 328, 447-449, 456, 460, 464
nombres négatifs : 135, 138
nombres normaux : 188, 456
nombres, cécité pour les : 40-42, 454
nombres, ligne des : 18-21, 444-449, 455
nombres, théorie des : 265, 278
noms, numérologie : 86-88

non euclidienne, géométrie : 421-422, 427
non-périodique, pavage : 111-113
Norvège, termes numéraux : 72
Nouvelle-Zélande : 258
Number Place : 247-248
numérales, aptitudes
  animaux : 23-29
  bébés : 29-32
  tribus d'Amazonie : 13-22, 36-39
numérateurs, fractions : 171, 456
numériques, formes : 394
numérologie : 85-88, 90, 92
Nystrom, John W. : 55

octaèdres
  jeux de hasard : 338
  origami de cartes de visite : 114
  solides platoniciens : 102-103, 458
octogones : 102
  sur un plan hyperbolique : 435
odomètre : 385
odontologie : 322-323
oiseaux
  aptitudes au comptage : 23
  spirales logarithmiques : 325-326
Oklahoma, équipe de football américain : 417
Oncle Petros et la conjecture de Goldbach : 286
ordinalité : 24-25, 114-123
ordinateurs
  calcul de pi : 170, 184-187
  combinatoire : 251-252
  et espace hyperbolique : 433
  jeux informatiques : 271
  PhiMatrix : 331
  portable : 373
  quête du plus grand nombre premier : 298-302
  superordinateurs : 186
  système binaire : 68
ordre de grandeur : 456
origami de cartes de visite : 114-115
orthocentre, triangle : 106-107
Orwell, George : 69
Osten, Wilhelm von : 23
Otago Witness : 258
Oughtred, William : 212

Pacioli, Luca : 48, 202, 315, 322
pain, poids : 385-388, 390-391, 410-412, 414
Papouasie-Nouvelle-Guinée : 15, 49-50
paraboles, équations du second degré : 227-228
paradoxes
  Achille et la tortue : 302-304, 306
  anniversaires : 359-362, 376
  de Galilée : 440
  de Zénon d'Élée : 302-305, 439
  du plus grand nombre inférieur à 1 : 305
  logique : 270
  parcours aléatoires : 369-370
parallèles, droites : 456
  et lignes de latitude : 430
  géométrie hyperbolique : 430-433
  postulat des parallèles : 424-427, 430-432
parallélogrammes : 109
« parcours de l'ivrogne » : 366-370
parfaits, nombres : 293, 295-297, 405, 456
Parker, Graham : 273
Parthénon, Athènes : 330
Pascal, Blaise : 340-345, 402
Pascal, pari de : 345
Pascal, triangle de : 401-406
pavage : 109-113, 457
  spidrons : 275-276
paysanne, multiplication : 130-132, 143
Pearson, Karl : 350, 415
Penrose, Roger : 112
pentagones, dissection géométrique : 266
pentagramme : 90, 314-315
Pepperberg, Irene : 23
Peppermill Casino, Reno : 351, 355, 377-378
perceuse de trous carrés : 194
performance sportive, régression vers la moyenne : 417-419
périodique, pavage : 109-111
permutations : 250
perroquet, aptitude au comptage : 23
Perse, triangle de Pascal : 402

INDEX

persistance des nombres : 287-289
perspective : 21
Pfungst, Oscar : 23
phi : 313-333, 457
   dans la nature : 323, 326-329
   et les dents : 322-323
   fractions continues : 464
Phidias : 330
PhiMatrix : 331
photographique, mémoire : 29
physique
   équations du second degré : 221
   géométrie sphérique : 437-438
   pile ou face : 372
pi : 163-190, 457
   calcul : 163-171
   calcul par ordinateur : 184-187
   calcul par probabilité : 176-178
   distribution des nombres dans : 188-190
   en tant que nombre transcendantal : 173-175
   et écriture contrainte : 179-180
   et la quadrature du cercle : 173-176
   et le parcours aléatoire de Venn : 366-367
   formules pour : 181
   mémorisation : 178-179
   recherche de schémas dans : 187-188
   symbole : 180
Pi (film) : 183
Piaget, Jean : 31
Pica, Pierre : 13-22, 36-39
Pickover, Clifford A. : 461
pièces
   machines à pièces : 193
   pièce de 50p : 190-193
   pile ou face : 366-370, 372, 418
   sophisme du joueur : 357-358
   théorie des probabilités : 341-342, 350-351
pin, pommes de : 277, 316
Pitman, Isaac : 55, 60
plan hyperbolique : 421, 431, 434-436
Planck, satellite : 438
Planck, temps de : 127
plans/cartes
   formes numériques : 394-396
   météo : 413
   théorie des graphes : 257-258

plantes
   et phi : 326-329
   pois de senteur : 413
   surfaces hyperboliques : 436-437
plaques minéralogiques : 235-236
platikurtique, distribution : 408-409
Platon : 102
platoniciens, solides : 102-104, 108, 114, 272, 337, 458
pliage de papier : 114-123
plus grand commun diviseur : 171
plus petit dénominateur commun : 171
poche, calculatrice de : 216-220
Poe, Edgar Allan : 179
poésie
   comptines : 237
   écriture contrainte : 179-180
   en tant qu'aide-mémoire : 136
   équations cubiques et : 224
   grooks : 231
   limericks : 333
poids, distribution des : 385-388, 390-391, 410-412, 414
Poincaré, Henri : 437-438
   disque hyperbolique : 431-433
   expérience de pesage du pain : 390-391, 408, 410-412
pointures de chaussures : 392
pois de senteur : 413
pôle Nord : 425
polygones : 102-103, 457
   calcul de pi : 166-167
   dissection géométrique : 266-267
   jeux de hasard : 337
   origami : 119
polyominos : 271
populations
   statistiques : 391-393, 400
   variation de taille : 413-415
postulats, géométrie euclidienne : 422-424, 457
Poulet, Paul : 294
pourcentages, système en base 12 : 58
Première Guerre mondiale : 255
premiers, nombres : 456
   conjecture de Goldbach : 286
   et infini : 441
   et nombres parfaits : 295-297
   harmonies : 287

nombres premiers de Mersenne : 297-302, 456
  quête du plus grand : 297-302
  série harmonique des nombres premiers : 311
  suites : 285-286
preuve par contradiction : 460
Pringles, courbure : 428-429, 436
probabilités : 335-383, 457
  assurances : 354-355, 383
  black-jack : 374-381
  coïncidences : 360, 362-364
  craps : 347
  escroqueries : 370-371
  espérance mathématique : 343, 345-348
  et calcul de pi : 176-178
  existence de Dieu : 343-345
  jeux de hasard : 337-343
  loi des grands nombres : 350-356, 361, 378, 455
  loteries : 362-365, 383, 456
  machines à sous : 348-357
  manipulation du hasard : 371-383
  paradoxe des anniversaires : 359-362, 376
  parcours aléatoires : 365-370
  problème de Méré : 341-342
  quinconce : 397-401, 410, 414
  roulette : 345-348, 350, 371-374
  sophisme du joueur : 356-358, 383, 458
  statistiques : 391
  stratégies de mise : 376-381
  taux de redistribution : 348-355
  triangle de Pascal : 401-407
« problématique de la statue » : 104-105
problème de Méré : 341-342
prodiges mathématiques : 157-163
progressifs, lots : 352, 355-356, 364-365
progression géométrique : 237-238, 457
Prony, Gaspard de : 211
proportion d'or : 313-315, 332-333, 457
proportionnel, pari : 379-380
proportions
  angle d'or : 328
  expérience avec la ligne des nombres : 20
  nombre d'or : 314
  nombres de Fibonacci : 321-322
psychologie de l'art : 330
puissances : 222, 225, 457
puissances, train de : 289
Purî : 125, 140, 146
pyramides : 93, 103
Pythagore : 88-92, 123, 135, 138, 172, 199
Pythagore, théorème : 10, 92-101, 172, 424, 459
pythagoricienne, fraternité : 90-91, 173, 314
pythagoriciens, triples : 206

QI, tests : 396, 401
quadrilatéral, pavage : 110
quantité inconnue, x comme symbole d'une : 198, 202-203, 222
quartiques, équations : 224
quasi-cristaux : 112
questionnaires : 413
Quételet, Adolphe : 391-393, 396, 400
queues, courbes de distribution : 408-410
quinconce : 397-401, 410, 414

racines : 161-162
racines carrées, logarithmes : 209
radars routiers : 417
Rain Man (film) : 32
Ramanujan, Srinivasa : 181
Rath Yatra, festival : 125, 140
rationnel, nombre : 172, 456
rats, aptitudes numérales : 26
rayon, cercle : 174-175, 457
Recamán Santos, Bernardo : 290
Recamán, suite de : 290-293
rectangles
  équations du second degré : 230
  rectangles d'or : 323-324, 329-330
rectangles d'or : 323-324, 329-330
rectangles, triangles : 92-95
récurrence, suite de Fibonacci : 318, 322
redisposition, casse-tête de : 253-257

INDEX

redistribution attendue, probabilités : 352
Regiomontanus : 104-105
règles à calcul : 212-220
régression vers la moyenne : 103, 414-419, 458
réguliers, polygones : 102, 457
Reisch, Gregorius : 138
relativité générale, théorie de la : 427, 437-438
religion
   et système binaire : 66-69
   existence de Dieu : 343-345
   théorie de la probabilité et déclin de la : 337
Renaissance
   carrés magiques : 239
   « cossistes » : 222-223
   mathématiques védiques et : 155
   nombre d'or : 314
   redécouverte de Pythagore : 91
Reno : 335-336, 350-351
représentants de commerce : 250
Reuleaux, Franz : 193
Reuleaux, triangle de : 192-194
Revell, Ashley : 378
Révolution française : 63
rhapsodomancie : 337
Rhind, papyrus de : 197-199, 236-238
Rhinehart, Luke : 366-368
Richter : 255
Richter, échelle de : 211
Riemann, Bernhard : 427, 431, 450
Robinson, Bill : 408
robots : 268
Rodgers, Tom : 276-278
Roger, Peter : 215
Rokicki, Tomas : 274-275
Romains
   bouliers : 134
   chiffres : 32, 37, 129-132, 138
   jeu : 337
   système de comptage à valeur de position : 74
Röntgen, Wilhelm : 202
roues : 191, 193
rouleaux : 192
roulette : 252, 345-348, 350, 371-374
Roumanie, loterie : 364

Royal Military Academy, Sandhurst : 396-397
Royal Society : 158, 267
Royle, Gordon : 251
Rubik, cube de : 260, 272-275
Rubik, Ernö : 260, 272, 275
Russie, bouliers : 74-75, 77
Rutherford, William : 170

Sagan, Carl : 187
Sagrada Família, cathédrale, Barcelone : 243
Saint-Pétersbourg, Académie des sciences : 426
salamandre, aptitudes numérales : 26
Samuels, Stephen : 363
San Francisco Chronicle : 348
Śaṅkarācārya de Purî : 125, 140-148, 152
sanscrit, littérature : 126-129, 132-133, 136
Santarém : 14
Sarasvati, Nischalananda : 146-148, 152-153
schémas
   et besoin de contrôle : 358-359, 387
   formes numériques : 394-396
   triangle de Pascal : 402-405
Schmelzer, Thomas : 371
Scholes, Myron : 310
Schopenhauer, Arthur : 101
Schubert, Hermann : 260
science
   équations du second degré et : 221
   importance des nombres pour la : 385-386
Scientific American : 268
Seconde Guerre mondiale : 218, 231, 271, 350
section d'or : 314
séismes, échelle de Richter : 211
Seppänen, ville : 274
sept, puissances croissantes de : 236-238
séries : 306, 458
   série convergente : 306-308
   série divergente : 306-308, 458, 463
   série finie : 306
   série harmonique : 307-311, 463

série harmonique des nombres premiers : 311
série infinie : 168, 302-307, 439, 458
sexagésimal, système : 60, 62
sexe des bébés, prédiction : 370
Shakespeare, William : 158, 449
Shankara : 146
Shanks, William : 170
Shannon, Claude : 372
Sharp, Abraham : 168
shiritori (jeu de mots) : 81
Siegler, Robert : 20
Sierpiñski, tapis de : 116, 402
Sierpiñski, triangle de : 403
Sierpiñski, Waclaw : 116
signes, langage des, comptage sur les doigts : 48
Simson, Robert : 321
simultanées, équations : 225-226
Sinclair, Clive : 220
singes, expériences avec des points : 42-43
Sky TV : 250
Sloane, Neil : 283-284, 287-293
Slocum, Jerry : 261
Smullyan, Raymond : 95, 270
sociables, nombres : 294
solides
  platoniciens : 102-104, 108, 114, 272, 337, 458
  solide de Dürer : 241
solitaire : 257
solution unique : 250-251, 458
sommets : 103, 458
sommets, triangles : 106
Sonneveld, Dic : 261
sophisme du joueur : 356-358, 383, 458
soutras, mathématiques védiques : 138-153
speedcubing : 273-274
speedstacking : 273
Spelke, Elizabeth : 30, 36
Spencer, Herbert : 55
sphères
  courbure : 428-429
  surfaces : 425-428
spidrons : 275-276
spirales

d'Archimède : 325
logarithmiques : 323-326, 329
nombres de Fibonacci : 316-317
spirales logarithmiques : 324-326, 329
Sports Illustrated : 417-418
Sri Yantra : 113
Stanford University : 350
Starkey, Prentice : 30
statistiques : 391, 415
  coefficient de corrélation : 415
  courbe en cloche : 388-393, 396-401, 407-413
  régression vers la moyenne : 414, 416-419, 458
Steinhardt, Paul J. : 113
Stockholm : 227, 230, 232
stomachion : 256-257
stratégie de jeu : 376, 381
stratégie de la mise fixe : 379-380
stratégie de mise, jeu : 376-381
sudoku : 247-253, 272
Suède : 51, 227, 230
suite de Fu Hsi : 68
suites : 283-311, 458
  Encyclopédie en ligne des suites de nombres entiers : 283-285, 287
  et musique : 292
  nombres amicaux : 294
  nombres parfaits : 293, 295-297
  nombres premiers : 285-287
  nombres sociables : 294
  persistance des nombres : 287-289
  progression géométrique : 238
  suite de Fibonacci : 237, 315-322, 456
  suite de Gijswijt : 293, 462
  suite de Recamán : 290-293
  trains de puissances : 289
  voir aussi séries
suites d'entiers : 283-284
suites finies : 306-307
suites infinies : 168, 302-304, 458
Sumer : 62
Sundara Row, T. : 118
super-ellipses : 231-232
superordinateurs : 300
super-œuf : 233
superstitions : 337, 387

INDEX

surfaces
  hyperbolique : 421, 425, 428, 438
  plane : 425, 427
  sphérique : 425, 428
SWAC (ordinateur) : 298-299
Swatch Internet Time : 63
Swaziland : 60
Swedenborg, Emanuel : 52
syllabes, dans les termes numéraux : 37
symboles
  création des nombres : 34
  infini : 439, 441, 450
  algèbre : 198-199, 201-203
  cunéiforme : 62, 129
  de pi : 180
  de zéro : 153
  égyptiens : 198
  évolution des : 61-62, 129
  infini : 302
  multiplication : 154
  pentagramme : 314-315
  système en base 12 : 53, 59
symétrie, ambigrammes : 269-270, 453
synagogues : 17
synesthésie : 396
système binaire
  Leibniz et : 66-69
  solitaire : 257
  Yi King et : 67-68
systèmes de comptage : 60-61
systèmes de comptage à valeur de position : 73-82, 133-135, 137, 140-152, 155
systèmes de jetons : 61-62
systèmes numéraux
  base : 46-48, 453
  comptage des moutons : 45-46, 48, 73-74
  comptage sur les doigts : 48-49
  système binaire : 66-69, 257
  système décimal : 46
  systèmes de comptage : 60-61, 63-65
Szymanski, Stefan : 419

tables de logarithmes : 209-211
Taimina, Daina : 421-422, 433-437
Taleb, Nassim Nicholas : 409-410
tangram : 253-256, 262, 266, 272

taoïsme : 68, 239-240
taquin : 258-261, 272
Tartaglia, Niccolò : 223-224
tatouages : 270
taux de redistribution : 348-355
Tekriwal, Gaurav : 146
téléphone portable, assurance : 355
télescopes : 388, 400, 407
temps
  échelle logarithmique : 22
  espace-temps : 437-438
  système de comptage : 62
  système décimal : 63
  temps de Planck : 127
termes
  ambigrammes : 269-270, 453
  et chiffres arabes : 137
  indiens : 125-129, 132-133, 135-137
  influences culturelles : 69-73
  jeux de mots : 81-82
  pour les grands nombres : 125-129, 132-133
  système en base 12 : 60
  système impérial : 65-66
  tribus d'Amazonie : 36-37
Terre
  courbure : 428
  lignes de latitude : 430
  lignes de longitude : 425
tétraèdres
  jeux de hasard : 338
  origami de cartes de visite : 114
  solides platoniciens : 102-103, 458
Tétris : 271
textiles : 437
Thacher, instrument de calcul : 215
The Atlantic Monthly : 57
The Economist : 24
The Scotsman : 178
The Times : 191, 249, 413, 438
The Times of India : 125
théorème fondamental de l'arithmétique : 286
théorèmes : 10, 458
théorie cinétique des gaz : 392
thermomètre : 385
Thompson, Alexander J. : 211
Thorp, Ed : 372-376, 378, 380-383
Thurston, William : 433
Time magazine : 249

Tirthaji, Bharati Krishna : 138-147, 153-155
topologie : 257, 435
Torres, détroit de : 49
tournesol, nombres de Fibonacci : 316-317
tours de magie : 279
   nombres de Fibonacci : 320-321
transamazonienne, route : 14
transcendantaux, nombres : 173-175, 456
Transformers : 268
Trésor (GB) : 63-65, 190-191, 193
triangles
   centre : 106-107
   dissection géométrique : 266-267
   et courbure de l'espace : 428
   géométrie euclidienne : 423-424
   hypoténuse : 92-93, 455
   pavage : 109-111
   Sri Yantra : 113
   théorème de Pythagore : 92-101, 424, 459
   triangle de Pascal : 401-407
   triangle de Reuleaux : 192-194
   triangle de Sierpiński : 403
   triangle égyptien : 94, 121, 458
tricot : 434, 437
trisection d'un angle : 108, 118-119
troubles d'apprentissage des nombres : 40
Tsu Chung-Chih : 167
Tsu Keng-Chih : 167
Tucker, Vance : 325
tuiles, pavage : 109-113, 457
Turquie, carrés magiques : 239
Tversky, Amos : 52-60, 66-68, 416

Ulm, université d' : 26
Un homme d'exception (film) : 439
Unicode : 59
univers
   géométrie sphérique : 437-438
   nombre d'atomes dans l' : 127
Ur (jeu de hasard) : 338
USA Today : 249

variables : 458
   coefficient de corrélation : 415
   dans le mesurage : 411-413
   système d'équations : 225-226
Véda : 132-155
Vedic Maths Forum, Inde : 146
védiques, mathématiques : 138-153, 162
Vega, Jurij : 169
Venn, diagrammes : 366
Venn, John : 365, 367
vente au détail, industrie de la : 392
vérités mathématiques : 69
Viète, François : 201-202
vin, mesures : 65-66
Virginie, loterie d'État : 365
visualisation des nombres : 18-21
Vlacq, Adriaan : 210-211
Vlieger, Michael de : 52-55, 57-60
voitures, radars : 417
Voltaire : 52
volume
   équations cubiques : 222
   surfaces hyperboliques : 436-437

Wagon, Stan : 188
Walford, Roy : 372
Wallace, David Foster : 439
Wallis, John : 175-176, 423, 439
Warlpiri, communauté aborigène : 40
Watts, Harry James : 194
Westminster, palais de : 65
Wiles, Andrew : 207
Williams, Kenneth : 146, 151-152
Woltman, George : 301
Wright, Colin : 277
Wynn, Karen : 30-31

x : 198-199, 202-203, 222

y, système d'équations : 225-226
« yan, tan, tethera » : 45-46
Yi King : 67-69
yin et yang : 67
Yu, empereur de Chine : 238
Yupno, peuple : 49-50

Zeising, Adolf : 329-330
Zénon d'Élée : 302
Zénon, paradoxes de : 302-305, 439

zéro
- compréhension chez le singe : 25
- et multiplication : 132
- étymologie : 138
- invention du zéro : 134-135, 153
- mathématiques védiques : 152
- suite zéro : 284
- symbole : 153

Zwanzigeins : 70

Table

Introduction 7

Chapitre 0
Des nombres plein la tête 13
Où l'auteur cherche à découvrir d'où viennent les nombres, qui ne sont pas là depuis très longtemps. Il rencontre un homme qui a vécu dans la jungle et un chimpanzé qui a toujours vécu en ville.

Chapitre 1
Le compte est bon 45
Où l'auteur découvre la tyrannie du 10 et l'existence de révolutionnaires qui complotent pour le renverser. Il se rend dans un club d'activité périscolaire à Tokyo, où les enfants apprennent à calculer en imaginant un boulier.

Chapitre 2
Voyez ! 85
Où l'auteur est sur le point de changer de nom parce que le disciple d'un chef de culte grec lui a dit qu'il le fallait. Au lieu de cela, il suit finalement les instructions d'un autre penseur grec, dépoussière son compas et fabrique un tétraèdre en pliant deux cartes de visite.

Chapitre 3
Quelque chose à propos de rien 125
Où l'auteur se rend en Inde pour une audience auprès d'un voyant hindou. Il découvre des méthodes d'arithmétique extrêmement lentes, et d'autres extrêmement rapides.

Chapitre 4
Histoire de pi 157
Où l'auteur se rend en Allemagne pour assister à la multiplication mentale la plus rapide du monde. C'est une façon détournée d'aborder le récit de l'histoire du cercle, un conte transcendantal qui le conduit jusqu'à New York et lui permet une nouvelle appréciation de la pièce de cinquante pence.

Chapitre 5
Le facteur-*x* 197
Où l'auteur explique que les chiffres c'est bien, mais les lettres c'est mieux. À Braintree, il rend visite à un homme qui collectionne les règles à calcul, dont il lui raconte la tragique disparition. Le lecteur y trouvera aussi une exposition de logarithmes et le mode d'emploi pour bâtir un super-œuf.

Chapitre 6 235
Récréation (jouons un peu)
Où l'auteur se met en quête de casse-tête mathématiques. Il s'intéresse au legs de deux Chinois – l'un est un reclus obtus et l'autre est tombé de la Terre – avant de s'envoler pour l'Oklahoma, à la rencontre d'un magicien.

Chapitre 7
Secrets de succession 283
Où pour la première fois l'auteur se trouve confronté à l'infini. Il y rencontre un escargot que rien n'arrête et une famille de nombres diaboliques.

Chapitre 8
Histoire d'or 313
Où l'auteur rencontre un Londonien doté d'une pince qui prétend avoir percé le secret des belles dents.

Chapitre 9
Le hasard fait bien les choses 335
Où l'auteur, se remémorant ce dicton, s'en va écumer les casinos de Reno. Il fait une promenade dans l'aléatoire pour terminer dans un immeuble de bureaux de Newport Beach, en Californie – où, s'il regardait de l'autre côté de l'océan, il aurait des chances de repérer un gagnant du loto sur une île déserte du Pacifique sud.

Chapitre 10
Situation normale 385
Où le gros penchant de l'auteur pour la farine l'amène à tenter de se délecter de la naissance des statistiques.

Chapitre 11
Le bout de la ligne 421
Où l'auteur achève son périple dans les pommes chips et le crochet. Il y retrouve Euclide, puis un hôtel au nombre infini de chambres, qui ne s'accommode pas de l'arrivée soudaine de clients.

Glossaire 453

Annexes .... 459 à 464

Sources et bibliographie par chapitre 465

Remerciements 477

Crédits photo 479

Index 481

N° d'édition : L.01EHQN000862.N001
Dépôt légal : septembre 2015
Imprimé en Espagne par Novoprint (Barcelone)